島の科学者

パラオ熱帯生物研究所と帝国日本の南洋研究

坂野 徹

勁草書房

〈島〉の科学者

——パラオ熱帯生物研究所と帝国日本の南洋研究／目　次

目次

プロローグ　〈島〉にわたった科学者たち

帝国日本の南洋研究

本書は、戦前、日本の統治下に置かれたミクロネシアの島々――当時は南洋群島、内南洋（裏南洋）などと呼ばれた――で調査研究をおこなった日本の研究者（科学者）の群像と、彼らが経験した〈島〉での研究生活を描こうとするものである。

第一次世界大戦勃発直後の一九一四年、日本はそれまでドイツ領であったミクロネシアに海軍を派遣し、現地を無血占領した。これは、現在のパラオ共和国、ミクロネシア連邦、マーシャル諸島共和国、北マリアナ諸島自治連邦区に相当する地域である[1]（図表1）。その後、ミクロネシアは国際連盟の委任統治地域（C式）として日本の版図に組み込まれ、一九二二年には現地施政機関である南洋庁がパラオ・コロール島に創設された。

日本統治時代、ミクロネシアで調査研究に携わった研究者の専門領域は、生物学や医学、地質学、農学から人類学、民族学、言語学、植民政策学まで多岐にわたる。日本海軍による占領直後からミクロネシアでの学術調査は始まったが、現地に帝国大学を有した朝鮮（京城帝国大学、一九二四年創設）や台湾（台北帝国大学、一九二八年創設）などの他の植民地・占領地とは異なり、南洋群島には最後まで高等教育機関が設立されることはなかった。したがって、日本のミクロネシアにおける調査研究は、内地（以下、本書では、戦前

図表1　南洋群島の地図

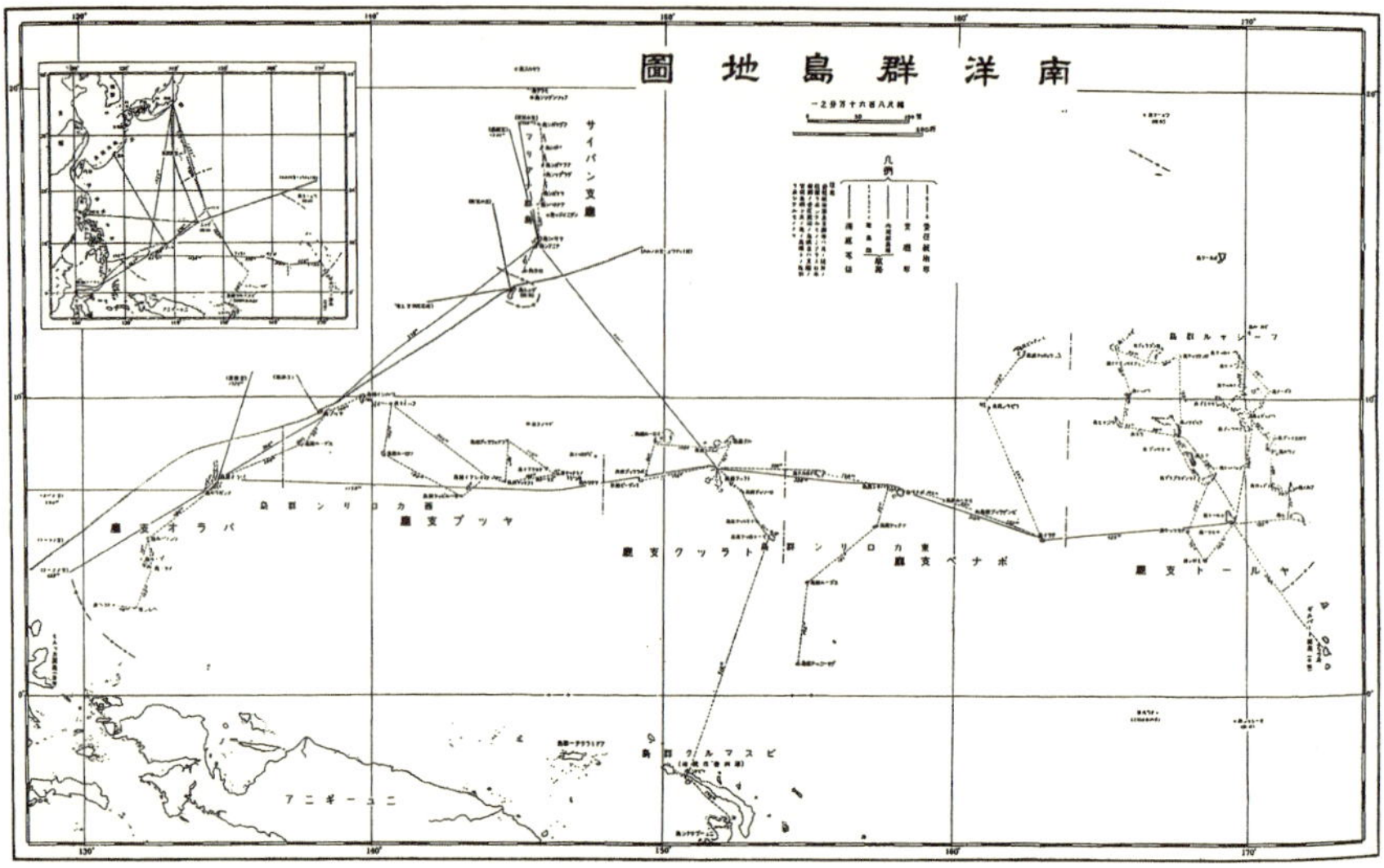

出典：南洋庁『南洋庁始政十年記念南洋群島写真帖』(1932)。

の呼び方にしたがい、基本的にこの呼称を用いる）から現地を調査旅行で訪れる研究者によるフィールドワークが中心となった。

ただし、ここで注目されるのが、一九三四年、南洋庁の置かれたパラオ・コロール島に創設されたパラオ熱帯生物研究所（Palao Tropical Biological Station、以下、適宜パラオ研と略称）である。パラオ研は、「共同利用研究所のはしり」とも評され（廣重　一九七三：一四四）、若手の研究員を交替でパラオに派遣し、現地で暮らしながら研究に従事させるシステムをとった。活動期間は十年にも満たない小規模な研究所だったが、パラオ研は、サンゴ（礁）を中心とした熱帯生物の研究で、当時、世界トップクラスの研究水準を誇った。それまで熱帯地域で調査研究をおこなったことのある者はほとんどおらず、パラオに派遣された若き学徒は、現地で彼らのその後の人生に大きな影響を及ぼすような経験をすることになった。

だが、日本のミクロネシアにおける調査研究は、アジア・太平洋戦争開戦によって終焉に向かう。

現地への研究者の渡航は困難となり、パラオ研は一九四三年三月末に閉鎖、その後、ミクロネシアの島々も激しい戦火にさらされることになる。本書では、このように、一九一四年の海軍による「一時占領」から、一九四五年の敗戦にいたるまで、日本統治下のミクロネシアで進められた調査研究の展開を主に時系列に沿ってたどっていく。

〈島〉というフィールド――本書の分析視角

本書でまず考えてみたいのは、日本統治下のミクロネシアを調査研究のために訪れた研究者にとっての現地経験の意味である。彼らは、内地とは大きく異なる熱帯の島々で、その自然や人間、社会を対象にそれぞれの調査や研究をおこなった。帝国日本の研究者はミクロネシアで一体何を調べようとしていたのか。そして、現地で調査研究をおこなった経験は、彼らの人生にとっていかなる意味をもったのか。かかる研究者のミクロネシア経験の意味について考えるのが本書の第一の課題となる。

次に本書で考えたいのが、戦前、ミクロネシアで実施された調査研究とそれを取り巻く政治状況との関係である。先に述べたとおり、日本のミクロネシアにおける学術調査は海軍による占領直後から始まったが、ミクロネシア（南洋群島）は、当時、外南洋（表南洋）と呼ばれた東南アジア地域への進出の拠点ともみなされ、ミクロネシアで経験を積んだ研究者は、アジア・太平洋戦争中、東南アジア占領へも動員されていく。このようなミクロネシアをめぐる知の政治性について考えること。これが第二の課題である。

そして、本書のもうひとつの関心は、研究者の目を通してみた、当時のミクロネシア社会そのものにある。戦前、ミクロネシアを訪れた研究者の多くは、自らの研究テーマにもとづく論文や著作にとどまらず、紀行文や調査日誌などの詳細な記録を残しており、そこには現地住民やミクロネシアに暮らす日本人――多くは沖縄からの移民労働者であった――の姿が書き記されている。研究者が書き残した、一見些末にもみえるさまざまな記録を通じて、植民地状況下にある二十世紀前半のミクロネシア社会とそこに生きる人びとの姿を描き出すこと。これが本書の第三の課題となる。(2)

以上三つの課題を通じて描き出されるような世界を、本書では〈島〉と呼ぶ。(3)

先に述べたように、戦前、ミクロネシアにわたった研究者の専門領域は多岐にわたるが、〈島〉は、専門の異なる研究者が混在、互いに協力し――そこでは専門家とアマチュアの区別も曖昧だった――、しかもまた、出自を異にする人びと（ミクロネシア人、沖縄からの移民労働者、南洋庁の高級官吏や海軍士官などの現地エリートなど）と研究者のあいだでさまざまな「接触」がおこなわれるような空間（コンタクト・ゾーン）であった。そのため、生物学史、医学史、人類学史などのように、学問分野の区分を前提にしては、ミクロネシアでおこなわれた調査研究の姿を十分に描き出すことはできない。

そこで本書では、ミクロネシアにおける調査研究の歴史を考えるにあたって、学問分野の区分にはこだわらず、調査研究が実践される場所《フィールド》としての〈島〉に焦点を当てる。〈島〉とは、多様な出自をもつ人びとが「接触」するなかで、さまざまな種類の科学知識が産み出される現場であった。したがって本書は、D・リヴィングストンがいうところの「科学の地理学」という性格ももつことになるだろう（リヴィングストン二〇一四）。

さらにここで、本書における「ミクロネシア」と「南洋群島」という呼称の使用法について述べておこう。以下、本書では、煩雑さを避けるため、当該地域を指すときには、基本的にミクロネシアという呼称に統一する。だが、行政単位として当時の呼称を使用した方が文脈上わかりやすいと考えられる場合には、南洋群島という表現を使用することにする。

次に、本書のこれからの議論でたびたび言及することになる、三つの基本的事柄について説明しておく。すなわち、（一）日本統治時代における現地住民の位置と彼らに対する公教育、（二）現地で調査研究をおこなう研究者を支えた日本企業、（三）日本統治時代のミクロネシアへの交通手段である。

「島民」と公学校

本論に先立って、まず確認したいのは、日本統治時代にミクロネシアの現地住民に対して用いられた「島民」という呼称と彼らの法制度上の位置付けである。今泉裕美子によれば、現地住民に対しては、一九一四年の海軍による占領当初、「土人」「島民」という言葉が用いられていたが、その後、軍人が住民に軽侮の挙動をとるのは統治を妨げるという理由から、「土人」はやめ、「本群島人」「島民」を用いるよう訓示がなされた（今泉　一九九四：二六―四〇、八〇）。その後、南洋庁の創設とともに、現地住民は法律上「島民」（Inhabitant of the islands）と規定され、帰化、婚姻その他の正規の手続きを経なければ、日本帝国臣民としての身分を取得することはできないとされた（南洋庁長官官房　一九三二：一一）。

本書でこれからみるように、ミクロネシアで日本の研究者がおこなう調査研究において、「島民」は重要なインフォーマントであると同時に、ときに研究を支える「協力者」（コラボレーター）となった。また、現地に暮らしながら調査研究をおこなう研究者が登場する三〇年代以降になると、彼ら彼女らは「友人」、さらに「現地妻」「恋人」となる場合もあった（第四章以降）。

そして、こうした研究者と現地住民の「接触」について考えるためには、「島民」に対しておこなわれた教育についても触れておく必要がある。というのも、ミクロネシアを訪れる研究者に対する「島民」の「協力」は、多くの場合、現地での日本語教育の普及を前提にしていたからである。

日本統治時代のミクロネシアの教育制度について注意すべきは、「島民」児童については、日本語教育に重点を置いた公学校（三年制）が設けられ（南洋庁創設以前は島民学校）、邦人向けの小学校とは別の教育がおこなわれたということである。南洋庁の公式見解では、「島民に対し教育上の差別的待遇を為すものでは無く、日本人に対する国民教育と、特殊の位置にある島民に対する教育とは、其の根本主旨に於て差異がある」（南洋庁長官官房　一九三二：一二四）からとされたが、ミクロネシアの子どもたちは、原則として中等以上の教育から閉め出されていた。公学校で優秀な成績をおさめた生徒は補習科（二年制）に進み、さらに補習科卒業生で特に優秀な者は、コロール島にある木工徒弟養成所などで学ぶことができた。(4)

ただし、公学校の就学率は島嶼によって大きな違いがあったことにも注意が必要である。一九三五年度の統計をみると、最も就学率が高いパラオ支庁では九割を越えるが、トラック支庁、ヤルート支庁は三〜四割程度である（南洋群島教育会　一九三八：六九五）。パラオはコロールに南洋庁が置かれた行政中心地で、現地住民も日本語を使う機会が多かったのに対して、トラックやヤルートは離島が多く、公学校で日本語を学ぶ必要性も少なかったためだろう。たとえば、第四章で検討する土方久功が七年を過ごしたヤップの離島サタワル（サテワヌ）島から公学校に通うことは現実的に不可能であり、実際、現地で日本語はほとんど通じなかった。

なお、日本統治時代のミクロネシアには、現地住民から選ばれる巡警と呼ばれる下級警察官の制度があった。巡警になるためには試験や身体検査を受ける必要があったが、公学校卒業以上の者については学科試験が免除された（南洋庁長官官房　一九三二：一八五）。巡警は、現地社会のいわば新しいエリートであり、内地からミクロネシアを訪れる研究者は、しばしば彼らの協力を得ている。こうした背景については本論で適宜触れる。

南洋貿易と南洋興発

次に確認したいのが、一九一四年の海軍による現地占領以前からミクロネシア各地で日本の企業が事業を開始していたこと、そして二二年の南洋庁創設後、現地でおこなわれた調査研究をさまざまな形で支えた南洋貿易と南洋興発というふたつの企業についてである。

日本人の南方地域への関心は明治期から存在するが、ミクロネシア地域への日本企業の進出が始まるのは、一八九〇年代のことである。実業家・著述家・政治家として知られる田口卯吉が一八九〇年、南島商会を組織し、帆船天佑丸で南洋航海を実施、グアム、ヤップ、パラオ、ポナペで現地住民と交易をおこなった。その際、ポナペに残った数名の乗組員が支店を開設したのが、ミクロネシアにおける邦人商店の嚆矢といわれる。南島商会はこの航海一回で解散したが、その後、南島商会の資産を受け継ぐ一屋商会、快通社、恒進社、南洋貿易日置会社、南洋貿易村山合名会社などが相次いでミクロネシア各地に商店を開いた。

このうち南洋貿易日置会社と南洋貿易村山合名会社が一九〇六年に合併して南洋貿易株式会社となり、五隻の帆船と主要離島に支店を有する南洋貿易（南貿）は、ドイツ統治時代、ミクロネシアと日本との貿易をほぼ独占する。後述するように、日本統治時代になると、南洋貿易は、各離島間をつなぐ海運業や貿易、商業のみならず、乗合バス、ヤシ栽培、水産、油脂など多角的な事業をおこなうようになった（栗林　一九七〇：丹野　二〇一五：一三―三六）。

そして、日本の研究者による〈島〉での調査研究において、南洋貿易以上に大きな役割を果たした会社が、一九二一年にサイパンで創業した南洋興発（南興）である。南洋興発は、サイパンで製糖業を営む西村拓殖（一七年創業）と南洋殖産（一六年創業）の事業が行き詰まり、両社で働いていた移民労働者を救済する目的で設立された。

南洋興発が創業する際、その主要出資元となったのは、朝鮮半島から中国大陸まで幅広い事業をおこなっていた国策会社の東洋拓殖である。社長には日本国内と台湾で製糖業に携わっていた松江春次が就任し、サイパンに取り残され、貧窮下に置かれていた移民労働者と施設、農場を引き継ぐ形で製糖業に乗り出した。南洋興発による製糖工場での生産は二〇年代中盤に軌道に乗るが、ここで注意すべきは、内地からミクロネシアへの移民事業の中核を担ったのが南洋興発であり、しかも移民の多くを占めたのは沖縄出身者だったということである。もともと西村拓殖・南洋殖産時代からサイパンのサトウキビ農場で働く労働者の多数を沖縄出身者が占めていたが、松江は事業の拡大にあたって、積極的に沖縄から移民を募集した（松江　一九三二：八二）。

その後、南洋興発は、製糖と移民事業を中心に、牧畜、リン鉱採掘、水産、海運など多角的な経営をおこない、多くの関連会社を傘下においた（丹野　二〇一五：一三一―一三六）。南洋興発はあくまでも私企業だが、同社が納める税が南洋庁歳入の過半を占め、なかば国策会社のような性格を有するコンツェルンとして日本統治時代のミクロネシア社会に君臨した。「北の満鉄、南の南興」「海の満鉄」などと呼ばれる所以である。(5)また、松江春次は〈島〉でおこなわれる学術調査に協力的であり、本論でみるように、現地調査の際、松江や南洋興発の関連施設の世話になった研究者は多い。

民間航路の開設

最後に、第一次世界大戦後における内地からミクロネシアへの航路の整備状況について説明しよう。日本による現地占領後、ミクロネシア各地で調査研究をおこなう研究者は、基本的に民間航路を使って現地に向かったからである。

大戦以前には、日本とミクロネシア間には正式な民間航路は存在せず、小さな商船がコプラや、ドイツが開発を進めたアンガウル島のリン鉱石を求めて、不定期に航海するだけであった。後述するように、一九一四年一〇月の占領直後から、日本郵船が現地との運航を開始したが、これはあくまでも海軍の御用船として交代要員や物資を運ぶためのものであった。

したがって、現地への定期航路の整備は急務だったが、翌一五年、先述した南洋貿易が内地とミクロネシアを結ぶ航路の開設を海軍省から受命した（今泉　一九九〇：一二）。南洋貿易は汽船三隻をチャーターし、横浜―横須賀―サイパン―トラック航路（内地―南洋間）のほか、トラック―クサイエ―ギルバート（イギリス領）―ヤルート間、トラック―ヤップ―パラオ―アンガウル―メナド（オランダ領）間を結んだが、一九一七年、内地―南洋間航路から撤退する。

内地とミクロネシアを結ぶ航路については日本郵船がこれを引き継ぎ、アジア・太平洋戦争開戦にともない定期運航が困難になるまで、内地からミクロネシアに向かう研究者のほとんどが日本郵船の船を利用した。日本郵船の南洋航路には東回り線、西回り線、東西連絡線、サイパン線の四つがあり、一九二二年の南洋庁創設以降は同庁の補助金の交付を受ける命令航路となった。ちなみに、横浜から南洋庁があるパラオ・コロール島まで最短で五日（東西連絡線）、通常だと十日から二週間程度の船旅であった（図表2）。

一方、ミクロネシアの各離島間については、南洋貿易が最も大規模な経営をおこなっており、日本郵船と同様、南洋庁の補助を受け、サイパン、ヤップ、パラオなどの主要な島と周辺離島を結んだ。環礁内についても、現地の運送会社や個人経営によるさまざまな航路が存在し、環礁内の島々をつないでいた。

また、詳細は省くが、パラオを経由して内地とオランダ領東インドなどを結ぶ航路（日本郵船など）や、ニューギニア、フィジー、サモアなどに向かう航路（南洋貿易、南洋興発など）もあり、ときに研究者は、これらの航路を使ってオランダやイギリスの植民地に調査の足をのばすこともあった。なお、一九三九年に航空路も開かれ（旅客営業は四〇年から）、アジア・太平洋戦争開戦まで飛行艇が月二回、横浜とパラオを往復するようになった（若林　二〇一六：一二一―一五一）。

本論でみるように、〈島〉で調査研究をおこなう研究者は、このようにミクロネシア全域に細かく張りめぐらされた航路を使って、各地でフィールドワークを実施した。また、これらの船旅では研究者が偶然同船することもあり、船は彼らの出会いの場でもあった。

図表 2　ミクロネシアおよび周辺地域への航路（1937 年頃）

内地-南洋間航路（日本郵船）：計 9 隻	西回り線	神戸、大阪、門司、横浜、サイパン、テニアン、ロタ、ヤップ、パラオ、アンガウル、メナード、ダバオ、タワオ間往復
	東回り線	神戸、大阪、門司、横浜、サイパン、トラック、ポナペ、クサイ、ヤルート間往復
	サイパン線	神戸、大阪、門司、基隆、那覇、横浜、八丈島、サイパン、テニアン、ロタ間往復
離島間航路（南洋汽船、南洋貿易）	マリアナ群島線（年 19 回）	
	ヤップ、パラオ離島線（年 4 回）	
	ポナペ離島線（年 3 回）	
	マーシャル群島線（年 7 回）	
環礁内航路（運送組合、個人）	パラオ	コロール、パラオ本島、ペリリュー、アンガウル間（年 300 回）
		コロール、ガルミスカン間（年 250 回）
		コロール、ガルドック間（年 220 回）
		コロール、アイライ間（年 468 回）
	トラック管内各島間	年 198 回
	ポナペ	ポナペ島附属島間（年 132 回）
	ヤップ	コロニー、トロ、ゴフ間（年 240 回）
	サイパン-グアム間	（年約 10 回）
	パラオ-ニューギニア、チモール間	（年約 10 回）
離島と他の外国植民地間	オーストラリア植民地ラバウル、ケビアン、ニューギニア、サルモア、英領サマライ	
	英領ギルバート島、ブタリタリ、タラウ	
	仏領ニューカレドニア島ヌメア	
	トンガ王国トンガタブ島ヌクアルフア	
	英領フィジー諸島スブア	

出典：大宜味朝徳『南洋群島案内（アジア学叢書 112)』(2004) より作成。

なお、南洋庁は、ミクロネシアへの外国人立ち入りを制限していた。そのことにより、太平洋で日本と対峙するアメリカは、現地の軍事基地化に対する懸念を強めることにもなったが、一九四五年までミクロネシアにおける調査研究はほぼ日本人の手に独占されていたことにも注意しておきたい。

本書の構成

ここで本書の構成について、簡単に紹介しておく。

前半の第一章から第四章では、主としてパラオ熱帯生物研究所創設以前におこなわれたさまざまな学問分野の調査研究を検討する。

第一章では、一九一四年の日本海軍によるミクロネシア占領直後、文部省が現地に派遣した多分野の研究者が実施した視察の報告書（『南洋新占領地視察報告』）を中心に、帝国日本のミクロネシアにおける初期の学術調査の展開を検討する。ここでの課題は、いまだミクロネシアの将来の帰属が定まっていない占領期におこなわれた現地調査の意味について考えることである。

第二章では、一九二〇年代から三〇年代にかけて、南洋庁の支援を受け、いち早くミクロネシアの民族誌を発表し、のちに「南洋研究の先覚者」とも呼ばれた松岡静雄の研究と、やはり南洋庁の協力のもと、二〇年代末に現地で大規模な身体計測調査をおこなった長谷部言人（自然人類学者）の調査研究について分析をくわえる。

第三章では、二〇年代後半以降、委任統治との関係で問題になった、ヤップ島の人口減少をめぐる調査研究について検討する。ここで取り上げるのは、現地の医院につとめる医師が進めた医学調査と、植民政策学の立場から現地でフィールドワークをおこない、人口減少問題に迫ろうとした矢内原忠雄の研究である。

第四章では、「日本のゴーギャン」とも称される土方久功（彫刻家・画家・詩人・アマチュア民族誌家）を取り上げる。彼は、一九二九年、パラオ・コロール島に単身わたり、以降、七年間のサタワル島滞在をはさんで、四二年にコロールから引き揚げ、内地に戻るまで、ミクロネシア各地で民族誌・考古学調査を実施した。土方久功には近年改めて注目が集まっているが、ここでは、先行研究や彼が残した詳細な日記に依拠しながら、土方の〈島〉における調査研究の足跡をたどる。

そして、本書が特に注目するパラオ熱帯生物研究所（一九三四—四三年）の活動と、研究所周辺における調査研究の展開について考えるのが、続く第五章から第九章までである。

まず第五章で、研究所が誕生するまでのプロセスとその沿革、注目すべき研究成果、コロールでの研究生活などを検討する。これをふまえて、第六章では、特に四名の研究員（阿部襄、元田茂、羽根田弥太、阿刀田研二）に着目し、彼らの〈島〉での暮らしや現地住民との交流などについて、よりふみ込んで考えてみたい。

そして、第七章では、パラオ研の活動期間にミクロネシアを訪れ、研究員とも交流しながら調査研究をおこなった南洋学術探検隊（齋藤報恩会とビショップ博物館の主宰）、田山利三郎（海洋地質学者）、八幡一郎（考古学者）、杉浦健一（民族学者）の活動を検討する。続く第八章では、パラオ研との接点はあまりなかったが、四一年九月に今西錦司（生態学者）率いる調査隊がポナペ島で実施したフィールド調査を取り上げる。

ミクロネシアでの調査研究は、一九四一年一二月のアジア・太平洋戦争勃発によって大きな転機を迎えた。三〇年代末から日本国内では南方への関心が急速に高まるが、開戦後、現地での調査研究は困難になり、四三年三月にはパラオ研も閉鎖されることになる。その一方、同年にはパラオを経由して、占領下の西ニューギニアへ大規模な調査隊（海軍ニューギニア資源調査隊）が派遣されている。こうした開戦前後の〈島〉をめぐる研究状況について考えるのが第九章である。

そして、第十章では、戦時下におけるパラオ研関係者の活動に検討をくわえる。多くが若手だったパラオ研の研究員のなかには徴兵された者もいるが、ここで特に注目したいのは、ミクロネシアでの経験を買われて、日本軍の東南アジア占領にかかわった研究者である。

以上をふまえて、帝国日本の南洋研究の遺産と、戦前、ミクロネシアで調査研究に携わった研究者の「戦後」について検討するのが第十一章とエピローグである。およそ三十年に及ぶ帝国日本の南洋研究の成果は戦後社会にどのように伝えられたのか。かつてミクロネシアで調査研究を実施した研究者、なかでもパラオ研の元研究員はいかなる後半生を送ったのか。そして、彼らはもはや帰ることのできない〈島〉での日々をどのように振り返っていたのか。こうした問題について本書の最後で考えたい。

注

(1)　ミクロネシアは「小さな島々」を意味し、ポリネシア（「多くの島々」）、メラネシア（「黒い（皮膚の人びとが住む）島々」）とあわせて、太平洋の地域区分を構成する。そのうちドイツと日本が統治下に置いたのは赤道以北の地域である。赤道以南のナウル、キリバス（ギルバート諸島）は、かつてイギリス領であり、現在はイギリス連邦の加盟国となっている。

(2)　戦前のミクロネシアにおける人類学・民族学的な研究については、かつて拙著（坂野　二〇〇五）の第六章〔「怠惰」なる他者――植民地統治下ミクロネシアにおける人類学研究〕で論じたことがある。したがって、本書における人類学者、民族学者に関する分析は、前書と内容的に重なる部分もある。

ただし、前書と一部内容的な重なりをもちながらも、本書では、学問分野と資料という点で取り扱う対象が大きく拡張されている。前書の主眼は植民地統治（委任統治）下における人類学者、民族学者の調査研究の政治性を問うことにあり、一部調査日誌なども用いたものの、そこで主な分析対象となったのは、公刊された論文や著作であった。それに対し本書では、学問の政治性への関心は継続しながらも、生物学を含む、さまざまな学問分野の調査研究を取り上げ、紀行文や調査日誌などにも書き込まれた、よりミクロな部分にこだわって、研究者の学術活動を記述していく。

(3)　本書でいう〈島〉の範囲は基本的にミクロネシア（南洋群島）と一致するが、以下で扱う調査地域は、一部ミクロネシアを拠点におこなわれた他国（植民地）の島嶼部を含むことにも注意されたい。

(4)　少数ながら、有力者の子どもや成績優秀者で内地の学校に進学した者もあった。

(5)　アジア・太平洋戦争開戦後の一九四二年に南洋貿易は南洋興発に合併・吸収された。

第一章　占領と視察——第一次世界大戦と南洋研究の起源

大正三年独領南洋諸島の我帝国海軍の占領に帰するや文部省直轄学校中東京、京都、東北の各帝国大学、東京、広島の各高等師範学校、盛岡、鹿児島の各高等農林学校及長崎、小樽の各高等商業学校に於いては其職員を此等諸島に派遣して其風土文物に就き調査研究を為さしむる所ありたり（文部省専門学務局　一九一五：序文）。(1)

第一節　日本統治以前

交替する支配者

プロローグで述べたとおり、日本によるミクロネシアでの学術調査は、海軍による占領作戦が終了した一九一四年暮れに始まる。そこで、本章では、日本統治以前の南洋調査の歴史を概観したうえで、日本の研究者が占領直後に実施した現地調査について検討しよう。

まずは日本時代にいたるまでのミクロネシア統治の変遷について簡単に確認しておく。

十六世紀以降、ミクロネシアの人びとは、次々と交替する支配者に翻弄される歴史をたどった。彼らの西欧社会との出会いは、一五二一年、世界一周航海中のマゼランの艦隊がマリアナ諸島のグアムに寄港したのが最初だとされている。その後、一五六五年にスペインはミクロネシアの領有を宣言し、政庁がフィリピンのマニラに置かれた。ただし、スペインは資源に乏しいミクロネシアに関心をもたず、キリスト教布教のため宣教師が派遣されるだけで、現地はなかば放置されたままであった。

その後、十九世紀後半になると、遅れて植民地獲得競争に乗り出したドイツがカロリン諸島、マーシャル諸島に進出し、ミクロネシアはスペインとドイツの係争地となった。ローマ法王による仲介によって、一八八五年にマーシャル諸島がドイツ領となり、ドイツの現地での通商活動などをスペインが認めることで事態はいったん収まったかにみえた。だが、一八九八年に勃発した米西戦争にスペインは敗北し、十六世紀以来の植民地帝国としての地位を喪失する。米西戦争の結果、フィリピン、グアムなどはアメリカの植民地となり、さらに翌九九年、スペインはマリアナ諸島（グアムを除く）とカロリン諸島をドイツに売却した。こうして、グアム以外のミクロネシアは、ドイツ領としてニューギニア政庁（ドイツ領ニューギニア）の管轄下に置かれることになった。

ドイツ統治時代、島嶼地域（ミクロネシア）は二大行政区に分けられていた。東カロリンおよびマーシャル諸島はポナペ庁、西カロリン・パラオ・マリアナ諸島はヤップ庁が管轄し、前者の下にトラック・ヤルート・ナウル、後者の下にパラオ・サイパン・アンガウルの計六つの支庁が置かれた。一九一四年以降、日本が支配下に置いたのは、以上のドイツ統治地域のうち、ナウルを除く地域である。(2)

ドイツ時代の学術調査

スペイン統治時代のミクロネシアでは学術調査はほとんど実施されなかった。十九世紀前半、ロシア、フランスの探検隊がミクロネシアに立ち寄った例もみられるが、現地で学術調査が本格化するのは、ドイツ統治時代に入ってからのことである（江崎　一九八四：七一―七七）。

学術調査を目的とした探検として一八七四―七六年のガツェレ号、一九〇六―〇七年のプラネット号などが知られるが、ドイツ統治時代における南洋調査の白眉といわれるのが、ハンブルク科学協会が企画したハンブルク南洋探検である。ハンブルク民族学博物館館長ティレニウス（Georg Thilenius）の計画により、一九〇八年から一〇年にかけて、メラネシア（ビスマルク諸島）とミクロネシアで大規模な探検調査がおこなわれ、ミクロネシアを担当した第二班は、人類学者A・クレーマー（Augutine Krämer）をリーダーに、カロリン諸島やマーシャル諸島で、人類学・動物学・地質学・地理学に関する広範な資料調査を実施した（高岡　一九五四：三九八―四〇五）。

ハンブルク南洋探検の成果は、ハンブルク博物館で陳列されるとともに、一九一三年から三八年にかけて公刊された（Ergebnisse der Südsee-Expedition, 1908–1910）。二十五巻にのぼるこの大部の報告書は、その後、ドイツに代わってミクロネシアを統治した日本の研究者にとっても重要な文献となり、近代化以前のミクロネシアの貴重な記録として現在でも高く評価されている。

それ以外に、ミクロネシアに長期滞在して調査に携わった研究者として、J・クバリー（クバリ、John Stanilaw Kubary）の存在も見逃せない。一八六九年、ハンブルクのゴッドフロイ博物館――コプラの産地であるマーシャル諸島で一八五七年以来、事業を展開していたゴッドフロイ商会によって設立された――と西太平洋における「採集人」として契約したクバリーは、一八九六年にポナペ島で客死するまで、ミクロネシア各地でさまざまな現地調査をおこない、数多くの報告書を残した（小谷　二〇一九：一二八―一六九）。クバリーの業績のうち、特にポナペ島のナンマドール遺跡の発掘調査が知られ（片岡・永岡　二〇一五：六九―八八）、後述するように、その後、日本の研究者もナンマドールをたびたび訪れることになる。

第二節　海軍御用船に乗って

南進論と南洋調査

一八八〇年代から九〇年代にかけて、南洋を日本の利益圏とみなし、南洋への進出を唱える論客が次々と登場し、民間の移民事業と南洋探検が一種のブームとなったことが知られている（矢野　一九七九：五〇―七八）。これは明治期南進論とも呼ばれ、プロローグで紹介した田口卯吉（実業家・著述家・政治家）以外にも、志賀重昂（地理学者・政治家）、鈴木経勲（探検家・ジャーナリスト）など、この時期、海軍の船や民間船でドイツ統治下のミクロネシアを巡航した者は複数存在する。彼らの発表した航海記（志賀重昂『南洋時事』一八八七、鈴木経勲『南洋探検実記』一八九二、『南島巡航記』一八九三など）は日本人の南進熱を高めることになったが、ここで注意しなければならないのは、彼らの視察は学術調査を目的とするものではなかったということである。

また、一八八九年から九〇年にかけて、博物学者・探検家として知られる田代安定が海軍練習艦金剛に便乗し、太平洋諸島の調査を実施している。これは太平洋地域における日本の学術調査の嚆矢とみることができるが、彼が視察したのはハワイ、ファニング環礁（現キリバス領）、サモア、フィジー、グアムで、ドイツ統治地域の調査はおこなっていない（中生　二〇一一：一二九―一六四）。さらに、南進論の高まりとともに、同時期から、人類学や博物学の専門誌に、ミクロネシアに渡航した経験をもつ軍艦乗務員や、現地で貿易に携わる日本人からの聞き書きなども掲載されるようになったが、現地に関する情報は二次的なものにすぎなかった（飯高　二〇一一：一八〇）。

明治期南進論の盛り上がりを考えれば意外にも思えるが、その後も、第一次世界大戦まで、日本の研究者によるミクロネシア研究は皆無という状態が続いていた。実際、開戦後、日本海軍が現地へ軍隊を派遣する際、最も重宝された参考書が先に挙げた鈴木経勲らの『南島巡航記』だったというエピソード[3]は、当時の日本において、ミクロネシアに関する学術情報がいかに乏しかったかを物語っている（矢野　一九七九：一一二）。

占領と視察

日英同盟にもとづき、ヨーロッパの戦乱に乗じる形で第一次世界大戦に参戦した日本は、一九一四年、当時ドイツ領だったミクロネシアを無血のうちに占領した。海軍のミクロネシア占領作戦は一四年九月二九日のヤルート島占領に始まり、一〇月には終了する。一二月二八日に臨時南洋群島防備隊条例が発布され、本格的に軍政が開始されることになった。戦前、当該地域を指した南洋群島という呼称はこのときに始まる。

管轄地域はサイパン、パラオ、トラック（現チューク）、ポナペ（ポンペイ）、ヤルート（ジャルート）の五管区に分けられ（翌一五年よりヤップ管区がくわわり、六管区となる）、司令部はトラック諸島の夏島（トノアス島）に置かれた。なお、トラックは多数の離島からなるが、日本海軍は、それらの島々を春・夏・秋・冬、月曜・火曜・水曜・木曜・金曜などと命名した。

先述したとおり、海軍による現地占領の時点で、ミクロネシアにおいて学術調査を実施した日本の研究者は存在しなかった。そのため、現地での学術調査は急務と考えられ、本章冒頭の引用にあるとおり、占領作戦終了後、文部省は、所轄の各高等教育機関からミクロネシアへの研究者派遣を決定する。第一陣を乗せた船（神奈川丸）が出航した一二月二〇日は、臨時南洋群島防備隊が設立されるより前（占領作戦終了から二ヶ月弱）であり、非常に短期間のうちに現地調査の実施が決定されたことがわかる。一九一四年暮れから翌一五年にかけて実施されたこれらの視察の成果は、『南洋新占領地視察報告』（一九一六）と『南洋新占領地視

松山基範（京都帝大理科大講師）・金子秀吉（同助手）	「南洋ヤルート島ニ於ケル重力偏差測定報告」（正）	「重力偏差測定」、4月16日帰還（鹿児島丸） 地球物理学者
第3陣：15年3月5日横須賀発（加賀丸）		
青木廉二郎（東京帝大大学院学生）	「新占領地南洋諸島地質略報」（追）	「地質」調査（珊瑚礁、リン鉱含む）、帰還日不明 地質学者
雨宮育作（東京帝大大学院生）	「水産上ヨリ見タル我カ南洋占領地」（追）	「水産上の事項」調査、5月7日帰還（加賀丸） のちに東京帝大、名古屋大教授、水産学者
池田善雄（東京帝大医科大副手）	「南洋諸島調査報告」（追）	薬用植物、有用植物の調査、7月11日帰還
長谷部言人（東京帝大医科大副手）	「南洋新占領地視察報告」（追）	「体質人類学的調査」と「材料蒐集」、5月19日帰還（南海丸） 人類学者
松村瞭（東京帝大理科大囑託）	「南洋占領地ニ於ケル人類学上ノ調査概略」（追）	「人類学上の調査」、柴田常恵・長谷部と同道、5月7日帰還（加賀丸） 人類学者
第4陣：15年4月5日横須賀発（船名不明）		
草野俊助（東京帝大農科大助教授）	「南洋諸島ノ森林」（追）	「熱帯植物の研究資料として樹木の標本を採集」「各島の植物景観」特に森林を観察 植物病理学者、菌学者
第5陣：15年6月28日横須賀発（鹿児島丸）		
五島清太郎（東京帝大理科大教授）・岡田弥一郎（東京帝大理科大囑託）	「南洋新占領地視察報告」（追）	「玳瑁《たいまい》の卵の採集」「蝙蝠の胎児の採集」「二枚貝類における心臓と腸との関係に就ての憶説を試験する材料蒐集」、9月6日帰還（加賀丸） 動物学者
寺田貞次（小樽高等商業学校教授）	「南洋占領諸島視察復命書」（正）	「経済地理」「商品研究」「研究材料蒐集」の目的、8月23日帰還（鹿児島丸） 経済地理学者
同上	「新占領南洋諸島踏査報告（追報）」（追）	「正編」にある報告の続き
行程（船名）不明		
宗正雄（東京帝大農科大助教授）	「熱帯作物研究報告書」（追）	「熱帯作物」および「農業労力」の調査（現地での「土人の労働力」「内地農民移住の余地」など）、農事試験場の必要性も説く 育種学者
那須皓（東京帝大農科大講師）	「農業経済ヨリ見タル邦領南洋諸島」（追）	「農業経済」調査 農業経済学者、農政学者
山本美越乃（京都帝大法科大助教授）	「南洋新占領地視察報告」（追）	現地の「経済的価値」の調査 経済学者、植民政策学者

出典：『南洋新占領地視察報告』（正編1916、追録1917）より作成。

図表 1-1 『南洋新占領地視察報告』（正編 1916、追録 1917）調査概要

氏名（所属）	報告書名（正・追）	調査内容（研究テーマ）、特記事項など
第 1 陣：14 年 12 月 20 日横須賀発、15 年 2 月 13 日帰還（神奈川丸）		
明峰正夫（東北帝大農科大助教授）	「南洋新領土視察復命書」（正）	「植物の採集」、助手（渡瀬次郎）が同道 育種学者
石橋栄達 （京都帝大医科大副手）	「旧独領ミクロネシア諸島見聞記」（正）	「病原性動物の考察」にくわえ、「一般動物に就ての観察」 動物学者、のちに第三高校教授
石丸文雄 （盛岡高等農林学校教授）	「南洋占領地視察報告書」（追）	非常に幅広い調査 宮沢賢治の師、林学者か
岩崎重三 （東北帝大理科大講師）	「南洋視察報告」（正）	「火山の性質」「珊瑚礁の性質」「熱帯地方土壌の生成」「燐鉱」 地質学者、鉱物学者
内田寛一（京都帝大文科大助手）	「我カ占領南洋諸島視察概報」（正）	「地理学研究」、楢林・石橋と協力して調査 地理学者
奥田譲（東京帝大農科大助教授）	「南洋諸島出張報告」（追）	「水産物の調査」 のちに九州帝大教授、水産化学者
河越重紀 （鹿児島高等農林学校教授）	「新占領南洋諸島植物調査報告書」（正）	「経済植物調査研究」（「有用植物の調査」） 植物学者
日下部四郎太 （東北帝大理科大教授）	「マーシャルカロリンマリアナ群島視察報告」（正）	地質学調査 地球物理学者
小泉源一（東京帝大理科大嘱託）	「ヤルート島植物地理」（追）	「植物地理」調査 植物学者
小出満二 （鹿児島高等農林学校教授）	「南洋新占領地視察報告」（正）	「独逸植民事業」の評価が中心 農政学者
楢林兵三郎（京都帝大医科大病理学教室）	「新占領南洋諸島ノ視察報告」（正）	「病理学的方面」の調査が主、「医事衛生一般」も 医学者
藤田輔世 （東京帝大理科大嘱託）	「旧独領ミクロネシアニ於ケル海産動物調査報告書」（追）	「海産動物に関する調査」、途中で下船、帰還は 3 月 25 日 東京帝大三崎臨海実験所助手をつとめる
堀田正逸 （東京帝大農科大教授）	「南洋新占領地視察報告」（追）	各島における重要な樹木の評価 林学者
堀井栄吉（鹿児島高等農林学校動物学教室助手）	「新領土南洋諸島動物調査報告書」（正）	「動物に就て学術実地調査研究」
第 2 陣：15 年 1 月 20 日横須賀発（南海丸）		
高橋牉 （広島高等師範学校教授）	「南洋占領諸島旅行報告」（追）	「動物採集」、4 月 16 日帰還 動物学者

察報告（追録）』（一九一七）の二冊として、文部省専門学務局から刊行された。

そして、ここで注意したいのは、占領作戦は終了していたとはいえ、この視察がおこなわれた時期、現地はいまだ「戦時下」だったということである。占領直後から、交替要員や物資を現地に運ぶため、日本郵船が定期的に海軍御用船の運行を開始したが、当時、民間人の渡航は、海軍省の許可を得たうえで、御用船に便乗するのが原則となっていた（著者不詳　一九一五：一六二）。

ここで、派遣者の氏名と所属、調査行程、調査内容を表にまとめておく（図表1-1）。派遣された研究者の専門領域は、（地球）物理学、地震学、地理学、動物学、植物学、地質学、人類学、考古学、医学、薬学、農学、林学、水産学、農政学、経済学、植民政策学と多岐にわたり、その総数は二冊の報告書に報告を載せている者だけで三十名にのぼる(4)。

ただし、軍政期に現地で調査をおこなったのは文部省から派遣された者だけではない。同時期、個人的にミクロネシアにわたった研究者の全体像をつかむのは困難だが、台湾総督府から派遣された金平亮三（台湾総督府林業試験場技師、一四年一二月—一五年四月）と森丑之助（台湾総督府博物館主事、一五年八—九月）の存在は注目に値する。台湾で長年、現地調査の経験を積んだ彼ら二名を「新占領地」に派遣することで、台湾総督府は、同じ南方に位置するミクロネシアの情報を収集しようとしたと考えられる(5)。

また、金平亮三は一九二八年、九州帝大農学部教授に転任し、その後、台湾、ミクロネシアを含む南洋地域の植物学、林学の権威として知られるようになる。本書では、金平について項目を立てて検討することはしないが、彼が一九二九年から三一年までミクロネシア各地でおこなった広範な植物調査の成果は、南洋庁から大著『南洋群島植物誌』（一九三三）として刊行された。

アジア・太平洋戦争直前の一九四〇年、金平が田山利三郎（海洋地質学者）とともに実施したニューギニア調査と、九州帝大を退官後、陸軍司政長官としてかかわった東南アジア占領をめぐる問題については、第

図表 1-2　神奈川丸

出典：日本郵船歴史博物館。

七章と第十章でそれぞれ触れることにしよう。

横須賀軍港から〈島〉へ

それでは、文部省からミクロネシアに派遣された研究者はどのような日程で現地調査をおこなったのだろうか。次に彼らの視察日程を確認しよう。

視察参加者は海軍の御用船に便乗して現地に向かったが、その第一陣である神奈川丸は一四年一二月二〇日に横須賀軍港を出航、ミクロネシアの島々を巡航し、二月一三日横須賀に帰還した（図表1-2）。第一陣に東北帝大から参加した日下部四郎太（地球物理学者、東北帝大教授）によれば、出発当時は、まだドイツの船が周辺海域に出没するおそれがあるということで、出航日や港名も秘密とされていた。一二月一五日に文部省に出頭せよとの命令があったため、日下部が仙台を出発したのが一四日早朝、東京に数日滞在後、船に乗り込んだときには「真白なる霜の上に印する車輪の跡が、或は故国に残す最後の紀念物と成りはしまい乎との念が起らぬでも無かった」という（日下部　一九一五a：七二―七六）。

第一陣は計二十一名（教員十九名、学生二名）の大所帯となり、それぞれ調査項目は異なるものの、ほとんど――途中、東京帝大の二名は「海産物研究」のためパラオで下船している――行動をともにした（石丸一九一七：一七四）。「一行二十余名一室に起臥」しての視察は、情報交換という点ではそれなりに有益だったようだが（奥田　一九一七：五一）、全国の教育機関から急きょ集められた、異分野の研究者が終始行動をともにして視察をおこなうには無理があったのも確かである。先述した日下部は、帰国後、東北帝大の学友会誌に寄せた旅行記で、徴兵検査前の「若輩」から「高等官何等等と位人臣を極めた者」「勇肌の雇人」まで、一行は「真性の玉石混淆」で「何等の連絡なき烏合之衆」だったと皮肉っている（日下部　一九一五b：二六―二八）。

その後、現地の安全性もある程度確認されたということだろう。第二陣の南海丸（一五年一月二〇日出航、三月二五日帰還）以降は、参加者が個別に調査計画を立てて船に乗り込み、調査の進展に応じて適宜途中で下船し、現地に一定期間滞在したあと、別の御用船に乗船して視察を続ける形となった。ともあれ、ここで第一陣（神奈川丸）の調査日程を表にまとめておく（図表1-3）。

この表でまず注目すべきは、実際に調査にあてられる日数の短さである。ミクロネシアは太平洋に散在する島嶼群である。各離島間を船で移動するだけで時間がかかるため、実際に現地調査にあてられる時間は少なかった。

しかもまた、現地の事情により、すべての島に上陸できるわけではなかった。上陸・宿泊を許された島では、現地守備隊や、開戦前から現地で開業していた邦人商店に宿泊の便宜をはかってもらい、ときに現地住民の集会所に泊まることもあった。だが、宿泊不能な島では日帰りとなり（船中泊）、その場合には、上陸

図表 1-3　南洋新占領地視察第 1 陣（神奈川丸）旅程表

年月日	発着	視察内容
12 月 20 日午前	横須賀発	
28 日午前	トラック島着	ダブロン島（夏島）上陸帰船
29 日		ソーン島（春島）視察帰船
30 日		ウドート島（月曜島）視察帰船
31 日		フエフワン島（秋島）視察・ダブロン島守備隊泊。6 日までダブロン島で視察
1 月　6 日午前	トラック発	（ダブロン島より帰船）
8 日	ポナペ着	ポナペ島上陸、守備隊に泊
9 日午後	ポナペ発	（ポナペ島で視察帰船）
11 日午前	クサイ着	クサイ島上陸視察帰船
午後	クサイ発	
13 日午前	ヤルート着	ヤポール上陸帰船
14 日		ユニボール島視察帰船
15 日		ヤポール視察帰船
17 日午前	ヤルート発	
19 日午前	クサイ着	上陸視察帰船
午後	クサイ発	
21 日午前	ポナペ着	上陸守備隊に泊
22 日午後	ポナペ発	ヂョカーヂ島視察帰船
24 日午前	トラック着	ダブロン島（夏島）視察帰船
25 日		同
26 日午前	トラック発	
31 日午前	アンガウル着	上陸視察帰船
2 月　1 日午前	パラウ着	マラカル、コロール島視察、マラカル南洋貿易会社に泊
2 日		パラオ本島アイライ視察、同地の現地住民の集会所泊
4 日午後	パラウ発	マラカル、ヘカヘクに同地視察帰船
5 日午前	ヤップ着	上陸視察帰船
5 日午後	ヤップ発	
6 日	フェイス島周航視察	
8 日午前	サイパン着	上陸視察帰船
8 日午後	サイパン発	
13 日午後	横須賀着	（計 56 日）

出典：文部省専門学務局編『南洋新占領地視察報告』（正編 1916、追録 1917）より作成。

と帰船に時間を要するため、島で調査に費やせる時間は数時間ということも普通だった（日下部　一九一六：九七；小出　一九一六：一九二）。

こうした事情について、京都帝大から動物学調査のため参加した石橋栄達（京都帝大医科大学副手）は次のように述べている(6)。

動物学研究の為めヤルート島出張を命せられ同月二十日横須賀港発該島に向ひしも便船の都合上、該島に留る時は予定日数に多大の齟齬を来たすの所ありしを以て同一船にて始終し新占領の所謂南洋諸島を巡察する事と為せり。従て乗船日数は約二ケ月に及ひしも碇泊日数は僅に十八日に過きす、其最も長く上陸せし時と雖も研究に費し得し日数は一週を越へす、多くは一日内外にして見聞せる所も概して上陸地点付近に限られたるは事止むを得さるに属すと雖遺憾尠からす（石橋　一九一六：七〇）

上陸時間の短さによる調査の不十分さは参加者の多くに共通する嘆きであった。また、時間的制約から、調査はどうしても「眼より入りたるもの」（自らの観察）より「耳より入りたるもの」（現地での聞き書き）が中心になるが、それらの情報が必ずしも信頼できるものではないという問題もあった（日下部　一九一六：九七）。

先述したとおり、視察参加者が訪れた当時、ミクロネシアの島々には、少数ながら、現地で貿易、商店などを営む日本人も暮らしていた。視察参加者は、英語やドイツ語が少しわかる現地住民からも聞き書きを試みているが、実際に聞き書きの主な対象となったのは、このような現地在住の日本人や欧米人であった。ドイツの統治責任者はすでに退去させられていたため、欧米人の場合はドイツ人医官、ヤルート会社（ドイツの貿易会社）社員(7)、アメリカ人宣教師などが主たる聞き書き対象となった。ただし、ドイツの統治責任者がいないため、十分な情報が得られないという問題もあった。

次に、参加者が個別に調査日程を組むようになった第二陣以降の視察のなかから、旅程がある程度わかる三つの視察を取り上げ、個々の視察経過について確認しておこう。ここで取り上げるのは、京都帝大から派遣され、「重力偏差測定」に従事した松山基範（南海丸＝第二陣）、東京帝大から人類学関係の調査のため参加した松村瞭、柴田常恵、長谷部言人（加賀丸＝第三陣）、さらに小樽高商から派遣され、現地の経済学的な調査をおこなった寺田貞次（鹿児島丸＝第五陣）の調査日誌である。物理学、人類学（考古学）、経済地理学とそれぞれの専門はまったく異なるものの、彼らの日誌からは、「新占領地」における視察の実態がはっきりとうかがえる。

第三節　視察日誌より

物理学者

松山基範（京都帝大講師、のちに京大教授、地球物理学者）が参加したのは第二陣（南海丸）である。助手である金子秀吉を帯同し、主目的はヤルートで「重力偏差測定」を実施することにあった。

ふたりは一五年一月二〇日午後一時、南海丸に便乗して横須賀軍港を出航。現地の不便を予想し、松山たちはテント、食糧も用意し、やむを得ない場合は現地住民の家に宿泊し、彼らの食事をとることも覚悟していた。小笠原、サイパン、トラック、ポナペ、クサイ（現コスラエ）を経由して二月九日朝、目的地であるヤルートに到着。出航から二十日目であった。出発前から野外観測に必要な機械類の運搬が最大の懸念材料であり、現地到着後、守備隊から、礁湖《ラグーン》内でも意外と波浪は高く、機械類の運搬は困難で危険だと説かれるが、意を決して下船した。

ヤルートは小さな島々からなる環礁で、海軍守備隊の置かれたジャボール島を除けば、ほとんど道路もなく、観測地点を移動する際にはいちいち船に乗る必要があった。だが、当時ヤルートで用いられていたのは主に丸木舟であり、機械類の運搬には適さない。ドイツ人経営のヤルート会社が帆船を所有していたが、戦時のため使用できず、守備隊の船も他の任務のため使用が許可されなかった。幸い現地で商店を開業していた南洋興業株式会社(8)が所有する艀《はしけ》が一艘あり、支店主任の厚意で自由に使わせてもらうことになった。船長のほか、機械の積み卸し、据え付けなどに現地住民三名を雇うことになった。

こうして、彼らは二月一〇日から三月八日にかけて、ヤルート環礁各地で実測調査を実施する。観測地点の周囲は平坦である必要があり、現地住民の集落がある島では家屋周辺が平坦にならされているため便利であったが、そうでない場所では苦労したという。また、三度渡航を試みたものの、三度とも波浪に妨げられ、計測を断念した島もあった。

滞在中は守備隊の厚意により、ドイツ時代の旧病院医員官舎を宿舎として用い、食事は守備隊士官室で給されることになった。「重力偏差」の測定以外に、気象、潮汐の観測もおこなうことにしていたため、一名が常に宿舎に留まり、他の一名が南洋興業の艀に便乗して、各島で野外観測を実施した。当初は携帯した乾パンと缶詰を野外用の常食としたが、島に慣れてからは商店に備えてある「南京米」(インディカ米)を携帯し、現地住民から鮮魚を求めることになった。住民は非常に親切であり、予想以上に順調に調査を続けることができたという。

三月一一日、今度は鹿児島丸(八日に入港)に便乗してヤルートを出航、クサイ、ポナペを経由して三月一九日、トラックに再び到着。トラックの「重力偏差」を測定し、ヤルートと比較するのも興味深いと考え、鹿児島丸が西部の各島を巡航して戻ってくるまでの三週間、トラックに留まるか迷ったが、今回は準備が不十分と判断し、断念した。

三月二〇日朝、トラックを出航、ヤップ、パラオ、アンガウル、さらにトラックを経由して、横須賀へ。四月一六日、横須賀軍港に帰着。視察は終了した（松山・金子　一九一六：一―一六）[9]。

人類学者

次に東京帝大から派遣された松村瞭（理科大学人類学教室嘱託）、柴田常恵（同助手）、長谷部言人（医科大学副手）の視察の足跡を検討しよう。

三人は一九一五年三月五日に加賀丸で横須賀軍港を出航（第三陣）。加賀丸はイギリス領フィジーで「特別任務」があるため、海軍防備隊の本部があったトラックを経由し、いったんフィジーに向かった。スバ港から上陸、一日間の滞在中、現地の博物館を訪問した際、長谷部はフィジー人の頭蓋骨を寄贈されている。

その後、三人はマーシャル、ヤルートを経由して、クサイ（エ）へ。クサイ（エ）には六日間滞在、この間、長谷部は現地人の計測調査（「頭目に選定せしめたる純血土人男子十一名」）、松村・柴田は各種資料の採集などに従事した。

次の寄港地であるポナペには四月九日に到着。ここで長谷部は二人と別れ、その後は別行動となった。松村と柴田の視察目的が「古物遺跡の調査と土俗品蒐集」である一方、長谷部は「体質人類学的調査並に材料蒐集」に重点を置いていた。松村と柴田は幅広くミクロネシア全域を巡見することを優先したのに対して、長谷部の場合、身体測定には時間がかかるため別行動となったのだろう。

松村と柴田はそのまま加賀丸に乗り込み、ヤップ、パラオと巡見を続けた。船はパラオからアンガウルに向かったが、二人は乗船せず、パラオで調査を継続。アンガウルから戻ってきた船に再び乗り込み、さらにヤップ、トラック、サイパンと回って、横須賀に五月七日帰還した。この間二人は協力して「土人の体質測定観察、土語の蒐集、風習の取調、古趾の実査」などをおこない、「土人の容貌風俗を撮影すること二百有余枚、蒐集の土俗品は其点数三百数十点」に及んだ（この記録については後述）。全日程六十四日、移動距離一一二〇〇海里の視察であった。

一方、ポナペで二人と別れた長谷部は現地に十二日間滞在して、各集落の住民が数百名集まっての「大舞踏会」の見学、先に触れたクバリーの発掘で知られるナンマドール遺跡の視察、計測調査（「純粋土人十名」）などを実施した。その後、南海丸に乗り込み、トラックに向かう。トラック諸島には船中泊だが十二日間滞在した。夏島、秋島などで住民の観察、身体計測（「純粋土人十名」）も実施し、在留日本人から頭蓋骨二個の寄贈を受けた。

その後、上陸はわずか二時間足らずだが、長谷部はサイパンでも現地住民が暮らす集落の視察をおこない、帰途についた。途中、小笠原（父島）二見港に寄港した五月一六日、やはり文部省から派遣され、同船していた加藤鐵之助（東京高等師範学校教授、地理学者）が急死するというアクシデントが起こる。医学者でもある長谷部は遺骸に防腐剤注入の処置を施し、翌日納棺となった。南海丸で五月一九日、横須賀に帰還。全行程は七十六日であった（長谷部　一九一七　九八―一〇〇：松村　一九一七：一一七―一一八）。

経済地理学者

寺田貞次（小樽高等商業学校教授、のちに京大教授、経済地理学者）がくわわったのは第五陣である（鹿児島丸）。以下、同様に視察日程と注目される事項を記そう。

六月二八日午前十時、鹿児島丸に便乗し、午後一時、横須賀軍港を出航。五島清太郎（動物学者、東京帝大教授）、岡田弥一郎（同嘱託、のちに東京高等師範学校教授）が同船していた。翌二九・三〇日は波浪が強く、船室にこもる。船酔いで三度の食事もとれぬほどだったが、七月一日早朝、小笠原（父島）二見港に入港。五島とともに二見町を見物し、物産陳列所、熱帯植物園などを巡見、四時に出航する。船旅の途中（四日午後）、同船の便乗者で長年トラックに暮らす森小弁から現地の話を聞いた。森小弁は、日本統治時代のミクロネシアにおける著名人であり、のちにみるように、現地調査の途中で森の世話になった研究者も多い[10]。

七月五日午前、サイパン到着。五島とともに守備隊本部へ向かったあと、現地住民の集落へ。現地住民経営の商店、石けん製造場、南洋貿易支店について調査し、午後出航。ドイツ統治時代に強制移住させられたサモア人五十名ほどを帰国させるため（イギリス経由でサモアに送り返す予定）船に便乗させたという。

七月八日早朝、トラックに到着し、上陸後、五島とともに司令部へ向かう。軍の調査報告書などを閲覧後、帰船。九日早朝、再び上陸し、五島と別れ、現地住民の集落に関する調査。最終定期便で帰船。一〇日午前、出航した。

七月一四日早朝、ヤップ到着。五島とともに上陸、守備隊本部へ。ドイツ時代に設置された有名な海底電信所を見学後、現地住民の集会所内に店を開いている南洋経営組合[11]を訪問し、商品について調査。さらに来店する現地住民について視察を実施する。その後、南洋貿易支店で商業状態の調査。午後、守備隊主計長の案内で海岸沿いの集落を視察した。家屋の建築、集会所などに感じられる美術的才能から「トラック島土人よりはるかに進歩しているのを認める」と記している。平地に富むため、ヤシの栽培地としてだけでなく、有用植物の栽培上、利用する価値があると考えた。

七月一五日早朝、上陸後、西カロリン会社（ヤルート会社の子会社）を訪問、販売商品の調査。午前十時、出航。

七月一六日午後一時、パラオ着。小さい蒸気船で島々のあいだを走り抜け、守備隊本部へ。現地住民集落の調査、南洋貿易の視察。しばらくパラオに滞在して調査を続ける五島らといったん別れ、商品について調査をおこない、日没後帰船した。

七月一七日早朝、上陸。二社で調査。午後、付近の海岸を踏査、農林水産業の将来性について調査を実施した。文化的なヤップとの類似性、集会所の発達を認める。午後二時出航、アンガウルへ向かった。

七月一《ママ》七日[12]早朝、アンガウル着。ドイツ統治時代に整備された軽便鉄道に乗り、リン鉱採掘場と乾燥場の視察。午後二時、パラオに戻る。

七月一八日から二五日、ヤップを経由してトラックへ。七月二六日、加賀丸に便乗してきた高等学校の学生たちが採集しているのをみかける。

七月二七日、トラックを出航後、ポナペ、クサイ、ヤルート、クサイ、ポナペと巡見し、八月一一日にトラックに戻る。八月一二日、トラックの夏島でカヌーを雇い春島へ。島内および南洋貿易を視察し、森小弁らと再会。帰途、夏島の「満洲公園」に立ち寄り、イギリス人経営の商店を見学する。

八月一三日、加賀丸が入港し、パラオ調査を終えた五島と久しぶりの再会。夏島に上陸し、南洋貿易を訪問後、現地住民の集落を視察。夕方帰船した。サイパンを経由して、二〇日、小笠原（父島）二見港入港。再び陳列場、農園など視察。夜出航。八月二三日、横須賀軍港に帰着した（寺田　一九一七：二〇五―二六八）。

第四節　人類学者がみたミクロネシア人

「占有」と人類学

それでは、〈島〉に派遣された研究者の眼にミクロネシアの人びとはどのように映っていたのだろうか。視察報告書では多くの研究者が現地住民に対する印象を語っているが、ここで住民の生活を調査対象とした人類学関係者（松村、長谷部、柴田）のミクロネシア人観について検討しておきたい[13]。

実のところ、松村と長谷部が文部省に提出した報告書は非常に短いものであり、柴田常恵は報告書すら出

図表 1-4　ヤップ島の住民

出典：Matsumura, *Contributions to the Ethnography of Micronesia* (1918).

していない。だが、その代わりというわけでもないだろうが、彼らが関係する東京帝大および人類学会ではいくつかの報告を発表している。とりわけ松村が理科大学の紀要に英文で発表したContributions to the Ethnography of Micronesia (Matsumura 1918) は、そこに収められた多くの写真とともに、当時のミクロネシア社会の様子を伝える貴重な記録となっている（飯高　二〇一一：一八一）（図表1-4）。

まずはここで、〈島〉の占領が人類学者にとってもった意味を確認しておこう。次に掲げるのは、松村の報告書に引用されている、視察計画を知った際に当時の櫻井（錠二）東京帝大理科大学長に提出したという「意見」である。松村は次のように述べている。

> 東洋に於ける人種の調査は、本邦人類学研究者の努力を致すへき圏内に属し、大陸を始めとしてマレー諸島に至るまで調査すへき人種多々ありと雖、今回我海軍の占有に帰したるミクロネシア諸島住民の如きは、従来泰西の学者すら之か調査に従事する者少く、従て其文献の見るに足るものなし。

而して同島住民に関する人類学的智識の欠陥は、引いて帝国人種の研究上にも亦支障を生すること少しとせす。されは斯学研究者は同島の調査を切望すること大なりにしも関はらす、未た其機会を得るに至らさりしか、今や我領有に帰せしは之か調査の好機と謂つへし。聞く所によれは同島住民は、近年欧米人との交渉漸く繁く、諸島間との交通また熾なるに至り、固有の風習漸次頽れて欧化の傾向を示すものあり。加ふるに将来は益々内外人の往復頻繁を来すへけれは、彼等の風俗習慣を調査し土俗品を蒐集するは、最も刻下の急務に属し、一旦其機を失はんか、固有なる土俗品の如き全く散逸して其跡を絶ち、再ひ之を獲るの途なきに至るへし。之れ実に人類学上調査の目的を以て此際出張のことあるを望む所以なり（松村　一九一七：一一七）。

松村によれば、ミクロネシアの「占有」は人類学者にとって絶好の機会にほかならない。しかも、すでに欧米人による影響を受け、固有の習慣がすたれようとしていることにくわえ、今後、日本による開発が進むとすれば、早急に調査をおこなう必要があるのである。

カナカ——怠惰と性的放縦

そして、ここで確認しておくべきは、チャモロと「カナカ」[14]という、当時広く用いられたミクロネシアの住民に関する二大区分である。当時、ミクロネシア人は、主にマリアナ諸島に住むチャモロと、カロリン諸島、マーシャル諸島に住む「カナカ」の二大エスニック・グループに分けられていた。

このうち、ドイツ統治以前、スペインの長年の支配下にあったマリアナ諸島のチャモロはヨーロッパ人や現地に労働力として導入されたフィリピン人との混血やキリスト教化が進み、生活習慣も西洋化していたのに対し、カロリン諸島とマーシャル諸島の「カナカ」は、地域による差もあるとはいえ、比較的伝統的な生活様式を保持していた。チャモロは、ミクロネシアの住民のなかで少数派にすぎないという事情もあるにせよ、人類学者である彼らにとって、伝統文化を多く保持していると考えられる「カナカ」が主な興味関心の対象となったといってよい。

そして、彼らの目に映った「カナカ」とは、何よりも「怠惰」で「性的放縦」な人びとであった。すなわち、南の暖かな土地で怠惰な暮らしを続け（「彼等土人には天の授けました自然の食物は、充分にありますし、いつも夏のやうな暑い時候は、強いて衣服に心配を要することもありませんから、敢て労働して賃金を得るに苦心せなくともよろしいのであります」（松村　一九一五a：二五一―二五二））、放縦な性生活を送る（「男女の関係でありますが、（中略）如何に彼等の間には此方面に掛けまして、発達を遂げて居るかが分ることと考へます」（松村　一九一五a：二五二））、「雌雄淘汰の露骨に行はるるは未開の地なり、従て衣食住に次で彼等の苦辛するのは情事なり」（長谷部　一九一五a：二七九））、「劣等民族」（「文化の程度も、至て劣等のやうに考へられます」（松村　一九一五a：二五二）、「彼等が身体の損傷を以て装飾とする文化劣等の民族なることは、一見耶蘇教の教化充分なるクサイエも、巡航諸島中最も衣住劣等なりといはるるヅルクも、全然同一」（長谷部　一九一五b：二六四））であった。

しかもまた、こうした「未開人」を愛する人類学者たる彼らは、ヨーロッパ人との接触によるその文化変容を嘆くのも忘れてはいない。松村は次のように述べている。

　東カロリン諸島では、繁る椰子樹や、マングローヴの異観こそ、慥に所謂南洋の気分はいたすものの、一たび其処に住む土人に接しまして、欧化した彼等の風習を見ましては、何となくいやな気持ちにならざるを得なかったのであります。私は南洋の土人は、どこまでも南洋風であって欲しいと思ひます（松村　一九一五b：二七六）。

もとより、彼らの視察は短期間かつ上陸時間も限られたなかで実施されたものであり、現地住民への眼差しの皮相さを指摘するのは酷かもしれない。また、彼らの発言がおこなわれたのは、視察から帰還後、東京人類学会で一般向けに実施された講演でのことであり、話の単純化や聴衆へのリップサービスという面も考慮に入れた方がよい。

だが、占領の直後から人類学の専門家が、ミクロネシアの住民に対して、このような文化相対主義とはまったく無縁の進化主義的な見方を示していたことを見逃すべきではないだろう。そして、「怠惰」で「性的放縦」だという「カナカ」観は、第三章でみるように、委任統治下における人口減少問題においても重要な論点として浮上することになる。

第五節　植民地としてのミクロネシア

現地開発の可能性

先に述べたとおり、視察実施時点でいまだ第一次世界大戦は終了しておらず、国際法上、現地は「一時占領」されたにすぎなかった。だが、一八九〇年代からミクロネシア各地には、現地で商店などを営む日本人が少数ながら暮らしており、本章でみたように、視察参加者も彼らの協力を得ていたのだった。

そして、文部省が視察参加者に期待したのは、何よりも当該地域を日本の新たな領土として開発していくための基礎調査だったといってよい。このことは、高等農林（盛岡、鹿児島）、高等商業（小樽）から派遣された者を含めて、農学、林学、水産学、農政学、経済学、植民政策学などを専門とする研究者が一定数を占めていることからもわかる（図表1‒1参照）。

このような植民地経営に直結するテーマを携えて「新占領地」にわたった研究者は、それぞれの専門にしたがって、現地の農林業（現地の農産物、樹木、土壌、病害虫など）、水産業（海産物）、鉱業（ドイツ統治時代に開発が進められたリン鉱など）などの可能性をさぐるとともに、植民地としてのミクロネシアの可能性を経済学的見地から考察したのである。

それにくわえて、現地の医療・衛生状態にかかわる問題も重要だった。現地の「病理学的方面」「医事衛生一般」（ドイツ統治時代の医療制度など）の調査（楢林兵三郎）、「病原性動物の考察」（石橋栄達）、「薬用植物」調査（池田善雄）といった視察がこれに相当する。

移民か「土人」の活用か

ただし、植民地としてのミクロネシアの将来性に関する彼らの評価はそれほど楽観的ではなく、日本からの移民を奨励するよりは、現地住民の活用の方に傾いていたことも注目される。

たとえば、病理学、衛生学的な調査を実施した楢林兵三郎（京都帝大医科大学病理学教室、第一陣）は次のように述べている。

此等諸島は其全面積漸く我琉球に比し、地質概ね珊瑚礁にあらされは火山質よりなり河川平野と称す可きなく、土質又肥沃ならすと聞く。面積広大、地味肥へ、物資豊穣なる其比に非らさる南満洲に於てすら、租借後十有余年、移住者未た十万人を越ゆる事大ならずと云へは、此等諸島の新占領地に対して多数邦人の移住は到底之を望む可らす（楢林　一九一六：六一）。

楢林によれば、「本邦人か渡りて事業を経営するにせよ、気候風土に慣れ、しかも生活費用の低廉なる土人を使用するは策の得たるもの」である。そのためにも各島に医官を置き、病院を開設して、現地住民の衛生、生活状態を改良し、疾病の予防、治療、助産、育児などに力を入れて、健康を増進し、活動効率を高め、人口増大をはかることが重要なのである。

同様の主張は他の視察参加者にもみられる。たとえば、内田寛一（京都帝大文科大学助手、第一陣）は、ミクロネシアは日本人の「発展地」として有望だとする一方、次のように述べている。

椰子栽培又は海産物収穫の目的等によりて多数の邦人を移植すへき所とは思はれす、此の方面の経済的発展に対しては少数の日本人監督の下に土人を使役するの有利なるを感す、故に此点より見るも土人の教化の愈々急務にして、土人研究はさらに其根底たるへきを信す（内田　一九一六：九四）。

さらに、ミクロネシアの「経済的価値」の調査を目的に視察に参加した山本美越乃（京都帝大法科大学助教授、行程不明）は次のようにいう。

新占領地の経済的価値は椰子核・燐鉱及ひ多少の水産物を除く外は、農業上に於ても亦工業上に於ても多大の希望を嘱す可からさるを以て、移住者にして土民と殆んと同一の劣等生活に甘んすへき決心を有せさる限りは漫りに其の移住を奨励す可きに非す（山本　一九一七：一六〇―一六一）。

山本によれば、「新占領地」への植民政策としては、「徒手空拳にして自己の労力を唯一の資本とせる労働階級」の移住を奨励するよりは、「多少の資本を有して椰子栽培又は水産物の採収及ひ養殖等に其の資を投し、土民の労力を使用して着実なる事業の経営に当らんとするか如き人士の渡航」を勧めるべきなのである。

以上の発言は、視察参加者が、現地調査をふまえて、ドイツ統治時代と同様、少数の植民者によるミクロネシア経営を続けるのが得策と考えていたことを物語っていよう。

実際には、その後、松江春次がサイパンで創業した南洋興発の製糖業が成功したことを契機に、二〇年代以降、沖縄出身者を中心に、ミクロネシアへの日本人移民の数は急増していく。プロローグで述べたように、日本統治時代、南洋興発は、「海の満鉄」と呼ばれる一大コンツェルンへと成長するが、南洋興発が主導するミクロネシアの開発と日本人移民の増大は、現地でおこなわれる調査研究にもさまざまな影響を与えることになる。こうした問題についてはあとで個別に検討しよう。

だが、いずれにせよ、「新占領地」の視察がおこなわれた一九一四年から一五年の段階で、その後〈島〉の開発がどのように進んでいくのかは未知数だった。そして、視察に参加した研究者が予想もしなかった形で、その後、ミクロネシアは日本の版図となる。すなわち、国際連盟からの委任統治である。[15]

注

（1）原文はカタカナ混じり文。以下、『視察報告』（正編、追録）については読みやすさを考え、すべてひらがな混じり文に直した。

（2）ナウルは第一次世界大戦中、オーストラリアが占領し、その後イギリス領となった。

（3）ちなみに、鈴木の現地調査のデータが実は徹頭徹尾創作と捏造であるという指摘もなされている（高山　一九九五）。

（4）管見の限りでも、報告書を提出していない者は複数存在する。たとえば日本の近代地理学の父とも呼ばれる山崎直方（東京帝大教授）も視察に参加しており、彼はのちに『我が南洋』（一九一六）という著作も発表しているが、報告書を提出していない。山崎は四月五日、南海丸で横須賀を出航し、ヤルートで鹿児島丸に乗って、六月一九日、横須賀に戻った。

（5）台湾総督府にとっての彼らの視察の意味については、やまだ（二〇〇七：一四一―一六三）を参照。金平亮三は、開戦の前年（一九一三年）、海軍の軍艦に便乗して、ボルネオ、セレベス（スラウェシ）、モルッカ、ニューギニアなどで植物調査を実施した経験をもっていた（金平　一九一四）。また、森丑之助は、日本統治時代初期の台湾で台湾原住民（少数民族）に関する先駆的調査をおこなったことで知られる。森の生涯については、楊南郡（二〇〇五）を参照。

（6）石橋はのちに第三高等学校教授となり、今西錦司らに動物学を教えた。

（7）先述したゴッドフロイ商会が一八七九年に破産したのち、ヤルート会社が八八年からマーシャル諸島でコプラ生産を中心とする事業をおこなっていた。

（8）詳細は不明だが、当時、ヤルート島で貿易を営んでいた会社のようである（東郷　一九二一：五一―五二）。

（9）その後、松山基範は地磁気に関する研究で世界的に知られることになるが、一九一五年の「新占領地」での重力測定の成果が彼の学位論文となった。また、松山は、一九三四年に日本学術振興会の共同研究で再びミクロネシア（サイパン、ヤップ、パラオ、トラック、ヤルート）で重力測定を実施しており（竹本　二〇一二：二一―六）、その簡単な報告が後述する『科学南洋』一巻三号（一九三九）に掲載されている（松山　一九三九：一―四）。

（10）森小弁は一八六九年、高知県に生まれる。自由民権運動などに奔走し、政治運動に挫折したあと、一八九一年、一屋商会の社員として天佑丸に乗り込み（プロローグ参照）、ミクロネシアのトラックにわたった。九三年に一屋商会は倒産したが、森はコプラ仲買人として独立、ウエノ島（春島）の首長の娘と結婚し、一九四五年に死去するまで現地に暮らした（当初はウエノ島、九三年にトノアス島（夏島）に移住）。一説には冒険ダン吉のモデルともいわれる。森小弁については、小松（二〇〇一：一九五―二三三）、高知新聞社（一九九八）を参照。

（11）南洋殖産の前身、プロローグ参照。

（12）どこかで日にちの記述に誤りがあるものと思われるが、そのままとした。

（13）その後、松村瞭と長谷部言人は相次いで東京帝大人類学教室の責任者となり、長谷部は、この視察終了後も南洋研究において重要な役割を果たすことになる。長谷部については第二章で論じる。

（14）差別的なニュアンスがあるため、現在は使われず、カロリニアン（Carolinian）と呼ぶのが一般的である。

（15）当然、軍政期には海軍や政府関係者による視察・調査も実施されているが（今泉　一九九四：二六―四一、八〇）、本書では扱わない。

第二章　南洋庁と現地調査（一）——民族誌と自然人類学

我々牧民の職にあるものが最必要とするのは、其地方の事情に通ずることである。特に異族の統治に任ずるものに在っては外面に顕はれる社会的、経済的事情は勿論、内に潜んだ民族心理の研究をも忽にすることは出来ぬ。我々の観念から推して当然とする所も島民には大なる苦痛であるかも知れず、甚しく不合理に見える事柄でも相当の理由と深い淵源があることも有り得る。私は之を考へる毎に責任の重大なことを感ぜざるを得ぬのである。

我々の任務は島民の福祉を増進することにある。風俗の改変が必しも唯一の目的でないと同時に、旧慣古例の保存も重要な課題ではない。否一日も速に人種的、民族的差別が消滅して渾然融合した我同胞たらんことを希望するのである。さりながら学問上貴重な資料が之が為に湮滅するに至ることは本意でないのみならず、我々の任務遂行の上からも、民族誌学的調査を進めることは極めて必要であると信ずる（松岡　一九二七：一—二）。

第一節　委任統治と南洋庁

委任統治制度と南洋庁の創設

一九一八年一一月、第一次世界大戦はドイツ、オーストリアなど同盟国の敗戦で終結した。翌年のパリ講和会議（ヴェルサイユ条約）で、ミクロネシアは新たに創設される国際連盟（正式発足は二〇年）の委任統治地域（C式）として日本の版図に組み込まれることが決定する（五月七日）。二二年四月にはパラオ・コロール島に南洋庁が創設され、正式に民政がスタートした。現地に残っていた軍隊は退去するとともに、軍政時代の行政区分を踏襲して、サイパン（マリアナ諸島）、パラオ（パラオ諸島コロール島）、ヤップ（ヤップ島）、トラック（トラック諸島夏島）、ポナペ（ポナペ島）、ヤルート（マーシャル諸島ヤルート島）に支庁が設置された。

国際連盟の規約によると、委任統治とは、大戦にともない支配国の統治を離れた「植民地及領土にして近代世界の激甚なる生存競争の下に未だ自立し得さる人民」の「福祉及発達を計る」ことは「文明の神聖なる使命」であるという理念のもと、創設された統治形態である。「先進国にして資源、経験又は地理的位置に因り最も此の責任を引受くるに適し且つ之を受諾する」国家が後見の任務にあたり、C式統治は、南西アフリカや太平洋諸島のような人口希少、面積狭小で、「文明の中心より遠き地方」に適用される。そこにおいては、良心と信教の自由が許与されるとともに、奴隷の売買、武器及び火酒類の取引、軍事的施設の建設などは禁止される（以上はB式と同じ）一方、受任国がその「領土の構成部分として其の国法の下に施政を行ふ」こととされた（南洋庁長官官房　一九三二：六五―六七）。

委任統治制度は、敗戦国ドイツが保有する植民地の処理をめぐって、英仏日の唱える伝統的な分割併合と、アメリカのウィルソン大統領が主張する民族自決主義の妥協の産物であったともいわれる。したがって、早期独立を前提としないB式・C式統治地域に関しては、本質的に従来の植民地と変わるところはないことも確かである。だが一方、南洋庁による統治は国際連盟の規約にしばられるため、軍事基地の建設は許されず、しかもまた、連盟の常設委任統治委員会（Permanent Mandates Commission）に毎年報告書（外務省編『日本帝国委任統治（地域）行政年報』、以下『行政年報』）を提出することが義務づけられていた。

国際連盟からの脱退とミクロネシア

満洲事変後、日本は、国際連盟の調査団が提出したリットン報告書（一九三二年）を不服とし、一九三三年に連盟からの脱退を表明する。その後、日本は国際的孤立の道を歩み、最終的にアジア・太平洋戦争の破局へと突き進んでいくが、ここで見逃せないのは、国際連盟脱退とともに、国際法上ミクロネシアの位置もまた不確かなものとなったということである。連盟からの脱退可能性が高まった一九三二年半ばから脱退が正式発効する三五年までのあいだ、日本による委任統治の今後について、国内外でさまざまな議論がおこなわれる一方、海軍は「海の生命線」としての南洋群島確保の必要性を喧伝することになった。

結局のところ、三五年三月の連盟脱退の発効後、国際連盟が日本による委任統治継続に異議を唱えることはなく、日本政府は、その後も委任統治委員会に『行政年報』を提出し続けた。だが、日中戦争の激化により、国際連盟との協力関係は終焉を迎え、ヨーロッパにおける大戦勃発にともなって、三八年度を最後に『行政年報』の提出も打ち切られた（等松　二〇〇七：二一—五六；二〇一一）。また、一九三六年にワシントン・ロンドン海軍軍縮条約が失効して以降、ミクロネシア各地で航空基地や燃料貯蔵施設、港湾施設、砲台などが建設されていく（松島　二〇〇七）。そして、日本の国際連盟からの脱退にともなう委任統治の有名無実化は、〈島〉をめぐる調査研究に対しても微妙な影響を及ぼすことになる。

そこで、本章と次章では、南洋庁が創設された一九二二年から、ミクロネシアの委任統治が曲がり角を迎える三〇年代中盤までの時期に焦点を当て、主として南洋研究と委任統治の関係について考えることにしよう。

まず本章で取り上げるのは、いずれも南洋庁の協力のもとに進められた、現地住民に関する民族誌の作成と自然人類学的な調査研究である。現地施政機関である南洋庁は研究者に何を期待し、研究者はそれにどう応えたのか。そして、日本の国際連盟からの脱退は、彼らの研究にいかなる影響を与えたのだろうか。

第二節　松岡静雄と『ミクロネシア民族誌』

旧慣調査の開始

新たな領土の獲得後、すぐに必要となるのは現地住民の生活習慣（旧慣）に関する調査であろう。実際、占領の翌年、臨時南洋群島防備隊司令部が守備隊長や分遣隊指揮官に住民の風俗習慣に関する調査を命じており、それらをまとめたものが、同年、南洋協会から『南洋の風土』として刊行された（南洋協会　一九一五）[1]。また、このときに集められた報告書のなかには、のちに再発見され、南洋庁から『南洋群島に於ける旧俗習慣』として刊行されたものもある（南洋庁　一九三九）。いずれも主要な島嶼もしくは管区ごとに信仰、慣習（相続法などを含む）、婚姻、生業関係などを記述した著作であり、占領当初から海軍が現地住民の旧慣に関する情報を幅広く集めようとしていた様子がうかがえる[2]。

そして、南洋庁創設後の一九二三年、官有地と民有地（邦人および外国人、「島民」）の境界などを確定するため、臨時土地調査事業がサイパン島で始まり、その後、各島で土地調査が進められていく（上原　二〇〇四：二三一―二七）。さらに二五年には、南洋庁法院のなかに旧慣調査委員会が組織され、法院の裁判官を中心に、土地制度や親族関係などについての調査も開始された。

ただし、ミクロネシアに先立って日本の植民地統治下に置かれた台湾や朝鮮と比べたとき、ミクロネシアにおける旧慣調査が低調にみえることも否めない。台湾や朝鮮では、いずれも現地での統治開始後すみやかに内地からアカデミズムの権威を招いて大規模な旧慣調査が実施され、その成果は大部の報告書として刊行されている[3]。それに対し、ミクロネシアで専門家による旧慣調査が本格化するのは、第四章で述べるように、一九三〇年代末のことである。

ここには、おそらく大きく三つの理由がかかわっている。第一に、太平洋に散在する島嶼に分かれて暮らすミクロネシア住民の人口は、台湾、朝鮮に比べれば、圧倒的に寡少であり、すでにスペイン、ドイツの統治を経験してきたこともあって、日本の統治に対する抵抗も少なかったこと。第二に、現地での司法行政上必要となる知識については、ドイツ時代のそれを利用することもできたこと。第三に、台湾総督府や朝鮮総督府に比べれば、南洋庁ははるかに小規模な行政機関であり、予算規模も小さかったことである。

こうした状況下、一九二〇年代から三〇年代にかけて、ミクロネシアの民族誌や言語に関する研究をリードしたのが、柳田国男（民俗学者）の実弟で元軍人、しかも海軍のミクロネシア占領に参加した経験をもつ松岡静雄であった。

南洋庁と『ミクロネシア民族誌』

まずは松岡静雄の経歴を確認しておこう（図表2-1）。

図表 2-1　松岡静雄

出典：中村義彦編『松岡静雄滞欧日記』(1982)。

松岡静雄は一八七八年、兵庫県に神職松岡操の七男として生まれた。静雄と柳田家の養子となった四男・国男のほか、鼎（長男、医師）、泰蔵（井上通泰、三男、国文学者）、輝夫（松岡映丘、八男、日本画家）を合わせて、松岡家五兄弟とも呼ばれる。静雄は海軍兵学校に進学、海軍のエリートコースを歩み、第一次世界大戦時のミクロネシア占領ではポナペ島上陸作戦の陸戦隊司令、守備隊長をつとめた。一九一八年、予備役に編入され、大佐で海軍を退役する。

図表2-2　『ミクロネシア民族誌』扉頁

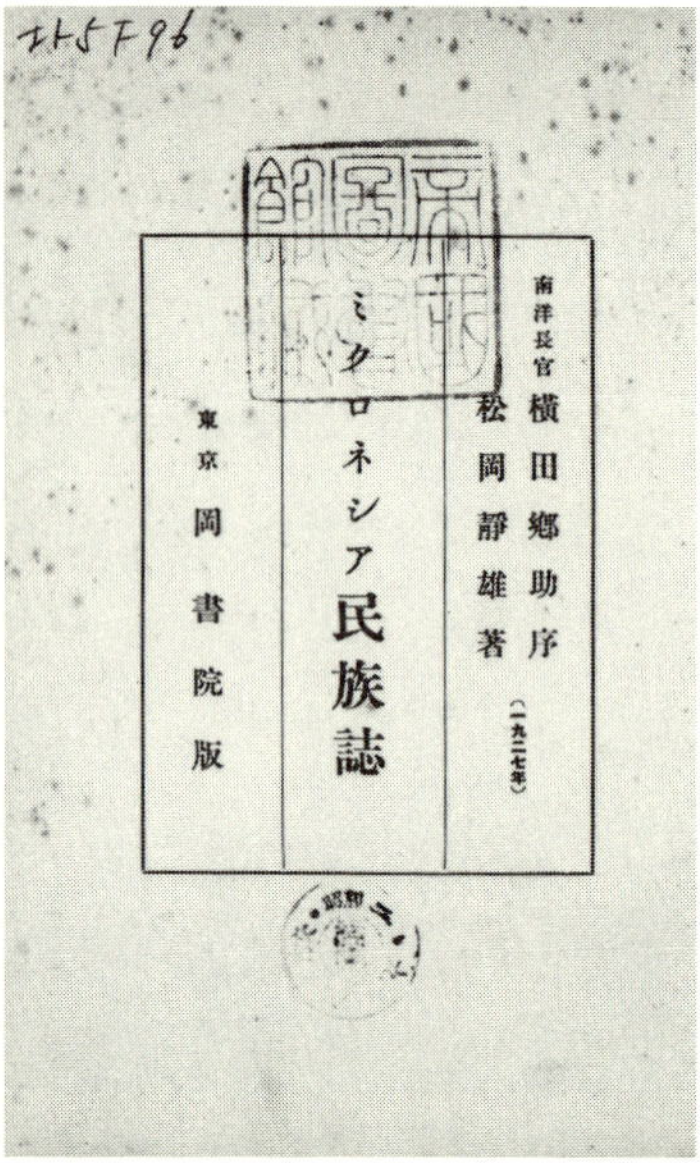

出典：松岡静雄『ミクロネシア民族誌』(1927)。

松岡静雄は一方で、一九一六年に兄・国男らの協力を得て日蘭通交調査会を設立し、理事としてオランダとの文化交流活動にも携わった。ここで注目すべきは、この時期、彼が西ニューギニアを含むオランダ領東インド（いわゆる蘭印）の共同開発を目指し、オランダ政府との交渉もおこなっていたことである。のちにみるように、三〇年代に入ると、南洋興発が西ニューギニアの開発に乗り出し、その後、ミクロネシアはさらなる南進の拠点とも目されるようになるが、日蘭通交調査会における松岡の活動はこうした動きを先取りするものであった。だが、松岡は一九二四年に脳溢血で倒れ、その後は政治の世界から離れ、研究と執筆に専念する生活に入った（中村義彦　一九八二：一—三九：中村茂生　一九九五：一八—三六）。

一九三六年に五十九歳で亡くなるまで、松岡静雄が生涯に刊行した著作は五十冊近くにのぼる。彼の研究対象は、ミクロネシアの民族誌や言語学から、日本の古語、記紀、万葉集まで幅広いが、ここでは、まず松岡静雄の南洋研究の代表作である『ミクロネシア民族誌』（一九二七）を検討しよう。本書は、松岡自身がかかわったポナペ占領の経緯に関する説明から始まり、ミクロネシアの歴史、地理、信仰、社会、「人事」（出産から葬送まで）、衣装、住居、飲食、兵器、船、工芸、日常生活まで、目次だけで十四頁もある大著となっている。

本章の冒頭に掲げた引用は、南洋庁長官の横田郷助が『ミクロネシア民族誌』に寄せた「序」の一節である（図表2-2）。また、『行政年報』でも、本書は一九二八年以降、毎年「風俗習慣ニ関スル学問的調査」

の成果として紹介されている。後述する清野謙次（人類学者）によれば、岡書院から刊行された初版は、五〇〇部発行されたものの、あまりに高価なため売れたのは一〇〇部だけで、一二〇部は南洋庁が買い上げ、無料配布したのだという（清野　一九四三：六二七）。

したがって、『ミクロネシア民族誌』はいわば南洋庁公認の著作だが、ここで注意が必要なのは、そもそも本書が松岡自身の現地調査ではなく、南洋庁からの情報提供にもとづくものだったということである。松岡はポナペ島占領作戦に軍人として参加していたが、彼のポナペ滞在はわずか半月であり、その後は、健康を損ねたこともあり、一度もミクロネシアを訪れていない。

松岡によれば、ミクロネシア占領後、十数年たつのだから、まとまった民族誌が一冊くらいあってもよいと信じて執筆を志した。だが、自分の知識はうろ覚えが多く、また「自国領内に棲息する人民」のことを書くのに、外国人の報告のみを当てにするのは面白くない。「邦人の手で集めた一層信用できる資料」によりたいと考え、南洋庁長官の横田郷助に協力を仰ぐことにしたという（松岡　一九二七：七七八）。

松岡は、まず「口碑」「生活」「社会制度」「信仰」「人事」「遺跡廃趾」の六項目に関する調査項目を詳細に列挙した「ミクロネシア民族誌資料報告項目」を作成し、これらの項目を記した用紙を、横田を介して各支庁の官吏に配布した。『ミクロネシア民族誌』には、南洋庁の資料報告者の名前が計三十二名挙げられているが（ポナペの「村長」二名を含む）、松岡は、各支庁から上がってくる報告と、ドイツ時代の文献なども利用しながら、この大著を書きあげたのである(4)。

では、松岡と南洋庁は完全に一体化していたと考えるべきなのか。

冒頭で挙げた横田の「序」では、異民族統治という「任務遂行」の観点から「民族誌学的調査」の重要性が語られる一方、委任統治の理念にもとづき、「旧慣古例の保存」は必ずしも重要ではなく、一日も早く「人種的、民族的差別」が消滅して「渾然融合した我同胞」となることを希望すると述べられている。

住民統治への「民族誌学的調査」の利用については、当然、松岡も認識を共有していただろうが、ここで注目されるのは、委任統治とのかかわりで、彼が現地住民の「日本化」に危惧も表明していることである。松岡によれば、日本は国際連盟の委任を受け、この島嶼を管理している。だが、その任務は「住民の福祉を増進」することにあり、彼らの「日本化」が目的でないことを念頭に置かねばならない。そうでなければ、かつてマリアナ諸島において、大量の現地住民を「戦滅」し、混血と西洋化が進んだ現在のチャモロを「創造」したスペイン統治時代と同じだという非難を後世の人から受けぬとも限らないからである（松岡　一九二七：一二一―一二三）。

ここには、松岡静雄と南洋庁（横田郷助）の微妙な認識の違いが現れているといえるだろう。少なくともこの時点での松岡は、「住民の福祉」の「増進」という委任統治の理念に忠実であろうとする一方、現地住民の「日本化」については批判的である(5)。

日本人と「南方人」

では、そもそも松岡は、ミクロネシアの住民のことをどのように捉えていたのだろうか。南洋庁の官吏から集めた報告や海外の文献資料に依拠したものとはいえ、松岡も、第一章でみた人類学者（松村瞭、長谷部言人）と同様、「島民」は「怠惰」で「性的放縦」だという見方をとっている。たとえば彼は次のようにいう。

島民の或ものが一定の職業につくやうになったのは近世のことである。昔は勿論、今日に於ても文明の空気の吹き込まぬ所では、止むを得ぬ場合の外働かぬといふのが原則で、二百五十年来マリアナ群島布教の耶蘇宣教師が度々口にした島民に対する第一の非難も懶惰といふ事であつた。生活の意義について観念を異にする自然児に勤勉を強ひようとしたのは抑も間違つたことではなかつたらうか。彼等の物質欲は極めて少く彼等の名誉心は異性の歓を買へば足りたので、其以外に求める所はなかつたのである。求める所のないものが勤めることを知らぬのは当然で、彼等を駆って日常自発的に労働につかしめるのは空腹を充たすといふ本能的要求のみであつた（松岡　一九二七：七三二—七三三）。

ただし、松岡は、「島民」が昔から「懶惰」「自然児」状態だったと考えるわけではない。ミクロネシア各地には数多くの遺跡が存在するが、それらは現在の「島民」の技術では「構築不可能の工事」であるばかりか、「ナンマタール［ナンマドール］の遺跡」にいたっては文明人にとっても至難の工事である。したがって「島民の祖先が今日よりも高い文化を有していたといふ推論をも容れねばならぬ筈」だと松岡は述べている（松岡　一九二七：八二—八三）。

しかもまた、松岡は、かつて「島民」と日本のあいだに交渉（「交通」）が存在した可能性も想定していた。彼が想像するのは、「島民」のなかでも「文明化」が進んだマリアナ諸島のチャモロと日本の関係である。彼は次のようにいう。

マリアナ諸島に土着したものはポリネシア方面に向って移動した大衆の落伍者ではなく寧ろフィリッピンを経て北上した大潮流の一支であらう。彼等が取った道は台湾海峡であったか、或は沖縄諸島の間をぬけたか、又は一旦日本に到着してから伊豆諸島を伝うて南下したのか、之を詳かにすることは出来ぬが、最後の途を通って或る時代まで我国と交通があったことだけは肯定せねばなるまい（松岡　一九二七：一一二—一一三）。

松岡の最も有名な著作は『ミクロネシア民族誌』だが、実のところ、彼の主な関心は言語学の領域にあった。実際、「民族誌」を冠する彼の著作は、これ以外に『太平洋民族誌』（一九二五）一冊だけなのに対し、一九二〇年代後半から、南洋庁の援助を受けた松岡は、ミクロネシア各島嶼の言語に関する著作を次々と刊行していく。この時期、兄・国男がかかわる郷土研究社から刊行された、ミクロネシアの諸語をテーマにした著作は、『チャモロ語の研究』（一九二六）、『中央カロリン語の研究』（一九二八）、『マーシャル語の研究』（一九二九）、『パラウ語の研究』（一九三〇）、『ポナペ語の研究』（同）、『ヤップ語の研究』（一九三一）の六冊を数える。

しかも、松岡の一連の著作には、ミクロネシアを含む南方諸言語のなかに日本語の起源を探ろうとする発想がみいだせる。たとえば、『ミクロネシア民族誌』（一九二七）に先立つ『太平洋民族誌』で、松岡は「語源研究者《エチモロジスト》の立場としては、伝統の不明な古語［日本語の古語］を此由緒のあるポリネシア語と比較するのは極めて興味のあることで、私も二三の古語を此中に発見して窃に会心の笑を洩した」と書いている。また、彼は、『マーシャル語の研究』でも「南方諸語と国語との間に多くの関連のあることは私が従来屢々論議した所」などと述べている（松岡　一九二九：四二）。

ただし、この時点の松岡は、南方の民族と日本人の人種的関係については慎重な姿勢を崩していない。彼によれば、「仮にポリネシア語と邦語との間に相似の点がないとしても、我民族に南方の血が雑って居らぬといふ証拠にはならず、又少数の単語が彼我同一であっても何等人種的連絡の楔子《けつし》にはならぬ」のである（松岡　一九二五：一六六）。

だが、その後、日本語の南方起源という印象は強められ、最終的に松岡は、日本人の一部は南方に起源をもつと主張することになる。その理論が全面的に展開されたのが、松岡の亡くなる前年に刊行された大著『ミクロネシア語の綜合研究』（一九三五）である。

本書の序論で松岡は、まず言語によって人種の異同を論ずることは危険だという「内外の学者」の議論を否定する。彼によれば、「慎まねばならぬのは皮相浅薄なる比較」であって、「言語の本質的対比」は「人種移動関係」を解明するための唯一の「鍵鑰《けんやく》」なのである（松岡　一九三五：三）。先にみたように、かつての松岡は言語と「人種」を同一視することに慎重だったが、ここにはそうした躊躇はみられない。

そして、本書に付けくわえられた「附録」（「国語に及ぼしたる南方語の影響」）のなかで、彼は、日本語とミクロネシア諸語を含む「南方語」の関係を検討したうえで、概略次のような「人種移動関係」のシナリオを提示する。

今から二千四五百年前、新興のマレー人に圧迫されることで「インドネシア種族」の一部が東方に移動し、ニューギニアの北岸を経て、現地の「原始人」と混血しながら、メラネシア諸島に達した。一方、ルソン島方面から最も近いマリアナ諸島に移動したグループもあり、彼らは長い年月をかけて東進し、ついにフィジーに達したが、北方に向かって別の二派の移動もおこなわれた。ひとつは中国大陸沿岸を北上し、朝鮮半島を経て、日本列島の本州西部および九州へ。もうひとつはルソン島から台湾、琉球列島と北上して、九州へ向かった。「天孫」に率いられたのがこの集団だが、以上の両派による幾度かの移住によって、日本語の「南方的要素」はもたらされたというのである（松岡　一九三五：五六四―五六五）。

委任統治から「南方開発」へ

言語の比較から、このような「人種」の移動経路を描いてみせる松岡の想像力には驚かされるが、おそらくこうした「素人くささ」が、兄の柳田が彼の研究をあまり評価しなかった一因だと思われる（柳田　一九七一：三〇六）。だが、ここでさらに注目されるのは、日本語と「南方語」の関係、さらには太平洋における「人種移動関係」の仮説にもとづいて、同時期、松岡が日本人のさらなる南方進出も主張していたということである。

すなわち、松岡が同年に発表した「南方経営は天孫民族の使命」（一九三五）と題する論考は、冒頭「天孫氏の本郷が南洋であることを、今では疑ふものはあるまい」という一節で始まる。そして、先と同様の日本人の南方起源説を説いたうえで、この「遠い遠い昔の縁類」とのあいだに「交誼を復活」することは「天孫民族の使命」だと主張する。

では、「南洋に取残された同族」との「交誼」の復活とは何を意味するのか。それは端的に日本人による「南方開発」である。

近時南方開発の声が高くなり、渡南者も亦年を逐うて増加するのは事実であるが、二三の成金を出した外、未だ大成功者のあることを聞かず、之に反して失脚者は相踵いで現はれるのは、南洋人に対する態度に間然する所があるからではあるまいか。白人や支那人の顰に倣うて彼等を軽蔑し、之を虐使するやうでは、縦ひ其怨を買はぬまでも大なる利益を収めることは出来ない。ことに虐げられるものが昔日の同族であるとすれば、日本男子たるものは奮起して之を救はねばなるまい。其は決してむつかしい事ではなく、彼等に媛い同情を寄せ、之を指導して往昔の幸福と文化とを回復させたいと心がけるだけで充分である。この意気は彼等の心中に反映し、漸次信頼をよせて来ることは必然で、かうして南方の富源は吾々の為によって人類の為に開かれることになるであらう。（中略）南洋人に向かってこの福音を伝える資格のあるものは吾々天孫民族だけで、今日では決して同種といひ得ぬほどの相違を来して居るが、尚その源に遡ると同じ流である以上この任にあたるのは吾々、就中南洋在留邦人の義務である（松岡　一九三五：五九）。

何とも都合のよい主張だが、起源を同じくする「南洋人」の「救済」「指導」を心がけて「南方開発」にあたれば、南方の資源は日本人のものとなるのである。

先にみたように、『ミクロネシア民族誌』（一九二七）で松岡は、委任統治の理念にもとづいて「住民の福祉」の「増進」をはかることの重要性を主張していたが、ここにみられるのは、まったく異質の論理だといってよい。むろん、ここでも「南洋人」の救済が語られてはいる。だが、それは委任統治とは無関係で、「南洋人」と日本人の起源が同一だからであり、彼らに「福音を伝える資格のあるもの」は「吾々天孫民族」だけなのである。わずか八年のあいだにここまで松岡の主張は変容していた。

かつて日蘭通交調査会で「蘭印」の共同開発を目論んでいたことからもわかるように、早くから松岡静雄のなかに、南進論的発想が存在したことは確かである。だが一方で、『ミクロネシア民族誌』（一九二七）をはじめとする松岡の南洋関係の研究書では、かつて「島民」と日本のあいだに交渉が存在した可能性が指摘されながらも、起源の同一性までは主張されていなかった。

そして、ここで想起したいのが〈島〉をめぐる政治状況の変化である。先述したように、一九三三年に日本は国際連盟脱退を宣言し、三五年に正式発効することで、日本がミクロネシアで委任統治を続ける根拠は不確かなものとなった。その後も日本はミクロネシア統治を継続したが、あとでみるように委任統治の理念は急速に形骸化していく。このようにミクロネシアの位置づけが変化し、日本のミクロネシア統治を正当化する新たな論理が求められる時期に松岡のなかで浮上したのが、日本人と「南洋人」の人種的紐帯、さらにはそれにもとづく「南方開発」の主張だったように思われる(6)。

ただし、こうした松岡の主張を、南方／東南アジアへの軍事的進出をも正当化するものと捉えるとすれば、それは少々読み込みすぎである。日本人（日本語）の南方起源という幻想にもとづく彼の発言は、あくまでも南方の資源開発に携わる「南洋在留邦人」に対する呼びかけにとどまっている。だが、のちにみるように、アジア・太平洋戦争が始まり、大東亜共栄圏の建設が叫ばれる一九四〇年代前半になると――この時期の南洋研究については第九章などで検討する――、松岡静雄は「南洋研究の先覚者」（清野謙次）として改めて注目を集めることになる。

第三節　長谷部言人の生体計測プロジェクト

長谷部言人と南洋研究

松岡静雄が太平洋の民族誌や言語に関する著作を精力的に発表していた一九二〇年代から三〇年代にかけて、自然人類学の領域で南洋研究をリードしたのが長谷部言人である。第一章でみたように、長谷部は占領直後の視察にも参加していたが、その後、彼がミクロネシアで集中的に現地調査をおこなったのは二〇年代末の三年間にすぎない。だが、長谷部はそれ以降も日本の人類学の第一人者として、次章で検討する土方久功を含めて、南洋研究者とかかわりをもつことになる。

ここでも、まず長谷部の経歴を確認しておく（図表2−3）。

一八八二年に東京で生まれた長谷部は、一九〇六年、東京帝大医科大学を卒業する。大学時代には解剖学者・人類学者である小金井良精の指導を受けた。大学卒業後、小金井の後輩である京都帝大医科大の足立文太郎のもとで助手、助教授をつとめ、その後、新潟医学専門学校（現・新潟大医学部）の教授となった。理由は不明だが、新潟医専を一四年に退職し、第一章で検討した「南洋新占領地」の視察には母校の副手という立場で参加した。その後、新設された東北帝大医科大の助教授、教授を歴任し、三三年から三五年まで医学部長もつとめた。

第一章で述べたとおり、一九一五年の長谷部の視察には東京帝大の松村瞭（当時、人類学教室嘱託）も同行していた。松村はその後、坪井正五郎、鳥居龍蔵のあとを継ぎ、人類学教室の三代目責任者となったが、三六年に急死してしまう。そのあとを襲う形で、長谷部は一九三八年、理学部（一九一九年に理科大学から理学部に改組）人類学教室の教授に就任し、翌三九年には人類学科を創設した。ちなみに、明治期以来、東京帝大の人類学教室は学生を正規で教育できる「学科」ではなく、学科創設は長年の悲願だった（江坂輝彌一九七五：渡辺　一九八四：一九九―二〇四）[(7)]。

さて、一九一五年の視察の際、長谷部が生体計測を実施したのはクサイ（エ）、ポナペ、トラックの各諸島で、それぞれ十名ほどを対象にしたにすぎなかった。おそらく、その後、本格的な調査をおこなう機会をうかがっていたのだろう。師である小金井良精の勧めにしたがい、長谷部は、帝国学士院や、日本初の学術財団といわれる財団法人啓明会などから研究費を獲得し、南洋庁嘱託というポジションも得て、一九二七年から「南洋群島人の人種関係」に関する研究プロジェクトを開始する（無署名　一九三二：三四）。

図表 2-3　長谷部言人

出典：東北大学史料館。

ミクロネシア再訪

残念ながら、長谷部の二〇年代末の調査について、旅程に関するくわしい記録は残っていない。だが、断片的な情報から、わかる範囲で三年間の〈島〉における調査の経緯を跡づけておこう。

初年度である一九二七年は、八月下旬に日本郵船の筑前丸で神戸から出航、東北帝大の助手（勝又正）と写真師が同行し、主

図表 2-4　コロールの首長たち

出典：長谷部言人『過去の我南洋』(1932)。

要調査地はパラオとヤップ（西カロリン諸島）であった。翌二八年は写真師一名を同道し五月下旬に横浜を出航、主要調査地はポナペとトラック。最終年度の一九二九年は六月下旬に横浜を出航、東京帝大人類学教室の八幡一郎（考古学者、当時、嘱託）が途中まで同行し（八幡の調査については第七章で述べる）、主要調査地はクサイ（エ）、ポナペ、ヤルートであった（南洋庁長官官房　一九三二：四七三など）。以上の三年間に彼が計測した「島民」はおよそ一七〇〇名（男性一二〇〇名弱、女性五〇〇名弱）にのぼり、当時の「島民」全人口がおよそ五万人、そのうち成人は約三万人だったことを考えれば、長谷部の調査がいかに大規模なものだったかがわかるだろう（図表2－4）。

十数年ぶりのミクロネシアへの船旅は長谷部にとって印象的な出来事だったらしく、初年度の調査終了後、雑誌『民族』に発表した「南洋見聞」（一九二八）というエッセイで、かつての視察の際には、今のように毎月一回以上も二千五百トン級の客船がミクロネシアに通うようになるとは

「夢にも想像せざることであった」と記している（長谷部　一九二八：一一一）。また、プロジェクト終了後、東北帝大医学部の学友会誌に寄稿した「南洋雑話」（一九二九）も興味深い。

> 昔私が行った時には、トラップ《ママ》〔トラック〕では男は日本の六尺ふんどしの様な奴で材料は日本人から買った木綿又は彼等のあんだゴアゴアしたものであった。そして上衣はチョッキみたいなもの又古い洋服の様なものを着て居る者もあったが、大抵は風呂敷のまん中に穴を開けて、そこから顔を出す貫頭着であった。ところが今度行ってみたらこんなのは一人も居ない。男はすべてズボンとシャツであるには驚いた。又男は頭をのばして櫛をさして居たがそんなのも十五年の間に皆無になった。ポナペでは椰子の葉の腰みのをして居て裸だったが此も今は滅多に見られない。

これらの発言からは、一九一五年の視察から十年以上が経過し、ミクロネシアへの交通手段や現地住民の生活が一変していたことがよくわかるだろう。ちなみに、何年の調査のときかは不明だが、長谷部は現地でアメーバ赤痢、デング熱に連続して罹患したこともあったようである（長谷部　一九二九：八四―八七）。

そして、長谷部の現地調査については、南洋興発などの手厚い援助があったことも見逃せない。たとえば、初年度の調査旅行の際は、同船した南洋興発社長の松江春次の厚意で、途中のサイパンで同社の社宅に宿泊し、そこを拠点に船や「汽動車」（サトウキビの収穫に用いる軽便鉄道）で遺跡などを案内してもらっている（長谷部　一九二八：一一二―一一四）。

また、肝心の生体計測調査の様子をうかがう資料はほとんどないが、〈島〉での計測の際は、「島民」の巡警や通訳の協力を得ることができた。長谷部は、たとえば、ヤルートでの調査時の興味深いエピソードを紹介している。彼は、「島女」を計測する際、「裳だけつけて、上体を裸出させる」という方法をとっていたが、調査場に来た中年女性が身体を震わせ、涙を流し、興奮している様子なので、通訳に質した。すると、「私と同じチョウイ［マーシャルに存在した母系クラン、jowi］の女です」と答えたのだという。長谷部によると、同じチョウイの男女間には厳格なタブーが存在し、警務係では通訳と同じチョウイの女を避けるようにしていたが、巡警のひとりが誤ってこの女性をくわえた結果、こういう事件が起きたらしい（長谷部　一九三二：六四）。

なお、ヤルート（マーシャル諸島）は、十九世紀から宣教師によるキリスト教の布教が進み、ドイツ統治時代にはヤルート会社（ドイツの貿易会社）の拠点も置かれていた。長谷部はそのことに触れていないが、西洋文化の影響を受け、「島民」は皆、洋服を着ていたことも、この「島女」調査の一件にはかかわっていると思われる。

ところで、航路の開設や現地開発の進展は、ミクロネシアの伝統文化の破壊につながるだろう。だが、長谷部は、そうした問題には無頓着である。彼は次のように述べているが、ここには「島民」を単なる研究材料としかみない研究者の姿がある。

> 産業が盛んになり、交通が便利になると、内地人が多く入込んで古来の民俗を変圧すると云つて心配するには及ばない。所詮は変らねばならぬ風俗習慣の要諦を記録に、写生、写真、蓄音盤に、模型に、実物によつて後に伝へればそれでよいのである（長谷部　一九二八：一一一）。

「南洋群島人の人種関係」

では、長谷部は、「南洋群島人の人種関係」について、どのようなシナリオを考えていたのだろうか。ここでは、プロジェクト終了後、東京人類学会でおこなわれた講演「南洋群島の土人に就て」（一九三四）でその内容を確認しておこう。長谷部は三年間の生体計測調査にもとづき、多くの論文を発表しているが、彼の基本的立場はこの講演からうかがうことができる。

長谷部によれば、「南洋人」の人種的特性、とりわけその周辺地域であるオーストラリア、ニューギニア、メラネシア、ポリネシアなどの住民との類縁関係は、欧米の人類学者のあいだでも明確な結論が出ていない問題であった。ミクロネシアの住民は、その文化的差異によって、チャモロと「カナカ」に分けるのが一般的だが、こうした分類は「単に統治上の便法に過ぎぬ」と長谷部は退ける。そのうえで、長谷部はミクロネシアを十七の島（群）に分け、その体質を、身長、頭の形、顔の形、鼻の形に関する計測資料を挙げながら細かく比較していく。その結果、「南洋群島人がポリネジア、メラネジアの混血とか、メラネシア、印度洋諸島人との混種とか云ふ事は考えられぬ」と通説を否定しつつ、ミクロネシアの南を流れる「赤道反流」に乗って「色々の種類の人間」（「ポリネジヤ土人」「ニューギニア土人」など）が西方から流れ込んだ結果、現在のミクロネシア人が生じたのだろうと結論づけている（長谷部　一九三四：八七六―八八一）。

それでは、長谷部の研究結果は、南洋庁関係者にどのように受け止められたのか。先に述べたとおり、南洋庁嘱託として長谷部は現地調査をおこなっており、彼の調査が始まった一九二七年以降、国際連盟に提出する『行政年報』でも、わざわざ「人類学的調査」という項目を立てて、毎年、長谷部の調査経過を紹介している。三年間のプロジェクトが終了した三〇年からは、長谷部がその年に発表した関連論文を紹介する念の入れようであり、ここからは南洋庁が彼の研究に期待していた様子がうかがえる。

だが、『行政年報』における長谷部の紹介は一九三二年で終わり、翌年以降は「人種」という項目ごと無くなってしまう。むろん、これは『行政年報』の全体構成がこの年に大きく変わったことが主たる理由だろう(8)。しかし、チャモロと「カナカ」の区分自体を「統治上の便法に過ぎぬ」と切り捨てる長谷部の結論は、南洋庁関係者にとって少々期待外れだったと解釈することもできる。

実際、チャモロと「カナカ」の区分は、南洋庁の「島民」行政の基本であり（「村吏規定」）、首長制をもつ「カナカ」については、各島嶼によって細かい違いはあるが、「総村長」（旧「大酋長」）や「村長」（旧「酋長」）を置いたのに対し、首長制のないサイパンの「チャモロ」については「助役」としていた（南洋庁長官官房　一九三二：五六—六四）。南洋庁が長谷部に期待したのは、こうした行政の基本を人類学の立場から基礎づけることだったと推測できるが、長谷部の研究結果はそれに応えるものではなかっただろう。

ところで、西方から現地に到達したと長谷部が考えるミクロネシア人の祖先は、その後さらに移動を続けなかったのだろうか。たとえば、内地—南洋間航路と同じく、マリアナ諸島から小笠原諸島を経て北上を続ければ、そこは日本列島である。日本人と「島民」のあいだに人種的関係はないのだろうか。こうして、松岡静雄の場合と同様、長谷部の研究は日本人起源論へと接続する。

「日本人と南洋人」

明治期以来、日本における人類学・考古学の中心テーマは、日本人の起源をめぐる問題であり、当時は日本人種論と呼ばれた（坂野　二〇〇五）。先にみたとおり、三〇年代中盤、言語学の立場から松岡静雄は日本人の南方起源説を説いていたが、実は同時期、長谷部も「日本人と南洋人」と題する論考を発表している。これは、東京人類学会（現・日本人類学会）創立五十年を記念し、当時の人類学、民族学、考古学の第一人者が結集して編まれた『日本民族』（一九三五）という論文集に掲載されたものである(9)。

では、この論考で、長谷部は、「日本人と南洋人」の関係をどう捉えているのか。

長谷部によれば、日本人の祖先には南洋より渡来したものがあるという説がよく話題になるし、「日本人と南洋人と幾分身性の近似する」者があることは事実だろう。だが、現状では、いずれも「一片の浮説」を出るものではない。先にみたとおり、ミクロネシアでの計測調査により彼が導き出した結論は、「南洋人」

は太古に旧大陸より出発し、インド洋に出て「一部はその諸島を経て東漸、現在地に達した」のだろうというものであり、したがって日本人の祖先で南洋から渡来した者があるとすれば、この「民族転移の一節」をなすものと考えられるだろう。こうした予想にもとづき、日本人と「南洋人」との人種的類縁関係の可能性を探るため、長谷部は、日本人と「南洋人」の身長、最大頭長、最大頭幅などに関する報告に依拠して、「日本人の如何なる地方型が如何なる地方型の南洋人と幾分近似すと云ひ得べきや」を明らかにしようとする。

そして、長谷部は、まず陸軍省発表の「全国壮丁身体検査表」（一九二八―三一年）をもとに、各県における日本人男性の平均身長が、一五六㎝から一六一㎝のあいだに入ることを確認し、この身長と近い「南洋人」を探し出す。次に、松村瞭の調査による「日本人の最大頭長、最大頭幅及び頭示数の地方差異」の報告から、最大頭長と最大頭幅の組み合わせによる「地方型」の類型に注目し、日本人が「ｋｂまたはｍｂ型」に属することを確認する。そのうえで、先の平均身長のふるい分けによって類縁の可能性が認められた「南洋人」のうち、「ｋｂまたはｍｂ型」の人々を探し出す、というわけである（長谷部　一九三五：一六五―一八八）。

大筋として長谷部は以上のように推論を進めていくが、どうみても、この試みは成功しているようには思えない。というのも、「ｋｂまたはｍｂ型」に属する「南洋人」を探してみても、平均身長が日本人をはるかに上回る「ポリネージア人」以外にはみあたらないからである。

したがって、長谷部自身も、以上の結果から「日本人と南洋人との関係は存外稀薄」と認めるが、これだけで議論は終わらない。「アイノ」（アイヌ）の「地方型」が「ポリネージア人」に類似しており、両者の類縁関係が想像できる以上、「日本人に特有なるｍｂ型も亦南洋よりこの国土に遷移せる一派に出づるを想像したい」と長谷部はいう。そして唐突に彼はこう結論づける。

以上の簡単な所見から、聊か大胆ではあるが、日本人と南洋人との間に親近関係のあることは予も之れを信じたい。それは日本人の祖先の大なる部分が渺遠の太古に南洋より渡来せることを想像せんとするのである。（中略）凡そ南洋諸島人は旧大陸より印度洋を経由し、赤道反流に乗じて南洋に到達せる群落に出づること疑なく、その一部が黒潮に身を託して日本島に達したるは甚だあり得べきことである（長谷部　一九三五：一八六―一八七）。

なぜ「信じたい」のか

以上、「日本人と南洋人」の類縁関係を証明しようとする長谷部の議論をみてきたが、これが相当に無理のある立論であることは明らかだろう。最後の結論部は単なる想像あるいは願望の吐露（「信じたい」）にしかなっていないし、前半部の論理展開にも問題点が指摘できる。

第一に指摘できるのは、そもそも地理的に遠く離れた二つの住民の類縁関係を、いくつかの指標のみから論じるという方法論自体にまつわる問題である。これは「人種」分類に必然的につきまとう問題だが、そこで選び取られる指標には常にある種の恣意性がともなうことになる。そもそも「人種」なるものが明確な実体として存在するわけではなく、何らかの指標によってはじめてその分類も可能になる以上、選び取る指標を変えれば、その分類の仕方も変わってしまうからである。こうした恣意性は、地理的に離れた住民を比較検討しようとするとき、より顕在化するだろう。遠く離れた「日本人と南洋人」を、身長、最大頭長、最大頭幅といった指標を用いて比較することに果たして意味があるのか、という根本的な疑問がそこには生じることになる。

今述べた事柄とも関係するが、第二に、環境要因を無視し、現在の時点での類似性から直ちに先史時代の人種関係が導き出されていることも問題である。よほど強固な遺伝決定論的立場に立たないかぎり、太古より日本人、「南洋人」それぞれにおいて平均身長などの変化がほとんどなかったとは考えにくい。実際、前述の「全国壮丁身体検査表」は、日本人の平均身長が伸びつつあることを示していたのである。

長谷部もこのことには気づいており、こうした問題を「遺伝学者の所謂 Transgredieren 躍進現象に当る増大」であり、明治以降、交通移動が盛んになり、「出身地を異にする配偶の成立増加」によると述べることで切り抜けようとするが、ここにも問題が残る。とりあえずこの理論を受け入れたとしても、同じような事情は「南洋人」においても考えられるからである。長谷部は一方で「南洋人」の西方からの移動を主張していたが、それにもかかわらず、ここには「Transgredieren 躍進現象」という継時的変化を日本人にのみ認める無自覚な前提が存在する。こうした前提のなかに、「未開」には歴史的変化を認めず、それを眺める主体にのみ歴史・時間の存在を認める人類学的言説の変奏をみいだすこともできるだろう。

では、なぜこのような無理な立論をしてまで、長谷部は日本人と「南洋人」の類縁性を「信じたい」のか。本気で信じていたのか、それとも〈島〉の専門家に期待されたテーマに何とか応えようとしただけなのか。残念ながら、当該論文が書かれた背景について長谷部は何も語っていない。

だが、ここでも論文が刊行された一九三五年という時期に注目すべきだろう。先に述べたように、一九三五年は、国際連盟脱退が正式発効した年である。同時期、松岡静雄は、日本人と「南洋人」の人種的紐帯という幻想にもとづき、日本人の「南方開発」を説いていた。そして、長谷部による「日本人と南洋人」の「親近関係」を「信じたい」という語りもまた、日本によるミクロネシア統治の根拠が不確かなものとなった当時の国際情勢を反映していると思われるのである。

さて、ここで再び時計の針を委任統治開始時まで巻き戻そう。次の章で取り上げるのは、南洋庁創設後、現地住民の「福祉及発達」という観点から問題となった、ミクロネシアの人口減少をめぐる調査研究である。

注

（1）南洋協会は、「汎く南洋の事情を研究して其の開発に努め、以て彼我民族の福利を増進」することをうたって一九一五年に創設された半官半民の文化団体である。南洋協会の活動については、河原林直人（二〇〇七：九七―一三八）などを参照。

（2）文化人類学者の飯高伸五は、これらの著作は、序文などでは効果的統治などの応用的関心が述べられているものの、内容は一般的記述にとどまっていると指摘している（飯高　二〇一一：一八二）。

（3）台湾では、一九〇一年、岡松参太郎（京都帝大法科大学教授）らを招いて臨時台湾旧慣調査会が組織され、二十年以上にわたり、さまざまな報告書が刊行された。また、朝鮮では統監府時代の一九〇八年に梅謙次郎（東京帝大法科大学元教授）を最高法律顧問として旧慣調査が開始され、その後、この組織は総督府に受け継がれた。

（4）松岡静雄と南洋庁の報告者の関係は、実兄である柳田国男と彼が組織した日本全国の採集者の関係と似ているといえなくもない。なお、川村湊は、草創期の文化人類学を揶揄する、アームチェア（肘掛け椅子）人類学者という表現をもじって、松岡の研究を「甲板上」の文化人類学と評している（川村　一九九六：一五六）。

（5）ただし、松岡は、本書刊行の翌年発表した『中央カロリン語の研究』において「私一個の見地では島民の幸福は寧ろ一日も早く傅来の言語、慣習を忘れ、日本民族と渾然融合して、アイヌ人の如く特別の取扱を受ける境遇に陥らざることにあると思ふ」（松岡　一九二八：三）とも述べている。したがって、「日本化」は避けるべきだという主張は、松岡の強い信念といえるようなものでなかったことも確かである。

（6）この時期、松岡静雄が、ミクロネシアをめぐる海軍や政府の動きに関与したかどうかは不明である。元海軍大佐で、かつて日蘭通交調査会の活動で政治家とも付き合いのあった松岡が、そうした動きに関与していてもおかしくはない。だが、病に倒れて以降、なかば隠遁生活を送っていた松岡が、現実の政治活動に深く関与した可能性は低いだろう。

（7）東京帝大人類学教室の歴史や学科創設の経緯については、坂野（二〇〇五）を参照。

（8）この全体構成の変化が、日本の国際連盟脱退と関係しているかどうかは不明である。

（9）『日本民族』には、本書に登場する松村瞭（第一章）、清野謙次（第二章ほか）、古畑種基（第九章）、八幡一郎（第七章）も論考を寄せているが、いずれもミクロネシアとは無関係なテーマである。

第三章　南洋庁と現地調査（二）——ヤップ島の人口減少をめぐって

日本は連盟を脱退したが、之によりて委任統治制度の三大義務、即ち南洋群島をば軍事的目的に利用せざること、島民の精神的及び物質的福祉を増進すること、並に連盟理事会に対する手続き上の義務から、如何なる意味に於ても、道徳的にも法律的にも、解放せられたのではない。日本政府は今後益々南洋群島の経済的開発に努力するであらう。併しそれのみでなく、飽く迄委任統治の精神を尊重して太平洋平和の維持と島民福祉の増進とに貢献することを以て国策と為すべきことは、本書著者の衷心希望して止まざる處である。日本にとりて『文明の神聖なる使命』の受託者としての試練《テスト》が其處に存在して居るのである（矢内原　一九三五：四九四―四九五）。

第一節　人口減少問題と南洋庁の医学者たち

委任統治と人口減少問題

十九世紀後半には、西欧の研究者の多くが、太平洋地域全体で人口が減少していると考えており、遠から ず現地住民は絶滅するという予想もあった。ドイツ統治時代、ミクロネシアでは正確な人口調査はおこなわれていなかったが、医療制度の整備にもかかわらず、人口減少は必ずしも止まっておらず、とりわけヤップ島で人口が急速に減少していることが知られていた。

こうした傾向は、日本統治時代に入っても続いていると考えられたが、日本による占領後、実施された島勢調査（一九二〇・二五・三〇年）の結果、「島民」の人口総数自体は若干の増加傾向にある一方、ヤップ島の「カナカ」において著しい減少がみられることが判明する（南洋庁長官官房　一九三二：二六〇）。当然のことながら、これは南洋庁および日本政府にとって重大な問題であった。ミクロネシアは委任統治地域として日本の版図に組み込まれた以上、その「福祉及発達を計る」という理念にそぐわない事態は避けたかったからである。

日本人居住者数が急速に増え続ける一方、現地住民の人口が微増に留まっている状況は、移民増大による現地住民の利益侵害を疑わせたうえに、ヤップ島で進行していた人口の急激な減少が委任統治の観点から問題であることは明らかだった。実際、一九二七年以降、この問題は国際連盟の常設委任統治委員会において、たびたび日本に対する質問討議の題目になっており、日本人移民の急増が現地社会に与える影響や、パラオ支庁管轄下にあるアンガウル島のリン鉱石採掘場への出稼ぎ労働者送り出しとの関係などが繰り返し問われていた（今泉　二〇〇一：三八―五六）。

そこで本章では、ヤップ島の人口減少という問題をめぐっておこなわれた二つの調査研究を検討しよう。すなわち、現地のヤップ島に置かれたヤップ医院の医師たちが進めた医学調査と、内地から現地を訪れ多角的な調査をおこなった矢内原忠雄（植民政策学者）の研究である。

医院の整備と「地方病調査研究」

ミクロネシアには致死率の高いマラリアのような危険な伝染病は存在しない。だが、日本統治時代以前には、ポナペ島で赤痢（一八四三年）、インフルエンザ（一八四五年）、天然痘（一八五四年）が流行したこともあり、欧米の捕鯨船によってもちこまれた性病に罹患する者も多かった。風土病としてはデング熱が一般的であり、フランベジアという熱帯地方に広くみられる皮膚病や鉤虫症（鉤虫（十二指腸虫）による寄生虫病）も現地住民のあいだに広く蔓延していた。[1]

ドイツ統治時代には各庁・政庁の所在地に病院と研究室が設置され、常駐のドイツ人医師のほか、看護人として現地住民を数名雇用し、ドイツ人が看護人、助産婦として勤務する病院もあった。これらの病院では、在留外国人や現地住民の治療にあたるとともに、さまざまな医学調査も実施されていた（高岡　一九五四：三五四―三六一）。

一九一四年の日本海軍による占領後、当初は軍医が一般住民の診療にあたったが、一八年に民生部が設立されてからは各民政署所在地に医院が付設され、医官、医員が配属された。さらに一九二二年の南洋庁創設後、南洋庁医院官制が発布され、サイパン、ヤップ、パラオ、アンガウル、トラック、ポナペ、ヤルートの七ケ所の医院（その後、ポナペ医院クサイ分院も設立）に医長（院長）、医官、医員、薬剤官、薬剤員、産婆、看護婦などが置かれた。

そして、ここで注目されるのは、南洋庁創設後にスタートした「地方病調査研究」の制度である。二二年以降、毎年、南洋庁が医院の職員から研究者を指定して、研究費を補助し、デング熱、フランベジアなどの風土病（「地方病」）を中心に、熱帯地域固有の疾病についての調査研究が進められていく。その研究成果は国際連盟（医務部東洋支局）に送付され、各種の学術雑誌にも発表される一方（南洋庁長官官房　一九三二：二三一―二四六）、のちに南洋庁から『南洋群島地方病調査医学論文集』全五輯としてまとめられた（一九三三―三九）。これらは、戦前〈島〉の病院につとめた無名の医学者がおこなった医学調査の貴重な記録だが、ここで取り上げるのは、その第三輯『ヤップ島人口減少問題ノ医学的研究』（一九三四）である。

「島民」健康調査

先に述べたとおり、一九二〇年代後半から、国際連盟の委任統治委員会でヤップ島における人口減少は問題視されており、それは同時期に南洋庁が実施した島勢調査でも裏付けられつつあった。かくして、南洋庁長官の横田郷助の命を受け、一九二九年から三一年にかけて、当時、ヤップ医院の院長だった藤井保が中心となり、大規模な調査が実施されることになる。その概略は二九年以降、前述の『行政年報』でも毎年報告されているが、ここでは『ヤップ島人口減少問題ノ医学的研究』に掲載された論文に即して、現地調査の展開を追っていこう（図表3-1）。

人口減少の原因には、死亡率の高さと出生率の低下が考えられるが、藤井たちが最初にとりかかったのは死亡の原因に関する調査である。まず「島民」の集合しやすい場所を選定し、「体格検査場」とした。続いて、「島民」を集め、人口減少の現状と健康調査の必要性に関する「訓話」を実施。説明終了後、警官と巡警の指揮にしたがって、現地住民の健康診断をおこなうことにした。「島民自ら死亡率の高きを知れるを以て、直に島民自身進みて此の検査に喜び応ぜり」という（原文はカタカナ混じり文、以下同様）。こうした作業を続けた結果、最終的な調査対象者は、集計時のヤップ本島住民数三九九六名中三七八七名にのぼった。未調査住民二〇九名はそのほとんどが他島への出稼ぎ者だというから、相当網羅的な調査である。

調査の結果、「疾患者」の総数は二六九六名で、大多数は慢性疾患であり、そのうち結核性疾患者が五〇八名に達した。こうしたデータと、医院への外来患者の呼吸器疾患者数と幼児の消化器疾患者数、さらに死亡統計などの考察にもとづいて、藤井は、死亡率の高さの主因は（一）結核菌による結核性疾患、（二）小児消化不良症（小児急性腸炎）だという結論を導き出している。後者については、「島民」は乳児に「未熟なる椰子果汁」を飲ませる習慣があるため、「消化器疾患（消化不良症）」を引き起こしているというのが藤井の見立てであった（藤井　一九三四a：八―一二）。

図表 3-1　藤井保とヤップ医院

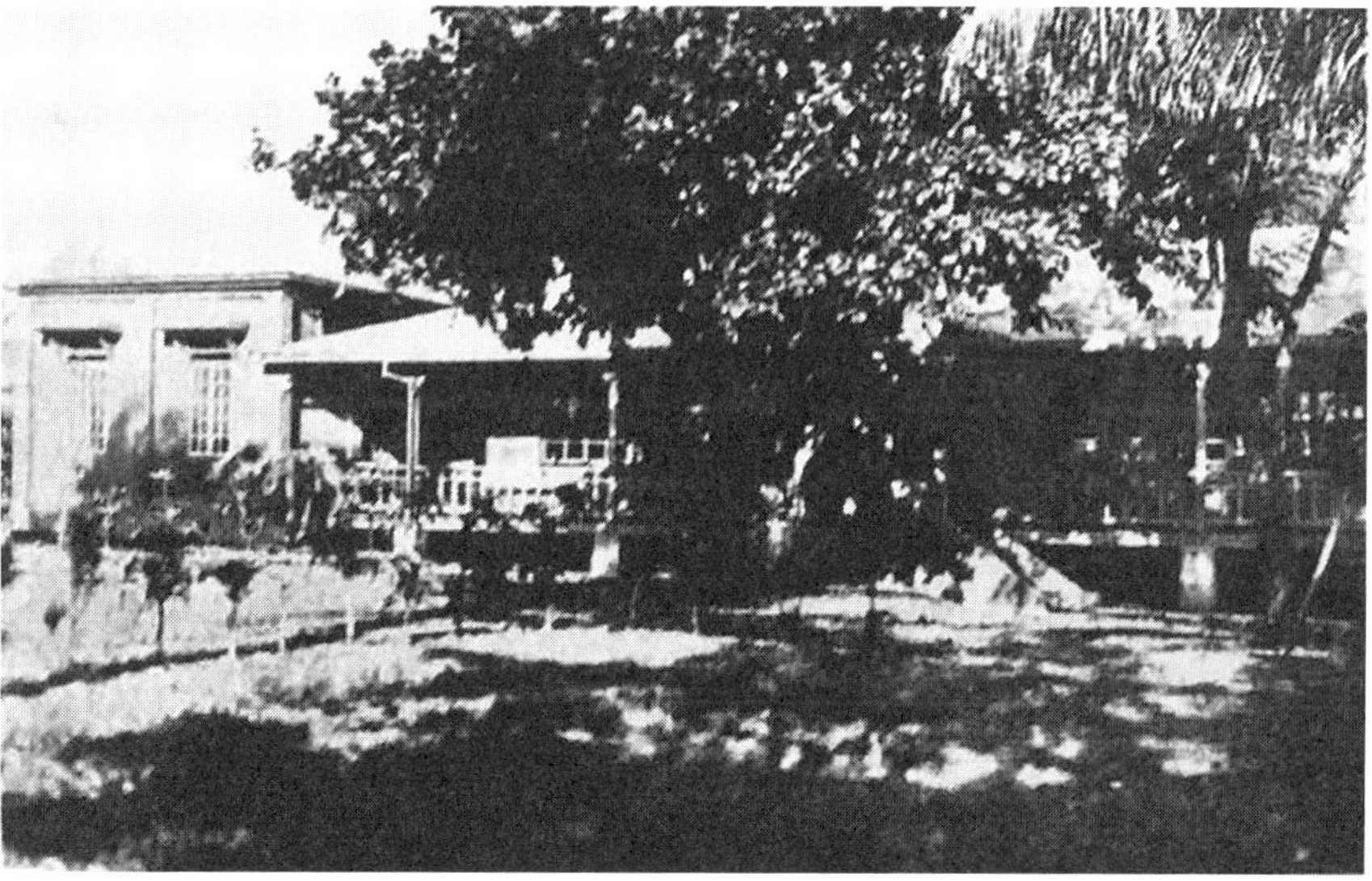

出典：『ヤップ島人口減少問題ノ医学的研究』(1934)。

性病一斉検査

それでは、「島民」の出生率の低さは何に起因するのだろうか。ここで藤井が着目するのが性病である。「先づ最も生殖力を減殺せしむる原因として重大なる意義を有する彼等島民間に於ける性病蔓延の現状を調査せんことを企図」したのだという。

だが、大規模な性病検査は住民の抵抗にあう可能性が高い。そこで、藤井たちは、ヤップ支庁の協力にくわえ、カトリック教会の宣教師から同意と支援をとりつけた。そのうえで、ヤップ全十管区の村長を集めて、各部落で性病一斉検査をおこなう必要性をくわしく説明した。さらに、一九三〇年六月から八月の三ヶ月間、「検査の趣旨を徹底せしめんがため」、医院や支庁、各部落で数十回にわたって住民に対する説明をおこなったという。

住民への説明について、藤井は次のように述べている。

ヤップ本島カナカ族の死亡率高き主因より出産率の甚しく低率なる事実を指摘し、大正五年以来昭和五年に至る十五年間に約三分の一（二千人）の人口減少したる実情を縷々説明し、今にして其諸原因を開明し対策を講ずるにあらざれば現在の彼等の愛児の老人となる頃にはヤップ本島カナカ族は現在の五分の一即ち約八百人の少数に減少すべきことを力説し、島の為め、彼等の愛すべき児孫の為めには瑣々たる小我を捨てゝ此際寧ろ進みて検査を申出づべきものなること、並に検査は極めて簡単にして肉体的には些少の苦痛もなきこと等を懇々説明せるに何れの会合に於ても全聴衆の響鳴と感動とを喚び受検の承諾を拒否するもの殆どなかりき。是れ至誠の天に通ぜしものと解すべく吾等の感銘措かざりし所にして、低級なる島民と雖も至誠を以て諄々反覆情を盡して理を説かば必ずや説得し得べきものなることを経験せり（藤井・相川・吉田　一九三四：二四―二五）。

この記述だけだと性病一斉検査は順調に進んだようにもみえるが、検査に携わったヤップ医院の医師（匿名）によれば、実際には住民の反発は相当大きく、彼自身、身の危険を感じるものでもあったようである。彼は次のように回想しているが、一九三〇年に台湾で発生した少数民族（セデック族）の蜂起事件（霧社事件）が想起されているのが注目される。

一たび性病検査の報伝はるや猛然として反対の声が挙った。吾等の珍宝を人もあらうに何んぞ異人などに見せられよう、ヤップの尊厳なる戒律は今や邦人のためにけがされんとしてゐる、まるで蒙古の襲来を知った当時の日本の様な騒ぎだった。

村の元老達は寄り寄りに拒絶を協議してゐる。

或る慓悍な地方などは絶対反対を表明し来たった。気持の悪いこと夥しい。

時あたかも霧社事件直後の記憶生々しき頃ほひだ。どうしやう、此方も又協議だ。元気旺盛な当時院長F博士［藤井院長］がどんな困難があっても押し切ってやらう、俺にまかせろうまくやるからと云ふ次第。と云はれても心配なことは相当だった。

先述した村長への説明の際には、彼らが「もぢもぢしてゐるうちに缶詰やタバコをやって懐柔」した。たまたま淋病の患者がいたので丁寧な治療を施し、「どうだ何でもないだらう。度々云ふがお前達の病気を心配して斯ういふ調査をするのだ」とも述べたらしい。その後、院長が仲よくしていたカトリックの牧師による信者の説得にくわえて、院長官舎のベランダに缶詰を商店のように並べ、村長たちが陳情に来るたびに缶詰をやり、「一席事理を説いて追ひ返す」ことを繰り返した結果、藤井は「私財数千金」を使ってしまったという（椰府医生　一九三六：五七―五八）。

こうして、なんとか検査実施の目処がたち、藤井たちは、同年九月上旬より、医院と各集落で性病の一斉検査を開始する。藤井によれば、各集落への出張検査の際は検査医（一名または二名）、看護婦（同）、通訳兼小使各一名（「島民」男女）を随行させ、「検査用天幕、帷幕、検査用器械、検査用及び治療用薬品」「一行の食料、炊事用具、寝具等」も準備した（藤井・相川・吉田　一九三四：二一七）。ただし、奥地には「頑固不逞の徒」がいるかもしれず、「不安は全く解消されたわけではない」ので、警部と巡査、巡警などの警備も随行したという（椰府医生　一九三六：五六―六二）。結局、大きな問題は発生せず、翌年五月末の検査終了までにヤップ島の「カナカ」三八八四人中、老人（五十歳以上）、小児、出稼ぎ者、障害者、重病者などを除き、受検者は二二五四人に及んだ（藤井・相川・吉田　一九三四：二二三―六九）。

人口減少と「島民」のセクシュアリティ

そして、さらに注目されるのが、出生率低下に関与するとみなされた現地住民の性習慣に関する調査研究である。先の性病一斉検査により、「出生低率」の主因は「淋毒性疾患の著しき蔓延」によることが判明したが、藤井によれば、これにくわえ、「島民間の血統によること（血族結婚によること）」と「性に関する島民慣習」も重要な意義をもつ。こうしてヤップ医院による人口減少研究は、「島民」の性をめぐる人類学へと接近する。

藤井によれば、「島民出生低率の原因的調査」の主な要点は「島民不妊に関する疑義」と「島民性の慣習殊に閨房秘事に関する研究」が最も肝要である。たとえば、ヤップでは自由民と賤民の階級的差別があったが、これが血族結婚に及ぼす影響はどうかといった問題から、「月経隔離室に於ける非衛生的所置」(2)「月経中の水浴」「月経隔離室に於ける性交技術に関する研究」「島民性の濫行」「島民婦人の水浴」「婦人乳房と仔豚との関係」「婦女子腰蓑」「児童の性交的遊戯」「慣習上性交を避くる場合」「人工的避妊法」「閨房秘事に関する慣習」「分娩時に於ける所置」「島民手淫」まで、藤井は「島民性に関する習慣」を次々と数え上げていく。

かくして、出生率低下に関しては、「淋毒性疾患の伝播蔓延」だけでなく、「島民慣習による受胎率減少に関与する風習甚だ多きこと。殊に性に関する慣習第一位にして次に性の濫行其他島民一般慣習是れに次ぐ」と結論づけている（藤井　一九三四b：七三―一二二）。しかもまた、こうした「島民」の性をめぐるさまざまな習慣は「治療」されなければならない。「衛生的方面に於ける普及（衛生思想の向上）性の慣習に対する改善、血族結婚の矯正」が必要となるのである（藤井　一九三四c：七〇―七二）。

では、藤井たちの調査結果は現実の南洋庁、ヤップ支庁の政策に用いられたのだろうか。残念ながら、政策過程への具体的影響はよくわからない。だが、その後、ヤップ支庁では、官費による性病の治療や巡回診療などの医療の充実、さらに月経ハウスの改善指導や「衛生講話」などを実施したようである（大蔵省管理局　一九四七：一五六―一五七）。

第二節　矢内原忠雄の南洋調査

植民政策学と南洋研究

戦前日本の南洋研究のなかで、古典的な位置を占める一冊が、矢内原忠雄の『南洋群島の研究』（一九三五）である。本書は、国際的な非政府組織（ＮＧＯ）の先駆といわれる太平洋問題調査会（Institute of Pacific Relations, IPR）が一九三二年、当時、植民政策学の気鋭研究者であった矢内原に委嘱しておこなわれ

図表 3-2　矢内原忠雄

出典：鴨下重彦ほか編『矢内原忠雄』（2011）。

た研究成果である[3]。本来は英文での出版（初版一九三九）を前提とした著作だが、日本が国際連盟から脱退し、太平洋における軍事的緊張が高まったことを背景に（今泉　二〇一一：一三五―一三六）、英語版に先立って刊行された。

あまりに有名な人物だが、ここでも矢内原忠雄の経歴を確認しておこう。一八九三年、愛媛県に生まれた矢内原は、旧制第一高校を経て、一九一七年、東京帝大法科大学を卒業する。この間、内村鑑三の無教会主義に出会い、キリスト者となった。第一高校、東京帝大の学生時代には、内村と札幌農学校の同期（二期生）で、第一高校校長、東京帝大教授だった新渡戸稲造の感化を受けた。大学卒業後、住友総本店に入社するが、一九二〇年、恩師である新渡戸の後任として、東京帝大経済学部の助教授に就任（植民政策学）。その後、ヨーロッパ留学を経て、一九二三年に教授となった。専門の植民政策学の分野で多くの著作を発表するとともに、論壇でも活躍するが、言論弾圧が強まるなか、『中央公論』に寄せた評論などが問題とされ、三七年、東京帝大教授の辞任を余儀なくされた。アジア・太平洋戦争中は無教会派のキリスト教指導者として活動を続け、敗戦後の一九四五年一一月、東京帝大経済学部に復帰。その後は東京大学経済学部長、教養学部長、総長などを歴任し、戦後日本を代表する知識人のひとりとして知られる（図表3-2）。

それでは、矢内原自身の仕事のなかで『南洋群島の研究』はどのような位置を占めるのだろうか。矢内原は、一九二〇年代から三〇年代にかけて、日本の植民地や周辺地域を対象とするモノグラフを次々と刊行しており、それらの研究では、いずれも統計資料や文献資料を広く活用する一方、現地で調査旅行をおこなっていた（赤江　二〇一七：六七―六九）。一九二四年以降、彼が各地（朝鮮・満洲、台湾、樺太・北海道、満洲国、ミクロネシア）で実施した視察旅行は計六回を数えるが、そのなかでも二年続けて現地調査をおこなったのはミクロネシアだけである。

さて、矢内原によれば、太平洋問題調査会の共同研究項目のひとつに「太平洋に於ける属領並にその住民」というものがあり、一九三二年五月、日本の同調査会から「委任統治地域南洋群島の研究」を委嘱された。そこで、「日本の植民政策の下に於て島民の社会的経済的生活の近代化過程が如何に進捗せるかの問題」をテーマに研究をおこなおうと考えた。だが、「島民」固有の「社会的経済的制度」が崩壊し、近代化する過程の分析については、「政府の現勢報告」も「民族学者の著書」もこれを研究の対象としていない。また、あらかじめ現地照会のため、「質問書」を現地の関係機関（官庁、学校、病院、教会など）に送って回答を得たが、それだけでは不十分だと考え、自ら現地に出張して調査を実施することにしたという（矢内原　一九三五：一―二）。

ここでまず注意すべきは、矢内原の現地調査の核心には、ヤップ島の人口減少問題があったということである。矢内原が関係機関に送った「質問書」には「南洋群島島民の出生率低き事、死亡率殊に乳児死亡率高き事の原因に関し次の各項に御解答下さい」とあり（琉球大学附属図書館「矢内原忠雄文庫」所蔵）[4]、やはり調査前に発表した「未開土人の人口衰退傾向について」（一九三二）という論考では、ミクロネシアを含む世界各地の「未開土人」の人口減少について多角的な考察をおこなっている。

そして、この論考で見逃せないのが、矢内原がヤップ島の人口減少に関する日本政府の説明に対し批判も試みていることである。矢内原が問題にするのは、『行政年報』における次のような記述である。

ヤップ島の人口減少に関し注意すべきは文明民族との接触に因ると認めらるる事由存せざることなり。

受任地域中日本人最も多きサイパン、パラオの両島に於ては寧ろ島民人口逐年増加し、日本人最も少きヤップ島に於て却て減少する事実は叙上の消息を物語るものと謂ふを得。

矢内原によれば、こうした説明は「文明民族」と「未開土人」の接触の問題をあまりに狭く個人的接触に限り、またあまりに短く現代の時期に限って考えており、学問上正確な論述とはいえない。「未開土人人口衰退」の原因は「社会的経済的諸事由」に求めるべきであって、直接の接触人数の大小によるものではなく、過去の歴史的影響の累積として解すべきものである。したがって、ヤップ島の人口減少が日本統治のみの責任ではないと論じるのは問題ないが、過去より現在までの「文明民族」との接触が深く関係しているのは疑えないことなのである（矢内原　一九六三a：二五七）。

さらに、この論考で注目すべきは、ヤップ島で特に人口状態が「不良」な原因のひとつに、ヤップ島民が「キリスト教の感化」を受けていないことを挙げている点である。「ひとり同島民が未だキリスト教の感化を被らざることと、その文化程度特に低きこと、人口衰退傾向の特に著しきこととの間には、一連の因果関係を想像するを許されるやうに思ふ」と矢内原はいう（矢内原　一九六三a：二六四）。これは、キリスト教を「文明化」と同一地平で考える、キリスト教知識人ならではの発想だといえるが、次にみるように、現地調査の進め方も、彼がキリスト者であること抜きには考えられない。

それでは、実際に矢内原の現地調査はどのようにおこなわれたのか。幸いなことに、『南洋群島の研究』の巻末には調査日記（「南洋群島旅行日記」「ヤップ島旅行日記」）が収められ、それにくわえて、『矢内原忠雄全集』（二三巻）に、初年度の調査ノートも収録されている。そこで、次にこれらの資料をもとに彼のフィールドワークを具体的にみていこう（図表3-3）。

図表 3-3　矢内原忠雄「南洋群島旅行日記」

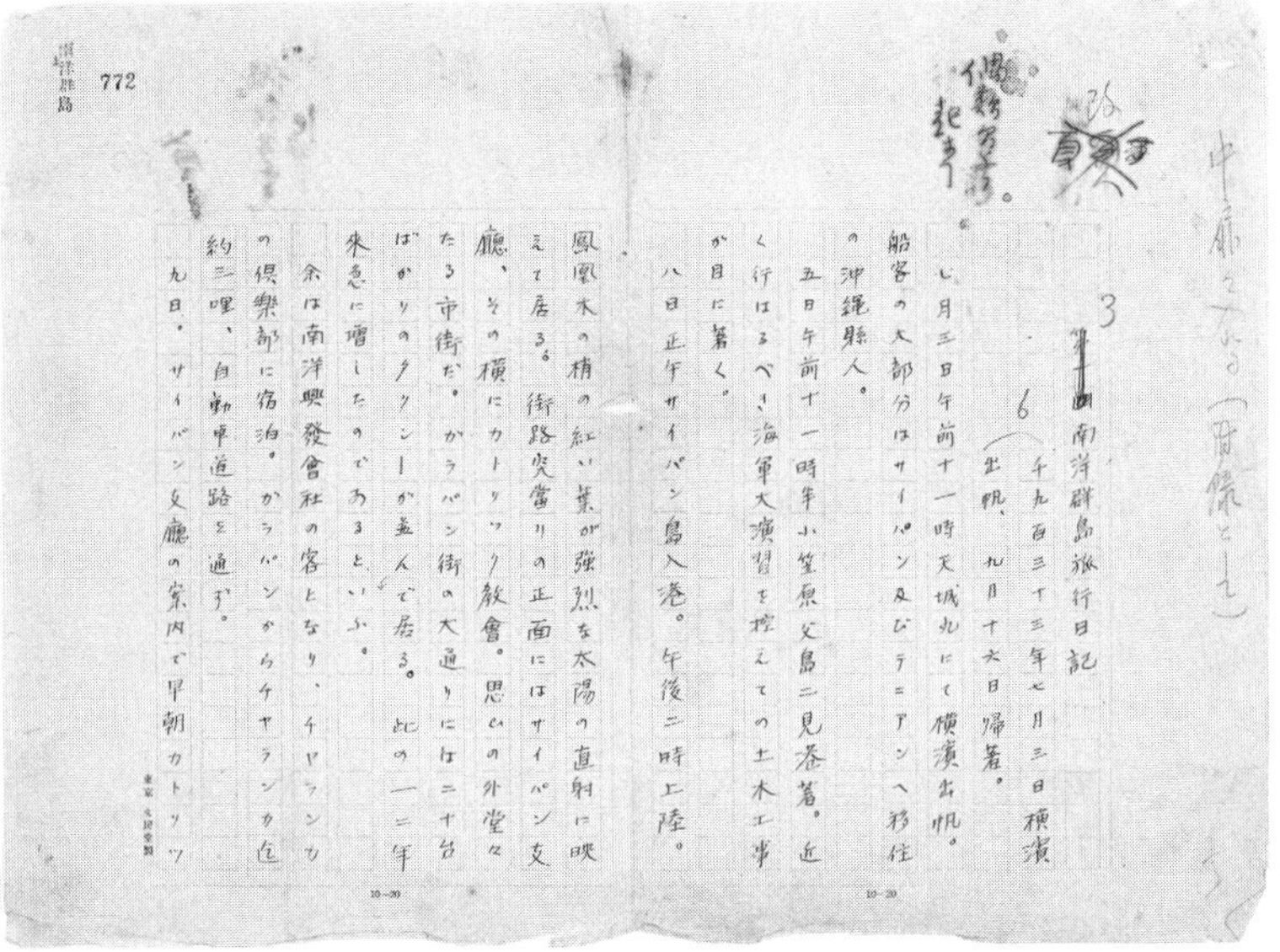
第十一　南洋群島旅行日記
（千九百三十三年七月三日横濱出帆、九月十六日帰着。）

七月三日午前十一時天城丸にて横濱出帆。船客の大部分はサイパン及びテニアンへ移住の沖縄縣人。

五日午前十一時半小笠原父島二見港着。近く行はるべき海軍大演習を控えての土木工事が目に着く。

八日正午サイパン島入港。午後二時上陸。

鳳凰木の梢の紅い葉が強烈な太陽の直射に映えて居る。街路突當りの正面にはサイパン支廳、その横にカトリック教會。思ひの外堂々たる市街だ。ガラパン街の大通りには二十台ばかりのタクシーが並んで居る。此の一二年来急に増したのであるといふ。

余は南洋興發會社の客となり、チャランカノアの倶樂部に宿泊。ガラパンからチャランカノア約三哩、自動車道路を通ず。

九日。サイパン支廳の案内で早朝カトリツ

出典：琉球大学図書館矢内原忠雄文庫。

「南洋群島旅行日記」

矢内原によれば、先に述べた理由で自ら現地に出張して調査する必要性を感じていたが、大学の本務があるため、長期間の滞在はとうてい不可能である。ようやく一九三三年の夏休みを利用してミクロネシアの「主要島を一巡」し、翌三四年の夏に再び渡航して、ヤップ島で視察を実施した。

ともあれ、注目されるポイントを確認しながら、初年度の旅程からみていこう（矢内原　一九三五：四九八―五二二）。ただし、すべてを追うと冗長になるので、初年度はパラオ滞在までの前半（八月一五日）にしぼって検討する。

七月三日午前一一時、日本郵船の天城丸で横浜を出航。乗客の大部分はサイパン、テニアンに移住する沖縄県人であった。次章の土方久功のところでもみるように、当時、ミクロネシアに渡航する際にはじめて沖縄出身者と会ったという「本土」出身者は多く、これは矢内原自身にとっても「沖縄の発見」を意味していた（矢

内原　一九六三b：一五六）。

小笠原父島二見港（五日）を経て、八日サイパンに入港し、南洋興発が所有する興発クラブの客となった。これ以降、一四日までサイパンに滞在し、南洋興発の製糖工場や酒精工場、農場からサイパン支庁、公学校、ミッション・スクール、病院、刑務所まで、各所を精力的に巡見した。特に注目されるのは、サイパン到着早々、カトリック教会の礼拝に参列し――そこでは、女性の服装がスペイン風であることに目をとめている――、さらにチャモロ、「カナカ」の代表的な住居などを視察していることである。チャモロについては、上流・中流・下流の代表的な住家を視察し、沖縄県人に賃貸している家もあることを書き留めるとともに、「カナカ」の住家、防風小屋、月経小屋なども見学している。

一五日、「六十噸の発動機船」でサイパンからテニアンに移動し、南洋興発のクラブに宿泊。以降、二一日までテニアンで南洋興発の農場や牧場、有名な石柱遺跡（タガ・ストーン）などを見学する。二一日夜、一日遅れで到着した筑後丸に乗船して、ヤップへ。

二四日、ヤップ到着。支庁、公学校、伝統的な集会所（バイ）などを見学し、先に検討したヤップ医院の藤井保を訪ねる。「流石此の島に長く居住せられ、且つ島民の衛生状態社会状態の熱心な観察者であるだけに、その話は面白く且つ有益であった」と矢内原は述べている。夕方には早くも出航、船はウルルシ列島（ヤップの離島）の二つの島に荷揚げ（二五日）したあと、パラオへ向かう。疲れが出たためか、この間に発熱し、食欲を失ったという。

二七日、パラオ・コロール島に到着。熱は下がったが、一日旅館で静養。以降、八月一五日までパラオ滞在。その間、矢内原はコロールを拠点にパラオ各地を視察することになる。

二八日、東京で面識のあるドイツ人宣教師（レンゲ氏）がやって来て、コロールは暑いので、パラオ本島オギワルの彼の家で休養することを勧められる。二九日、レンゲとともに、帆船（おそらく南洋貿易の船）

に乗って本島へ。途中、「島民」のカヌーに乗り換え、オギワル着。三〇日はレンゲの教会の礼拝に参列。頼まれて矢内原がドイツ語で説教し、レンゲがそれを通訳。ちなみに、レンゲ（Wilhelm Lange）は長年パラオに在住する有名人で、次章でみるように、土方久功とも親しく付き合っていた。

三一日、レンゲのモーターボートでガラルド村へ向かい、海岸の公学校や邦人商店、旧村の集会所（ア・バイ）などを見学。「昼食のために立寄った家には、ひどいフランベジアの子供が泣いてゐた。レンゲ氏が短い説教をした。カイバツクル［手斧］を肩にしたルバク［長老］達がパンの木の下の石畳に立膝ついて耳を傾け、石畳の向ふ側には女達の一団がしゃがんで聞いて居る有様は一幅の絵であった」と彼は書き留めている。

八月一日、レンゲとともに、オギワル村の「第一酋長」を訪問。ご馳走になり、パラオの旧貨幣（ウドウド）などをみせてもらったあと、レンゲのモーターボートでマルキョク村へ。「大酋長（アルクライ）」のテンレイ老人宅を訪問。外出していた「大酋長のテンレイ老人は、珍客入来の知らせを得て急ぎ帰宅し、カイバツクル肩に赤褌だけの自由な姿をば、慌てて洋服と靴に包んで窮屈さうに挨拶に出て来たのは大いに気の毒であつた」。ここでもウドウドをみせてもらい、夕方オギワルに帰る。二日は雨のため終日滞在し、三日、パラオ支庁が送ってくれた汽船でコロールに戻る。

四日、病院、公学校、木工徒弟養成所、産業試験場を視察し、午後は「村吏事務所」でコロールの「大酋長（アイバドル）」イラケツほか七名の有力者と会見。彼らの宗教をたずねてみると、老アイバドルが天理教、他にプロテスタント二名、カトリック四名、無宗教一名であった。

五日は物産陳列所、水産試験場、御木本真珠養殖場を視察後、戸塚医院長を訪問。(5)(6)

六日、「発動船」でパラオ本島アイライ村へ渡る。アイライでは、固有様式の集会所（ア・バイ）や「ルバク［長老］評定」の場所となる石畳などの「旧パラオ」の象徴と「部落改善事業」の一環であるコンクリート造トタン屋根の「洗身場兼洗濯場」が道を隔てて並んでいる様子などを書き留めている。夜、発動機船でコロールに帰る。

七日朝、南洋庁が提供してくれた白鷗丸（水産試験船）でアンガウル、ペリリュー視察へ向かう。午後、アンガウルに到着し、夜は離島から出稼ぎに来ている「島民」による踊りを観覧。八日、病院、学校、郵便局、出稼ぎ「島民」の宿舎、採鉱場、集落などを見学。午後、ペリリューに向かうが、波が高く、「島民」のカヌーを呼び止めて、なんとか上陸する。校長官舎に宿泊。九日、カヌーで二時間かけて沖合碇泊の白鷗丸に乗り込み、コロールに帰着。

一〇日、午前はパラオ支庁を訪問、午後からコロール対岸のアラカベサン島に渡り、離島からの移住者集落を視察。「殆ど凡ての家に病人が居り、殆どの家に子供が無い。人口衰退の途上にある南西離島の縮図と見るべきこの光景に、思はず眼をそむけた」という。

一一日夜、南洋貿易支店の宮下氏を訪問し、パラオの貨幣（ウドウド）の説明を聞く。一二日、パラオ本島の日本人入植地（「アイライ植民地」）を視察。一三日、コロールを朝出発して、今度は本島の「ガルドック植民地」（北海道からの入植地）を視察。マルキョクまで徒歩で下り、総村長の役宅に一泊。「その途中腰蓑の老婆を一人見受けたが、之が私のパラオ滞在中に見た唯一の固有の服装である。それほどまでにパラオは近代化し、もはやクレーマー教授視察当時のおもかげを留めない」と記している。

一四日、朝マルキョクを出発、コロールに戻る。一五日、コロール滞在。一六日正午、日本郵船の春日丸に乗船して、パラオを離れた。以降、トラック、ポナペ、クサイ（エ）、ヤルート、クサイ（エ）、ポナペ、トラック、パラオと巡見して、九月一六日、横浜帰着。

「ヤップ島旅行日記」

続いて、翌年（一九三四年）のヤップ島調査をみよう（矢内原 一九三五：五二三―五四二）。今回は六月二四日横浜出航（横浜丸）、横浜に戻ったのは七月三一日、そのうちヤップ島に滞在したのは七月六日から二一日までの約二週間である。先に述べたとおり、二年目にヤップ島に焦点をしぼったのは、人口減少問題への関心からである。二週間のあいだ、矢内原はヤップ島の各所を精力的にまわっているが、ここでは注目される記述を四日分だけとりあげる。

七月九日。今日からヤップ支庁庶務課の黒木氏、巡警ガギンの案内で村巡り。支庁の農場や村を徒歩で視察しながら山を越えて、夕方アリゲリ村の巡回診療所に到着。カニフ管区の旧「大酋長」ガランマウ、総村長テセン、前総村長ブチョン、村の巡警クブホスなどの有力者がやって来て、階級、貨幣、その他旧慣と生活について種々「質問談話」をおこなう。多くはドイツ語を解するので便利だったという。

一五日。支庁があるコロニー滞在。午前カトリック教会訪問。その後、巡警ガギンとヤップ公学校助教員のタマクが宿舎に来る。両名とも「二七、八歳の好青年」で日本語をよく解する。特にタマクは頭脳明晰で質問にもよく答え、多くの疑問点が明白になった。彼は将来ウルルの「大酋長」になるべき順位にある名家出身であり、「大正四年にヤップ公学校の小使になり、大正七年より助教員に任ぜられ今日まで勤続といふ『表彰』ものの履歴の由」という。

一六日。この日はヤップ支庁より黒木氏、巡警ヨハニト、巡回診療に向かうヤップ医院の吉田医員、事務員一名、「島民」看護婦二名が同行し、トミル、ウギル、マップ、ルモン方面の視察へ。まずトミル湾内ビケル島に上陸し、ハンセン病患者の収容所を訪問。トミル管区内のタープ村に渡り、徒歩でマー村などを経て夕方マキ公学校着。途中、ヤップの土壌が貧弱なことに驚き、土地が痩せて資源の無いことが、資本の「誘引力」を欠き、「島民社会近代化」が遅れる原因であり、人口減少もこうした地質の間接的影響ではないか、と考察している。「マキ公学校の校庭に集合して待って居た島民の為めに、吉田氏は持参した薬品箱を開いて診療投薬を開始した。大樹の蔭にて半裸の島民に聴診器を当てる青年医師の姿は一篇の詩だ」と矢内原は書き留めている。

翌一七日。朝マキを出発、徒歩で幾つかの村を経てガチャパルに到着。巡回診療所で昼食後、ガチャパルの旧「大酋長」フセガモ・ニガその他有力者と会見。ここでの矢内原とフセガモ・ニガ（「容貌魁偉眼光爛々たる白髪の老人であって、その態度言語に犯し難き権威を有って居る」）のやりとりはなかなか興味深いので、そのまま引こう。

彼れ大酋長の権力の衰へたるを慨して曰く、「昔は自分が自らこんな所に出て来る必要はなかったのだ。用事があれば皆自分の家に聞きに来、又自分の為めに奔走したのだ。今は自分でしなければならない」と。私が彼に更にトーテムの存否を尋ねたのに対し、彼は之を肯定して曰く、ヤップにては之を『ガノン』といふと。私が更にトーテム的族内婚は禁忌なりやを聞いた時、彼はそれが禁忌であること、併し今の若い者は年寄りの言を聞かずしてこの禁忌を意とせざる旨を語り、ややあって吐き出す様に一言疾呼した。私は通訳にその意を問うた處、若き巡警は苦笑しながら小さな声で「馬鹿だ！　と怒って居ます」と答へた。

その後、庭前でおこなわれる舞踏を見学し、「島民」のカヌーでマキ村に戻る。矢内原のために四十人ばかりの青年団員が召集されており（大部分が公学校卒業生）、通訳（巡警のヨハニト）を通じて、ときに日本語で、青年たちと対話した。たとえば「アンガウルに行ったことのある者は手を挙げて」という矢内原の問いに対し、ほとんど全員が挙手している様子は、ヤップからアンガウルへの出稼ぎ者の多さを物語っている。また、「ヤップの村には階級がある。それを悪いと思ふ者は手を挙げて」「それを善いと思ふ者は？」という問いのいずれにも誰も手を挙げないことについて、そばにいたマキ公学校校長が「その質問に此処で答へる者は一人もありますまい。村の長老たちも傍聴して居ますから。階級の問題に触れるのは日本で言へば『危険思想』です」と説明しているのも興味深い。矢内原は次のように書いている。

過去のヤップは老酋長フセガモ・ニガと談ずべし。将来のヤップは此等青少年と語るべし。而して檳榔子を噛むに用ゐる石灰入の竹筒片手の壮年老年と、此等青少年とが同じ大樹の下に座し、支庁の役人や病院の医師や公学校の校長を前にして私と会談するといふのがヤップの現在だ。愛すべき汝等青少年よ。私は手を取って教へ込みたい様に思った。

矢内原と〈島〉の植民地近代

ここまで長々と矢内原の調査日記を眺めてきた。以上の記述からまず指摘できるのは、宿泊や現地案内、交通の手配などで南洋庁、南洋興発からさまざまな便宜を受けていることだろう。そして次に目立つのが、とりわけ初年度における教会の礼拝への参加や、彼自身のキリスト教人脈の利用である。これは矢内原がキリスト者である以上、当たり前とも思えるが、先にみたように、彼は人口減少問題をキリスト教の浸透との関係で考察しようとしており、そのことが視察に反映していると解釈できる。(7)

そしてさらに、「島民」が個人名とともに登場していることも見逃せない。たとえば、第一章で検討した三人の人類学研究者（松村瞭、柴田常恵、長谷部言人）の視察に登場するミクロネシア人は基本的に匿名の存在であり、端的にいえば、個性をもたない「土人」であった。実際、第一章で触れた松村瞭の紀要論文Contributions to the Ethnography of Micronesiaには、各島嶼の住民の写真が数多く掲載されているが、そこに個人名とともに登場するのは、わずかにコロールの「大酋長」アイバドル（Aybatthul）ひとりにすぎない（Matsumura 1918）。それに対して、矢内原の日記では多くのミクロネシア人が個人名とともに登場しており、『南洋群島の研究』に掲載された人物写真の多くは人名が付されている。

これは善し悪しの問題ではない。第一章で確認したとおり、松村たちの視察は非常に短期間でおこなわれたものであるうえ、そこでの目的は各島嶼の住民の「伝統文化」や「体質」をできるかぎり記録することにあり、住民の個性は問題とはならなかった。それに対し、矢内原の現地調査の目的は、ミクロネシア人の「固有の社会的経済的制度が崩壊して近代化し行く過程」を明らかにすることであり、そのために個々の住民とふみ込んだ「対話」をおこなう必要があった（老人とはときにドイツ語、若者とはときに日本語で）。むろん、矢内原と「島民」とのコミュニケーションが可能だったのは、現地の統治が軌道に乗り、「対話」を仲介するさまざまな人びと（「島民」の巡警・通訳、宣教師など）が存在したためだし、特に若者については、日本語教育がある程度行き渡った結果でもある。

第一章で述べたように、ミクロネシアの近代はスペイン、ドイツ、日本と次々と支配者が交替する歴史であった。矢内原は、現地調査を通じて、〈島〉の「現在」のなかに重層的に重なった植民地近代の歴史＝「社会的経済的生活の近代化過程」をきめ細かく読み取ろうとしていたのである。

『南洋群島の研究』と人口減少問題

矢内原はヤップ調査から帰京後、すぐに『南洋群島の研究』の執筆に取りかかった。執筆は「意外に困難」で「少なからず労苦と時間」を投じたにもかかわらず、なお不備と不満を残した。だが、これ以上はさらに長期間の現地調査をしないかぎり難しいので、やむをえず太平洋問題調査会の了解のもと、先に日本語版を公刊することにしたという。

『南洋群島の研究』は、「自然」「沿革」「人口」「経済」「経済（続き）」「社会」「政治」の全七章からなる非常に網羅的な著作だが、ここでは、本章のこれまでの議論をふまえて、矢内原のミクロネシア人観とヤップ島人口減少問題の二つに焦点を当てて検討しておこう。ただし、先に述べたように、ヤップ島の人口減少問題は、矢内原の南洋研究の中核に位置する。

まずはミクロネシアの住民を矢内原がどのように捉えていたかという問題から。さほど意外なことではないが、矢内原は、彼に先立ち現地調査をおこなった長谷部言人の研究をふまえている。第二章で確認したとおり、長谷部はチャモロと「カナカ」の区別は「統治上の便法に過ぎぬ」と退けていたが、矢内原は次のように述べている。

長谷部教授によれば、チャモロ族とカナカ族とは元来人種的区別ではなく、又カロリン及びマーシャル群島民がカナカなる一人種に総括せられ得るものではない。故に人類学的目的の為めには南洋群島の島民をチャモロ族及びカナカ族に二大別するは無意味のことであらう。

だが、矢内原によれば、「社会的見地」からはこの区別も無用ではない。十六世紀のスペイン統治以来、マリアナ諸島の住民がカトリック化し、スペイン人、フィリピン人と混血が進み、「欧風化」「近代化」されたのに対し、カロリン、マーシャル諸島にヨーロッパ人が渡来したのは十九世紀に入ってからのため、「固有の氏族的社会制度」がなお残存している。こうした「歴史的社会的なる発達段階の差異」によってカロリン、マーシャルの島民を「カナカ」と呼び、チャモロと対置するのは「社会科学上十分の理由と実益」が存在する（矢内原　一九三五：一二—一四）。

また、「カナカ」が「無気力懶惰」であり「労働を厭ふ」との非難があるが、これは彼らの「人種的自然的性質」にもとづくものではなく、むしろ「歴史的社会的事情の反映」にすぎず、現在でも労働環境に置かれたときは「従順にして勤勉なる労働能力の所有者たることを示し、その体力も亦概して日本人に勝る」と矢内原はいう。ただし、一般的に彼らは「文化程度」が低く、「智能に於て未開発」であり、栄養不良や疾病による健康障害が少なくない。しかも、「島民人口増加の徴候」は微々たるものであり、ヤップのように絶対的減少を続けている島もある。したがって、「資本主義的利用の立場」からすれば、「南洋群島島民の労働生産力には数量的にも質的にも大なる期待をかけ得ざる」といわざるをえない（矢内原　一九三五：一四一一五）。

では、ヤップ島の人口減少の原因はどこにあるのか。矢内原は次の五つを挙げている。「（一）固有の社会組織及び生活様式の保存」「（二）土地磽确《こうかく》、資源貧弱であること」「（三）低出生率及び高死亡率の原因としての疾病の蔓延」「（四）外人来住者比較的に少きこと」「（五）基督教宣教師の活動他島に比して頗る少く、殊に新教教会の皆無なること」（矢内原　一九三五：四七三）。

矢内原によれば、これらのうち（一）ないし（三）が、ヤップ島で特に「悪習、貧困、悪疫」の大きい理由であり、（四）および（五）は、これを「改善・指導」するための「近代的勢力」の不足を意味する。ヤップ島の「人口衰退阻止」のためには「悪習の改善、貧困の救済、悪疫の除去」が必要だが、これは政府だけの努力に待つべき問題ではなく、「基督教会も亦その一半の責任を負担しなければならない」と彼はいう。（三）は、明らかにヤップ医院の医学調査をふまえた考察であり、(8) 先に述べたとおり、教会に注目するのはキリスト者ならではの着眼である。

ただし、今後、「統治の進捗」によって「島民人口の状態」を改善することは不可能ではないが、「ヤップ島の如く特殊の事情ある地」では、政府の努力を相当くわえても多年継続する「人口衰退傾向」を急に阻止するのは難しいだろうと矢内原はいう。おそらくは公学校教育を受けた青年たちが「社会の長老的位置」に到達し、「ヤップ島民生活の近代化」が全面的に進展しえるときに「転換期」が開始されるだろうというのが矢内原の予想であった。

そして、矢内原によれば、最後に残る問題は、「南洋島民の如き未開土人」で、しかも「久しく衰退傾向の継続せる人口」を特に保護して増加をはかる根本的必要性はどこにあるのかという点にある。とりわけ日本統治下のミクロネシアにおいては、主たる生産や市場の拡張は日本人移住者によるものであり、経済的開発の観点からすれば「島民人口保護」の必要はドイツ時代に比べ、はるかに減少したといわざるをえない。したがって、極論すれば、「純経済的見地」においては「島民人口衰退防止」の施策は意味を失ったとさえ考えられる（矢内原　一九三五：四七四—四七五）。

では、「島民保護政策」の基礎はどこに求められるのか。そこで矢内原が掲げるのが委任統治制度の理念にほかならない。

「文明の神聖なる使命」としての委任統治

矢内原によれば、日本のミクロネシア統治はドイツの政策をほぼ継承したが、これを大規模に発展させ、治安維持、資源開発、財政独立、行政規模の拡大、日本人の移住、学校病院の増設、「島民生活」の近代化、「島民人口衰退の阻止」などの成果を挙げた。

特にドイツ統治時代に比べたときの「日本統治の特色」として、「（一）島民に対する人種的蔑視の感情及び態度の少きこと」「（二）独逸時代に比して行政の組織が遙かに大規模であり、官吏の員数多く、社会的組織が官庁の事務として積極的に行はれること」「（三）経済的富源の開発」「（四）島民生活の近代化が進捗し、人口衰退傾向が全体として阻止せられたと認められること」が挙げられる。そして、日本の統治はドイツ時代に比べ「島民」を収奪する必然性に乏しく、また「島民」の生産力・購買力を「涵養増大」する必然性も乏しく、「保護向上の熱意を必要とせざる物質的条件」に立っている。したがって、日本統治下における

「島民人口保護」の必要は功利主義的見地からは強く認識するに値せず、それはただ委任統治制度が理想的目的として挙げる「文明の神聖なる使命」という語を文字どおり正直に受け取ることによってのみ、根本的に基礎づけられるのである。

かくして、本章冒頭の引用にあるように、「委任統治制度の三大義務」、つまりは（一）「軍事的目的に利用せざること」（二）「島民の精神的及び物質的福祉の増進」（三）「連盟理事会に対する手続き上の義務」を遵守し、委任統治の精神を尊重して「太平洋平和の維持と島民福祉の増進」を国策とすることこそが矢内原の「衷心希望して止まざる處」だということになる（矢内原　一九三五：四九一―四九五）。

そして、当時のミクロネシアをめぐる国際情勢と、その後の〈島〉がたどった歴史を考えるとき、こうした矢内原の主張は徹頭徹尾、反時代的なものであった。「委任統治制度の三大義務」は、『南洋群島の研究』刊行後、次々と反故にされ、彼の希望は現実によって裏切られていく。第二章冒頭で確認したとおり、一九三六年にワシントン・ロンドン海軍軍縮条約が失効して以降、ミクロネシアの「軍事的目的」の利用が始まり、「連盟理事会に対する手続き」も三八年を最後に放棄された。さらに、これからの章でみるように、現地開発の進展は、「島民」の「福祉」の悪化をもたらすことにもなる。その意味で、日本は、矢内原のいう「文明の神聖なる使命」の受託者としての「師錬《テスト》」に失敗したように思われるのである。(9)

注

（1）熱帯地方に広くみられる慢性トレポネーマ症で、原因、症状は梅毒と類似するが、性病ではない。
（2）月経期間の女性がこもる小屋。いわゆる月経小屋（ハウス）。
（3）太平洋問題調査会については、原（一九八四）などを参照。
（4）ウェブで閲覧可能。http://manwe.lib.u-ryukyu.ac.jp/yanaihara/
（5）御木本真珠（現ミキモト真珠島）は、一九二二年、パラオに養殖場を開設していた（四〇年に閉鎖）。
（6）当時、パラオ医院の医院長であった戸塚（皎二）は、次章でみるように、同人誌『女酋』を主宰するアマチュア民俗研究者でもあった。

（7）　また、ミクロネシア社会にキリスト教が一定浸透していたことは、矢内原が南洋調査に入れ込んだひとつの要因となったかもしれない。

（8）『南洋群島の研究』の参考文献には、ヤップ医院の調査概要を紹介した各年度の『行政年報』は掲載されているものの、『南洋群島地方病調査医学論文集第三輯（ヤップ島人口減少問題ノ医学的研究）』（一九三四）は挙げられていない。ただし、矢内原の調査ノートにはヤップ医院による医学調査の細かい抜き書きが記されており（矢内原　一九六五：六〇九―六三一）、彼が藤井らの研究に大きく依拠していることは疑えない。

（9）　付言すれば、日本の敗戦により、ヤップ島の人口減少問題に関して、矢内原が予想した「転換期」――公学校教育を受けた青年たちが「社会の長老的位置」に到達し、日本統治下において人口減少がストップする――が到来することはなかった。ただし、残された統計資料によれば、矢内原の予想どおり、日本統治時代にヤップ島の人口減少は止まらなかった。

第四章　「文明」から遠く離れて——土方久功と「裸の土人たち」

そして私は「青い海にうかぶ」という／百五十行の妙な詩を書いて／南洋の小さな島に渡ってしまったきり／十五年の年月を／裸の土人たちと遊び暮らしてしまったのだったその妙な詩の中で　私は／文明の虚偽と不倫とをはかなみ／裸の土人たちの——実はまだ知らない裸の心を／夢み　憧れ　そして礼賛したのだった
現実の小さな島々の／土人たちの裸の心は／それは雲の上の天使のそれとは／似ても似つかぬものだった／何故と言えば　彼らは生きた人間であり／社会の中に個を守っている／彼らは人間だったから——／彼らは貪欲でもあり　きたならしくもあり／悪心をさえもっていた／それでも私は満足した／十五年ものながい間私は彼らの言葉で／彼らの習慣に従って／よく遊び　よくふざけて飽きなかった（土方　一九九一c：八九—九〇）。

第一節　「土人」たちの世界——ミクロネシアへ

芸術と民族学のあいだ

冒頭に挙げたのは、彫刻家、画家、詩人であり、戦前、日本統治下のミクロネシアで広範な民族調査を実施したことでも知られる土方久功の「黒い海」（一九五六）と題する詩の一節である。土方久功は、一九二

図表 4-1　土方久功（1939 年）

出典：世田谷美術館編『土方久功展図録』（1991）。

九年三月、ミクロネシアに単身移り住み、長年にわたって現地の人々のあいだで暮らした。彼の十五年にわたる〈島〉での生活のうち、とりわけ絶海の孤島サタワル島（土方の表記はサテワヌ島）での七年間に彼がおこなった現地住民に関する調査は、日本の人類学・民族学史上、空前絶後の参与観察だといわれる。

　前章で検討した南洋庁のヤップ医院の医者を除けば、本書でここまで登場した研究者にとって〈島〉は、あくまでも現地調査のために一時的に訪れる場所であった。それに対して、一九二〇年代末になると、アマチュアとはいえ、現地で暮らしながら調査を実施する土方のような研究者が現れたことにまずは注意しておきたい。いうまでもなく、その背景には、この間のミクロネシア統治の進展がある。

　土方久功は、パラオにわたる前から死の直前まで詳細な日記をつけており、近年、そのうちの戦前部分については、国立民族学博物館から詳細な注釈付きで翻刻・出版された（須藤健一・清水久夫編『土方久功日記（国立民族学博物館調査報告）』I―V、二〇一〇―二〇一四）。土方の日記は彼のフィールドノートを兼ねており、これをもとに彼の著作や報告などは書かれている。

　また、土方の生涯については、土方再評価のきっかけをつくった岡谷公二『南海漂泊』（一九九〇）にくわえ、土方日記の翻刻者である清水久夫の『土方久功正伝』（二〇一六）も刊行され、文化人類学者によるものを含めて、研究は非常に充実している。そこで、本章では、土方日記や岡谷・清水両氏の著作を含む先行研究にも依拠しながら、土方の〈島〉での調査研究を検討していこう。[1]

ともあれ、まずはパラオにわたるまでの土方久功の経歴をみておく（図表4-1）。一九〇〇年、明治維新の元勲である久元（伯爵）の甥であり、陸軍砲兵大佐であった久路の次男として東京に生まれた。学習院初等科に入学するも、学習院中学卒業後、父親が病気により陸軍を退役したことなどの事情から、土方は高等科に進学できないという大きな挫折を味わう。さらに、その頃には父母の関係が悪化していたこともあり、父親が亡くなる一九一九年まで、彼は父の看病に二年を費やすことになった。

一方、父が亡くなる直前の一九年、授業料が安いという理由から、土方は東京美術学校彫刻科塑造部に進学する。卒業後は、従兄弟である土方与志（久敬）が立ち上げた築地小劇場の活動に協力し、個展も開いている。だが、人生の悩みは深く、二十九歳のとき、南の島や「土人」への憧れから、南洋庁所在地であるパラオ・コロール島にわたった。

土方日記によると、当初、渡航先は、「裏南洋」（ミクロネシア）と「表南洋」（東南アジア）のどちらでもよいと考えていた。だが、ミクロネシアの「先史」「土俗」「伝説」「歴史」「文化」は自分にとって「尽きない興味の泉」「飽きない研究の対象」となるだろうと考え、さらに当初、言葉の困難を感じずにすむだろうという判断からミクロネシアに決めた（須藤・清水　二〇一〇：三九七）。

土方はゴーギャンの絵や版画が好きだったが、彼自身の言によれば、土方を南洋へ「引っ張った」のは、ゴーギャンとは「全然別のもの」であった。なぜなら、ゴーギャンの描く南洋の「土人」は、彼には「不向きな夢の様なそれ」に思えたからである。むしろ、日本の古代文化への関心から「先史考古学、先史文化史」の本をあさっていくうちに、彼はまた「土人」にぶつかったのだという。すなわち、ゴーギャンの描く「夢のような土人」ではなく、「もっときたならしい本当の土人」である。(2)

ここで、彼がミクロネシアに「めりこむ」きっかけとなった読書経験について、戦後書かれた回想（「わが青春のとき」一九六八）から引いておこう。少し長くなるが、土方が民族学や考古学への関心を深めていった時代の読書界の状況がよくわかる。また、第二章で検討した松岡静雄『ミクロネシア民族誌』（一九二七）が挙げられているのも見逃せない。

私を考古趣味と未開主義に導いた手引きは、鳥居竜蔵［龍蔵］氏の、あのわかりやすい、そして手引き的な著書『有史以前の日本』と『日本周囲の原始宗教』、それにモースの『日本その日その日』などだったろうか。ウェルズの『世界文化史大系』が北川三郎氏の訳によって普及版で出だしたのもその頃だったし、西村真次氏の古代社会と日本人の成生に就ての著書から、内地ものではちょうど岩波文庫が古典ものの校訂版を文庫で出しはじめたところだったので、古事記、日本書紀、そして万葉集、風土記を、金田一先生の『ユーカラ』をはじめとするアイヌの研究書、宮良当壮氏の『沖縄の人形芝居』や『八重山古謡』等を、そして南洋ものでは松岡静雄先生の大部な『ミクロネシア民族誌』『太平洋民族誌』など、北から南まで読みまくっていたのだった。そしてこの最後の小さな島々にぶつかって、私の「小さな島」にめりこむ理想（？）がかたまって来たのだった。［中略］欧州の美術会では、前時代の「爛熟退廃？」とまででなくても、行きづまりから覚めて、原初的な感動を未開人たちの生活と手法表現に求めて、アフリカの未開芸術を取り入れた、ピカソ、マチス、ブラック、ドラン等の一団が主流的になっていたのであった。［中略］何も「フランス＋アフリカ（原始）」をもらって来るぐらいなら、まっすぐ南洋原始に飛び込んで「日本＋原始」を作った方が立派じゃないかと、私のようなヨーロッパに行けない者はひがんだらしいふしもある（土方　一九九一b：一九三―一九四）。

山城丸に乗って

一九二九年三月七日、土方は、兄弟や友人に見送られて横浜港を出航する。彼の南洋行きに反対していた母親は二年前に亡くなっており、もはや彼を日本に留めるものは何もなかった。乗り込んだ船は日本郵船の山城丸。第一次世界大戦の際、接収したドイツの汽船を改装した船であった。土方は経済的に豊かではなかったが、友人、親戚から援助を受け、友人の勧めで一等船室に乗り込んだ。一等船室の客は、「芝浦電気の伊藤さんとかいう若い社員」と「ポール・ジャックレイさん」というフランス人(3)、みな三十歳に届かない「書生っぽ」ばかり三人であった（土方　一九九一b：一七三）。

土方日記は、小笠原、サイパンなどを経てパラオへ向かう旅の様子を伝えている。ここでも、船には〈島〉へ向かう沖縄からの移民が大勢乗船しており、土方自身、そこで初めて沖縄の民謡や踊りを経験している。

ここで、土方日記から船内で彼が出会った沖縄からの移民の様子をみておこう（三月九日）。これものちに改稿され、「わが青春のとき」（一九六八）におさめられた。

夕食後、同船のサイパンへ行く沖縄の移民達が踊を踊ってさわいで居たので、皆で見に行く。／真暗な階段を降りると、船底の三等船室の臭気がぷんと鼻をつく。薄倉い電燈の下に、十五畳位ひの低い台があって、お酒もりの場所に当てられて居る。男ばかり十五六人が台の三方に廻ってあぐらをかいて居り、各の前には湯吞に冷酒が置いてあって、時々手にしては、肴なしに酒を吞んで居る。一人が琉球特有の蛇皮線をひき、他の一人が片皮の小太鼓をうって拍子をとる。すると別の一人が踊る。他の連座のものは歌を唄ひながら手を拍って調子をとり、景気をつける。／他の廓は二段の升座敷になって居て、女達は此の升座敷から見物し、小声で唄などを合はせて居る。女も踊るそーであるが、男の方が多く踊るらしい。私達が見た時は男ばかりで、女は踊らなかった。男達は誰でも踊れるらしく、かはるがはる蛇皮線や太鼓も持ちまはし、踊手も相変りあった。

翌日・翌々日（一〇日、一一日）も、土方は三等船室へ沖縄の踊りをみにいき、沖縄の若者（「上原君」）から踊りについていろいろな話を聞き書きしている（須藤・清水　二〇一〇：三九九―四〇一）。先に挙げた読書体験からわかるとおり、土方は、沖縄文化にも関心をもっていたが、すでに旅の途中から、彼なりの民族調査を試みていたのである。

土方がパラオにわたった一九二九年以降も沖縄からの移民は増え続けるが、ミクロネシアでは、「本土」出身者が一級市民、沖縄出身者（および朝鮮人労働者）は二級市民とみなされ、両者のあいだに明確な差別が存在した。ミクロネシアにおける沖縄出身者の位置については、あとの章で再び触れよう。

三月一二日、土方を乗せた船はサイパン到着。おそらく南洋興発の経営する農場や製糖工場で働く予定だったのだろう、沖縄からの移民はここで下船した(4)。船は荷下ろしで翌一三日もサイパンに停船した。再び上陸した土方は、いきなり現地住民（チャモロ）の家を訪ね、チャモロ料理を食べさせてほしいと頼み、無事、夕方四時からご馳走になっている。ここでも積極的に現地の人びととかかわろうとする姿勢がみてとれる。

一四日テニアンに到着し、ランチ（港内用船舶）で上陸。ヤップ（一八日）を経て、一九日、コロール到着。計十三日の船旅であった。

第二節　パラオにて

コロール到着

南洋庁が置かれたコロールは面積八平方キロメートルの小さな島で、土方が現地に到着した当時、開発の進行途上であった。一九一四年の海軍による占領当時、ミクロネシア全域に暮らす日本人は数十名だったが、二九年の時点で（一〇月一日現在）、コロール在住の日本人は一三八〇人で、すでに「島民」人口（七〇四人）のおよそ二倍となっていた（南洋庁　一九九三ａ：二〇）。

土方は、パラオ行きの前から、知人のつてで現地での就職先を探す一方、いざとなれば「土人の仲間入り」をすればよいという腹づもりであった。彼はコロール到着の翌日、紹介状をもってパラオ支庁を訪ねたものの、すぐに仕事がみつかるはずもなく、ア・バイ（集会所）の絵を写生したりして過ごした。当初は邦人会の旅館に泊まっていたが、二一日、家賃三十円で一軒家を借り、新居に引っ越した。

土方にとって幸運だったのが、到着早々、杉浦佐助という大工と出会ったこと（四月四日）である。杉浦は愛知県の蒲郡出身で、宮大工として修行を積んだが、年季奉公が明けた二十歳のとき（一九一七年）、まだ軍政下だったミクロネシアに飛び込み、長年、南洋各地で暮らした人物である。杉浦は土方がパラオにやってきたことを聞きつけ、子どもの頃から「彫り物」が好きだったことから、土方に弟子入りを志願して訪ねてきたのだった。杉浦はパラオ語での会話に不自由しなかったため、土方は、芸術や彫刻の手ほどきをする代わりに、通訳兼助手として調査への協力を依頼する。ここに土方と杉浦のコンビが誕生し、彼らはサタワル島での七年を含めて、その後長きにわたり行動をともにすることになる（岡谷　二〇〇七：牧野　二〇〇七）。

杉浦と出会って間もない四月一〇日、コロール島の東端に位置するアルミヅ（ガルミヅ）に出かけた土方は、まだ覚束ないパラオ語で現地の老人と会話しようと試みた。語学の才能に恵まれていた土方は、その後、パラオ語の習得につとめ、一年もたたないうちに、現地住民とある程度コミュニケーションがとれるようになる。

後から爺さんが私を呼びとめた。日本語が全然わからないくせに、何かもごもご云って居る。私もこんな鄙びた処に、ア・バイなどあろうとも思はなかったが、「ガルケル、ア・バイ」とやって見る。すると以［意］外にも爺さん左手の道をさして、「テヤン、ア・バイ」とやる。私は又、右の道をさして、「ガラケル、テヤン」とやると、爺さん「テヤン?」と繰りかへして、右手と首とを横にふって居る。それから、爺さんが「たばこ」と云ふ。はは あ、タバコがほしくてついて来たのだとわかる。二本やって、それから椰子の実をとってくれと云ふ、椰子の実? けげんな顔をして居るので「アリウス!」と云ってやると、爺さん手まねで、ア・バイ迄行って、帰りに此の家に寄れと云ふ（須藤・清水 二〇一〇：四一二）。

調査開始

コロール島内（および隣接するアラカベサン島、マラカル島）を歩き尽くした土方は早くパラオ本島（バベルダオブ島）を巡見したいと考えていたが、山城丸でサイパンから同船した南洋庁の佐久間氏（南洋庁農林課）の誘いで、四月一四日、ようやく本島行きが実現する。これが土方の〈島〉における初めての調査旅行なので、以下、旅程を記しておこう（須藤・清水 二〇一〇：四一四—四一七；二〇一一：五—一三）。初めてのパラオ本島への旅は土方にとって印象深いものであったようで、「わが青春のとき」（一九六八）のなかでもくわしく述べられている。

一四日。南洋貿易の波止場から「島民」が漕ぐカヌーで本島へ。昼過ぎにアイライ（本島南東部、東海岸の村）に着き、駐在所の空き家に入って昼食。近所の少女たちが二人ずつ出てきて、からかうように踊ってみせる。夜、佐久間氏のところに村長が来たので、ア・バイの絵の説明を求めた。村で唯一の日本人である久富氏がやって来て、色々話をする。

一五日。佐久間氏とカイシャル（アイライの北、東海岸にある村）へ。ただし、佐久間氏は徒歩で向かい、土方は食料・荷物とともにセイリング・ボートに乗り込む。だが、風が非常に悪く、結局カイシャル到着は深夜一一時半。村長の家に入ったが、村長は会議でコロールに出かけており不在。深夜一時を過ぎて、ようやく佐久間氏がやって来る。

一六日。八時半起床。

何か味噌汁に入れる様な野菜はないか／ありません／パパイヤの実を一つ取って来い。オコンレイ［当時、日本人は「島民」の少年をこう呼んだ］がするすると木に登ってパパイヤを取ってくる。十時過ぎパパイヤの味噌汁で、朝食と午食とを一緒に食べる。

徒歩で向かう佐久間氏と別れ、カヌーに乗って出発。三時半にマルキョク（カイシャルの北、東海岸の村）に到着、佐久間氏と合流。ここで土方は佐久間氏と別れ、カヌーと徒歩でオギワル（マルキョクのさらに北、東海岸の村）へ。佐久間氏の紹介状をもって丸木という樵夫の家に泊めてもらう。

一七日。ア・バイを見学したあと、カヌーで出発。昼過ぎにガラルド着。南洋貿易の支店で一休みし、徒歩で一時過ぎカボクド（ガブクヅ、本島北部西海岸の村）に入る。佐久間氏から紹介してもらった測量部の村山氏をたずね、昼食をご馳走になる。測量隊一行は、村山氏と奥さん、独身の村上さん、土肥さん、川崎さん。三時頃から村山さん、土肥さんと一緒にアカラップ村へ。アカラップ村の「島民」の様子について、土方は次のように書いている。

［コロールの］オバック［首長］からの紹介状のあるマルクプの処へ行って見る。マルクプ爺さんはカヤンカル［カヤンゲル］へ行って留守だそーで、三十四五才位のせがれが居たが、日本語がわからない。

幸ひオバックの一番小さい弟が居たので、やっと此の七八つの子供に通訳して貰ふ。処が又、オバックの手紙はローマ字で書いてあるが、ローマ字のわかるものが又ないのだ。で私が此の意味もわからない島民の六かしい発音を、ローマ字をたどってぼつぼつ読んでやる。だが不思議な事に、一々微笑を以てうなづいて居たが、完全にわかったと見えて、大きくうなづいて向ふの方を指して何か云ふ。子供がとりつぐ――あの家が綺麗でいいから何時でも来て宿りなさい。

夜、蓄音機でレコードを聴く。

一八日。カボクド村でのんびり過ごす。午後、ア・バイ前の石畳でおこなわれる村長の報告演説を聴き、ウリマンの金井氏を訪ねる。

一九日。誘われたので、アルコロン（本島北端の地域）に移動する測量隊についていくことにする。セイリング・ボートで五時にマガンラン村着。

二〇日。午後からチャモロの暮らすガツメルの村（アルコロン）へ行こうとしたが、(5) 途中、巡警に道をたずねたところ、日本語が通じず、らちがあかない。結局行き着いたのはガルパオ（本島北端の村。東海岸）波止場であった。

二一日。アルコロンの「巨石遺跡」(6) をみるために朝から村山さんと出かける。十時、川崎さんと一緒にコロールに戻るため、ガルパオに出たものの、潮が引いていて、ボートが来ない。「島民」の家に泊めてもらう。

二二日。嵐で足止め。仕方なく、荷物を預けたまま、マガンラン村にいったん戻る。

二三日、二四日。嵐は止んだが、ボートが破損したため来ないことが判明。足止め。

二五日。快晴となったので、川崎さんとアコールに出る。アルコロンから来た者たちがボートを修繕している。マガンランに戻る。
二六日。朝、ガルパオの波止場に出て、無事ボートに乗り込み、ガツメルの先から西海岸沿いに南下。六時、コロール（南洋貿易の波止場）に帰着。

さて、「土人の仲間入り」の一環というわけだろうか、土方は、本島周遊の旅のあと、食事をパラオのものに切り替えている。五月一九日、隣の家に住む現地の少女ふたり（オバックルビールとディランゲルール）に、毎日食事を運んでもらうように頼んだ。これ以降、土方は、コロールに滞在中は基本的に現地住民と同じものを食べるようになった。

こうして土方は「土人」の生活に「めりこんで」いったが、一方、この頃から土方はパラオでは伝統文化がすでに取り戻しがつかないまでに失われていると思うようになっていく。ここでは五月二三日と六月三日の日記を引いておこう。

まずは五月二三日の日記から。この日、土方は紹介状をもって病院長（高崎氏）を訪ね、ドイツ統治時代、ミクロネシアで幅広い調査を実施したクレーマーの著作（第一章参照）をみせてもらった。

高崎氏の処では、ミクロネシヤに関するクレーマーの本を見せて頂く。すばらしいものだ。無数の写真板と其処に出て居る数々の珍しいものとは羨しいものだ。今では見る事も出来ない様な面白い猫や猿の彫刻だの、沢山の人形をつけた大ランプだの。日本の南洋庁では何を持って居るか、私の来かたは確かにあんまり遅過ぎた。日本の博物館はもっとすばしこく、せめては一通りのものだけでも今のうちに集めて置かなくては、もう既に既に何もありやしない（須藤・清水　二〇一一：三四）。

続いて、六月三日の日記から。

パラオに来てから二ヶ月半になります。私は此処の土人達の総べてのもの——習俗、用器、伝説、遺物等に少なからぬ興味をもって居たので、こちらに来たら片っぱしから調べてみたいと思って居たのですが、さて、来てみるとなかなか何うして其んなに簡単には行くものでありません。若い者は皆日本語が出来る。この事は非常に重宝でもあると同時に案外役に立たないのです。と云ふのが、若いもの達は桃太郎や、はなさか爺の話をしって居ても古いパラオの話はちっとも知らない様なことになって居るのです。で今ではパラオの事——昔の本当のパラオの事を幾分づつでも伝え得るものは極少数の老人達だけなのです。通訳をして貰へばいい？　娘達の云ふのをおききなさい。「年寄達は古い六かしい言葉で話すからわからない。」言葉さへがどんどん亡びようとして居るのです。そんなあんばいで、若いもの達にはパラオの古い言葉は既に六けしいものになって居り、其上話し位は一通り出来るにしても日本語の知識は又殆ど無いと云っていい——無理もない小学五年だけの知識、それも、日本語を覚える為の二年間の無駄と、家に帰っては全然パラオ語で、復習一つしないと云うマイナスがあるのですから。只々日本語が出来ると云うだけで全くの小供の様な知識しか持っては居ないのです。そんな訳で通訳なんて云ってもあまりあてにならない上、興味のない事ですから進んでやってくれる様なものはないのです（須藤・清水　二〇一一：四二）。

「めりこむ」

コロール到着から三ヶ月たった二九年六月二〇日、ようやく南洋庁嘱託の仕事が決まった。公学校の子供に木彫りを教える仕事である。こうして土方は、七月以降、コロール（七月—一〇月）、ガラルド（二九年一〇月—三〇年一月）、マルキョク（三〇年一月—三月）、再びコロール（三月—六月）と、パラオ各地の公学校で子供たちを教えながら調査をおこなう多忙な毎日を送ることになった。

三田牧は、この頃から土方の日記にパラオの人びとの個人名が頻出することに着目している。第三章で検討した矢内原忠雄の調査日誌にも個人名は登場していたが、〈島〉での生活にも慣れた土方のなかで、それまで「島民」「土人」と集合的に漠然と捉えられていたパラオの人びとは、ひとりひとりの個人として認識されるようになっていく（三田　二〇一一：二六七）。

この頃の土方の主な関心は、パラオ各地に残る石像などの物質文化と現地住民の伝承にあり、日記には、調査の記録が詳細なスケッチとともに書きこまれている。前述したとおり、土方は、パラオ到着後まもなく、現地では伝統文化が失われているという認識に至っていたが、パラオの伝統文化が完全に失われる前に、可能な限り自分で調べようとしたのだといってよい。

八月三〇日、土方は、遺跡調査のためパラオを訪れた考古学者の八幡一郎（当時、東京帝大理学部人類学教室嘱託）と出会い、九月八日には調査の案内もつとめている（須藤・清水　二〇一一：九三）。このとき、八幡は、長谷部言人（当時、東北帝大医学部教授）とともに初めてミクロネシアを訪れていたが（第二・七章参照）、この土方と八幡との出会いは、のちに土方と東京帝大人類学教室との関係へとつながることになる。この点については、あとで述べよう。

ようやく定職についたにもかかわらず、コロール到着から一年後の一九三〇年六月末をもって、土方は南洋庁嘱託を辞めることになる。南洋庁の上司との関係が直接の原因のようだが（清水　二〇一六：一三三―一三四）、最初から「土人の仲間入り」を志向していた土方にとって、我慢してまで嘱託の仕事を続ける意味はなかったといってよいだろう。また、現地住民ともパラオ語でコミュニケーションできるようになり、パラオ各地に滞在したことで、現地の土地勘ができたことも大きい。

こうして、仕事に時間をとられることを気にせず、土方は、「土人」たちの生活にさらに「めりこんで」

いく。パラオ語も上達し、コロールに到着して二年後には、たとえば、第三章で登場したドイツ人宣教師レンゲ（Wilhelm Lange）ともパラオ語で会話することを楽しむようになっていた。三一年四月三日の日記には次のように記されている。

午前、村をぷらぷら歩いて居たら、教会が終ってレンゲがやってきる。家を見に来ないかと云ふので行ってみる。レンゲの家は切通しの上の高台で、明るいいい所だ。奥さんとも一人の牧師と三人暮し。お前は英語を話さないかと云ふから、習ったけど忘れたからパラオ語でやろうと、パラオ語で云ったら、相変わらずの相で盛に色んな事を云ふ（須藤・清水　二〇一一：四五一）。

モデクゲイ

そして、パラオでの最初の二年半の生活で見逃せないのが、土方と宗教結社モデクゲイのかかわりである。モデクゲイは一九一四年頃、パラオ本島（バベルダオブ島）北端に位置するガラルドのアコール村に生まれた、伝統信仰とキリスト教の混在した新宗教である。モデクゲイは日本統治時代、パラオ各地で信者を増やす一方、南洋庁は、統治上有害な団体として厳しく取り締まった（青柳　一九八五）。

土方は、まだ南洋庁の嘱託としてガラルドに滞在していたとき、モデクゲイの幹部であるイックルケヅと知り合い、その紹介で、一九二九年一一月七日、指導者コーデップ（コデップ）――コデップ（Kodep）はアコール村の長老（ルバック）のタイトルのひとつで、本名はオゲシ（Ongesi）――と出会う。モデクゲイはそれまで何度も官憲の摘発を受け、オゲシ（コデップ）自身、三回も刑務所に入れられた経験をもっていた。「島民」たちは当初、南洋庁嘱託である土方のことを「神様しらべをする人間」として警戒していたようだが、やがて土方の目的が民族調査であることがわかり、オゲシ（コデップ）は、土方の調査に協力するようになった（清水　二〇一六：一三二）。

南洋庁嘱託を辞めて以降、土方は積極的に調査旅行に出かけるようになったが、あちこちでモデクゲイ関係者の協力を得ている。三〇年七月から、早速コロールの南に位置するペリリュー島――もともとアコール村はペリリューのガラゴル村出身者が開いた関係もあり、モデクゲイ信仰が盛んだった――、さらにパラオ本島の北にあるカヤンゲル環礁とまわり、一〇月末にコロールに戻った。途中、カヤンゲルで初めてモデクゲイの集会に参加し（八月一日）、カヤンゲルからパラオ本島にわたった際にはアコールでオゲシ（コデップ）の家に泊まった。さらに、三一年五月末にはオゲシ（コデップ）らとともにペリリューに向かい、ガラゴル村のア・バイで「饗宴」に参加（六月一二日）といった具合である（須藤・清水　二〇一一：三二二、五〇四）。

土方は、のちに（一九四〇年）、「私の調べものの大半はこのコーデップの案内により、助力によったのでありました」と述べている。なお、先の「饗宴」のときは、土方の行動が駐在巡査から支庁に報告されていたため、数日後、支庁から退去を勧告されるということもあったという（土方　一九九一ａ：二三七、二五六）。

ちなみに、日本人が住んでおらず、伝統的な生活が保たれていたカヤンゲル環礁を土方は気に入り、この間、パラオ支庁による島勢調査への協力（一九三〇年九月三〇日―一〇月二日）、三〇年の暮れから翌年二月末（一二月二一日―三一年二月二六日）と、機会をみてはカヤンゲルに滞在している。第九章で述べるように、のちに土方は、パラオ熱帯生物研究所の研究員を含め、多くの日本人をカヤンゲルに案内することになる。

だが、土方とモデクゲイとの協力関係はやがて終わりを迎える。先の「饗宴」参加が影響したのか、一九三一年六月頃にはモデクゲイと土方の関係が南洋庁内部で問題にされるようになり、さらに七月一〇日にオゲシ（コデップ）たちが土方のもとを訪れ、彼らから「先生と大工さんが神様の事を調べて訴へたので、今度は皆はひどい目に合ふだろう」といわれてしまう（須藤・清水　二〇一一：五一一）。モデクゲイとの信頼関係が崩れた以上、もはや調査への協力は期待できない。岡谷公二と清水久夫はともに、モデクゲイとの協力関係の終焉が、土方のサタワル移住の一因となったと指摘している（岡谷　一九九〇：清水　二〇一六）。そして、後述するように、土方が七年の時を経て再びコロールに戻ってくる前年（三八年）からモデクゲイは南洋庁の一斉摘発を受けることになるのである。

ともあれ、三一年八月以降、土方は、パラオに代わる長期滞在の候補地を探し始めた。八月にはトコベイ島などパラオの南にある離島もまわったが、あまり期待できる島は無かった。結局、カヤンゲル滞在時に知り合った、サタワル島出身のオジャラブルとともに同島に移住することを決断する。

そして、ここで注目されるのは、三〇年の暮れ以降、土方がパラオでの調査結果を発表し始めたことである。土方日記によれば、パラオ医院の戸塚院長（戸塚皎二）の依頼で、三〇年一一月一二日、昌南倶楽部（南洋庁関係者の社交クラブ）を会場に、コロール在住の民俗愛好家の「民俗研究座談会」（正確には「パラオ民俗瑣談会」）で「Klebril ニ就イテ」と題する発表をおこない、さらに翌三一年三月六日、「瑣談会」で「Orngïs 神話」と「Metangara ongos 伝説」について話した（須藤・清水　二〇一一：三五五、四三〇）。

これらの口頭発表との関係は不明だが、土方はパラオでの二年間の調査の成果を「伝説遺物より見たるパラオ人」と題する原稿にまとめ、コロールを去る直前、戸塚に手渡している（須藤・清水　二〇一一：五二〇）。この原稿は、サタワル滞在中に、「瑣談会」の同人誌『女酋』に掲載され、これが土方の論文デビュー作となった(7)。

こうして土方の〈島〉での仕事はようやく形になりつつあった。だが、彼がミクロネシア在住の研究者として広く知られるようになるのはまだしばらくあとのことである。いまだ彼は何者でもなかった。

郵便はがき

恐縮ですが
切手をお貼
りください

112-0005

東京都文京区
水道二丁目一番一号

勁草書房
愛読者カード係行

(弊社へのご意見・ご要望などお知らせください)

・本カードをお送りいただいた方に「総合図書目録」をお送りいたします。
・HPを開いております。ご利用ください。http://www.keisoshobo.co.jp
・裏面の「書籍注文書」を弊社刊行図書のご注文にご利用ください。ご指定の書店様に至急お送り致します。書店様から入荷のご連絡を差し上げますので、連絡先(ご住所・お電話番号)を明記してください。
・代金引換えの宅配便でお届けする方法もございます。代金は現品と引換えにお支払いください。送料は全国一律100円(ただし書籍代金の合計額(税込)が1,000円以上で無料)になります。別途手数料が一回のご注文につき一律200円かかります(2013年7月改訂)。

愛読者カード

10274-7　C3010

本書名　＜島＞の科学者

お名前《ふりがな》　（　　歳）

ご職業

ご住所　〒　　お電話（　　）　ー

本書を何でお知りになりましたか

書店店頭（　　　　書店）／新聞広告（　　　　新聞）

目録、書評、チラシ、HP、その他（　　　　）

本書についてご意見・ご感想をお聞かせください。なお、一部をHPをはじめ広告媒体に掲載させていただくことがございます。ご了承ください。

◇書籍注文書◇

最寄りご指定書店

市　町（区）

書店

（書名）	¥	（　）	部
（書名）	¥	（　）	部
（書名）	¥	（　）	部
（書名）	¥	（　）	部

ご記入いただいた個人情報につきましては、弊社からお客様へのご案内以外には使用いたしません。詳しくは弊社HPのプライバシーポリシーをご覧ください。

第三節　「文化の果て」——サタワル島での七年

サタワルへ

一九三一年秋、土方は、「弟子」の杉浦佐助とともに、ヤップ離島最東端のサタワル島に移り住んだ。サタワル島は、島の周囲六キロメートル、住民はおよそ二八〇名。年に四回、南洋貿易の定期船（離島間航路）が立ち寄るとはいえ、テーブルリーフの孤島のため船は接岸できず、短時間、沖に碇泊するだけであった。そのため、当時、サタワルはミクロネシアのなかでも辺境中の辺境と目されていたが、この絶海の孤島で土方は、およそ七年間、現地の人々とともに暮らし続けることになる。

九月二一日、土方は、杉浦とオジャラブルとともにコロールを出航した。彼らが乗り込んだ南洋貿易の長明丸は、パラオの南方諸島（ソンソル、メリエル、プール、トコベイ）とヤップの離島（ウルシー、ファイス、ソラール、オレアイ、ユフェリック、アウルビック、フェジャイラップ、エラート、ナムチョック、そしてサタワル）を結んでいた。土方は、これらの島々を経由し、出航から十八日目の十月八日にサタワル島に上陸した。日記をもとにした回想録（『流木』一九四三）には、南洋貿易のパラオ支店長に事情を話し、ウルシーまでの切符は買うが、好きなところで降ろしてもらうことを了解してもらったと書かれている。だが、清水も指摘するとおり、実際には土方は、最初からサタワル島に暮らすことを決めていた。ヤップ島に上陸した際、南洋貿易のヤップ支店長に、南洋貿易が所有する家の使用許可を得たうえで、役所にサタワル島の入島届けも提出している（須藤・清水　二〇一一：五二四）。

また、日記にも明示的に書かれておらず、いつ決まったかも不明だが、どうやら南洋貿易からサタワル島に同社が所有するコプラ管理を委託されていたようである。土方がサタワルに移住してから三年後の一九三四年、半年間にわたりミクロネシア各地を旅しながら、絵画制作や民族誌調査、民具・工芸品の蒐集をおこなった洋画家の染木煦――奇しくも土方と東京美術学校の同窓で、しかもアマチュア民族誌家であった――は、南洋貿易の国光丸（離島間航路）でサタワル島に立ち寄った際、土方と会遇を果たしている。(8) その染木が妻に宛てた手紙には、土方について次のように書かれている。

本島に土方久功氏あり。氏は大正十三年東京美術学校彫刻科を卒業せる人にして、数年前南洋原始の姿を探ね来て此処に止る（大工杉浦佐助と云ふ者パラオより従ひ来て倶にあり、土方氏に師事せり。倶に奇人と云ふべし）。島民を友とし、島女を妻とし、島の中央にアトリエを構へ、島情、土俗、風習を研究し、一方島民の指導者たり。現在南貿の委託を受けコプラ管理を副業とせり。余は氏の援助により、当島碇泊時間短小なりしに不係、比較的多くの資料を蒐集するを得たり（染木　二〇〇八：二一四）。

土方と杉浦は、サタワル島上陸後、南洋貿易所有の小屋を改装して生活を始めた。ここで見逃せないのが、到着して五日目、サタワル島に同行したオジャラブルが連れてきた、イニポウピーという十七、八歳の娘を「お嫁さん」としたことである。染木の手紙には「妻」とあるが、いわゆる現地妻である。太平洋の島嶼社会では外来者に配偶者を与える習慣は広くみられたとはいえ、ここには、単なる「友だち」にはとどまらない、土方と現地住民の関係がある。(9)

土方は、もともと権威主義的な人間ではない。だが一方、軍人であった父親を尊敬し――彼の日記自体、当初は亡くなった父親への報告という形式で書かれていた――、帝国日本の価値観のなかで生きた土方は、翌三二年の正月には、「島民」を海岸に集め、「両陛下並に帝国の万歳を称へ、皇居を遙拝」させている（須藤・清水　二〇一一：五五四）。染木の手紙にもあるとおり、土方と杉浦以外は全員「島民」である孤島サタワルにあって、土方は島の「指導者」、端的にいえば、「支配者」でもあった。

サタワル島到着後、土方が弟（久顕）に宛てて書いた最初の手紙では、〈島〉での生活について次のように述べられている（三一年一一月一六日）。

> 此の島の日本人と云ふのは私と、私と一緒に来た私のお弟子と、唯二人だけ。まだ言葉が一向わからないので面白いと云ふ所までは行かないが、それでも島中で一番えらいのだから、気持ちがいい。（中略）最後に特筆すべきは、此の島に来て五日目にお嫁さんを貰ったことだ。一つにはパラオは既に開け過ぎて居て、女達が殆ど計算的な男女関係をとる様になって居ることと、性病盛な事との為だったが、ここでは、それこそ神代の国だから、絶無とは云へないが、評判以外の者ならば、十中九までも健全と云っていい。私のお嫁さんはイリボ《マ》ーピ《マ》ーと云う者だが、島中で一番色が白いので評判の女だ（須藤・清水二〇一一：五四一―五四二）。

タブーの網の目

もちろん、土方のサタワル島滞在の主な目的は、現地住民の調査にあった。彼の調査の成果はのちに数多くの論文として結実するが、調査の記録は『流木――孤島に生きて』（一九四三）として刊行された。サタワルでの最初の一年間に彼が書き綴った日記に加筆訂正されてできあがったこのユニークな著作は、希有な民族誌的記録として現在でも高く評価されている。

さて、本章の冒頭に掲げた詩には、「怠惰」というイメージ（第一章参照）につながる表現（「遊び暮らす」）も現れているが、実際に彼が〈島〉で発見したのは、様々な禁忌（タブー）に、ある意味でがんじがらめになっている人々の暮らしであった。『流木』の「はしがき」は次のように述べている。

未開人の生活がどんなに、ほとんど自ら作った網の中でもがいているような、こまごましたむずかしい規定に支配されなければならないか！

しかしながら一方これがまた、この中にまた、彼らの理性をおきざりにした、盲目的に慣らされた感情の、論理にかかずらあわない矛盾だらけの神秘の――そしてそれによって何千年間彼らの実生活が、現に立派に過ごされている、彼らの道徳であり倫理であり――彼らの全生活の調和がこの中にあるのである。それは、これなくしては成り立たないていのものであって、いちがいにわれわれ文明人の頭でわり出したような批判によって、その一部をでさえも急激に覆しでもしたならば、たちまちこの調和は乱されるであろう。

すでに述べたように、現在残っている未開人というものは、おそらく太古の原始人とは似ても似つかない――もちろんその間には、技術、思考等の点については大体的な類似は大きいであろう――が、実際生活の上においては、彼らは、現在未開のまま取り残され、何千年の間積もり積もってきた、このままでは向上へも進歩へも、何とも動きようのない矛盾だらけな神秘の中に、文明人からは理解することのできない怪奇複雑な規矩の網の目の中に、生活しているのである（土方　一九九二：二一―二二）。

ここに示されているのは、「未開人」を「文明」へと至る進化の系統樹上の下位段階に位置づけ、現代に生きる「原始人」とみなす発想とは異なる視点である。彼らが生きているのは、けっして単純素朴な「原始人」の社会ではなく、危うい調和を保つ「複雑怪奇な規矩の網の目」のなかなのである。

実際、『流木』や土方日記をみると、そこには実に多種多様な禁忌が存在していたことに驚かされる。たとえば、食事に関する禁忌のほんの一部を挙げるだけでも、バナナの実やマウ（鼈甲亀）はけっして食べてはならず、とりわけマウは獲ることも、獲ったものに触れることも許されない。ウォン（正覚坊亀）を捕らえた者は、月が二つかわるまで、海岸の砂浜に起居して穢を祓わねばならず、そのあいだは部落に出てきてはならないし、食物も一般の村人と別の火で調理されなければならない。また、流木にしたがってやってきた魚は、煮たり切ったりしてはならず、丸ごと焼いて食べなければならないし、鰹は竹の刀で切らなければならない、といった具合である。土方は、サタワル島到着早々から、住民にこうした禁忌をくわしく聞いて、それを守りながら、この孤島に暮らし続けたのである。

「文明」と「未開」

それでは、土方はサタワル島の住民をどのように捉えていたのだろうか。土方の彼らに対する見方は多義的であり、一言でまとめることは難しいが、たとえば、次の一節は、土方の「土人」観を示すものとして興味深い。これは、『流木』に続き、出版を予定して清書された未発表原稿の一部である。

この島に来てから既に二度正月を迎えた。私たちは、何ということはない、以前からの習慣によってお正月と思い、お正月のような気もし、お正月だといって御馳走を作ってみたりしたが、土人達――過去をいつくしむでもなければ、遠い将来に期待することもない、唯々今日に、或は僅かに明日か明後日の目先きにだけ生きている土人達が、何で自分の年齢のことなど考える訳があろう。今年こそ――なんて思う者もありはしないし、光陰矢の如しなんて歎ずる者は決してない。時をほしいなどと思う者に至っては――そんなことに何の意味があろう。今日出来ないことは明日があり、明後《ママ》もあるではないか。

いったい時を惜しむなんて事は、寿命を予測し、一生の仕事を予望するからなので――一歩一歩位置を高めて行く、金を貯めて行く、生活のレベルをあげて行く等――土人達のように今日を生きる為にだけ仕事をしている人生は、それだけ働けば立派なものであり、少しばかり怠け過ぎたところで、隣人がいるから頼めばよいではないか。頼むかわりにまた何時か頼まれればよいではないか。ものが無い時は貰えばよいではないか、沢山ある時は誰にでもやればよいではないか(土方 一九九二:三八九)。

先に述べたとおり、土方は、サタワル島で初めて正月を迎えた一九三二年の元旦、「島民」たちを海岸に集め皇居遙拝をさせていた。また、実際には翌年の元旦にも全員を集め、「両陛下」「日本国」「当島」の「万歳」をさせたあと、踊りを命じたりもしている(須藤・清水 二〇一二:一五〇)。だが、皇居遙拝の儀式は最初の二年で終わり、その後は正月も他と変わらぬ一日となっていく。[10] こうした正月の過ごし方の変化は、土方たちが次第にサタワル島の住民と同化していったことを示している。

そして、ここで注意したいのは、先の引用においては、住民の「怠惰」(第一章参照)がけっして「改善」すべきものとは捉えられておらず、むしろ「文明」を捉え返す基点となっていることである。現在の視点から、「土人」たちは今日を生きるだけだという彼の語りを批判するのは簡単だが、ここでは異文化体験を通して彼が獲得した自文化を相対化する視点を確認しておきたい。

冒頭でも述べたように、土方の七年間にわたるサタワル島滞在は、人類学・民族学の調査という観点から眺めたとき、非常に長期間、参与観察を続けた未曾有のものだと考えられる。しかし、住民わずか二八〇名という離島であっても、一九二〇・三〇年代のミクロネシアには完全に「文明」から途絶された場所などなかった。たとえば、年に数回訪れる定期船は、住民たちにとってタバコを手に入れる重要な機会と位置付けられていた。しかもまた、定期船の到着のたびに免疫をもたない島の住民のあいだでは感冒が流行り、幾人もの住民が命を落とすことが通例であった。

さらに、サタワル島滞在中、土方が、離島間航路で島に立ち寄る研究者と交流していることも見逃せない。

図表 4–2　サタワルにおける羽根田弥太と土方久功（1935 年）

出典：蟹江由紀氏（羽根田弥太氏ご息女）提供。
注：左から羽根田弥太、土方久功、子どもを抱いているのが杉浦佐助。右端は国光丸の船長だと思われる。

実は、先ほど触れた洋画家染木煦が乗った船（国光丸）には、現地調査中の田山利三郎（海洋地質学者）が同船しており、土方は田山のことも日記に記録している（三四年八月）。

また、第六章でも触れるが、パラオ研の研究員である羽根田弥太が土方とはじめて出会ったのは、羽根田がやはり国光丸で離島旅行の途中、サタワルに寄った一九三五年九月のことである（図表4–2）。なお、次節でみるように、コロールに戻ったあと、土方は南洋庁への就職に際して田山利三郎に世話になったが、田山はパラオ熱帯生物研究所の研究員にとっても身近な存在であった。田山の調査研究については第七章、土方とパラオ研の関係については第九章で改めて検討しよう。

意識のうえでは「島民」と同化しつつあったとはいえ、結局のところ、土方たちはサタワル島の住民にとって異邦人であり、一九三八年の暮れ、土方と杉浦はサタワルを去り、コロールに戻ることになる。土方がコロールに戻る決意を固めた理由はさだかではないが、そのきっかけとなったと推測されるのが、サタワル島とその隣島で起こったふたつの変死事件である。

実は土方たちが訪れる前に、サタワル島では黄（岩崎）永三というコプラの仲買をしていた朝鮮人がヤシの木から落ちて死亡しており――土方と杉浦が最初暮らした小屋はもと黄の住居だった――、さらに土方のサタワル滞在中、隣島のナムチョック島に長年暮らし、土方とも交流のあった山田音次郎というコプラ仲買人がやはりヤシの木から落ちて死亡するという事件が起こった。詳細は岡谷、清水の著書にゆずるが、土方は、サタワル滞在のなかで、これらの事件はいずれも現地住民による殺人であることに気づいたらしい。山田の変死事件については、土方自身、真相をさぐるべく助手の杉浦をナムチョック島にやるなどしている。岡谷と清水は、これらの事件の真相を南洋庁当局に知らせる必要性を感じたことが、土方のサタワル引き揚げの直接の要因だったと推測している（岡谷　一九九〇：清水　二〇一六）。

第四節　変貌するコロール――土方久功とパラオの植民地近代

七年ぶりのコロール

一九三八年暮れ（一二月二五日）、サタワル島を離島間航路のマイ丸で立ち、翌三九年一月五日、土方は、七年ぶりにコロール島に戻った。帰路の途中で神州丸に乗り換える際、偶然、調査旅行中の田山利三郎と船が一緒になった。当時、田山は南洋庁熱帯産業研究所の技師（東北帝大助教授と兼務）をつとめており、船中で彼と親しくなった土方は、コロール到着の晩は田山の舎宅に泊めてもらうことにした。[11]

夕食に寿司をごちそうになったあと、田山と散歩に出かけた土方が発見したのは、すっかり変貌したコロールの街の景色だった（図表4-3）。当時のコロールの様子については第五章で改めて触れるが、土方日記は次のように伝えている。

図表 4-3　1938 年頃のコロールの街

出典：南洋庁編『南洋群島写真帖』(1938)。

田山氏とコロールの町を散歩したが、何処も此処も変ってしまって居て、昔の面影はなく、殊に家並みの飲食店の数には実に驚き入る。何処も此処も縦横に道がつき、小型自動車や「バス」や「オートバイ」がのべつに走りまはり、Doshokel の美しい「アケツ」〔禿山〕は消えてなくなり、何処もかもが家、家、家でうづまってしまふ。

それから港の中は大小の船が沢山あり、殊に「アラフラ」に出かける「ダイバー」船が岩山の影に、あっちこっちに何十となくつながれて居る。昔私達が土人達に「カヌー」を漕がせて魚を釣りに来た所に。

「マラカル」の山は切り崩され切り崩されて、其の下に何段にも家が並び、「ガラカベサン」は「コレヨル」と続けられてしまった（須藤・清水　二〇一二：五五〇—五五一）。

ここで再びコロールの人口を確認しておくと、一九三九年当時、日本人七七五四人（内地人七六三五人、朝鮮人一一八人、台湾人一人）、「島民」七三八人（チャモロ四人、「カナカ」七三四人）となっている（南洋庁一九九三b）。先述のとおり、コロールに土方が初めて到着した二九年当時の日本人数が一三八〇人だったので、土方がコロールを留守にしているあいだに日本人人口は五倍以上に増え、現地住民の十倍以上になっていたことになる。七年ぶりにコロールに戻った土方が驚いたのも当然だろう。

翌日、土方は、田山の舎宅から南拓荘(12)というところに移ったが、サタワル島とは異なり、近代的な貨幣経済に完全に組み込まれたコロールで暮らすためには、仕事につく必要があった。神州丸の船中で田山に就職のあっせんを頼んでいたが、一二日、サイパン出張中の田山から電報が届く。「秘書課長ニ貴下ノコトヲ話セシトコロ、民族学ノ研究ヲ委嘱シタシトノコト」という知らせであった。一四日に南洋庁地方課から電話があり、役所で条件・希望などを聞かれたが、すべて先方に任せることにした。その際、さっそく南洋庁から依頼され、一六日から三日間、サタワル島の民族誌に関する講演をおこなった（「サトワル島に於ける母系氏族制度・社会」「禁忌に埋もれ果てた現存未開人の生活」「Satowal 島の神、Yaliu の輪郭」）。それから二ヶ月後（三月一一日）、正式に辞令（「島民旧慣調査事務」）を受け、こうして南洋庁嘱託としてコロールでの新たな生活が始まった（須藤・清水 二〇一二：五五一―五五四）。

「ガルミヅ行き」

この間、土方は、七年ぶりに再会する「島民」たちと旧交を温めたり、サタワルでの「岩崎（黄）事件」「山田事件」に関連して法院関係者と会ったり、先の連続講演の速記録を校閲したりして過ごした。なお、これらの速記録は、翌四〇年、『サトワル島々民の慣習』（南洋庁内務部地方課）、『ヤップ離島サテワヌ島の神と神事』（南洋群島文化協会）として刊行された(13)。

一方、七年の時を経てパラオに戻った土方が思い知らされたのは、コロール、そして「島民」の暮らしがすっかり様変わりしてしまったということだった。一月二二日、かつてお気に入りの場所だったガルミヅ（アルミヅ）へ出かけた土方は、そのときの紀行文を日記にくわしく書き記している。なお、この文章はのちに改稿され、戦後「ガルミヅ行き」という表題のもと、彼の著作（『文化の果にて』一九五三など）に収録されている。

そこは確かに昔の所だった。けれども、そこは又、昔のままでは決してなかった。昔の青い青いアケヅ［禿山］、其の中を気まぐれに曲り曲って上ったり下りたる一筋に何処迄も続いて居た赤い道、そしてどこ迄もひろがった段台と其処に面白く出来る影、何か、悲しい草のにほひ、そして禿山の何処にでもひよろひよろと生えて居る蛸の木、……それらは決して昔のようにはして居なかった。道は自動車が通れる様に幅広くなって居た。それが新しくて石が敷かれて、何かかさかさと乾いた感じがする。高い処は掘り下げられ、昔の道とは関係なく、あまり上り下りがないように山の中腹を縫って、川のように大きくうねって横はり、それよりも「ガルバケツサオ」の方迄段台は崩されて一面の畑になり、其の所々にマッチ箱のような四角い家があって、トタン屋根がオモチャの様にくっついている。（中略）其の上日曜日だと云ふのに、三十人も四十人もの沖縄人が山腹を削っては赤土を運び、それからある所では小さな工場のようなものがあって、其処で白い石の塊ががらがらと二寸位の大きさに咬み崩され、それが「トロッコ」で運ばれ、そして今切り立てた赤土の山肌になだれおとされて居り、その下には人夫小屋の仮小屋が立って居て、其の小屋の中で朝鮮服の白のうすよごれたのを著けた女達が何かして居た（須藤・清水　二〇一二：五五六―五五七）。

「沖縄人」が道路工事に従事し、「人夫小屋」に朝鮮人女性がいるというこの記述には、当時のミクロネシアにおける多層的な差別の構造がみてとれる。今泉裕美子によると、南洋庁からの依頼を受け、朝鮮総督府が「募集」した朝鮮人が四〇年頃からミクロネシアで土木事業や軍事基地建設などに動員されたという（今泉　二〇〇九：五〇―六一）。おそらく土方がみかけたのも、朝鮮半島から動員された女性たちだろう。

さらにまた、同じ紀行文には、パラオの老人たちとの会話を書き綴った次のような一節もある。

それから老人達は本島方面に起って居る各工事、それに出る人夫と其の賃金の分配に就いて不正と批評に関して長いこと話し合った。而して時々私に向って一寸とした説明をしたり、又「私達パラオの者達はまだ愚かなものですから、いつでも、何事でもこんな風にこんがらがってばかり居るのです。あなたがたが聞かれたら、馬鹿なこととお思ひになるでしょうが」などと弁解したりする（須藤・清水 二〇一二：五六五）。

ここからうかがえるのは、各種工事にかり出されている「島民」、そして日本統治のもと、搾取される彼らの姿だといってよい。日本統治時代、ミクロネシアには沖縄出身者を中心に日本からの移民が流入し続けたため、矢内原忠雄も指摘していたとおり、労働力として「島民」が果たす役割は高くなかった（第三章参照）。だが、この語りからは、当時、「島民」の労働力としての利用が積極的にはかられていた状況も看取できるだろう。

南洋群島開発調査委員会と開発十箇年計画

では、一九三九年初めにコロールに戻った土方が感じた、街や住民の変化に、当時の〈島〉をめぐる政治はどうかかわっていたのか。第二章で述べたように、三五年に国際連盟脱退が正式発効して以降も、日本は形のうえでは委任統治を続けたが、土方が孤島サタワルで「島民」に囲まれて暮らしているあいだに一体何が起こっていたのだろうか。

ここで注目したいのが、一九三五年一〇月、南洋群島開発調査委員会が拓務大臣に提出した答申である。連盟脱退やワシントン海軍軍縮条約の破棄などを受け、三四年に南洋庁を管轄する拓務省内に設置された「委員会」では、五つの分科会に分かれて、今後の「南洋群島ノ統治及開発ニ関スル重要ナル事項」の「調査審議」がおこなわれた。

「委員会」設置の経緯や答申の内容については、川島（二〇一四：四七―七一）にくわしいが[14]、この答申では「南洋群島ヲシテ真ニ帝国ノ構成部分トシテ不可分ノ一体ヲ成シ帝国国運ノ進展ニ寄与セシムルヤウ統治スルヲ要ス」という「群島統治ノ根本方針」が打ち出されるとともに、「南洋群島ヲ開発シ更ニ群島ヲ根拠トシテ南方発展ヲ策セム」ため、「南洋群島開発十箇年計画」を樹立することが必要だとされた。

以上の文面から読み取れるのは、（一）ミクロネシアが明確に「帝国の構成部分」とされ、しかも、（二）さらなる「南方発展」の拠点とみなされたこと、そして（三）具体的な開発計画が必要とされたことである。（一）（二）とも、委任統治とは異なる論理による統治方針であり、（二）については、いわゆる南進政策との関連で重要性をもつ（この問題については第九章で論じる）。だが、三九年当時、土方が感じたコロールの変化に関して特に重要なのは（三）である。

答申の翌年から、ミクロネシアでは南洋群島開発十箇年計画にもとづく南洋庁主導の開発事業が始まるが、森（二〇一四：一五―一八）によると、三〇年代半ばまで、ミクロネシアでは、そもそも開発計画と呼べるようなものはなく、資源開発に対し南洋庁は間接的・後追い的にしか対応していなかった。それゆえ現地開発は行政ではなく、南洋興発などの企業主導でおこなわれていたのである。だが、十箇年計画により、南洋庁は開発を統括する主体として全面的に資源開発に関与するとともに、従来とは異なり、ミクロネシア（特にパラオ）を東南アジアへの進出拠点に作りかえるための開発が進められた。

答申にもとづいて、三六年に国策会社である南洋拓殖（南拓）がコロールに設立され、東南アジア・ミクロネシアで事業をおこなう企業に融資をおこなうとともに、ミクロネシア全体のインフラ（港湾施設・航空施設・無線電線施設）の拡充や漁業施設の整備がはかられていく。そこでは、港湾整備を含む土木費が突出していたという。

むろん、土方日記が伝えるコロールの変化が、すべてこの十箇年計画にもとづくものだと主張したいわけではない。当時、進行中だった現地開発には、南洋庁以外にもさまざまなアクターがかかわっていただろう。だが、七年ぶりにコロールに戻った土方が感じとった街や「島民」の暮らしの変化には、国際連盟脱退後における南洋庁の統治政策が反映しているのは確かだと思われる。

「神様事件」——モデクゲイ再び

ここで土方久功に話を戻そう。次に注目されるのは、コロールに戻って早々の土方が、前年（三八年）暮れからおこなわれていたモデクゲイ信者の大量摘発——「神様事件」「オゲシー（オゲシ）事件」と呼ばれた——の調査も試みていることである。事件は、三七年に勃発した日中戦争（「支那事変」）を背景に、モデクゲイの指導者オゲシ（コデップ）たちが排日的・反日的な流言蜚語を流布した嫌疑（「南洋群島治安警察規則違反」など）によるものである。当時、信者の摘発を担った警察関係者の情報によれば、オゲシたちは、日本は中国に負けるので、いまもっている紙幣も通用しなくなるといった類いの予言をおこなったのだという。逮捕の日時は不明だが、土方がコロールに戻ったときにはオゲシもすでに拘留されていた。

事件を伝える記録はあまり残っておらず、青柳真知子は事件が内密にされたようだと述べているが（青柳　一九八五：二一五）、三九年暮れには雑誌『南洋群島』にも事件を伝える記事が出ているので（森田　一九三九：八二—八七）、遅くともこの頃には「神様事件」はパラオ在住日本人にもある程度知られていたと思われる。また、事件は、四〇年二月一九日の衆議院予算委員会における質疑応答でも取り上げられている（第七十五回帝国議会衆議院予算委員第一分科（外務省及拓務省所管）会議録（速記）第三回、七二—七三）。

ただし、モデクゲイへの嫌疑内容はあくまでも警察関係者による説明であり、青柳もいうように、モデクゲイの運動が本当に排日的・反日的なものといえるかは疑問である（青柳　一九八五：二〇四—二二四）。かつて調査でモデクゲイやオゲシの世話になった土方も、おそらくこうした見方に疑問をもっており、彼はコロールで新生活を始めつつ、「神様事件」の調査に乗り出すことになった。

土方日記によると、一月二〇日、先に述べた「岩崎事件」「山田事件」のことで法院を訪れた際、雑談のついでに、検事に「神様事件」の調査を依頼したのが、その最初である（須藤・清水 二〇一二：五五四）。そして、先に述べたガルミヅ（アルミヅ）行き（二二日）の際にも、土方は、「神様事件」のことを訴える「島民」青年に出会った。少し長くなるが、日記に記録されているそのときのやりとりをあげておこう。

すると青年が急に思ひ出したのだった。「あ！」と青年が叫んだ。そして私に日本語で話しかけて来た。然し日本語がつかへるとすぐにパラオ語を出した。それから又日本語になり、すぐにパラオ語になった。「先生だ、そうだった。私はすっかり忘れて居たのでして、先生の顔をさっきから見て居ても少しも昔のことを思出しもしなかったし、先生の顔も知らなかったのです。だけど今ははっきりわかります。あ、、もう随分前のことです。先生は何処に居たのですか。そしていつ又パラオに来て居たのですか。それよりも先生、今パラオは大変なのです。先生はきいたでせう。又神様がいけないのです。Ongesï［オゲシ］は前につかまって居ます。そして今度はPeliliyoū［ペリリュー］とNgeyaūr［アンガウル］です。Ngalohol のTūtïは昨日つれて来られました。女房も一緒です。そして明日か明後日にはPeliliyoū とNgeyaūr とで四十人位も調べられるのだそうです。そして其人達の調が済むと、入代って又四十人位連れて来られるのだと聞きました。ねー先生、大変な事になりました。そしてあの石もTūtïと一緒に取上げられるのです。あの人の顔のついた石です。あれは先生のものです。さうですね。（私はそんな石に就いては知らない。然しそれはきっと私が行った紀念——と云ふよりOngesïが行った紀念に、そして恐らくはTokaiによって造られ、送られたものでで《ママ》もあろう）、私達はせんせいの名前を知りません。それで巡査が其れを取ると云ふので、私達は一生懸命に、それは神様ではない、ずっと前に来た日本人が紀念に残したものだと云ふことを説明したのですが、巡査は聞かないので、神様だと云ってもって行ってしまったのです。先生、あれは大問題になりますよ。さうでしょう。あれは大問題になりますよ。だけどせんせい、あの石は先生のですね。困った事になるな」。

私は「大問題になんかならないよ、そりゃ巡査は大問題にしようとして居るだろうさ。だけど多分たいした問題にはなるまいよ」、私だって役人達の気持なんかわかりはしないのだが、少くとも検事や法院長あたりでは問題にして居ない事は解って居るのだ。併し、たとへ此の青年が私に信頼して来ても（私は此の青年を何処の誰だか思ひ出せない、多分昔、私がペリリョウ［ペリリュー］に行った当時は、此ノ青年は少年を脱しきっては居なかっただろう）、私は多言なパラオの青年にむづかしい事を話さうとは思はないし、そんな事をすれば、私は此の青年に何千言を費して、しかも彼等に都合のいいような事ばかりを語り聞かせたことになって了ふだろう。だから、青年はどうしても大問題になると云ふ考を最後迄主張したが、それでもその事を私に話し得た事を以て、事件の進展に多少なりとも、云はばよい結果に導くことが出来る位ひには考へたらしい（須藤・清水　二〇一四：五六三）。

その後も土方は「神様事件」のことを調べたようだが、日記の記述からは、彼の調査内容の詳細はよくわからない。二六日に土方はパラオ支庁で刑務係長と会い、何か話を聞き出そうとしたが、ただただ「淫祠邪教の一点ばり」で中身がないと感じ、早々に辞しており、四月六日・七日にも検事局に赴いて「神様事件調べ」をおこなったが、その内容は不明である（須藤・清水　二〇一二：五六六：二〇一四：四六）。なお、第七章で述べるように、東京帝大の杉浦健一（民族学者）は、モデクゲイ摘発を進めた大村要蔵警部が三九年三月に作成した「生神様オゲシーの解剖」なる文書を自分の論考で利用しているが、土方がこの文書をどう評価していたかも不明である。

しかし、ここで注目したいのが、先に挙げた『ヤップ離島サテワヌ島の神と神事』（四〇年一〇月）に先立ち、土方が、八月に南洋群島文化協会から刊行した『過去に於けるパラオ人の宗教と信仰』という小冊子である。これは、かつてパラオに滞在していたときの調査にもとづき、「過去のパラオ人の宗教信仰の姿」を描こうとしたものだが、モデクゲイについて解説した「パラオに於ける信仰的新結社に就いて」と題する付録が付いている。そこには、たとえば次のように述べられている。

警察沙汰として取締まれた件に関しては大部分根も葉もないつまらぬことや、巡警はじめ急進派の人間達との間の軋轢等が主因をなして居る様な事実が多いのでありますが、其の主なる罪状は前にも述べました様に、

一、予言、流言して善民を迷わす。

一、役所の人夫忌避。

一、神の名によって大げさな馳走をなし、夜を更かして仕事せぬ。

一、神の名によって女を弄ぶ。

等であります。それは沢山の人間の中に悪い人間があることは何もメデクゲイ団に限ったものではないと同時に、メデクゲイ団の中にも悪人もありませうが、現に私が親しくして居た老人の所に或日巡警が来て金を貸せというて来たのを、其の老人は金がないからとて貸さなかった。それで其の老人が私に云ふには「御覧なさい、間もなく又神様が訴へられますよ」と。果して其後駐在巡査が巡視に来た時に、此の老人はつまらぬことをくどくどと取調べられた上、一つ二つ打たれましたが私が居りましたので其以上の罪には問はれなかった様な事実もありますので、他の件に就いても随分片手落ちの事が多かったものと考へられます。（中略）何しろ巡査で土語を解するものが殆どなく、巡警通訳皆土人なのでありますから、神様事件ばかりでなく、斯ういう結果が多いのでありまして、日本の役所に持ち出される訴訟沙汰は殆どそういう勢力的な軋轢乃至私利私恨のからんで居ないものとてはなく、そうでない沢山の

事件は土人間で皆相当に解決されて居るのであります（土方　一九九一ａ：二六一―二六二）。

以上の語りが、「神様事件」を受けて、彼が知るモデクゲイの実態を読者に伝えようとする、土方なりの抵抗であることは確かだろう。「神様事件」を真正面から批判してはいないが、ここで土方は巡警と一般「島民」との軋轢の可能性をほのめかしている。少なくとも土方が南洋庁のモデクゲイ弾圧に批判的だったことは疑えない。だが、これ以降、土方が「神様事件」について言及することはなかった(15)。

なお、モデクゲイの指導者オゲシ（コデップ）は、裁判の結果、四一年にサイパンの刑務所に送られた。服役中、サイパン戦が激しくなり、釈放されたが、戦後、口論の末に友人を殺してしまい、自殺したのだという。

東京にて

一九三九年四月初め、コロールの昌南倶楽部で「弟子」の杉浦佐助の彫刻展を開いたあと、四月一七日、土方は、杉浦らとともに日本郵船の山城丸に乗り込み、いったん内地に帰還した。十年ぶりの東京では、古い友人・親戚と会ったり、杉浦の個展（「南洋彫刻家　杉浦佐助作品展覧会」、三昧堂ギャラリー、六月二一―二四日）を銀座で開いたり、土方がミクロネシアで収集した「土俗品」の展覧会（「土方久功氏蒐集南洋土俗品展」、南洋群島文化協会、六月二四・二五日）を開催したりと忙しい日々を送った。

そして、ここで見逃せないのが、この帰京の際、東京帝大理学部人類学教室の研究者（長谷部言人、八幡一郎、杉浦健一）との交流が本格的に始まったことである。先にみたように、土方は、最初のコロール滞在である二九年の九月、遺跡調査でパラオを訪れた八幡一郎を調査に案内したことがあり、その後も手紙のやりとりを続けていた。五月二九日、所用で本郷の東京帝大を訪れた土方は、ついでに人類学教室の八幡一郎

（当時、副手）を訪ねた。八幡とは十年ぶりの再会であったが、いきなり教室主任の長谷部言人――三八年、東北帝大医学部から東京帝大の人類学教室へ転任していた――と、副手の杉浦健一（民族学者）を紹介された。そのときは用事があったため、すぐに別れたが、六月三日、再び人類学教室を訪ねた土方は、八幡、杉浦と食事をともにし、そこで「土俗品」展覧会を人類学教室で開催する相談をおこなっている。(16)

なお、第七章でみるように、杉浦健一は、「南の会」調査団のメンバーとして一九三七年に初めてミクロネシアを訪れ、三八年にもヤップ島で現地調査を実施していた。そして、後述するとおり、東京での出会いのすぐあと、土方は、南洋庁地方課の同僚（嘱託）として杉浦健一とともに調査に従事することになる。

人類学教室との話はとんとん拍子で進み、七月八日、東京帝大で再び「土俗品」の展覧会が開催された。以上二回の展覧会には、長谷部、八幡、杉浦はもちろんのこと、江崎悌三（九州帝大、昆虫学者）、金田一京助（アイヌ学者）、新井正治（慈恵医大、人類学者）、平野義太郎（太平洋協会、法学者）、吉田謙吉（舞台装置家・考現学者）――かつて築地小劇場に参加し、土方とは旧知の間柄だった――などが見学に訪れ、その後、土方が集めた「土俗品」は人類学教室が購入することになった。(17)

東京での用事を済ませ、八月二日に土方は日本郵船のサイパン丸で横浜を出航、八月八日コロールに帰島した。なお、長年のコンビである杉浦佐助はいったん故郷（愛知県蒲郡市）に帰省したあと、土方から一ヶ月遅れて、ミクロネシアに戻った。ただし、彼はパラオには向かわず、その後、ヤップ、テニアン、ロタと居住地を変えながら、彫刻の制作活動を続けることになる。佐助はアジア・太平洋戦争末期、激戦地テニアンで米軍に投降し、生き残った。だが、抵抗を続ける日本兵に投降を呼びかけるため、兵士たちが立てこもる洞窟に入った際、日本兵から射殺されてしまったという。この間、土方と手紙のやりとりはあったものの、ふたりが再会することはなかった。

島民慣習調査

さて、再びコロールに戻った土方は、南洋庁地方課嘱託（のちに物産陳列所と兼務）としての仕事を本格的に始動する。コロール帰着の二日後（八月一〇日）、土方と杉浦健一、さらに東北帝大法学部教授・中川善之助（法学者）――彼らは土方より早く笠木丸で横浜を出航していたが、西風で到着が遅れ、前日にコロールに着いたばかりだった――と南洋庁関係者が出席して、「島民慣習調査要綱」に関する会議が開かれた。その後、中川、杉浦、土方の三人で相談し、おおむね中川の発案を整理する形で、「調査事項細目」が決まった。ただし、土方は、日記のなかで「余りに理想的で、土人学者（殊に現地調査家）としては素人じみてるが」と感想をもらしている（須藤・清水 二〇一四：七）。

第二章で述べたとおり、南洋庁創設後、現地では土地調査（二三年から）と旧慣調査（二五年から）が開始されていた。だが、とりわけ前者の土地調査については、官有地と民有地の境界が不明な部分も残り（南洋庁 一九三七：一六二）、さらに現地の伝統的な土地相続制度などが事態の把握を難しくしていた。当時、南洋庁は、婚姻や相続など社会制度を含めた土地に関する旧慣調査を実施するため、専門家を探しており（中生 二〇一六：一二七）、こうして南洋庁嘱託となったのが、中川、杉浦、土方の三人であった。[18]

さっそく会議の翌日（一一日）、土方は中川を案内してコロール島に隣接するアラカベサン島に行くよう役所から頼まれ、さらに一五日には杉浦の調査につきあっている。両者ともに、土方が現地調査のお膳立てをする役割を担っており（須藤・清水 二〇一四：八〇―八一）、〈島〉暮らしが長い土方には、現地コーディネーターの役割も期待されていた様子がうかがえる。中川は九月三日の船で内地に帰ったが、その後、土方は、杉浦に同行して、パラオ本島で十五日間にわたる調査も実施した（杉浦は一一月九日に帰還）。

その後も「島民慣習調査」の仕事は続くが、ここで注目したいのは、この時期から、土方がパラオ（主として一九二九―三一年）、サタワル（三一―三九年）における自らの調査の成果を論文として発表し始めたことである。三九年秋以降、土方が各種媒体に発表した論文は、サタワル島の住民を直接のテーマとしたものにしぼっても、自然観、慣習、親族構造、宗教様式、子供の養育法、漁法、葬儀など多岐にわたる。発表媒体も、先に挙げた『サトワル島々民の慣習』『ヤップ離島サテワヌ島の神と神事』『過去に於けるパラオ人の宗教と信仰』（いずれも四〇年）のように、読者がミクロネシアの関係者に限られるものにとどまらず、内地で刊行される各種学会誌（『人類学雑誌』『民族学研究』など）や一般誌、論文集へと広がっていく。

これは、東京への一時帰京を契機に、東京帝大人類学教室の関係者を含めて、土方の学術関係の人脈が広がったことがかかわっているが、後述するように、この時期、国内でミクロネシアへの学術的関心が高まっていたことも大きい。また、アカデミックな民族学者である杉浦健一と旧慣調査をともにする経験は土方に対して影響を及ぼしただろう。中生勝美によれば、土方は杉浦との共同調査を通じて、従来の日記形式の民族誌記述から、人類学の理論的枠組みのなかで民族誌データを再構築することを学び取ったという（中生二〇一六：一二三）。

南洋庁と土方久功

こうして、パラオ在住の「土人学者」「現地調査家」としての土方の名は、次第に内地でも知られるようになっていく。岡谷公二は、来島する著名人、学者、文化人の案内が、土方の地方課における主たる業務だったと指摘しているが（岡谷　二〇〇七：一三三）、確かにこの時期の彼の日記からは、内地から訪れる研究者や文化人の対応に追われる様子がうかがえる。

たとえば、一九四一年五月、土方は、視察でパラオを訪れた太平洋協会の平野義太郎（元東京帝大助教授）と清野謙次（元京都帝大医学部教授）を、公学校やア・バイ（集会所）、物産陳列所などに案内している。先述したとおり、土方は、二年前に東京で「土俗品」展覧会を開催した際、平野と知り合っていたが、清野とはこのときが初対面であった。その後、清野から頼まれて、土方がかつて同人誌（『女酋』）に発表した「伝説遺物より見たるパラオ人」は『太平洋圏――民族と文化（上巻）』（一九四四）に転載されることになった（太平洋協会　一九四四）。

しかしながら、土方久功が、ただ南洋庁に命じられるまま、「島民慣習調査」の仕事を進め、〈島〉にやってくる人々の案内を唯々諾々とおこなったと考えては事態を見誤ることになる。土方は基本的に親切な人間であり、ときに日記で愚痴をもらしながらも、彼のもとを訪れる人びとに対し、誠実に対応していた。だが、もともと南の「土人」たちの生活に憧れて、パラオにやってきた土方にとって、少なくとも南洋庁の役人は別の世界の人間であり、第九章でみるように、土方は、パラオで心置きなくつきあえる人間は、パラオ熱帯生物研究所の若い研究員と作家・中島敦だけだったとも回想している。

ちなみに、太平洋協会は一九三八年に設立された「太平洋国策の樹立」を掲げる国策調査・研究機関だが、平野義太郎と清野謙次のふたりの名は、本書でもこのあと、たびたび登場するので、ここで簡単に説明をくわえておこう。

まず平野義太郎は、かつて講座派マルクス主義の旗手として活躍したが、一九三〇年に治安維持法違反で検挙され、東京帝大法学部助教授を免官となったのち、協会入りし、企画部長などをつとめた。また、清野謙次は、一九三〇年代、当時としては画期的な日本人起源論（混血説）を提唱した有名な人類学者であった。だが、幼少時からの収集癖が高じて、寺社から無断で経典などをもち出し、三八年に逮捕。京都帝大医学部教授を免職となったあと、清野と平野の妻が姉妹であった関係から、太平洋協会の嘱託となっていた。

一九四〇年代前半、太平洋協会は、先に挙げた『太平洋圏――民族と文化（上巻）』（一九四四）を含めて、南方、南洋に関する学術書を数多く出版するが、その中心となったのは平野と清野であった。また同協会は、開戦後、南方占領地の軍政にかかわり、平野と清野に懇願されて、土方久功もボルネオ調査に派遣されることになる。こうした問題については、第十章で述べよう(19)。

では改めて、土方久功の二度目のパラオ生活における数少ない憩いの場であったパラオ熱帯生物研究所とはどのような研究所だったのだろうか。日本統治時代、ミクロネシアに存在した唯一のアカデミックな研究機関で進められた熱帯生物の研究と、〈島〉に派遣された若者たちの研究生活を検討することが、次の課題となる。

注

（1）土方は〈島〉で作家・中島敦やパラオ熱帯生物研究所の研究員と深い親交を結んだが、この問題については次章以降で扱う。本書のひとつの特徴は、土方久功とパラオ研研究員との親密な交流を、パラオ研関係者の側から描き出すことにある。なお、土方日記はカタカナ混じり文で書かれているが、すべてひらがな混じり文に直した。

（2）土方は、寒いところが何より苦手だったこともひとつの理由だと述べている。

（3）ポール・ジャックレイは、フランス語教師である父親に連れられて四歳のときに来日し、日本で育った浮世絵画家である。清水によると、病弱だったジャックレイは、療養をかねて、当時、母親の友人のいるミクロネシアにわたったのだという（清水　二〇一六：一一四）。

（4）この旅を含む、土方がみた沖縄出身者の姿については、仲程（二〇一三：四三―七七）を参照。

（5）ガツメルのチャモロについては、第六章で触れる。

（6）現在はストーン・モノリスと呼ばれる。のちにみるように、八幡一郎も現地で調査を実施した。

（7）『女酋』二号（パラオ民俗瑣談会、一九三一：一―一二八）。琉球大学の矢内原忠雄文庫で閲覧可能。

（8）土方日記では八月一五日のことだが、染木の記録では一七日となっている。なお、本書では染木の南洋調査については扱わないが、彼の植民地における民具研究については、角南（二〇〇八：四七―八一）を参照。

（9）その後（三三年六月八日）、土方は、もともとヤシ林の監督のために杉浦佐助が島の中央部に建てた小屋にイニポウピーとともに移り住んだ。染木がみた「アトリエ」とはこの小屋のことだと思われる。理由はさだかではないが、イニポウピーは三五年六月頃、土方のもとを去った。その後、彼女は、他の男と数回結婚と離婚を繰り返したあと、一九三八年一〇月に病死した。

（10）三四年は朝に豚を殺させて「一寸ご馳走のつもり」になったが、三五年以降はこうした習慣もなくなった。

（11）理由は不明だが、杉浦は神州丸に乗り換えず、そのままトラックに向かい、一ヶ月遅れで（二月八日）コロールに到着した。
(12) 詳細は不明だが、後述する南洋拓殖（南拓）に関連する宿舎だと思われる。
(13) 南洋群島文化協会は南洋庁の外郭団体で、月刊誌『南洋群島』の発行（一九三五年創刊）をはじめとする文化活動をおこなっていた。当初、本部は東京に置かれたが、一九三九年四月にコロールに移転していた。
(14) この答申の文面と成立過程については、川島（二〇〇九：四七―七一）を参照。
(15) 一九四二年一月、中島敦とともにパラオ本島（バベルダオブ島）へ出張旅行に出かけた際、土方は北部の村でモデクゲイ信者の知り合いに偶然出会っている。
(16) その後、一五日に大学で八幡、杉浦と面談したが、一八日、パラオ丸で南洋に戻る知り合いを見送りに横浜に出かけたところ、そこでも杉浦健一と会った。また、この見送りの際、サタワル滞在時に知り合ったパラオ熱帯生物研究所の羽根田弥太とも再会を果たしている。
(17) その後、土方の収集品は、日本民族学協会附属民族学博物館（保谷民博）を経て、現在は国立民族学博物館に所蔵されている。
(18) 中川と杉浦はすでに前年に嘱託となっていた。
(19) 太平洋協会と平野義太郎の活動については、石塚（二〇〇二：一八六―一八七）、清水（二〇一三：一七―八二）などを参照。

第五章　サンゴ礁の浜辺で——パラオ熱帯生物研究所の来歴

最近、西太平洋の北緯八度に位置するパラオ（ベラウ）諸島のひとつ、コロール島に、日本人によって新しい研究センターが設立された。パラオ熱帯生物研究所は、日本学術振興会の活動に負うものであり、その場所は、仙台にある東北帝国大学・畑井新喜司教授によって選ばれたものである。一九三五年四月に開所した実験所は、熱帯での仕事にとても適した平屋建ての木造の建物で構成されている。研究所は、摂氏二八度から三一度の温度に保たれる海に囲まれ、サンゴ礁が豊富である。設立以来、継続的に生物学者が日本から研究所に派遣され、彼らの研究成果はパラオ熱帯生物研究所雑誌（Palao Tropical Biological Station Studies）に掲載されている。その第一巻が完結した（Yonge 1940: 16–17）。

第一節　畑井新喜司とパラオ熱帯生物研究所の誕生

太平洋学術会議とサンゴ礁研究

一九三四年、日本学術振興会（学振）により創設されたパラオ熱帯生物研究所について考えるとき、最初に検討する必要があるのが、パラオ研の設立構想と、第一次世界大戦後に生まれた（汎）太平洋学術会議という国際組織の関係である。第二章で述べたとおり、第一次世界大戦の反省にもとづき、一九二〇年、国家間紛争を平和的に解決し、将来の戦争を防ぐことをうたって国際連盟が結成されたが、国際協調への機運は科学界においてもみられた。

一九二〇年、イェール大学教授で、ハワイのビショップ博物館（Bishop Museum）の館長もつとめていたハーバート・グレゴリー（Herbert E. Gregory、地質学者）らの提唱により、ハワイ（ホノルル）で汎太平洋学術会議（Pan-Pacific Science Conference）という科学者の国際会議が開催され、日本からも櫻井錠二（化学者）ほか数名の代表が出席した。

これは、もともと継続的なものとして始められたものではなかったが、次回のオーストラリア（メルボルン、シドニー）での開催（一九二三年）が決議され、以降、同会議は、太平洋地域を代表する科学者の国際協力機関として順調に発展していく。一九二六年、日本で開かれた第三回会議で太平洋学術協会（Pacific Science Association, ＰＳＡ）という恒常的組織が設けられ、本部はハワイのビショップ博物館に置かれるとともに、第四回以降の大会は、太平洋学術会議（Pacific Science Congress, ＰＳＣ）と呼ばれるようになった（以下、混乱を避けるため、すべて太平洋学術会議で統一する）。

そして、この第三回太平洋学術会議が、のちのパラオ熱帯生物研究所誕生の出発点となった会議である。一九二六年秋に東京と京都で開催された大会は、日本初の国際会議ということもあり、当時の日本を代表する科学者が千名以上参加し、日本の科学界全体を巻き込む一大事業となった。会議は、一〇月三〇日、東京帝大大講堂でおこなわれた開会式を皮切りに、各部会（物理的科学部、生物的科学部）と各分科会に分かれて一一月一一日まで続けられたが、ここで注目されるのは、最終日の総会で、サンゴ礁の研究に関する国際協力の必要性が論じられ、当会議内に「太平洋並びにインド洋におけるサンゴ礁の包括的研究」に関する委員会の設置が提案されたことである。

現在では、サンゴ礁が海洋の生物多様性に果たしている役割なども広く知られているが、当時、サンゴ

（礁）の研究はほとんど未開拓の領域であった。たとえばダーウィンは、サンゴ礁の形成を地盤の沈下によって説明する沈降説を唱えていたが、一九二〇年代になっても、サンゴ礁の成因に関して諸説が並立する状況が続いていた。しかも、熱帯圏にある各国の常設研究所でサンゴ礁に関する研究をおこなっているものはなく、サンゴ礁をテーマにした研究を発表している数少ない研究所にしても、すべて熱帯圏をはずれた地域にある機関であった。したがって、太平洋地域に属する科学者の国際協力をうたう太平洋学術会議において、サンゴ礁の研究が重要なテーマとして浮上するのは自然なことであり、先の提案は次の大会で継続審議されることになった。

また、この大会には、のちにパラオ研の所長をつとめる畑井新喜司（東北帝大教授）や、研究所を管轄する学振小委員会の委員長となる柴田桂太（東京帝大教授）をはじめ、日本の代表的な生物学者が参加しており、この議論は、彼らにとっても非常に印象的なものであったと考えられる。次項でみるように、畑井は、会議終了後の一九二八年から三一年にかけて、若手研究者計六名をミクロネシア（パラオ諸島およびヤップ島）に派遣し、熱帯生物の研究を開始するが、ここにも当大会の影響をみてとることができる。

続く第四回太平洋学術会議は一九二九年五月、ジャワ（オランダ領東インド）で開催され、畑井は団長として四十二名の科学者とともに会議に参加した[1]。この時期、サンゴ礁に関する研究の重要性を多くの生物学者が認めるようになっており、この大会で、サンゴ礁に関する国際協力はまさしく焦眉の課題となった。最終日の総会で「太平洋におけるサンゴ礁に関する国際委員会」の設置が採択され、さらにコペンハーゲン大学（デンマーク）の動物学者モルテンセン（T. Mortensen）が熱帯地域に国際生物学研究所建設の提案をおこなった。これが各国代表の賛同を得て、次の会議までに準備調査を実施することになった。

そして、カナダ（バンクーバー）で開催された第五回会議（一九三三年）において、「太平洋におけるサンゴ礁の生物学的研究」が各国の共通課題として正式に採択され、当時、西ニューギニアを植民地（オランダ領ニューギニア）としていたオランダの代表が、アラフラ湾北部への国際生物研究所の設置を約束する。だが、世界恐慌とその後の国際情勢により計画は頓挫し、太平洋学術会議における国際生物学研究所の構想は実現されないまま終わったのであった（坂野　一九九五：一八〇―一九六；大森　二〇〇二：七―一二）。

畑井新喜司と前研究所時代

ここでパラオ熱帯生物研究所の所長をつとめた畑井新喜司の経歴を確認しておく（図表5-1）。

一八七六年、青森県東津軽郡小湊町（現・平内町）に生まれた畑井は、東奥義塾を経て、東北学院理学科を卒業後、当時、第一高等学校教授だった五島清太郎（動物学者）の助手となった。畑井は五島のもとで一年弱の助手時代を送ったが、本格的に生物学を学ぶことを決意し、一八九九年に渡米、シカゴ大学に特待生として入学する。一九〇二年には早くもシカゴ大学で博士号を取得、その後、長くペンシルバニア大学ウィスター研究所（Wister Institute）につとめ、二〇年に教授となった。アメリカ時代、畑井はフロリダ半島のドライトルチェガス（Dry Tortugas）島にあるカーネギー研究所の海洋生物学実験所で過ごしたことがあり、その経験がパラオ研の構想につながったともいわれる（田村　一九七七：一―二）。

一九二一年、畑井は新設された東北帝国大学理学部に招かれ、生物学科の初代教授（第一講座：動物生理学）に就任する。二四年に理学部の附属施設として浅虫臨海実験所（現・浅虫海洋生物学教育研究センター）を設立。翌二五年には、アメリカ時代のシロネズミの研究が評価され、帝国学士院賞を受賞している。三四年のパラオ研開設とともに所長となり、三八年に東北帝大を定年となったのちも、四三年の閉鎖まで所長を続けた。戦後は東京家政大学の初代学長などをつとめた。

アメリカから帰国以降における畑井の活動の中心は、浅虫・パラオの両研究所設立を含めて、後進の育成と大学行政にあった。「それは君大変おもしろい、君ひとつやってみたまへ」という彼の口癖がよく知られるが――この言葉は、浅虫海洋生物学教育研究センターの敷地内に建てられた石碑に刻まれている――、畑井は教育者としても優れていたようである。多くの弟子から慕われ、戦後も、一九六三年の死去までパラオ研の元研究員たちとの付き合いは続いた。その一方、明治生まれの父権的ナショナリストの側面ももち、アジア・太平洋戦争中、日本軍進駐下のフィリピンに陸軍司政長官として赴任し、科学局顧問として現地の科学行政に携わった(2)。

さて、先に述べたとおり、畑井は、第三回太平洋学術会議（一九二六年）終了後、ミクロネシアに若手研究者を派遣して熱帯生物の研究を開始する。パラオ研誕生以前――戦後、パラオ研関係者のあいだで「前研究所時代」とも呼ばれた――の現地調査の展開は以下のとおりである。

まず一九二八年、南洋庁から動物調査を委嘱された畑井は、東北帝大の助手と学生（高槻俊一、佐藤隼夫）の二名とともに、パラオ諸島とヤップ島で計四ヶ月にわたって研究をおこなった。当時、生物学科の三年生だった佐藤隼夫は、畑井から研究室に呼び出され、「サトー君、キミ、南洋へ行ってみないカネ」といわれ、先発隊として高槻とともにミクロネシアに行くことになったという（佐藤隼夫　一九七二：五―六）。佐藤は、次の船でパラオに到着した畑井がパラオの豊かな動物相を前にして「こんな所に、研究所があったらいいネー」と漏らしたのを記憶しているとも述べている（佐藤隼夫　一九三八：三五）。

ちなみに、このときのパラオへの船旅で、佐藤たちは、現地調査に向かう長谷部言人（当時、

図表 5-1　畑井新喜司
（1937 年 4 月 12 日パラオにて）

出典：元田茂氏ご遺族提供。

東北帝大医学部教授）と同船となっている。佐藤によれば、毎日、長谷部から「解剖学的人類学に就いての貴重なお話」を聞かせてもらい、ときに麻雀の相手をさせられたりしたという（佐藤隼夫　一九八〇：九）。第二章で述べたように、長谷部は当時、「南洋群島人の人種関係」に関する研究プロジェクトを進めており、一九二八年は三年間にわたる調査の二年目にあたる。長谷部の記録では、この年は五月下旬に横浜を出航しているので、畑井のパラオ到着は翌六月の便だったのだろう（第二章参照）。

その後、畑井は、東北帝大からさらに三村卓雄（生物学教室）、沢野英四郎（浅虫臨海実験所）、田村正（同）の三名の助手をヤップ島に派遣する。(3) 彼らは、南洋庁からの補助金も得て、一九二九年九月から三〇年五月まで、ヤップ支庁前にある離島住民のための建物（「オールメンハウス」）の半分を借り受けて実験室とし、そこで研究に従事した（田村　一九四二：一五五―一五八）。

田村の回想によれば、「カヌーを操り海に出て作業すること、潜水して実験材料を採集すること、日本語が話せること」を条件に、「島民」の青年（「ガラガシヨク君」）を「雑用をしてくれるボーイさん」として雇った。この青年とはすぐにうちとけて友人のような親しみを感じるようになり、彼から、ヤップ島の生活や習慣などさまざまなことを学んだ。また、実験室には「島民」のこどもが物珍しそうに集まってきたので、彼らとも親しくなり、ときにはバナナなどの差し入れもあったという（田村　一九八五：三九―四一）。

のちにみるように、パラオ熱帯生物研究所にも数名の雇い人がいたが、研究補助で主に頼ったのは、潜水が得意な沖縄出身者であった。ここには、日本統治下のミクロネシアのなかで開発が遅れ、日本人移民が少なかったヤップ島（第三章参照）と、南洋庁がある行政の中心地で、日本人人口が現地住民を圧倒していたコロール島（第四章参照）の違いを反映している。また、パラオ研でも、研究員は近所のこどもたちと親しくつきあった。

その後、さらに三〇年九月から翌年三月まで、南洋庁と仙台の齋藤報恩会の援助を得て（齋藤報恩会については第七章参照)、三村、沢野にくわえ、羽田良禾(浅虫臨海実験所)がコロールで研究を実施した。その際は、マダライにある海軍の部官室を実験室として借用したようである(堀 一九八〇：一六)。この間、畑井自身も再びパラオを訪れ、現地調査をおこなった。こうした一連の活動のなかで、ミクロネシアにおける熱帯生物研究所設立の構想が畑井の頭のなかで熟していったのは確かだと思われる。(4)

日本学術振興会第一一小委員会

では、日本学術振興会(学振)において研究所設立が決定するまでの経緯はどのようなものだったのだろうか。

一九三二年一二月に誕生した日本学術振興会の目的は、個人研究より総合研究を促進することにあり、さまざまな大学、研究機関の連携をはかったといわれるが(廣重 一九七三：一二三)、パラオ研は、まさしく学振が目指す総合研究を体現する機関であった。研究所創設にいたる学振内でのプロセスは以下のとおりである。

一九三三年一〇月二四日、学振の第七常置委員会(動物学、植物学、人類学)で「熱帯生物に係る小委員会設置」(第一一小委員会)が決議され、常置委員長会議、理事会の承認を経て、一二月、正式に小委員会設置が決定。小委員会のメンバーには、柴田桂太(東京帝大)、池野成一郎(元東京帝大)、服部廣太郎(徳川生物学研究所)、藤井健次郎(元東京帝大)、五島清太郎(元東京帝大)、坂村徹(北海道帝大)、谷津直秀(東京帝大)、そして畑井新喜司が就任した。その後、幾人か委員の交替があったが、いずれも当時の日本を代表する動物学者であり、のちにみるように、派遣研究員の多くはその教え子にあたる。(5)

残念ながら、第七常任委員会と小委員会で具体的にどのような議論があったのかは不明である。だが、先述したオランダによる国際生物研究所計画の挫折、さらに畑井と弟子たちが積み重ねていたミクロネシアでの研究をふまえて、畑井が委員会に熱帯生物研究所の設置を提案し、他のメンバーの賛同を得たというのが大筋の流れであろう。

ともあれ、一九三三年一二月一〇日から翌三四年一月四日まで、委員である畑井が助手（田村正）とともにミクロネシア（サイパン、テニアン、ヤップ、パラオなど）をまわり、サンゴ礁の発達が著しく、研究に最適であるとして、研究所建設地としてパラオ・コロール島が選定された。一月二三日の第一回小委員会で柴田を委員長に選び、第一期の事業として、「珊瑚礁ニ関スル生物学的綜合研究」をおこなうことが決定する。こうして、六月九日の第三回会議において、事業遂行の方針がさだめられ、「コロール島上記研究所」を「パラオ熱帯生物研究所（Palao Tropical Biological Station）ト命名」、所長に「委員畑井新喜司」を委嘱することが決まったのである（日本学術振興会　一九三八：一八九―二〇一）。

第二節　パラオ熱帯生物研究所の研究体制

研究員と研究所

一九三四年五月、東北帝大から派遣された江口元起がパラオ・コロール島に来島。続いて六月、所長の畑井と阿部襄（東北帝大）、内海（弘）冨士夫（京都帝大）が現地に到着し、研究所の事業は正式にスタートする。まずは「研究所開設の準備」と、その後、歴代研究員の主要な調査フィールドとなる「岩山湾の基礎調査」が進められた。

学振の小委員会が掲げた研究綱目には、「（一）基礎調査（岩山湾の地形図作成に必要なる調査、珊瑚の種類に関する調査）（二）珊瑚虫の生態に関する研究（三）珊瑚虫の代謝機能に関する研究（四）珊瑚虫の生殖及発育に関する研究（五）珊瑚虫の骨格形成に関する研究（六）造礁作用と外囲条件との関係」が掲げられており、当初はサンゴ（礁）に関する総合研究が目指されていたことがわかる（無署名　一九三八：一〇―一一）。

研究員については、官私を問わず、広く各大学から志望者を公募し、学振小委員会の選考を経て決定された。研究員には四ヶ月以上、研究所に滞在するとの条件が課され、旅費（一等船賃）と滞在費（月額四十五円）が支給された（無署名　一九三八：九：元田　一九八九：三〇）。ちなみに、当時、大学の助手の初任給は六十五円か七十五円だったという。ともあれ、ここで派遣研究員の氏名と出張期間、研究題目などを表として掲げておく（図表5―2）。

この表からわかるとおり、実際の研究期間は通常、半年または一年だが、なかには数年にわたって滞在する者もあり、二回以上渡航した研究員も複数存在する。また、当初は各大学の若手研究者が中心だったが、四〇年代に入ると、現地嘱託としてコロール在住の者が二名研究員に就任し、すでに著名な動物学者（大島正満）が研究員として短期間滞在することもあった。

研究対象となる生物は、当初のサンゴから、熱帯に生息する動物全般へと次第に広がっていった。また、動物の分類・記載にとどまらず、生理・発生などに関する実験生物学的研究が多くみられることが注目される。この頃には日本を含めた世界の生物学の主流は博物学的段階から抜け出し、実験生物学へと移行しつつあったが、ここには、アメリカで教育を受けた生理学者である畑井の意向が反映していたとも考えられる。

実際、パラオ研における研究は、当時の最先端のものとして海外の研究者から高い評価を受けていた。たとえば、本章冒頭の引用にもあるように、一九四〇年、イギリスの海洋生物学者（ブリストル大学教授）であり、グレート・バリア・リーフの探検調査（一九二八―二九年）でその名を知られたヨング（Charles Maurice Yonge）は『ネイチャー』誌にパラオ研を紹介する文章を寄せ、研究員の業績を幾つか紹介するとともに、「この新しい熱帯における研究所は創設以来よく指導されて、かくも輝かしい成功を収めつつある」

図表 5-2　パラオ熱帯生物研究所研究員履歴

氏名	当時の所属	研究所滞在期間	研究題目	戦後の主な所属など	生没年、特記事項
江口元起	東北大	34 年 5-8 月、35 年 3-6 月	岩山湾基礎調査、造礁珊瑚虫の分類	東北大教養部、工学部鉱山工業教室、東京家政大学	1904-1979、本文参照
内海（弘）冨士夫	京大	34 年 6 月-35 年 2 月	岩山湾基礎調査、造礁珊瑚と共棲する動物、蔓脚類の分類	京大瀬戸臨海実験所	1910-1979、本文参照
阿部襄	東北大	34 年 6 月-35 年 5 月、35 年 7-10 月	岩山湾基礎調査、造礁珊瑚の場所による変異、造礁珊瑚虫の摂食習性	山形大学農学部応用動物学教室	1907-1980、本文参照
松谷善三	東北大	34 年 12 月-35 年 5 月	岩山湾海水の水理	古川高校など公立・私立高校教諭	？-1987
林一正	京大	35 年 5-12 月	造礁珊瑚虫造骨組織内石灰分検出、クサビライシ幼生の発生時特に骨格形成の組織学的研究	滋賀大学芸学部（教育学部）生物学教室	1905-1992、本文参照
元田茂	北大	35 年 6 月-37 年 6 月、38 年 9-10 月	造礁珊瑚虫の生存環境、プランクトンの季節的消長、パラオ本島アルモノグイ湾の理化学的性質の調査	北大水産学部浮遊生物学教室、東海大学海洋学部	1908-1995、本文参照
高橋定衛	台北師範学校	35 年 12 月-36 年 2 月	多毛環虫類の分類	現地で急性結核に罹患、帰還後死去	1903-1936、本文参照
高橋敬三	東京文理大	36 年 3-8 月、40 年 12 月-41 年 3 月	珊瑚礁の造成破壊に及ぼす多毛環虫類の影響	東京家政大附属中高（教諭、校長）、東京家政大	1907-1997、本文参照
林良二	北大	36 年 3-8 月	珊瑚礁における海星類の生態および分布	富山大理学部生物学教室	？-1981
川口四郎	台北帝大	36 年 6-10 月、39 年 11 月-40 年 4 月	造礁珊瑚虫の色素及び生理	岡山大文理学部生物学教室、川崎医大	1908-2004、本文参照

阿部宗明	東大	36年10月-37年4月	熱帯魚類特にマフグ科及びヌメリゴチ科の分類	東海区水産研究所	1911-1996、戦中、海南島調査に参加、魚類学の大家、昭和天皇にご進講も
山内年彦	京大	37年1-7月、40年7-9月	造礁珊瑚虫と海鼠類の生態学的関係	京都府教育委員会、花園大	1898-1979、本文参照
羽根田弥太	慈恵医大	37年5月-38年2月、39年12月-40年2月、40年7-8月（古畑種基に同行）、42年3-7月	発光生物の研究	横須賀市博物館（館長）	1907-1995、本文参照
島津久健	東北大	37年5月-38年4月	造礁珊瑚虫の生殖及び発育	満洲国の新京動物園に勤務。戦後、小中学生向け英語教室主宰など	1910-1983、本文参照
川上泉	京大	37年7月-38年1月	造礁珊瑚虫の無性生殖	九大理学部生物学教室、鹿児島大理学部生物学教室	1912-2010
阿刀田研二	東北大	38年3月-42年1月	造礁珊瑚虫の刺激と再生	東北大教養部生物学教室、宮城学院大	1912-1995、本文参照
和田清治	東大	38年5月-39年4月、39年12月-41年7月	有用貝類	鹿児島大水産学部	？-1986、本文参照
神田千代一	北大	38年10月-39年3月	熱帯産海藻の発生	函館水産専門学校	？-1949
三宅貞祥	九大	39年3-8月	珊瑚礁に棲息する甲殻類十脚類の生態及び分類	九大農学部動物学教室、九産大	1908-1998

加藤源治	東北大	39年4-7月、39年7月-42年5月、42年9-11月、42年12月-43年1月、43年5-6月	温帯産淡水魚類の熱帯への移植	日本海区水産研究所、淡水養殖株式会社（専務取締役）	1903-1992、本文参照
時岡隆	京大	40年5月-41年1月	プランクトンの定性、海鞘類の分類	京大瀬戸臨海実験所	1913-2001、本文参照、切手のコレクターとしても有名
榎並仁	東北大	40年7月-41年9月	海産動物色素細胞の変化に及ぼすホルモンの作用	群馬大医学部内分泌学研究所、東京家政大	？-1978、国際学会出席のためアメリカ出張中、死亡
和田連二	南洋真珠研究部長	40年8月-41年1月、41年4-10月	白蝶貝	熱帯各地で真珠養殖の仕事に従事	？-1993、現地委嘱
大島正満	東京府立高校	41年3-4月	鰹鮪類の産卵地		1884-1965、本文参照
尾形藤治	東京文理大	41年6-9月	熱帯海産動物の寄生虫	農林省家畜衛生試験場？	1901？-1954
松井喜三	東京文理大	41年9月-42年1月	鰹鮪類の脳含水量	東京教育大理学部動物学教室	1911-1995
大平辰秋	南洋庁企画課	42年4月-43年2月	岩山湾の地学的調査	横須賀市博物館長（第2代）	191？-1988、東京帝大地理学科出身、本文参照
熊野正雄	東北帝大卒、東京文理大	42年10月-43年1月	軟珊瑚類の分類	金沢大理学部生物学教室	1899-1969

出典：『岩山会会報』、佐藤崇範「「パラオ熱帯生物研究所日誌」の概要と今後の利活用」などから作成。

と好意的な評価を与えている（Yonge　1940：16-17）。

ただし、プロローグでも述べたように、委任統治下のミクロネシアには、宣教師などを除いて、外国人の居住や入島は厳しく制限されていた。したがって、第一世界大戦後の「国際主義」の機運のなかで生まれた研究所とはいうものの、基本的にパラオ研を海外の研究者が訪れることはなかった。数少ない例外が一九三五年に南洋学術探検隊の一員として研究所を訪れたビショップ博物館（ハワイ）の近藤義夫（Yoshio Kondo）である。南洋学術探検隊については第七章で検討しよう。

研究施設

次に、研究所の施設についてみておこう。

最初の研究員である江口、内海（弘）、阿部が派遣された当時、まだ研究所の建物はなく、彼らは、南洋庁の水産試験場の一室を借りて研究を始めつつ、先述した岩山湾の測量と地図作成を進めた。コロール島の南東に位置するこの湾は、現地在住の日本人のあいだで、パラオ松島湾、あるいは周囲がほとんど岩石の崖によって囲まれていることから岩山と呼ばれていたが、研究員たちは岩山湾と命名し、以降、この名前が使われるようになった（元田　一九七七：二一）。

一五〇〇〇円の予算で工事が始められた研究所の建物は一九三五年三月末に完成する（図表5-3）。当初、研究所はマダライにある水産試験場の隣接地に建設される計画だったが、その後、当時、夕陽ヶ丘と呼ばれた小高い丘の麓の海辺（紅樹林帯水路の奥の土地）に変更された。研究所の敷地は、現地住民の暮らすアラバケツ集落に隣接しており、後述するように、多くの研究員がアラバケツの住民と親しく付き合うことになる（元田　一九八九：三〇—三六）。

四月一日の研究所開設当時の施設は、木造平屋建ての研究棟（七メートル×一一メートル）一棟に電動機室、

図表 5-3　パラオ熱帯生物研究所（1935 年）

出典：元田茂氏ご遺族提供。

倉庫および便所、サンゴ礁標本小屋、さらに実験用の海水タンク一基（コンクリート製、容量五トン）、天水をためるための清水タンク一基（コンクリート製、容量五トン）というものであった。また、採集用の船として、二馬力船外機使用の和船（パパヤと命名）と小型和船（マンゴーと命名）が備えられた。研究棟の実験室にはコンクリート製の流し台があり、海水用の蛇口五つ、両端に淡水用の蛇口が備えられ、実験室の両脇に写真用暗室と炊事場兼休憩室があった。ただし、当初、部屋の広さは三・四人が同時に使用できる程度しかなかった。

実験用の海水は、マングローブ・スワンプ（沼地）の外まで二百メートル以上埋設した鉛管を使ってくみ上げたが、取水は、礁原上に潮が十分満ちており、かつ電気の通じる時間帯におこなわなければならなかった。一方、清水は、トタン屋根に降る雨水を樋に集めて淡水タンクにためるようになっていたが、渇水期に水が不足するので、のちにトタン製タンク（一・六トン）を三個増設した（元田　一九八九：三二；阿部　一九六九：八九—九〇）。ただし、研究所開設当初はまだ電気が引かれておらず、海水タンクを使って揚水し、研究所内の流しに給水できるようになったのは八月に入ってからだったという。

その後、研究員自身の手作業によるものを含めて、順次、研究所の設備は充実していった。研究所前の船着き場造成（三五年八月）、採集用小船（バナナと命名）と箱舟（ノート、磁石、カメラ、時計、鉛筆などの採集用具を乗せて移動するため、ササップと命名）を自作（三六年七月）、研究所から岩山湾の浜まで続くマングローブ林への木製歩道の設置（三七年二月）、研究所構内における実験用淡水池五個の造成（三八年九月）、新しい採集船の竣工（三九年四月、二気筒八馬力機関付き、リサーチと命名）、畑井の東北帝大退官を記念した図書庫の完成（三九年一二月、畑井により書籍館《しょじゃくかん》と命名）といった具合である。なお、四〇年一〇月には南洋真珠株式会社からの寄附金で標本陳列室（と写真用暗室）が完成し、従来の実験室から暗室を取り払ったので、八名が使用できる広さとなった。さらに、完成が開戦後だったため、ほとんど使用されなかったが、コロールの有志の寄金による畑井所長の宿舎も建設された（四二年四月）。

紀要・同窓会誌・日誌

パラオ研は、欧文誌 Palao Tropical Biological Station Studies と和文誌『科学南洋』を発行しており、ここに同研究所のもつ「国際主義」的性格がよくみてとれる。前者は研究員による純粋な学術雑誌であり、全二巻計八冊（一九三七—四四）が刊行され、世界各国の研究機関にも送られた。後者は欧文報告の抄録を載せるとともに、広く旅行記、研究員以外の南洋研究者の論文なども掲載する一般誌的性格をもち、全五巻計十四冊（一九三八—一九四三）が刊行された(6)。

また、ここで見逃せないのが、パラオ研関係者が結成した岩山会が発行する『岩山会会報』である。岩山会は、パラオ研に所属した（元）研究員の親睦をはかるための会として、一九三八年一〇月に開かれた日本

図表5-4　『岩山会会報』2号表紙

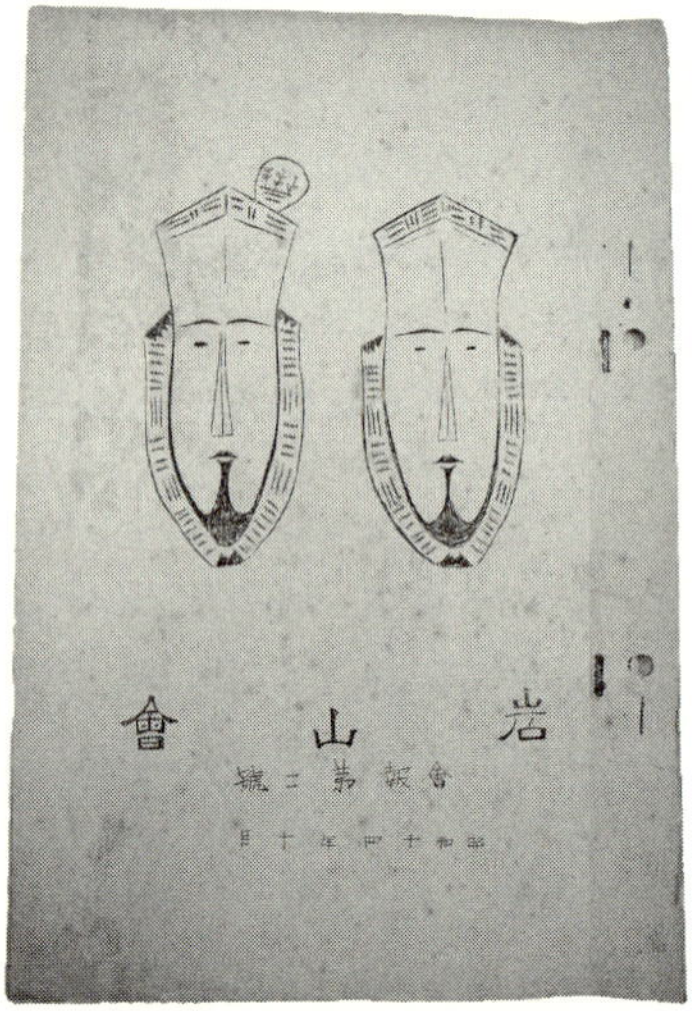

出典：『岩山会会報』2号（1939）。

動物学会終了後の懇親会で結成。翌三九年から、研究員の持ち回りにより、不定期で会報『岩山会会報』を発行した（以下、『会報』）。

『会報』の刊行は、研究所閉鎖により六号（一九四二年五月）で中断したが、戦後の五四年に同窓会誌として復刊する。以降、関係者の高齢化と相次ぐ死去にともない、会の活動が完全に停止する一九九三年まで計十八冊が刊行された。身内という気楽さもあり、『会報』では、パラオでの研究生活の様子がざっくばらんに語られている。その意味で、本誌はパラオ研の活動を知るための第一級資料であり、本書の考察もこの資料に負うところが大きい（図表5-4）。

さらに、研究所には、現地に派遣された研究員が交替で記録した「研究所日誌」が存在する。この「日誌」は、研究員の元田茂により一九三六年五月四日に書き始められ、四三年六月二〇日まで、七名の研究員によって書き継がれた。また、「日誌」開始以前の記録については、元田が一九三七年に補筆したものが残っている（「重要事項抜粋」）。『会報』と「研究所日誌」の意味については、本書のエピローグで再び触れよう。

では、パラオ研に派遣された研究者はどのような研究をおこなったのだろうか。次に、彼らの研究内容を眺めよう。

第三節　サンゴと熱帯生物——研究の推移

時期区分

パラオ熱帯生物研究所の活動期間は一九三四年の五（六）月から四三年三月末までの十年弱にすぎず、しかも、四一年末のアジア・太平洋戦争開戦以降は、実質的な活動が困難になっていく。だが、この期間にコロールで研究に従事した研究員は計二十九名おり、その研究テーマはサンゴの分類などの基礎生物学的なものから、熱帯での産業化を目的とした応用生物学的なものまで幅広い。

本節では、研究所の活動を大きく（一）「草創期」（二）「前期」（三）「後期」（四）「終焉期」の四期にわけ、それぞれの時期の研究動向について検討しておきたい。すなわち、以下の時期区分である。

（一）「草創期」：研究所の建物が完成する一九三五年三月末まで

（二）「前期」：建物完成後の三五年四月から、所長である畑井が東北帝大を退官する三八年三月末まで

（三）「後期」：畑井から依頼され、東北帝大の阿刀田研二が「無期限」で現地に派遣された三八年四月から、アジア・太平洋戦争が勃発し、研究所が曲がり角を迎える四一年一二月まで

（四）「終焉期」：研究所の活動が困難となった四二年初めから、最終的に研究所が閉鎖される四三年三月末まで

（二）「前期」と（三）「後期」の区分を畑井の定年に置くのは少々恣意的なきらいもあるが、後述するように、三八年から南洋庁のパラオ研への寄附が始まり、研究所を取り巻く状況が大きく変わっていったことは確かである。

なお、研究員は順次交替で派遣されたが、研究員としての身分は現地への派遣期間だけである。多くが若手研究者である研究員たちは、離任後、それぞれの所属機関に復帰し、その後、新たな就職先を探したり、

場合によっては兵役につくこともあったが、この問題については第十章で述べる。

ともあれ、以下、それぞれの時期における研究所の体制と研究動向を概観しておこう。ただし、研究員のうち十名が複数回現地に派遣されており、滞在期間がこの区分をまたがる場合も多い。したがって、以下、研究者の業績に触れる際には、最初の派遣時期にしたがうこととする。また、ここで取り上げるのは、それぞれの時期の研究動向を典型的に示すと考えられる者だけであり、全員ではないことも断っておく。

「草創期」

江口元起（東北帝大）がコロールに到着した一九三四年の五月から、研究所の建物が完成する三五年三月末までの時期である。この間、現地に派遣されたのは、江口のほか、内海（弘）冨士夫（京都帝大）、阿部襄（東北帝大）、松谷善三（東北帝大）の計四名である。少し赴任時期が遅い松谷を除く三名については、研究題目に「岩山湾測量、地図作成」が含まれていることからわかるとおり、彼らには研究所創設にかかわる基礎的な仕事が託されていた。また、江口を除く三名は、東北・京都の両帝大の理学部が保有する臨海実験所（浅虫・瀬戸）からの参加である。

まず江口は、東北帝大の理学部地質学古生物学教室で学んだサンゴ（化石サンゴを含む）の分類を専門とする研究者である（当時、同教室の副手）。江口によれば、教室主任の矢部長克から命じられ、三四年五月から、後述する田山利三郎とともにパラオでサンゴ礁の調査に従事、その後、パラオ研の研究員として現地で研究を続けた。[7] 研究員に選ばれた具体的経緯は不明だが、当時、東北帝大の地質学古生物学教室では、矢部の主導のもと、海洋地形に関する研究の一環として、ミクロネシアでサンゴ礁の調査を進めていた。同じ東北帝大理学部の畑井が所長をつとめるパラオ研の研究員となったのも、こうした関係からであろう。

また、内海（弘）冨士夫は、京都帝大理学部の駒井卓に師事し、和歌山県白浜の瀬戸臨海研究所（三八年より瀬戸臨海実験所）で研究をおこなっていた。したがって、三五年より研究所を管轄する第一一小委員会の委員（三五―三八年）となり、瀬戸臨海実験所の初代所長（兼任、三八年から）もつとめた駒井の関係でパラオ研の研究員に応募したのだろう。阿部襄の回想によれば、内海はサンゴに共棲するフジツボを研究したいという嘆願書を直接畑井に送ってきたのだという（阿部　一九六五：一〇一―一〇二）。

江口、内海ともに分類学の研究者であり、研究にあたって特別な実験装置は不要である。彼らが研究員に選ばれたのは、その研究テーマが、研究所施設が未完成な時期に適したものであることも関係している。阿部によると、所長の畑井は、設備がなくても研究ができる研究者から先に行ってもらうことにしたと述べていたようである（阿部　一九六五：一〇〇）。

そして、この時期に派遣された研究員で、もっともユニークな業績をあげたのが、その阿部襄である。彼の研究生活については次章でくわしく検討するが、畑井が創設した浅虫臨海実験所で貝類の行動に関する研究をおこなっていた阿部は、畑井から直接声がかかり、パラオに行くことになった。阿部は、研究所で貝類（カサガイ、ウズラタマキビなど）とサンゴ（クサビライシ）の生態や行動などの研究を進めたが、彼の研究姿勢は同時期に滞在した元田茂に強い印象を与えており、後述するように、彼は阿部のことをファーブルになぞらえている。

「前期」

研究所の建物が完成する三五年四月から、畑井が東北帝大を退官した三八年三月末までの時期である。ただし、建物は完成したとはいえ、当初、実験室整備は終わっておらず、五月末に現地に赴任した林一正によれば、到着早々、それまで実験室として使っていた水産試験場からの引越し作業に追われたという（林　一九三五：二三六―二三九）。

この期間に初めてパラオの土をふんだ研究員は、林を含めて十二名（林一正、元田茂、高橋定衛、高橋敬三、林良二、川口四郎、阿部宗明、山内年彦、羽根田弥太、川上泉、島津久健、村上子郎）を数えるが、まず注目すべきは、その大部分が、サンゴ（礁）に関連する研究をテーマにしていたことだろう。単純に研究題目のみをみても、十二名中の十名がサンゴ・サンゴ礁と銘打ったテーマを掲げており、それ以外の項目として、「プランクトン」（元田茂）、「多毛環虫類［ゴカイの類］」（高橋定衛・高橋敬三）、「熱帯魚類」（阿部宗明）、「発光生物」（羽根田弥太）が目につく程度である。

これは、何よりもパラオ研がサンゴ（礁）を主眼とした研究所であることを物語っており、「前期」は、学振による研究所設置の目的に沿った研究が一番進められた時期だといってよい。個々の研究内容の紹介は省くが、ひとりだけ挙げれば、この時期に初めてパラオに派遣され、パラオ研のサンゴ（礁）研究において、現在もっとも知られる業績をあげたのが川口四郎である。パラオでの研究で、川口は、サンゴ体内に共生する褐虫藻の単離培養に成功するなど、数多くの先駆的発見をなしとげ、戦後のサンゴ研究に大きな影響を及ぼした。(8) なお、川口は「後期」にもう一度派遣されている。

また、研究所の建物完成後の拡充については先に述べたが、基本的にこの時期の施設拡充は、研究員自身の作業によるものが中心であった。こうした状況は、三〇年代末になると（「後期・終焉期」）変わってくるが、たとえば三六年七月の採集用小船（バナナ）と箱舟（ササップ）は、元田茂の自作であり（無署名　一九七二：二七―三二）、当時の研究所の雰囲気を伝えている。

「後期」・「終焉期」

一九三八年三月末で畑井は、東北帝大を定年となった。彼は、パラオ研所長の職に専念する一方、東北帝大浅虫臨海実験所の阿刀田研二（当時、副手）に留守中の責任者（「主事」）として「無期限」で研究所に赴任することを依頼し、それを承諾した阿刀田はその後およそ四年間、パラオ研に滞在することになる（阿刀田　一九八九）。阿刀田が現地に派遣された三八年四月から、アジア・太平洋戦争が勃発する四一年末までを「後期」、その後、最終的に研究所が閉鎖される四三年三月末までを「終焉期」と呼ぶことにするというのは先に述べたとおりである。ただし、それは開戦が研究所に与えた影響やその後の対応を考えたいためであり、研究動向としては「後期」・「終焉期」はひとまとめにできる。

この時期の研究の特徴としてまず指摘できるのは、従来のサンゴ（礁）の研究から、他の海洋動物一般へと研究テーマが広がっていったことである。この時期、新たに研究員をつとめたのは、十三名（阿刀田研二、和田清治、神田千代一、三宅貞祥、加藤源治、時岡隆、榎並仁、和田連二、大島正満、尾形藤治、松井喜三、大平辰秋、熊野正雄）だが、そのうちサンゴ（礁）と名のつく研究テーマを掲げているのは、阿刀田を含めて三名だけで、むしろ「有用貝類の研究」（和田清治）、「白蝶貝の研究」（和田連二）、「鰹鮪類の産卵地調査」（大島正満）といった水産学的な研究テーマが目立つようになってくる[9]。

たとえば、「鰹鮪類の産卵地調査」をテーマに、四一年三月から四月にかけてパラオ研に派遣された大島正満は、すでに台湾総督府中央研究所技師、東京府立高等学校教授などを歴任し、科学啓蒙書も多く著した有名な動物学者であった。大島の研究所滞在は、前述した太平洋協会（第四章参照）がカツオ・マグロの産卵地調査のため学振に寄附した資金によるものであり（無署名　一九四一：二一二）、大島は、コロールの水産工場で材料蒐集を実施し、さらに水産試験場の試験船（瑞鳳丸）でパラオの南方離島において調査をおこなった（無署名　一九四一：八六）[10]。

また、加藤源治は、研究所の「後期」から「終焉期」にかけて、内地への四度の帰還をはさみながら、長期にわたってパラオに滞在し、最後は研究所の閉鎖作業に携わった研究者である。加藤のテーマは「温帯産淡水魚類の熱帯への移植」であり、内地から移送したメダカの交配を繰り返しつつ、熱帯への適応や各種生

図表 5-5　パラオ熱帯生物研究所経費

年度	経費	そのうちの主な寄附金
1934	—	
1935	20,816円	
1936	8,000	
1937	8,900	
1938	12,200	3,500（南洋庁）、1,962（畑井教授退職記念会）
1939	16,962	8,000（南洋庁）
1940	22,500	8,000（南洋庁）
1941	27,600	8,000（南洋庁）
1942	27,930	8,000（南洋庁）、5,737（パラオ熱帯生物研究所後援会）

出典：日本学術振興会学術部編『昭和一五年度事業報告』（1941）および『日本学術振興会年報』（1942）より作成。

態の研究を続けた。これは熱帯での温帯産魚類の養殖を射程に入れたものであり、戦時中、加藤は戦地で食用ゴイの殖産事業に携わることになる。

さらに、「後期」に入ると、和田連二（南洋真珠研究部長[11]）、大平辰秋（南洋庁企画課）の二名が現地嘱託（委嘱）という形で研究員となっており、ここからも研究所の体制に変化が起こっていることがうかがえる。一九三八年以降、パラオ研に対しては、南洋庁や現地企業（南洋真珠など）からの寄附が毎年おこなわれ（図表5-5）、これらの寄附金は、現地委嘱の二名を含めて、研究員による受託研究や、研究所施設の拡充（図書庫、標本陳列室、所長宿舎の建設など）の費用にあてられた。なお、施設拡充にともなって、実験室の収容人数が増えたため、一九四〇年には、八名が同時期に研究所に滞在するような状況も生まれていた（加藤　一九四一：二七）。

そして、この時期のパラオ研での研究生活に関して、もうひとつ見逃せないのが、多くの研究員が、サタワル島での七年にわたる生活を切り上げ、三九年にコロールに戻った土方久功（第四章参照）と深い親交を結んだことである。パラオ研の研究員と土方、さらにこの時期、やはりコロールに滞在した作家・中島敦の交流については、第九章で扱うことにしよう。

だが、南洋庁をはじめとする現地での支援と期待にもかかわらず、このような研究体制は長く続かず、四一年末のアジア・太平洋戦争の開戦は、研究所の活動を根本からゆるがすことになる。これ以降が実質的研究が困難となる「終焉期」だが、この時期については第九章で改めて論じることにする。

第四節　コロールの生活

宿舎とコロールの街

本書の二章から四章までに登場した研究者と同様、パラオ熱帯生物研究所に赴任する研究員は、横浜・神戸などの内地の港から日本郵船の船でパラオ・コロール島に向かった。便数は時代によって変わったが、最初の研究員が派遣された当時は月二回程度で、サイパン、ヤップを経由してパラオまで平均およそ十日間。熱帯で調査経験のある者はほとんどおらず、多くの者が、南に向かうにつれて海の色が青くなっていく光景や、途中で立ち寄るサイパン、ヤップなどでみかけた現地住民や日本人移民の様子、さらに最終目的地であるコロールに到着したときの感慨を『会報』などで語っている。

コロールに到着した研究員は、宿舎に寝泊まりし、三々五々研究所やフィールドに出かけて研究をおこなう日々を過ごした。そして、とりわけ「草創期」から「前期」にかけて研究員を悩ませたのが、この宿舎の問題であった。研究員は、当初、南洋庁の高級官舎の空き部屋を使わせてもらったが、南洋庁の役人が使用するので、転々と居をかえざるをえなかった。ついには空いている官舎がなくなり、三四年一〇月からコロールの裏通りにある貸家が宿舎となった（図表5‐6）。

この家は相当の「あばら屋」（元田）だったようだが、宿舎の問題は、三六年一一月、南洋貿易が研究所の向かいに建設した住居三軒のうち二軒を宿舎として借り入れることで一段落する。その後、三九年一一月

図表 5–6　「草創期」の宿舎前で（1935 年元旦）

出典：内海冨士夫氏ご遺族提供。
注：左から阿部襄、内海（弘）冨士夫、松谷善三。

には、南洋真珠から社員宿舎の譲渡を受け、食事係の女中も雇うようになり、元田によれば、「研究員の生活は王侯の如くなった」という（元田　一九八九：三二一―三二三）[12]。

ここで、パラオ研が設立された当時のコロールの街の様子をみておこう。第四章で述べたように、パラオ・コロール島は面積八平方キロメートルの小島で、しかもその半分は人の住めない隆起サンゴ礁であった。この小さな土地に、研究所の建物が完成した一九三五年当時、日本人三二四四人（内地人三二三二人、朝鮮人十一人、台湾人一人）、「島民」九八一人（チャモロ十二人、「カナカ」九六八人）、外国人十人が住んでいた（一〇月一日現在）（南洋庁　一九九三）。土方久功が初めてコロールに到着した一九二九年の日本人人口は一三八〇人だったので（第四章参照）、六年間におよそ二・五倍に増えた計算になる。三五年の時点で、すでに日本人人口は、現地人を圧倒していたことにまずは注意しておきたい。

ミクロネシアの行政中心地であるコロールには、南洋庁のほかに、パラオ支庁、法院、郵便局、病院、水産試験場、産業試験場（三六年より熱帯産業研究所）、気象観測所、新聞社、小学校、公学校、カトリック教会、プロテスタント教会、本願寺寺院などがあった。街の中心街には商店が軒を連ね、小さいながら南洋貿易が経営するデパートもあった。さらに、南洋ホテルや旅館などの宿泊施設のほかに、裏通りにはカフェや娼楼をかねた料理屋（料亭）も何軒か並んでいた。

また、当時、コロールは、カツオ漁業やアラフラ海（ニューギニアとオーストラリアに挟まれた海域）などで潜水夫がおこなう真珠貝採取業の拠点となっており、特に真珠貝採取業は三六年頃に全盛期を迎えたといわれる。これは当時、ダイバー景気と呼ばれ、コロールの街に並ぶ料理屋やカフェのほとんどは、この頃にできたという[13]。さらに、研究所の建物が完成した三五年からは定期バス（南洋貿易）の運行が始まり、四〇年にはパラオ放送局も開局するなど、コロールの開発は研究所の開設以降、さらに加速していった（第四章も参照）。

ただし、一九四〇年の上水道開通までコロールでは天水を利用していたこともあり、現地の衛生状態は必ずしもよくなかった。ミクロネシアには、マラリアのような危険な伝染病こそなかったが、研究員のほとんどがデング熱やアメーバ赤痢などで長期間臥す経験をしている。また、第六章で述べるように、現地到着後、研究員の高橋定衛が急性結核を発症し、内地帰還後、亡くなるという不幸な出来事もあった。

アラバケツ集落

毎日の研究生活には息抜きが必要である。多くの研究員にとって、身近な楽しみとなったのが、研究所隣のアラバケツ集落――コロールには、ほかにアテカサオル、アルミズに現地住民の集落があった――に暮らす現地の子どもや若者との交流であった。プロローグで述べたように、コロールでは公学校における日本語教育が普及していたため、彼らとは日本語でコミュニケーションすることができた。アラバケツの子どもたちにとっても、年齢が近い研究員は格好の遊び相手であり、彼らはよく研究所に遊びに来ていた。元田によると、子ども好きの阿部は、夕方になると彼らを宿舎に集め童話をきかせたりしており、後述するように、みなで研究所の採集船に乗って一緒にピクニックに出かけることもあった。ただし、一九六八年にコロールを再訪した後、元田茂は「折角パラオに住みながら私たちは何故もっと島民の友人にならなかったのだろう。

私たちは真面目にパラオ語を勉強しようとする気を全々《ママ》起こさなかった」とも述べている（元田　一九六八：六）。

研究所開設から閉鎖までの約十年のあいだ、多くのアラバケツの住民が研究所に出入りしていたが、たとえば阿部襄や林一正は、アンドレスという少年やジロウという青年、デリランという若い婦人（アンドレスの母親の友だち）などと親しく（一九三五年頃）、さらに阿刀田研二や時岡隆、榎並仁は、ヘス（ー）スという少年をよく採集に連れて行ったという（一九四〇・四一年頃）（阿刀田　一九八九：二五；時岡　一九五五：一三；榎並　一九四〇：二四）。少年たちは、研究員にとって、材料収集を手伝ってくれる「協力者」でもあった。また、「前期」に派遣された島津久健がアラバケツの首長の娘（カタリーナ）と恋人関係になるという出来事もあったが、これについては第六章で述べよう。

酒と女性・スポーツ・調査旅行

研究生活には酒もつきものであった。研究員は、宿舎や飲み屋、ときに昌南倶楽部（第四章参照）などでビールや酒を飲んだ。また、所長の畑井に対する南洋庁関係者の接待や、新たに来島した研究員の歓迎会などで、料理屋（料亭）でときどき宴会も開かれた。『会報』によると、パラオ研関係者がよく宴会をおこなったのは、春光館、徳の家といった料理屋（料亭）であり、芸者とともに彼らが写った記念写真も残されている。

先に触れたとおり、当時のコロール（ミクロネシア）の料理屋（料亭）は多くが娼楼をかねていたが、これは、統治上の理由から、南洋庁が、日本人と「島民」の結婚や肉体関係を歓迎しなかったこととも関係している。現実には、日本統治時代、日本人と現地住民とのあいだに多くの子どもが生まれているが、元田によると、「島民の女を相手にすることは統治に害ありとして罪悪視」される一方、多くの「南洋紳士は料理屋に精勤」していたのだという（元田　一九八〇：一二三）。

だが、総じていえば、研究員には、料理屋などで遊興に走る者は少なかったようである。実家が裕福であれば、学振から支給される滞在費（月額四十五円）のほかに私費を潤沢に使えただろうが、コロールは人の行動がすぐに口コミで皆に伝わるような狭い土地である（元田　一九八〇：一二四）。しかも研究員は限られた期限内で成果をあげる必要があったため、それほどの放蕩はできなかっただろう。ただし、「後期」に畑井所長の名代としてパラオ研に派遣された阿刀田研二は、「研究員の中にわ《ママ》厳しい暑熱に逆上したのか、聞くに堪えない醜聞を残した研究員がまれでわ《ママ》なく」と述べており（阿刀田　一九八九：三一）、さらに研究所の事務嘱託をつとめた堀良光（水産試験場技師）は、若い研究員に興味をもつ料亭の女性もいたので、気を遣っていたとも回想している（堀　一九八〇：一九）。

なお、三〇年代末以降、事務員としてコロールで働く若い日本人女性が増えていったこともあり、「後期」には研究員のうち三名が現地で知り合った女性と結婚している。ほかにも三名が結婚間近までいったらしいが、結婚した三名のうち二名が現地嘱託で採用された人物なので（大平　一九七二：一三―一五）、内地の大学院生や副手の身分で現地に派遣された者とは多少事情が異なるだろう。

戦前、ミクロネシアに暮らした日本人は、あまり海水浴はしなかったようだが――コロールには砂浜がないため、海水浴がそもそも難しかった――、海洋生物学を専門とする研究員の楽しみが海とかかわるものであったのは自然なことである。所長の畑井は大の釣り好きで、研究所を来訪するとよく研究員を連れて船釣りに出かけており、元田茂はときどき趣味のボートセーリングに興じていた。また、研究所と深い関係のある水産試験場の職員と水泳の対抗戦が開かれたこともあった（高橋　一九八四：一五）。

そして、研究員にとって気分転換となったのが、調査旅行である。研究材料の採集を兼ねる場合がほとんどだったが、後述するとおり、多くの研究員がパラオ本島（バベルダオブ島）やその北にあるカヤンゲル環礁に数日かけて出かけたときの思い出を『会報』などで語っている。また、元田は、チャモロの数家族が暮らす本島北部のガツメルの集落が気に入り、コロールから一日がかりで遊びに行って、数日滞在するのが常だった。元田とチャモロ一家の交流については、次章で検討しよう。

旅行先は、パラオ本島だけではなく、ときには離島間航路を使って、パラオ南方の離島（ソンソル、プール、メリール、トコベイ、ヘレン）や、ヤップ、トラック、マーシャル、さらにはフィリピンやニューギニアにまで足を伸ばすこともあった。これも次章でくわしく述べる。

南洋庁・水産試験場の人びと

元田によると、研究員が学振から支給される滞在費は南洋庁官吏の俸級の五分の一程度で、「地位と俸給が最大の関心事」である南洋庁の役人にその額が知られ、軽蔑されるということもあったらしい（元田 一九八〇：二一）。

だが、総じていえば、サンゴや熱帯生物の研究という、役人や会社員からすると浮世離れしたことに専心している研究員を、南洋庁の関係者はあたたかく見守ったといってよいだろう。研究所の人間関係の軋轢や、期限内で成果をあげなくてはいけない重圧はあったが、やがては派遣期間にも終わりが来る。そう考えれば、南洋庁や現地の関係者との付き合いはそれほどの問題ではなかった。このあたりの感覚は、土方久功や、後述する中島敦の場合とは少し異なると思われる。

そして、南洋庁関係者のなかでパラオ研の最大の理解者だったのが、海軍武官としてコロールに駐在（「草創期」・「前期」）していた小西千比古と、南洋庁書記官（のちに内務部長）の堂本貞一であり、戦後、多くの研究員が、公私ともにこのふたりに非常に世話になったと回想している。

まず小西は、海軍兵学校を主席で卒業した秀才だが、学者肌の軍人だったようである。彼自身、若い頃から海軍で気象などの調査研究もおこなっていたが、南洋群島の駐在武官時代には、パラオ研の研究員を側面から支援した。一方の堂本は、不在がちな南洋庁長官に代わり、南洋群島の実質的最高権力者だったといわれ、第九章でみるように、一九三九年には、パラオ研を大幅に拡張して、「熱帯大学」にまで発展させるという案も提唱している。

さらに、研究員の現地における後見人的役割を果たしたのが、堀良光、伴善居など、もともと水産試験場の技師で、パラオ研の現地事務を嘱託された人びとである。堀はその後、御木本真珠に転職して養殖場所長となったが、その後も嘱託を続け、次々とやってくる研究員と親しく付き合うことになった。また、パラオ研に隣接し、研究所に対する寄附もおこなった南洋真珠の職員で特に親しかったのが、石川伍平（作家・石川達三の弟）である。

雇い人たち

そして、パラオ研の活動を陰で支える重要な役割を果たしたのが、研究所の雇い人である。『会報』の記録によると、約十年の活動期間に計二十五名が雇い人として研究所につとめ、そのうち六名がパラオ人、それ以外が現地在住の日本人であった。

現在、海洋生物学の研究者は、ダイビングの器材さえ用意できれば、比較的短期間の訓練により、自ら海に潜って生物を観察したり、採集したりすることができる。だが、ダイビング器材が高価で未発達な戦前においては、サンゴのような海底に生息している生物を研究対象とする場合、海に潜って材料を採集する人間が必要不可欠であった（中嶋　二〇一六：二三八）。たとえば、東大（東京帝大）の三崎臨海実験所（一八八六年創設）には、「熊さん」（青木熊吉）、「重さん」（出口重三郎）といった伝説の採集人がおり、彼らは日本の動物学の発展に大きな役割を果たしたことが知られる（磯野　一九八八）。パラオ研において、こうした採集人をつとめたのが、潜水の得意な沖縄出身者であった。

記録をみると、雇い人の日本人のうちの過半がおそらく沖縄出身者であることがわかるが、長くパラオ研に採集人としてつとめ、年齢が近いこともあって、研究員と親しくつきあったのが、山川松次郎（在任期間：三四年六月―三九年四月）と山城嘉次（三四年六月―三八年一一月）の二名である。また、彼らほど在任期間は長くないものの、それ以外に、金城福次郎（三六年三―九月）、山川松三（松次郎の弟、三九年九月―？）の名前も研究員の回想に登場する。たとえば、阿部襄は、山城に研究材料となるサンゴをとってきてもらったときの様子について、次のように回想している。

山城さんは、「一つ採ってきませうか」といひます。「随分深いんでない？」と私はいひました。「いいです、いいです」そして山城さんは一寸頭を水の上に出して大きく息を吸ふとすぽんと海の底にくぐって行きました。その辺に泳いでゐた魚があわてて逃げて行きます。水泡がぽこぽこと山城さんのあとから浮いてきます。山城さんは大きな珊瑚の間にはいると、鎚で珊瑚の根をこつこつたたいてゐます。そして大きなのを一つ肩にかつぐと片手で泳いでふうと浮いてきました（阿部　一九四三：八四）。

また、川口四郎は、山城と金城から「沖縄式のモグリの伝授」を受けた日々を懐かしく回想している。川口によると、彼らは「アシカが水に入る時みたいに船べりからすべり落ちると、ポトンという音を残して海底にきえて」いくのだという（川口　一九五五：九）。

とりわけ山川と山城の在任期間は長かったため、これ以外にも、多くの研究員が、彼らにまつわるさまざまな思い出を書き残している。(14)

雇い人の研究所への貢献については次章でまた触れるが、ここで補足しておきたいのは、先に名前をあげた四名の雇い人は、いずれも沖縄県北部の大宜味村（大兼久・喜如嘉地区）の出身だということである。当然のことながら、沖縄出身者は全員潜水が得意だというわけではない。大宜味村の大兼久・喜如嘉地区は、明治期に糸満の漁師から追い込み漁法（アギエー）を学び、潜水術に習熟する者が多かったが、ミクロネシアの好景気を知って、一九三〇年代には、コロールに移住する若者が急増したという（平良　一九九一：喜如嘉誌編集委員会　一九九六）。コロールには大兼久・喜如嘉出身者が集住した一角もあり、ここにあげた四名以外の採集人も、おそらく代々、両地域出身者に引き継がれたのだと思われる。

ただし、「後期」以降は雇い人が短期間で交替するようになり、しかも水産学的な研究テーマの研究員が増え、かつてほど採集人に依存することが少なくなったためか、雇い人との親密な交流は少なくなっていったようである。

先に述べたように、パラオ研の十年にわたる活動は、（一）「草創期」（二）「初期」（三）「後期」（四）「終焉期」に区分することができる。次の第六章では、「草創期」から「後期」にかけてパラオに派遣された阿部襄、元田茂、羽根田弥太、阿刀田研二に注目して、パラオ研の若者たちの研究生活について、さらにふみ込んで考えてみよう。

注

（１）ちなみに、この会議には、本書に登場する郡場寛（植物学者、京都帝大教授）、松村瞭（人類学者、東京帝大助教授）、松山基範（地理学者、京都帝大教授）、田中館秀三（地理学者、東北帝大講師）、徳川義親（徳川生物学研究所）、矢部長克（地質学者、東北帝大教授）も参加している。

（２）畑井新喜司の生涯については、蝦名（一九九五）を参照。

（３）炊事係として、浅虫臨海実験所の雇い人（蝦名末吉）も同行した。

（４）この時期、国内の大学において臨海実験所の創設が続いたことも注目される。純粋生物学の臨海実験所として日本で最初に創設されたのが、東京帝大の三崎臨海実験所（一八八六）である。その後、少し間を置いて、京都帝大瀬戸臨海実験所（一九二二）、東北帝大浅虫臨海実験所（一九二四）、九州帝大天草臨海実験所（一九二八）が設立されるが、さらに三〇年代に入ると、北海道帝大（厚岸、一九三一）、水産講習所（小湊、一九三二）、広島文理大（向島、一九三三）、東京文理大（下田、一九三三）など、臨海実験所設立が続く（磯野　一九八八）。明治期以来、海に囲まれた日本では海洋生物学の研究が盛んであったが、こうした三〇年代の臨海実験所設立ラッシュのなかにパラオ研を位置づけることもできる。

（5）その後、委員会メンバーに名を連ねた動物学者は以下のとおり（就任順）。朴澤三二（東北帝大）、纐纈理一郎（九州帝大）、駒井卓（東京帝大、京都帝大兼任）、山田幸男（北海道帝大）、川村多実二（京都帝大）、大島廣（九州帝大）。

（6）なお、『科学南洋』については、研究所閉鎖後の四四年に第一五号が北隆社という出版社から刊行されている。一応後継雑誌と位置づけられ、パラオ研関係者も数名寄稿しているものの、これは太平洋戦争中の南方科学ブームを受けて「南洋」にかかわる科学全般をカバーした雑誌である。

（7）矢部の指示による派遣とパラオ研との関係がはっきりしないが、江口によると、研究員としての身分は七月から約一ヶ月とのことなので、内海、阿部と合わせて、正式な研究員としての活動開始は七月なのかもしれない。

（8）これにより、サンゴ（動物）と褐虫藻（植物性プランクトン）の共生関係が明らかとなったが、これは、サンゴ礁の生態系を含め、その後のサンゴ研究の出発点となる大発見であった。ちなみに、近年、話題となることが多いサンゴの白化現象は、地球温暖化による海水温の上昇により、褐虫藻がサンゴ体内から抜け出てしまうことによって起こる。

（9）また、理由はさだかではないが、阿刀田によると、一九四一年秋頃、サンゴが「採集不能」となったという（会員消息　一九四一：三二）。開戦を前にして、軍事上の理由で岩山湾におけるサンゴ採集が許されなくなったとも推測できるが、その後、四二年に「軟珊瑚類の分類」をテーマとする熊野正雄が派遣されているので、別の理由かもしれない。

（10）大島正満（一八八四―一九六五）は、札幌農学校の第一期生である正健の子として北海道に生まれ、第一高等学校を経て、東京帝大理科大学動物学科を卒業。その後、二四年まで台湾総督府に勤務し、シロアリの防除研究などで大きな成果をあげた。この間、アメリカに留学し、魚類研究もおこない、「台湾魚類学の父」とも呼ばれる。その後、内地に戻り、三〇年からは東京府立高校教授、東京女子大講師、東京帝大理学部嘱託などを歴任。戦後はＧＨＱの顧問もつとめ、この間、科学啓蒙書、随筆なども多数発表した。

なお、一九四三年には、大島が編者となり、他のパラオ研研究員（阿部襄、内海冨士夫、加藤源治、高橋敬三、羽根田弥太、山内年彦）とともに、『南海の驚異』という科学啓蒙書が刊行されている。

（11）南洋真珠株式会社は三菱の出資により一九三二年に設立され、三五年にコロールに養殖場を開いた。

（12）ただし、元田自身は三八年秋に二回目の滞在を終えて帰京しており、これは彼の想像である。

（13）先にみたように、三九年にコロールに戻った土方の目にとまったのも、岩山湾に並ぶ何艘ものダイバー船の姿であった（第四章参照）。また、この時期のコロールの街の様子は、作家・久生十蘭の小説「三界万霊塔」（一九四九）にも描かれている。久生によると、ダイバー景気にわくコロールでは、（パラオ研関係者も贔屓にした）春光館（後述）などの料理屋がさかんに増築を重ねていたのだという（久生　二〇一二）。

（14）山川はパラオ研の雇い人をやめたあと、研究所に隣接する南洋真珠につとめたため、その後も研究員とのつきあいは続いた。

第六章　緑の楽園あるいは牢獄――パラオ熱帯生物研究所の研究生活

あゝもうこれで帰れる。翌朝早く出帆する予定の横浜丸に前日夕方乗りこんで、緑に覆われたオロブシャカルの岩山を眺めた時、しみじみと解放感を味わった。二年間のパラオの生活にはいろいろなことがあった。来る日も来る日も太陽が照りつけ、けだるく軽い頭痛のする倦きあきする毎日、言いようのない物足りない心を抱いてさまよった夜の街、ただ一人になりたくて小舟を漕ぎ出し、岩山の影の緑をうつす礁湖で過ごした夕、徒に日がすぎて仕事が思うように進まない焦りに苛立つ日々、食欲がなく、微熱と咳が続いて一ヶ月たっても治らず、不安にさいなまれた暗い月日、すべては終って今私は島を去ろうとしている。楽しく懐かしく想い出されることも沢山あった。そのときは格別に言う程もない小さな普通のことでも、妙に頭の中にやきついていることもある。陽の落ちる前、暑さが去って礁原上に潮の満ちる頃、山川君と海に入って泳いだり潜ったりした何とも言えない爽やかな気分、竹舟を借りに来た島民の娘たちと一所に出かけ、マングローブの間の泥水の中で、彼女たちが水に入って足指で泥の中の貝を探しながら唄う歌を、竹舟の上で夢うつつに聞きながら過ごした午後の一時、あるときは広大な西礁湖を吹き渡る強風の中を、友人たちと小さなボートで帆走し、風にあおられて転顚し、運よく近くの島の島民が舟を出して救助してくれたこともあった。私を友達としていつも暖く迎えてくれたガツメルのチャモロ族の娘や男の子たち、月の明るい岩山の砂浜で一緒にバナナやマンゴー、パイナップル、椰子の汁をのみながら、おそくまで歌っていたコロールの島民たち、役所や会社の知人の数々の友情と親切、こういう憶い出だけでも私の南洋生活はすばらしかった。それでも尚、今こうしてパラオを去って内地に向う船の上の私は解放の喜びに充され、三〇才になった私のこれからの人生に期待を寄せている（元田　一九八五：五五—五六）。

第一節　緑の楽園あるいは牢獄

パラオは研究者の楽園か

冒頭に掲げたのは、一九三七年六月、パラオ熱帯生物研究所への派遣を終えて内地へと帰る船上で元田茂が抱いた感慨を書き綴った文章である。元田は一九三五年五月二八日に日本郵船の筑後丸で横浜港を出航し、十日間の船旅を経てコロールに到着。その後、二年間の研究生活を経て、三七年六月五日、横浜丸に乗り込み、内地に帰還した。前章で試みた便宜的な時期区分では、彼のパラオ研滞在（一回目）は「前期」にあたる。

実のところ、この文章が書かれたのが三七年当時のことなのか、はたまた老いてからの回想なのか、判然としないのだが、ここには元田が体験したパラオでの研究生活のさまざまな側面が描かれている。熱帯気候下でのけだるい毎日、研究が進まない焦り、病気になった不安。一方、海で泳いだり潜ったりしたときの爽快感、「島民」たちとの交流、ボートが転覆し遭難しかけた体験、さらには現地住民や日本人関係者から受けたさまざまな親切。こうした思い出を想起しつつ、彼はパラオでの生活からの「解放の喜び」に満たされて帰途につこうとしている。(1)

この文章が発表されたのは、先述した同窓会誌（『岩山会会報』）だが、本章でまず注目したいのは、『会報』を含めて、（元）研究員の回想には、パラオでの研究生活を「楽園」「ユートピア」として語る声と、その正反対の「牢獄」と評する声の両方が存在するということである。

たとえば、阿部襄は、一九四三年に刊行した『南洋紀行――貝と珊瑚礁』において、パラオでの生活を「私の人生のうちできっと一番楽しい生活になることでせう」と回想し（阿部　一九四三：一）、戦後も、多くの著作のなかで、パラオ人との親しい交流や、現地を去るときの寂しさを繰り返し語った。

これは阿部ひとりの感想ではなく、とりわけ戦後の『会報』には、若き日のパラオでの生活を懐かしむ声があふれている。誌面から言葉を適当に拾ってみると、「毎日が楽しい生活」（内海　一九五五：一六）、「研究だけに打ち込めたパラオの生活」（羽根田　一九六八：一一）、「美しい緑のパラダイス」（阿刀田　一九七二：二三）、「岩山湾の島々、サンゴ礁に続く青い海とヤシの繁る白い砂浜が頭に焼きつけられたらしい」（松井　一九七七：五）といった具合である。こうした声は、パラオ研に関する先駆的考察である荒俣宏の「南洋の若き学徒たち」（『大東亜科学奇譚』）における「南海のユートピア」という評価に通じるものであり（荒俣　一九九一）、熱帯の〈島〉に対する通俗的イメージ（「熱帯幻想」）とも親和性が高い。

だが、研究所自体がなくなり、しかも、かつての研究員が年齢を重ねてからの回想には、過去の美化という点に対する注意が必要である。元田茂は、一九八九年に執筆した研究所の通史「パラオ熱帯生物研究所」で次のように述べている。

> パラオの話になると、今でも明るい南海の空と海を讃え、屈託ない自由な生活を懐かしがる。しかし現実はそういう夢の様なことばかりではなかった。毎日灼熱の太陽に焼かれ、生暖かい風に頬をなでられ、気だるい日々を過ごしたことなどは忘れている。毎日毎日朝から晩まで同じ顔をつき合わせていなければならない共同生活は楽しいこともあったが、時には耐え難いものに思われた（元田　一九八九：三三）。[2]

これは元田だけの意見ではない。毎日同じことの繰り返し、しかも研究成果が出るまで内地に帰ることもできない。そうした常夏の〈島〉での単調な日々を、当時、「緑の牢獄」と称した——誰の言葉かはさだかではないが——研究員もいたのである（阿刀田　一九七二：二三）。

石川達三の「赤虫島日誌」

そして、ここで見逃せないのは、「緑の牢獄」という形容を裏付けるような第三者による観察も存在するということである。一九四一年六月、のちの芥川賞作家・石川達三は、パラオ研に隣接する南洋真珠に弟（石川伍平）がつとめていた（第五章参照）ことから、パラオを旅行で訪れた(3)。石川は、パラオに向かう船中で偶然、「南洋群島の動物の体内に住む寄生虫の研究」のため研究所に赴任する「秋山さん」（尾形藤治）と知り合い、それが縁で他の研究員とも親しくなったのだった。

石川は雑誌『改造』四一年一二月号に発表した旅行記（「赤虫島日誌」）のなかで、次のように述べている。この石川の観察からも、「楽園」「ユートピア」とはいい難い研究生活の実態が浮かび上がってくる。

> 生物研究所も男世帯であった。所長は内地へ行った留守《ママ》で、饒舌家の佐藤君、多感な青年の江口君、気むずかし屋の阿部君、酒のみの浅田君などが、宿舎の各自の部屋に割居していた。日に三度琉球人の女が食卓の世話に通って来た。夕食のテーブルは朝までそのままになって居り、蟻と鼠とに喰い荒された。
>
> 彼等はこういう生活に耐えて二年も三年も研究に没頭していた。
>
> 日本産丁斑魚《めだか》の南洋に於ける生育に就いて。白蝶貝の研究。潮招き（蟹）の眼のホルモンの研究。南洋に於ける腸内寄生虫に就いて。珊瑚の発生の研究。
>
> 研究がひと通り完成するまでは内地へ帰りたくても帰れない。一種の刑務所である。望郷の心をそそ

るように内地から飛行艇が週に一度ずつ飛んできて、郵便と新聞とが配達される。郵便の来た夜、彼等は各自の部屋に引きこもったきり出てこない。ひっそりとしてしまう。この静寂のなかに南洋住居の青年たちの荒い息使いが感じられるのであった（石川　一九七三：一四七─一四八）。[4]

むろん、パラオでの研究生活に関する感じ方には、個人の資質や固有の事情もかかわっている以上、「楽園」と「牢獄」のどちらが正しかったかなどと問うのはナンセンスである。次にみるように、海洋動物（サンゴや貝）をファーブルさながらに観察・研究し、現地の子どもとも親しくつきあえた阿部襄のパラオ時代が総体として「楽しい生活」であったことは確かだと思われる。また、元田茂は、内地の研究の延長をやりに来た人は気楽そうで羨ましく感じ、分類学を専門にする人は、熱心に採集さえやれば成果を期待できるようにみえたとも述べている（元田　一九八九：二一）。だが、少なくともパラオ研の研究生活は、「南海のユートピア」のような単純な表現には回収されない多様な側面をもつことに注意しなければならない。

そこで、本章では、計二十九名にのぼるパラオ研の研究員のなかから、阿部襄、元田茂、羽根田弥太、阿刀田研二に着目し、彼らの研究生活について考えてみたい。ここで以上の四人を取り上げるのは、彼らがパラオでの研究生活を物語る証言を多く残していることにくわえて、それぞれ微妙に派遣時期が異なるため、前章で試みた時期区分（「草創期」「前期」「後期」）をおおむねカバーできると考えられるからである。ともあれ、以下、四人の回想録や旅行記などの記述を適宜「研究所日誌」で補いつつ、研究員たちの〈島〉での生活を検討していこう。

第二節　パラオのファーブル——阿部襄

早すぎた動物行動学者

本章で最初に取り上げるのは、阿部襄である。阿部襄は、一九〇七年、山形県飽海郡松山町山寺（現・酒田市）に生まれた。（父親の一郎は、哲学者・阿部次郎（次男）、動物学者・阿部余四男（四男）の長兄であり、襄は彼らの甥にあたる。[5]一九三一年、東北帝大理学部生物学科卒業。学生時代から浅虫臨海実験所で貝類の研究をおこない、卒業後、同実験所の副手となった。第五章で述べたように、パラオ研「草創期」の研究員は設備がなくても研究できる人間から選ばれたというが、畑井が浅虫時代の阿部を高く評価していたことが派遣につながったのは確かである。

阿部は三四年六月に来島し、翌年五月にいったん内地に戻ったあと、七月から再びパラオに派遣され、結局、研究所に一年半滞在。三五年一二月一七日に横浜丸に乗って内地に帰還した。前章の時期区分では、彼の滞在期間は「草創期」から「前期」にあたる。

パラオ研への派遣終了後、一九三九年、阿部は満洲国にあった師道高等学校（四二年より師道大学）の生物学教授として吉林に赴任。一九三七年から同校には江口元起が赴任しており、さらに時期は不明だが、後述する島津久健も満洲にわたり、三名は満洲生物学会で合流している。敗戦を吉林で迎え、約一年の抑留生活を経て、家族とともに故郷に引き揚げた。四六年、山形県立農林専門学校の準備委員となり、開校後、同校とその後進となる山形大学農学部応用動物学教室で教授をつとめた。

三五年六月からパラオ研で生活をともにした元田は、阿部のことを「ファーブルのように一日中黙々と動物たちをみつめ、記録をとって居られましたが、その鋭い観察眼と豊かな想像力にはひどく感心させられました」と回想している（元田　一九七二：一六）。実際、貝やサンゴの生態や行動を「徹底した観察と簡単な実験」（中嶋　二〇一六：ⅳ）で解明しようとする阿部の研究は非常にユニークなものであり、彼が才能ある研究者であったことは間違いない。

だが、戦後、阿部が動物の行動から生態学へと研究の重点を移したこと、彼の研究手法を受け継ぐ後進研究者に恵まれなかったことなどもあり、一部の専門家を除けば、現在、阿部のパラオ研時代の仕事は忘却されてしまっている。その意味で、阿部襄は「早すぎた動物行動学者」と評することができる。

叔父の次郎の影響もあり、幼少時から文章を書くのが好きで、動物文学にも関心のあった阿部は、『南洋紀行』（一九四三）、『貝の科学』（一九六五）、『わたしの野生動物記』（一九六六）、『パラオの海とサンゴ礁』（一九六九）といった少年少女向けの著作を数多く刊行した。それらのなかで、阿部はパラオ研での研究や現地の子どもたちとの交流についてくわしく書き残しているので、以下、それらも参照しながら、阿部の〈島〉での研究生活をみていこう。

南洋生活事始め――阿部襄の場合

さて、阿部襄は六月一〇日、日本郵船の山城丸に畑井新喜司、内海（弘）冨士夫と一緒に乗り込み、横浜を出航する。船はロタ島に寄港しただけでパラオへ直行し、十日ほどでコロールに到着。一足先に現地に到着していた江口元起と水産試験場の堀良光（第五章参照）の出迎えを受けた。阿部はひどい船酔いに苦しめられたが、カツオ船で迎えに来た江口に「この下がサンゴ礁ですよ」といわれ、初めてみるサンゴの美しさに感動した。だが、「どうして研究すればよいのだろう」と思ったのだという（阿部　一九七〇：一〇一―一一〇）。

阿部たちは、まずは海軍の官舎に宿泊することになった。所長の畑井は応接室隣の「りっぱな洋間」に入

図表 6-1　岩山湾地図

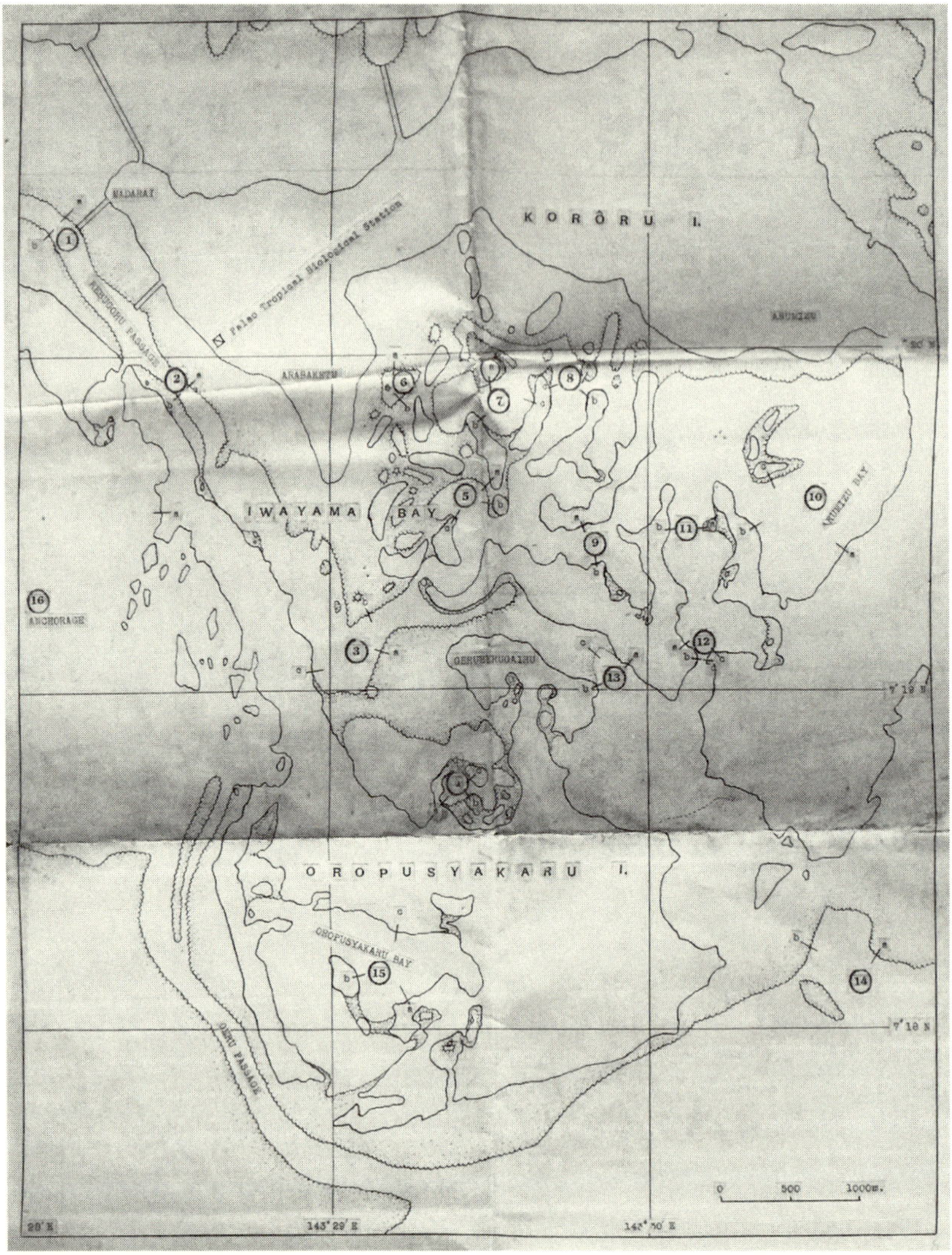

出典：東北大学史料館。

注：東北大学史料館には阿部・江口・内海（弘）作成の原図が所蔵されているが、劣化が激しいため、元田茂所蔵の地図を掲載した。

り、江口と前述した田山利三郎は隣の洋間に暮らしていたが、阿部、内海（弘）にも八畳ほどの個室が与えられた。食事は町の旅館に頼んで朝夕もってきてもらい、昼は採集などに出かけることが多いので、おにぎりを持参した。一度、台風で定期船到着が一週間遅れ、街に米が足りなくなったことがあり、現地食であるタピオカをお弁当にしたこともあったらしい（阿部　一九六九：二四―二五）。

一〇月、南洋貿易の裏通りにある一軒家に引っ越したが、「あまり立派な家ではありませんでした」（第五章図表5―6）。部屋は八畳と六畳の二間で、六畳間に内海（弘）、八畳間に江口と阿部が入ることにした。食事は雇い人の山川と山城が交替で作ってくれたが、おかずは毎日行商にやって来る魚売りなどから自分たちで買ったという（阿部　一九六九：八一―八二）。

前章で触れたように、「草創期」の研究員の重要な課題は、研究所のフィールドとなる岩山湾の測量と地図作成であった。彼らは、石灰岩でできた小島に番号をふり、白ペンキで島の平らな岩面に直接数字を書きいれ、水深を測って岩山湾の詳細な地図を作り上げた（阿部　一九七〇：一一二）。この地図は、その後の歴代研究員にも非常に役立ったようである（図表6―1）。一二月末には松谷善三が新たな研究員として来島した。

地図作成の終了後、サンゴの観察を本格的に開始。第五章で述べたとおり、阿部たちがコロールに到着した当時、研究所の建物はまだなく、阿部は水産試験場の一部屋を借りて研究を開始した（阿部　一九六九：一〇）。阿部は、ほとんど毎日、海に出て、雨の日や疲れた日に実験室で仕事という生活を送った。サンゴ採集のため雇い人の協力を得たが、のちに派遣された川口四郎とは異なり、阿部は、彼らから潜水技術を学ぶことはなかったようである(6)。

幸い江口の専門がサンゴの分類なので、種名は彼から教えてもらい、少しずつ覚えていった。阿部が特に注目したのは、クサビライシという小型のサンゴである。クサビライシは群体をつくらず、一匹一匹離れて生活しているため実験室で扱いやすく、しかも浅い海に生息するため、屋外での観察も比較的容易だった。実験室内で、産卵したクサビライイシの発生過程の観察を実施し、自作した流速計を使って、屋外でサンゴの成長と流速の関係を調べる研究もおこなっている。

一方、阿部は、クサビライイシの分布を調査する過程で、岩にカサガイが生息していることに気がついた。彼は浅虫臨海実験所時代、カサガイがもつ帰巣性（「帰家習性」）の研究をしており、パラオでも同様の研究に取りかかった。図鑑だけでは不確実なので、内地にいる貝の分類を専門とする研究者に同定を依頼し、一ヶ月程度で種名がわかった（ヒラカラマツとコウダカカラマツ）。以降、年末にかけて、研究室で主としてヒラカラマツの行動をテーマにさまざまな実験をおこなった。さらにマングローブで見つけた貝（ウズラタマキビ）の行動の研究にも取りかかり、一日中、マングローブ林で貝の行動を観察する研究を根気よく実施している。ウズラタマキビの研究の際には、南洋庁の気象観測所から高価な通風湿度計も借り受けた。

新たな研究に没頭して、阿部は総じて元気に過ごしたが、デング熱に罹患し、一週間ほど寝込む経験もしている。また、コロールに来て四ヶ月過ぎた秋の頃から、少しホームシックにかかったらしい。

カヤンゲル環礁への旅

研究所の建物が完成する直前の一九三五年三月一七日から二三日にかけて、阿部は、江口とともにカヤンゲル環礁を中心にパラオ北部へ調査旅行に出かけた。この旅は阿部にとって印象深いものであったらしく、彼は旅行記を、戦前、戦後と複数回発表している。また、後述するように、その後、カヤンゲル環礁は歴代研究員も訪れ、彼らにとって思い出深い場所となった。そこで、ここでは、阿部の旅行記（「カヤンゲルの環礁」（一九四〇）、『南洋紀行』（一九四三）、『わたしの野生動物記』（一九六六））をもとに、少しくわしく阿部たちの旅程を確認しておこう。[7]

阿部と江口は、水産試験場の白鷺丸がタカセガイの調査に出るというので、試験場の堀良光に頼んで便乗させてもらい、一七日朝九時コロールを出発した。他に、雇い人の山城も同行した。船でパラオ本島（バベルダオブ島）最北端のアルコロンに到着後、ア・バイ（集会所）で女性たちからタロイモなどをごちそうになった。波止場の小屋に宿泊。夜中、波止場の先端に作られている便所で用便中、江口がテッポウウオから水をかけられるハプニングもあったという（阿部　一九六六：一四四―一四六）[8]。

一八日、前夜遅くカヌーでアルコロンに到着した「カナカ」青年オバック――カヤンゲルの首長の息子で巡警でもあった――も同乗し、サンゴ礁でタカセガイの調査をしながら[9]、カヤンゲルへ向かう。少し方向を見失うも午後二時に到着、オバックの家に泊めてもらうことになった。部屋の壁には天皇皇后と照の宮（昭和天皇の第一皇女、平成天皇の姉）の写真が飾ってあり、オバックは「天皇陛下は生き神様でゐらっしゃるから毎日拝みもうしあげるのだ」といったという（阿部　一九四二：一〇四）。夕食後、江口らと島のヤシ林などをみてまわることにした。

一九日、オバックのカヌーに乗せてもらい、礁湖《ラグーン》のサンゴ調査へ。泳ぎながらサンゴを観察したのち、オバックが所有する小島（ゴラク島）へ向かった。ヤシの汁、コプラ、ヤシダケをご馳走になり、夜もオバックからもてなしを受けた。翌日も礁湖の調査を実施したが、白鷺丸の船員たちが早く帰りたいようだったので、予定より二日早く、二一日にカヤンゲルを出発。オバックから大量のバナナとヤシの実を土産でもらい、お礼に鮭や鯨の缶詰をオバックたちに渡した。

カヤンゲルをあとにした阿部たちは、アルコロン岬の北にあるガリコール島に寄ったが、そこでチャモロの少年と知り合い、少年の案内で、ヤシガニのいる別の島へ。その日はガリコール島の無人小屋に泊まり、翌朝、白鷺丸で、アルコロン岬の端にあるチャモロの村（ガツメル）に立ち寄った。

当時、ガツメルにはチャモロの数家族が暮らしていたが、阿部が描き出している彼らの暮らしは、先ほどのオバック（「カナカ」）との違いという意味でも興味深い。

部屋にはいってみると、中央の壁のところに聖壇があって、マリアの像がかざってありました。また、壁には「スーヴニール・ド・エルサレム」と書いた聖画が、三枚ほど、はってあります。そして、その前に、ウミマツだの、サンゴのクサビライシだの、貝がらだのが、ならべてありました。

チャムロ《ママ》族は、ほとんど、カトリック信者だそうです。この家族も信者で、主人のマリアノ・ボルファさんは、英語がすこし話せました。また、十七、八歳くらいの娘さんが、友だちと話しあっていましたが、ポータブルの蓄音機を出して、レコードをかけました。そして、ダンスをしようというのです。しかし、江口さんも、わたくしも、堀さんまで、ダンスは、ちっともできませんでした。

「残念ですけれど、できませんから。」というと、娘さんは、友だちとくんで、おどりました。

こんなところで、こんな生活をしているのも、いいだろうなと、わたくしは思いました（阿部　一九六六：一八六）。

三月二三日の夜、阿部たちはコロールに帰還した。桟橋から街にかけて電灯がついているのをみて、やはりコロール島はいいな、と思ったという。なお、次節で述べるように、元田茂はこのチャモロの村が気に入り、パラオ滞在中、よく遊びにいくことになる。

研究所とアラバケツの子どもたち

前章で述べたように、研究所は現地住民が暮らすアラバケツ集落の隣に建てられることが決定した。阿部によると、畑井や南洋庁の技師とともに建設予定地で測量していると、アラバケツから老女（「カナカのおばあさん」）がやって来て、タロイモ畑のなかにある井戸を壊されると困るといっているようである。そこで、同じく身振り手振りで、「だいじょうぶです。ここは、このままにしておきますよ」と伝えたところ、畑井から「阿部君は、カナカのおばあさんのことばがわかるのかね」とからかわれたという（阿部 一九六九：八八）。

一ヶ月ほどで建物は完成し、一九三五年三月二八日、研究所の落成式と開設式がおこなわれた。建物完成とともに、阿部のホームシックもすっかり治ってしまったという。阿部（五月一〇日）と松谷（同）、江口（六月三日）はそれぞれ内地に帰還したが、阿部は再び七月にコロールに派遣された。阿部の留守のあいだ、林一正（五月二三日）、元田茂（六月七日）が新たに来島していた。

七月、再び研究所に戻った阿部は、サンゴの研究を再開する。実験室には海水が出る水道が備え付けられていたので、クサビライシを飼育するのが便利になった。まずはサンゴの餌の研究を開始し、クサビライシが海中で移動しているという仮説を立て、実験室内で運動やポリプ（polyp）の開閉に関する実験もおこなった。さらにサンゴ礁に暮らす生物群の生息場所に関する調査も始め、一年かけて十三カ所で調査を実施した。

そして、ここで見逃せないのが、建物完成後、研究所に近所のアラバケツの子どもが遊びに来るようになったことである。阿部の回想によると、最初、仲良くなったのがアンドレス、フェリックスの兄弟と、クマと呼ばれる女の子であった。子どもたちの足におできができていたので――おそらくフランベジアだったと思われる（第三章参照）――、阿部は、遊びに来る彼らに毎日赤チンを塗ってやり、これを機会に彼らと仲良くなった。その後、兄弟の母親からお礼にタピオカのお菓子をもらい、特にアンドレスとは「一生忘れられない親しいお友だち」になった。元田によれば、阿部と林一正は「実に島民のよき友達」であった（元田 一九八〇：一二二）。

こうして阿部は、実験が終わると子どもたちと一緒に遊び、時々アラバケツ集落へも遊びに行くという毎日を送った。アンドレスの母親から現地の伝説を日本語で聞かせてもらい、さらに、その友人であるデリランという婦人からパラオ各地の様子について教えてもらったりもした。

内地に戻る前日には、アンドレス兄弟とその両親、デリラン、元田、研究所の雇い人である山川、山城らで採集船（パパヤ）に乗って出かけ、砂浜でお別れ会を開いた（林一正は、一足早く一一月四日に帰還していた）。元田が得意なカレーライスをつくったのだという（阿部　一九六九：九〇―九三、一五六―一六二、二〇七―二一二）。

およそ一年半の研究員生活を終え、パラオを去る日を回想する阿部襄の文章は、〈島〉での生活への名残惜しさに彩られている。

> 私はカナカの子供達と遊んでゐるうちに、カナカの子供達は皆素直で、素朴でだんだん好きになりました。そして私がアラバケツの部落の道を通ると、子供達は家家からアベサン、アベサンと言って集って来ました。でもこんなに仲よしになった子供達とも別れなければならない日が来ました。「アベサンはもう内地に帰るんだねえ」と子供達は言ひます。「もう帰るけど又来るからね。その時はサクラの花を持って来て上げませう。皆元気でいい子になって下さいね。」
>
> （中略）
>
> その夜村の人達はいろんなものを持ってきてくれました。タコの葉で編んだ手下げ袋だの鼈甲のお皿だの、蜜柑だの、バナナの總だの、いろいろなものを持ってきてくれました。翌朝早くアンドレスが来ました。「アベサンこれ」と鼈甲の皿を出してくれました。「アンドレスいいよ。そんなにして頂かなくてもいいから、持ってお帰りね。」「お母さんから、もらって来たの。」アンドレスは、さう言って帰り

ません。「では頂きませう。記念にして大切にして置きませうね。」そのうち、外の子供達も来ましたが、いつもはよく話すのに、今日は皆默ってゐます、それに少し遠くから、皆揃って見てゐるだけです。

十二月十七日でした。横浜丸はいよいよパラオを出帆しました。ぼぅーと、あの低い汽笛が鳴ります。そのうちいろんな思のままにパラオを去ってゐました。あのパラオの島島は遠空の雲のやうになりました（阿部　一九四三：一八九—一九二）[10]。

第三節　海とチャモロ——元田茂

海とプランクトン

元田茂は、一九〇八年、宗教家・教育者で、立教大学の初代学長をつとめた元田作之進の次男として東京に生まれた。北海道帝大の予科を経て、一九三三年に農学部生物学科卒業[11]。学生時代、北海道帝大の指導教官（犬飼哲夫）のつてで、東北帝大の浅虫臨海実験所における臨海実習に参加し、プランクトンの研究に興味を抱いた。卒論も浅虫に滞在しながら執筆し、これが縁で畑井に推薦され、パラオ研の研究員となった。

パラオ研への派遣は、一九三五年六月—三七年六月と三八年八月—一一月の二回、前章の時期区分では「前期」から「後期」にあたる。研究題目は「造礁サンゴ虫の生存環境、プランクトンの季節的消長、パラオ本島アルモノグイ湾の理化学的性質の調査」である。パラオ研では、主として岩山湾内で水中照度やサンゴの餌となるプランクトン量などの測定をおこない、礁湖《ラグーン》の成因に関する研究にも取り組んだ（保坂・大森　一九九六：一—三）[12]。

そして、パラオ研における元田の活動で注目されるのは、彼が一九三六年五月四日に書き始めた「パラオ熱帯生物研究所日誌」である（第五章参照）。日本最初の三崎臨海実験所（東京大学、一八八六年創設）をはじめ、多くの臨海実験所が日々の業務を記した日記を有しているが、元田が始めたパラオ研の「日誌」は、その後、代々の研究員により書き継がれ、研究所の歴史をいまに伝える貴重な資料となった。
　また、元田の研究所へのさらなる貢献と考えられるのが、第五章で触れた採集用の小船（バナナ）と箱船（ササップ）の自作である（三六年七月・九月）。これら元田手作りの道具はのちの研究員にも重宝されたが、さらに元田は、学生時代から文章や絵をかくのが好きだったこともあり、パラオ研の活動を伝える文章や絵などを数多く書き残している。本節では、主に元田の回想録に依拠しながら、最初の滞在時（三五年六月七日―三七年六月五日）における彼の研究生活をみよう。

南洋生活事始め――元田茂の場合

　元田茂がパラオに向け日本郵船の筑後丸に乗り込んだのが一九三五年五月二八日、船はサイパンに一泊寄港し、テニアンに一日碇泊、ヤップに少し寄港したあと、ちょうど十日目（六月七日）にコロールに到着した。阿部とは違い、船酔いには苦しめられなかったようだが、自身が認めるように、感傷的で屈折した青年・元田のパラオ行きはいささか物憂げである。

　私はこれからパラオの熱帯生物研究所に少なくとも一年間は滞在することになっているが、今までパラオの研究所に行った人は、皆一かどの勉強家で自信が強く、それぞれ計画をたて抱負をもって、期待に胸ふくらませて出かけたのに引きかえ、私はこれからパラオに行ってどんな風に研究を進めていったらよいのか見当もつかない。その心配でずっと胸は重かったが、船に乗って了えば何を考えるのも物憂く、過去も未来も思い煩わなくなってくる。何事も島についてからのことだ（元田　一九八五：四八）。

だが、コロールに上陸早々、「憂鬱」は増していった。元田は、先に赴任していた林一正や水産試験場の堀良光らの出迎えを受けたが、「南洋貿易の裏通りにある見すぼらしい宿舎についたときは一寸憂鬱であった」。さらに「南洋庁の独身者のための食堂のうす暗い室内のうす汚い板のテーブルに向かったときは益々憂鬱」になった。完成直後の研究所には「器具が二、三おいてあるだけでガランとしており、林一正さんと二人だけで使う分には十分の広さ」だったという（元田　一九八〇：二〇）。

元田は、八月、九月と相次いでデング熱と大腸カタルに罹患し、計二十日ほど床に就いた。だが、一〇月には南洋真珠の技師（東周）が所有するボートでセーリングを楽しみ、一一月には林、山川とともに御木本真珠の船（アラバケツ丸）で本島旅行を実施するなど、少しずつパラオでの生活に慣れていった。

ヤルート調査旅行と高橋定衛の死

一九三六年の一月から二月にかけて、元田は、パラオからトラック、ポナペ、クサイを経てヤルート（マーシャル諸島）まで、往復約一ヶ月かかる調査旅行を実施した。日本郵船の横浜丸に乗り込み、海洋のプランクトンを計量する調査旅行である。元田は毎日一回、ブリッジ下の甲板の縁から採水バケツで海水を採取し、瓶に入れてホルマリンをくわえプランクトンを沈殿させて集める作業を続けた。予想以上に現存量が少なく、この結果は戦後、太平洋学術会議（ＰＳＣ）に論文として送ったが採用されなかったという。だが、この調査は彼にとって印象的なものだったらしく、詳細な回想録も残っているので、ここで旅程をたどっておく（元田　一九八五：四八―五五）。

一月八日、コロール発。横浜丸には南洋視察中の大谷光瑞（元浄土真宗本願寺派法主、探検家）――三度にわたる中央アジア地域への学術探検隊の派遣で広く知られる――の一行が乗船していた[13]。毎晩、喫煙室に船長、事務長、船医と元田を含む数名の船客が集まり、大谷光瑞の話を拝聴したという。一一日トラック入港。

トラックからは、次章で検討するビショップ博物館の南洋学術探検隊一行が乗り込んできた。二日間の航海でポナペ島に到着。上陸し、一六日にマタラニウムにある南洋興発の農場とタピオカ工場を巡見した。翌日、カヌーでナンマドール遺跡に向かい、現地見学。ポナペを出航して二日間の航海でクサイ島へ。ここで南洋学術探検隊は下船した。

二二日、ヤルート環礁のジャボールに到着。航路の終点なので、船客は全員下船する必要があり、支庁の人の案内で空いている官舎に泊めてもらう。天気はすぐれず、行くところもなく、退屈な毎日だった。大谷光瑞が、こんな何もない島に三日もいては時間がもったいないので早く船を出せと駄々をこね、結局、二泊後の二四日に船は出航。往路と逆のコースを通って、二月二日、コロールに帰還した。(14)

ところが、元田の調査旅行中、コロールにいる研究員の高橋定衛がパラオ医院に入院するというアクシデントが起きていた。高橋は、元田の来島から半年後の三五年一二月五日に研究所に派遣され、張り切っていたが、年末に急性結核を発症する。元田がヤルートへ調査旅行に出発したときには官舎で静養中であり、ヤルートから安否を問い合わせる電報を出したところ、高橋から入院したという返事があった。元田は、病人をひとり残して調査旅行に出かけたこと――この時期、江口、内海（弘）、阿部、松谷、林はみな内地に帰還し、研究員としてコロールに滞在していたのは彼ら二人だけだった――を後悔したという。その後、高橋は、雇い人の山城、山川らの献身的な看病を受けて、病状が安定するのを待ち、迎えに来た弟とともに帰還（二月一三日）。東京の伝染病研究所附属病院に入院したが、四月三日、死去した（元田　一九三八b：四八―五一）。十年にわたるパラオ研活動中における唯一の死者である。

パラオの奇人変人たち

高橋定衛が内地に帰ったあと、東北帝大から派遣された林良二と高橋敬三が来島し（三六年三月三日）、元田はたった一人の研究員生活から解放された。元田は、林、高橋と気があい、よく三人で飲み歩いたり、泳ぎに行ったり、ピクニックに出かけたりした。その頃来島した畑井は、「君たちが仲よくやっているのが嬉しい」ともらしたという（元田　一九七二：一八）。

だが、六月初め、元田は、食欲不振で微熱が続き、痩せていくという病状に陥ってしまう。昼間から暑い宿舎で寝ることを余儀なくされ、いったん帰京を考えるほど精神的に追い込まれたが――予科時代、結核で一年休学した経験をもつ元田にとってつらい体験だっただろう――、その後、症状は徐々に回復に向かい、六月二〇日頃から再び研究所に出られるようになった。六月二一日には新たな研究員として川口四郎が来島した。

また、冒頭であげた回想にもあるように、元田は、毎日、研究所で同じ顔をつきあわせる共同生活にストレスを感じることもあった。彼は次のように述べている。

しかし毎日研究所で顔を合せるのは限られた数人である。如何なる場合でも少数の人間の共同生活では、人間関係が生活の快、不快に最も影響する。研究者は芸術家と同じく、自尊心、独立心が強く、軍隊式の秩序を極端に嫌い、その一面、他人の気持を慮る余裕をもたず、自分勝手である。そして探求精神が旺盛であればある程功名心が強く嫉妬深い。

パラオで限られた期間に一応論文を書けるだけの研究の収穫を得て帰らなければならない義務感に苦しめられ、期限が近づくのに思う様に研究が進んでいないと焦燥不安の心理に陥る。この様にパラオの研究生活で、互に自制心によって共同生活は保たれてはいたが、必ずしも天国的な生活ではなかったとも言える。我々はパラオで、都会生活の孤独と自由を懐かしく思った（元田　一九八一：二四）。

図表 6-2 「パラオの奇人変人たち」（元田茂の観察）

氏名	滞在期間	寸評（一部省略）
林一正	35 年 5 月-12 月	外放的《ママ》な性質。太っているためか暑がりで、実験室では越中褌ひとつで実験。島民のよき友達。
阿部襄	35 年 7 月-12 月（2 回目）	奇人中の奇人。内剛外柔の人で挙措動作はやさしく、女のようにしとやかで、礼儀正しくいつも控えめ。蚊の鳴くような静かな声で話す。観察眼は鋭く、着想も素晴らしかった。日本のファーブル。相当な酒豪。島民のよき友達。
高橋定衛	35 年 12 月-36 年 2 月	無類の頑張り屋で自信満々、野心に燃え、滅法鼻っ柱が強かった。ただし、礼儀正しく、陰性のところがないので不愉快な印象はなかった。
林良二	36 年 3 月-8 月	いじわるなところがなく、心やさしい人。ある晩、春光館（第 5 章参照）で酔った勢いで防火用の天水桶にとびこんで人々を驚かした。
高橋敬三	36 年 3 月-8 月	常識に富んだ人物。
川口四郎	36 年 6 月-10 月（1 回目）	身体強健、頭脳優秀の優良児と自他共に信じ、凡俗との交友を求めず、いつも勉強し、覚書を英語で書いていた。料理屋で飲んだり騒いだりすることに興味を示さず。人間の位から言えば奇人の下の変人のその下のエライ人というところ。パラオに来て本式の研究をしたのは自分だけだという程の自負を洩らしていた。勤勉な川口さんと怠惰な私とは宿舎と研究所の往復に時差があり、顔を合わせることは少なかった。
阿部宗明	36 年 10 月-37 年 4 月	奇人。デング熱への罹患を恐れて、夕方になると宿舎の暑い部屋で長袖シャツ、長ズボンに厚い靴下をはいて、両手に線香をもって瞑想していた。何でも消毒するのが好きなので、消毒王と呼んでいた。謙遜な人で、決して知識をひけらかしたり、威張ったりすることはなかった。
山内年彦	37 年 1 月-7 月	大島正満を除けば最年長（四十歳くらい）。陰性のところがなく、一緒に暮らして大変愉快な人物。
羽根田弥太	37 年 5 月-38 年 7 月（1 回目）	交際家で大の旅行狂。
島津久健	37 年 5 月-38 年 4 月	蛇の好きな人。「酋長」の娘カタリーナとの恋愛。
元田茂	35 年 6 月-37 年 6 月（1 回目）	変屈な性質の偽善者。高貴な奇人や変人たちの中のヒネクレた凡人。

出典：元田茂「パラオの奇人変人たち」『岩山会会報』12 号（1980）より作成。
注：本書表紙イラストも参照。

その意味で、元田が『岩山会会報』一二号（一九八〇）に書いた「パラオの奇人変人たち」という回想記は興味深い。これは、元田がパラオ滞在時に出会った人びとの生活ぶりを描いたエッセイだが、自己省察も含めて、元田の目からみた当時のパラオ研の様子がよくわかる。いちいち記すと冗長になるので、ここでは、彼の研究員に対する寸評を表にまとめておこう（図表6−2）。

同窓会誌に発表されたものであるため、遠慮も働いたであろうが、気になるのが川口四郎に対する少々厳しい評価である。これは同い年である一方、ふたりの当時の地位（元田は大学院生、川口は講師）、資質や研究生活の違い――おそらく川口は元田が始めた「日誌」や採集用小船の製作などにまったく関心を示さなかった――もかかわっているだろう。また、戦後、ふたりは海洋生物学者同士として近しく付き合っていたので、厳しく書けたという事情もあると思われる。ともあれ、この表からもパラオ研「前期」における研究生活の一端がうかがえよう。

チャモロ一家との交流

元田茂のパラオでの研究生活に関して次に注目されるのが、彼のチャモロ一家との交流である。先にみたように、阿部襄と林一正は、研究所に隣接するアラバケツ集落の子どもと親しく付き合っていたが、元田にとって忘れがたいパラオの住民は、パラオ本島北部のガツメル（アルコロン）に暮らすチャモロの一家――阿部も訪ねたことのあるマリアノ・ボルファ（ボルハ）の家族――であった（図表6−3）。冒頭にあげた元田の回想録にもチャモロの娘や少年との思い出が語られていたが、パラオ滞在中、元田は何度かガツメルのボルファ一家のところに遊びに行った。ときに「焦燥不安」を感じるパラオの研究生活で、元田にとってチャモロ一家との交流は大きな慰めとなったといってよい。

元田が何時どうやってこの一家と知りあったのかは不明だが、おそらく阿部、江口と同様、元田がパラオ

図表 6-3　研究所に遊びに来たチャモロの人たちと元田茂

出典：元田茂氏ご遺族提供。
注：おそらく撮影日は 1936 年 12 月 26 日。

北部への調査旅行の際に立ち寄ったか、クリスチャンであるチャモロ一家がコロールの教会に礼拝に来たとき研究所に立ち寄ったかしたことがあったのだろう。「日誌（重要事項抜粋）」では、「三六年四月一三日元田チャモロのボートでアルコロンに行き一七日かへる」が初出である。

それに先だって、おそらく三五年の暮れ、ボルファ（ボルハ）一家が教会でおこなわれるクリスマスのミサに参加するためボートでコロールにやってきた帰り、元田もボートに便乗し、ボルファ家で数日間休みを過ごしたことがあった。そのときの紀行文は、戦後、元田が創設した北大ヨット部の雑誌に発表されている（元田　一九九六：六八―七二）。

「日誌」は研究所の公式記録なので、そこにはあまり記されていないが、元田はその後もたびたび二・三日泊まりがけでガツメルに遊びに出かけたようである。元田は、チャモロの家で、「朝夕家族が集まって祭壇の前に跪いて朝の祈り、夕の祈りを唱するのをきいたり、夜はピアノをひいて娘たちがダンスを楽しむのをみていると、身をヨーロッパの中世においているような感がした」と回想している（元田　一九八一：二六）。ちなみに、南洋貿易の支店長は、ボルファ一家と親しく付きあう元田をみて、彼がチャモロの娘と結婚するのではないかと心配していたらしい。

「研究所日誌」から

本節の最後に、元田自身が記した「日誌（重要事項抜粋）」と回想録をもとに、内地に戻る最後の半年（一九三七年一月から六月）における彼の研究生活の主要トピックを年表風にたどっておこう。この時期になると、元田もパラオでの生活に慣れ、残りの滞在を楽しんでいるようにみえる。

一月四日、南洋庁の友人五人と共にパパヤ号（採集船）でオロプ（ブ）シャカルに遊ぶ。一一日、イケス船二艘作成（詳細不明）。一七日、南洋庁の友人三人とともに、パラオ本島（バベルダオブ島）西岸のリーフ内で帆走中、強風でボートが転覆し、遭難しかける事件が起こる。ようやく島に上陸すると、そこはハンセン病患者の隔離島であった。このときの思い出は、先述の「パラオの奇人変人たち」（一九八〇）のなかで描かれている。二〇日から二九日まで、パラオの南西離島（ソンソル、メリー、プール、トコベイ、ヘレン）に南洋貿易の国光丸で調査旅行。このときの航海記は、「パラオ南西離島航海記」（元田　一九三八c）と「トコベイ、ソンソル旅行記」『科学南洋』一巻二号（元田　一九四〇）として発表された。

二月二七日、山内年彦（三七年一月六日来島）、山川、山城でパパヤ号に乗り、アウグルペリュー礁へ採集に出かける。三月二六日、水産試験場から御木本真珠に転職していた堀良光（養殖場長）の潜水具で潜水。二九日、堀に同行して、御木本の珠丸で山内、阿部宗明（三六年一〇月二四日来島）、山川とともにアイライに行き、三〇日にコロールに戻った。

四月一二日、山内、山川、山城とともに再びアウグルペリュー礁へ。二四日、急性胃カタルとなり、二八日まで静養。五月二日、みどり丸でアルモノグイに行き、翌日戻る。九日、徳の家で宴会。二四日、御木本の堀とともに一同ウルクターブル灯台下の砂浜へ。二八日、羽根田弥太（五月六日来島）、和田連二（南洋真珠、のちに現地嘱託研究員）とともに、珠丸でアルコロン方面へ旅行。三〇日に帰る。

六月二日、堀の厚意で研究所前を潜水。四日、日本郵船の横浜丸に乗船し、翌五日、内地に向けて出航。こうして二年にわたる元田茂のパラオ研滞在（第一回）は終了した。

第四節　光る生物を求めて——羽根田弥太

医学から発光生物学へ

羽根田弥太は、一九〇七年、岐阜県大垣市郊外で医師を営む地主の長男として生まれた。旧制高知高校を経て、熱帯生物への憧れから、一九三一年、台北帝大理農学部に進むが、医師である叔父の説得を受け、中退。翌年、東京慈恵医大本科に進学したものの、講義にほとんど関心がもてずにいた。矢崎芳夫（衛生学者）の教室で発光細菌をみせてもらったことをきっかけに発光生物に関心を抱き、慈恵医大卒業とともに、衛生学教室の助手に採用された。

一九三六年夏、発光細菌が共生する魚（チゴダラ）が東北帝大の浅虫臨海実験所にいると聞き、同実験所を訪問。畑井新喜司の許可を得て、チゴダラが発光しているのを確認し、発光細菌の培養にも成功した。そのとき、畑井から、発光器をもつ魚（ヒカリキンメ）がパラオでも採れるかもしれないと聞き、パラオでの研究を希望する旨、畑井に伝えたという（羽根田　一九七六：六八—六九）。

その後、羽根田は研究員に採用され、慈恵医大に籍を置いたまま、計四回パラオに派遣された（一九三七年五月—三八年二月、三九年一二月—四〇年二月、四一年七月—八月、四二年三月—七月）。これは、第九章で述べる加藤源治の五回についで多く、前章の時期区分では「前期」から「終焉期」までをカバーするが、一回目（十ヶ月弱）をのぞけば、いずれも比較的短期間の派遣である。大の旅行狂である羽根田は、この間、ミクロネシアにとどまらず、欧米の植民地でも現地調査を実施した。彼が訪れた「海外」の調査地域は、ボルネオ（イギリス領、三九年）、ラバウル（ニューアイルランド島、オーストラリア委任統治領、四〇年）、ニューギニア、アンボン（旧オランダ領、当時、日本占領下、四二年）である。

アジア・太平洋戦争中は陸軍司政官としてシンガポールに赴任し、敗戦を現地でむかえた。のちにみるように、羽根田は、晩年、元田茂とともに、岩山会の活動にもっとも熱心だった人物でもある。本節では、元田の場合と同様、羽根田の一回目の派遣期間に焦点をあて、彼の研究生活を検討しよう。

南洋生活事始め――羽根田弥太の場合

羽根田は、一九三七年四月二五日、所長の畑井とともに日本郵船の山城丸に乗り込み、サイパン、テニアンを経て、五月六日、コロールに到着した。彼の研究対象は発光生物なので、「夜間は島を歩きまわり、多種類の発光キノコや、島民が『光るペンキ』と呼ぶ発光液を分泌する小さなジムカデを採集」する日々を送った。戦後の回想によれば、「初めて見る満月の夜の珊瑚礁の浜辺の椰子林の光景は、今もなお私の脳裏に焼き付いて」いるという。また、雇い人の山川、山城の協力を得て、塊状サンゴ礁をもちかえり、発光性多毛環虫などを採集するなど、昼間も各種の発光生物の採集をおこない、発光細菌の培養にも取り組んだ（羽根田　一九八一：一一三；一九八七：五―八）。

「研究所日誌」からは、来島直後から「大の旅行狂」（元田）である羽根田がパラオ本島や周辺離島への調査旅行を繰り返している様子がうかがえるが、ここで注目されるのが、三七年の八月下旬から九月下旬にかけて実施したヤップ離島への採集旅行である。羽根田は、南洋貿易の国光丸に乗ってヤップの離島を巡見したが、九月一一日、サタワル島に上陸した際、土方久功（第四章参照）と知り合っている（羽根田　一九三九：四二六）。

羽根田の冗談交じりの回想によれば、現地住民のカヌーでサタワル島に上陸した際、船長が「酋長らしき洋服を着たカナカ」と日本語で話しているので、発光生物を探していた羽根田はその男に「この島に何か光るものはいませんか」とたずねた。すると、前額部が禿げ上がったその男は実にいやな顔をしたが、それが土方との初めての出会いだったという（羽根田　一九五五：二―四）（第四章図表4-2）。

その後、土方久功はサタワル島を去り、翌三九年暮れ、当時パラオ研に滞在していた研究員たちの前に現れることになる。土方の存在は、「後期」にパラオに派遣された研究員にとって大きな慰めとなったが、それは土方にとっても同様であった。研究員と土方久功、さらに作家・中島敦らの交流については、第九章で検討しよう。

「島津さんの自由主義」

羽根田の一回目のパラオ滞在と重なる研究員は、元田茂（一ヶ月）、山内年彦（二ヶ月）、島津久健（八ヶ月）、川上泉（六ヶ月）、村上子郎（三ヶ月）の五人だが、ここで、羽根田と滞在時期がもっとも重なる島津久健（三七年五月―三八年四月）について少し述べておきたい。第五章でも少し触れたが、島津とアラバケツ集落の首長の娘カタリーナ（カトゥーナ）との恋愛は、同時期に研究所に滞在していた研究員や関係者に強烈な印象を与えた出来事だからである。

島津久健はパラオへの派遣終了後、研究者の道に進まなかったこともあり、その生涯については不明なことが多いが、佐土原島津家（分家）出身であり、父親（健之助）は男爵で貴族院議員をつとめたこともある実業家であった。一九一〇年、東京に生まれ、学習院から東北帝大理学部生物学科に進み、三七年五月二六日、パラオに来島した。水産試験場（その後、御木本真珠）の堀良光によれば、島津が挨拶に来たとき、「ケチな野郎ですが」といいながら名刺を出したので、学習院出がなぜと怪訝に思ったという。だが、あとから考えると自らの肩書きを「自笑自辱」する島津なりの表現だったのではないかというのが、堀の解釈である。「日誌」には基本的にプライベートなことは書かれていないため、時期は不明だが、その後、島津はアラバケツのカタリーナと恋仲になった。やはり堀によると、（おそらく）宿舎にカタリーナを連れ込み、羽根田が「隣のベッドの島津さんの自由主義」について憤慨することもあったという。また、島津は、夜中に裸足で宿舎を抜け出して彼女のところに出かけたりもしたようである（堀　一九八〇：一八）。

ただし、二〇〇一年に、カタリーナ（カトゥーナ）にインタビューした山本悠子によると、彼女は、毎日のように研究所に通って研究員たちに挨拶し、ときに電話を取り次いだり、お茶を入れたりもしたという（山本　二〇一八：三〇六―三一二）。島津とカタリーナの仲は、同時期、研究所に滞在した者にとって周知の事実だったということだろう。

島津とカタリーナの恋愛は、やがて内地にいる畑井所長の知るところとなり、畑井は激怒し、研究所の紀要に島津の論文を発表することを禁じたらしい（堀　一九八〇：一八）。むろん、ここには島津の相手が「島民」の娘だということがかかわっている。第五章で述べたとおり、当時、コロール在住のエリート層において「島民」との恋愛や結婚はいわばタブーであった。もし島津の相手が日本人であったら、畑井がそこまで怒ることはなかっただろう。[15] ともあれ、「日誌」によれば、四月三日、畑井から至急帰還せよとの電報が届き、二四日に島津はサイパン丸に乗って内地に帰り、二度とパラオに戻ることはなかった。

その後、島津と畑井のあいだでどのようなやりとりがあったのか、もはや確かめようはない。だが、島津は男爵の爵位を継ぐ一方、帰還後、パラオでの研究成果を論文として発表せず、研究者の道を歩むこともなかった。

ボルネオ紀行

ここで話を羽根田に戻す。当初、羽根田のパラオ研への派遣予定は半年であり、九月頃、彼は、衛生学教室の矢崎芳夫からすぐ帰室せよと長文の電報を受け取ったという。研究なかばで帰るか、あるいは今の地位を失うか迷ったが、結局、三八年二月一九日まで私費を使ってパラオ滞在を延長した。しかも羽根田は、パラオ研での研究期間終了後もすぐに帰京せず、英領北ボルネオ（現マレーシア）のタワオ（タワウ）への調査旅行を実施し、四月に故郷に戻った。一応、矢崎教授に報告したところ、意外にもすぐに帰室せよと命を受け、結局、助手講師として一九四二年末までつとめることになったという（羽根田　一九八七：六）。

このときの調査の経緯は、「ボルネオ紀行」として『科学南洋』一巻二号（一九三八）に発表されている。これは、アジア・太平洋戦争開戦前のボルネオ島の様子を伝える興味深い紀行文なので、旅程を少しくわしくみておこう。

三八年二月二〇日未明、コロールをたち、アンガウル、ダバオ（当時、アメリカ領フィリピン）を経由して五日目の朝、タワウに上陸。住人の大部分が中国人だと聞いていたので、色々な想像をしてきたが――三七年七月の盧溝橋事件をきっかけに日中は全面戦争に突入していた――、それらは杞憂に過ぎないことを知った。領事の査証も不要で、役人は荷物をみようともしない。「写真機も形式的の手続きを取っただけで、後はどこへ持ち廻らうと日本内地で撮るよりはずっと楽」だったという。

対岸にオランダ領ボルネオ（オランダ領東インド（蘭印）の一部）がみえ、そこでは上陸すると警官に尾行されるのに比べると「全く意外の感」がある。タワウに暮らす日本人は七百名ほどだが、「外南洋に於て唯一の開放された邦人発展の足場」であり、「経営者としての日本人の勢力はタワオに於て全く圧倒的」だと羽根田は述べている。

タワウ滞在三日目の朝、ボルネオ水産株式会社の「福井氏」の案内で、発動船で同社の事業地である「シ、アミル島（Si Amil）」（シアミル）に向かう。この小さな島に約四百人の日本人が働いていた。技術者、事務員、医師などを除いて他は漁夫、女工からなり、沖縄県人、高知県人が多い。「此処で東京の海外放送を聞き沖縄のジャミセンの音を聞いてゐると、遠くボルネオの島と云ふ気がしない」。ここでは、「山中ドクター夫妻」の厚意に甘えて、四日間のんびりと過ごした。

五日目の夜半に水産会社の厚意で対岸のシンプルナに送ってもらい、翌朝イギリス船（キナバル）に乗って首都サンダカンに向かった。一昼夜かかってサンダカンに到着。人口三万人の大部分が中国人で、イギリス人は街でときどき見かける程度（約百人）、日本人は三・四十人程度であった。町には抗日ポスターなどもはられているが、イギリスもボルネオの日本人に対しては友好的で、危害を加えられるということはない。当地まで足を伸ばしたのは、サンダカン湾の夜光虫による発光が「物凄い」と聞いたからだったが、その夜舟を雇って湾に出てみると「舟の周囲一面に発光する様はとうてい今まで内地の海で見た発光の比ではない」という。さらに魚市場で、ヒイラギ科の発光魚を幾種も採集し、ホルマリン標本にした。

その後、タワウに引き返し、ホテルを引き払って「病院の藤崎氏」宅で一週間ほどやっかいになった。その間、ジャングルへも巡見に出かけ、発光性のキノコなども採集した。

三月一五日、南洋海運(16)（ジャワ航路）のバンドン丸でタワウを出航、台湾、沖縄を経て四月二日、内地に帰還した（羽根田　一九三八：四一―四六）。

第五節　「無期限」のパラオ行き――阿刀田研二

サカナからサンゴへ

阿刀田研二は、一九一二年、宮城県名取市に、第二高等学校の校長を長年つとめ、名校長として知られた阿刀田令造（西洋史学者、教育者）の長男として生まれた。父のつとめる第二高等学校を経て、一九三一年、東北帝大理学部生物学科に入学し、畑井新喜司に師事する。浅虫臨海実験所で卒論に取り組み、卒業後、副手となった。

パラオ研への派遣は、一九三八年三月から四二年一月まで（「後期」）、これは滞在期間としては最長である。東北帝大を退官し、パラオ研の運営に専心することになった畑井新喜司から頼まれ、彼の留守中の責任者（主事）として「無期限」（「半永久的の滞在期間」）でパラオに行くことになった。阿刀田によれば、彼は浅虫臨海実験所での学生時代から畑井と親しく、「家族なみの扱い」を受けるようになっていたという。おそらく個人的関係もあって、畑井も阿刀田には頼みやすかったのだろう（阿刀田　一九八九：一一一―一一二）。

阿刀田は、浅虫時代、ナマズの脳神経の解剖に取り組んだのち、ナマズとメダカの体色変化のメカニズムに関する研究をおこなっていたが、パラオへの派遣にともない、造礁サンゴの生殖、発生の研究へとテーマを変更せざるをえなかった。研究所赴任前はテーマ変更を嘆いたというが、パラオでサンゴの生殖時期や幼生の放出時期、形態、着生、成長、骨格形成過程などの研究を進め、川口四郎らと並んで、戦後、その業績は国際的に評価されることになった（元田　一九九一：一）。阿刀田自身は、当時、畑井から研究テーマの変更を「他日感謝する時が来るよ」といわれたが、それは誤りではなかったと回想している（阿刀田　一九八九：六)。戦後は、研究材料の関係もあり、造礁サンゴ(イシサンゴ)の近縁種であるイソギンチャクの研究を進めた。

一九四二年にパラオ研から浅虫臨海実験所に復帰し、四四年から一時、満洲国国立中央博物館の学芸官をつとめた。戦後は四六年から第二高等学校に勤務し(翌年、教授)、四九年からその後進である東北大学教養部に長らくつとめた。東北大を定年後は宮城学院女子大教授などを歴任した。

南洋生活事始め――阿刀田研二の場合

一九三八年三月、阿刀田は、日本郵船の横浜丸に乗り込み、パラオに向かった。最初の寄港地サイパンでは高官の出迎えを受け、父親の友人であるパラオ法院長の息子(熱帯産業研究所勤務)の官舎に泊まった。ヤップでは、有名な石貨の見物をおこない、赤褌で筋骨隆々、「蛮刀」をたずさえ、唇をビンロウで真っ赤にした男たちの姿に驚いたという。十一日かかり、三月三〇日、コロールに到着、ランチで「新波止場」から上陸した。

サイパン同様、阿刀田はコロールでも南洋庁高官の出迎えを受けたが、ここで注目されるのは、さっそく長官邸に案内され、南洋庁の内務部長(堂本貞一)、課長、水産試験場長、熱帯産業研究所長、気象台長といった「島の名士」から盛大な接待まで受けていることである(阿刀田　一九八九：九)。堂本からは「先生、時折役所の若い連中に話をしてやって下さい」ともいわれ、冷や汗が出たというが、こうした南洋庁の歓迎ぶりは、ここまで登場した阿部、元田、羽根田の場合とは明らかに異なっている。ここには、阿刀田が畑井所長の代理であるだけでなく、三〇年代末、パラオ研に対する南洋庁の期待が高まっていた事情が存在する。

阿刀田の回想によれば、畑井の「腰巾着から片腕に昇格した」ということで、パラオ研着任当初、相当に張り切っていたようである。だが、気負い込んでパラオに赴任したものの、研究所は予想よりはるかに貧弱で、「そのうえ乱脈を極めていること」を知って驚愕したのだという。阿刀田は、その後「約一ヶ月かかって粛正を終り先生に電報し来島を請」うたと述べているが（阿刀田　一九八九：一一八）、当時、研究所に滞在していたのは島津久健だけであり、彼のいう「乱脈」と「粛正」は、島津とカタリーナの一件を指している可能性が高い。だが、この問題については、これ以上立ち入らずにおこう。

畑井所長の名代として

その後、四二年一月までパラオにとどまった阿刀田は、畑井所長不在時の責任者として、交替で次々来島する研究員と現地で生活をともにすることになった（図表6－4）。

本章の冒頭で確認したとおり、戦後の『岩山会会報』で、自分にとってパラオ時代は「美しい緑のパラダイス」だったと述べているが（阿刀田　一九七二：一二三）、寒い浅虫からのパラオ行きは、それなりに大変な体験だったようである。たとえば、阿刀田は次のように記している。

浅虫生活で厳しい寒さに苦しみぬいた私にとって、ショート・パンツ一つの毎日は身軽すぎて働き過ぎ、一年もたたないうちに骨と皮とに痩せさらばえてしまいました。初めの頃の瀧なす汗もいつしか影をひそめ、内臓諸器官はストを始めて体温は三五℃以上に昇りません。気分は沈うつになり、アルコールの力でわずかに人並の気分をかきたてる始末、住宅をとりまくハイビスカスの生け垣は年中数知れぬ真紅の大輪の花をつけ、初めはいたく感動したものですが、後には見るのも嫌になり、花に群る蜂鳥も何の感興も呼ばなくなってしまいました。やがて寒い季節が来るという気分からどうしても抜け出せず、吹雪の夢をしばしば見ては、雪がこんなに魅力に富んだものであったかと悄然としたものです（阿刀田　一九八九：一二一）。[17]

図表 6-4　阿刀田研二と「後期」の研究員たち

出典：元田茂氏ご遺族提供。

注：元田茂が和田清治からもらった写真。左から阿刀田研二、和田清治、神田千代一、右端が和田連二（当時、南洋真珠)。それぞれの滞在時期から考えて、撮影時期は1938年10月から39年3月のあいだと思われる。

ところで、研究所責任者として、阿刀田研二は南洋庁とも深いかかわりをもっていた。阿刀田によると、研究所にとって南洋庁の援助は不可欠であり、彼は来島直後に知遇を得た堂本貞一内務部長――不在がちな長官に代わる「事実上の島の王様」――の「虎の威をかりて庁内を闊歩」し、「希望はすべて受け入れられ」たという。第五章で述べたとおり、一九三八年から南洋庁は毎年、研究所に寄附をおこなうようになったが、パラオ研「後期」の研究体制は、南洋庁（堂本）と阿刀田の協力関係抜きには考えられない。ある意味で、気の向くまま研究や遊びに興じることができた「草創期」「前期」の阿部、元田、羽根田と、阿刀田の研究生活は少し事情が異なるといってよいだろう。

そして、ここで想起したいのが、一九三六年に開始された南洋群島開発十箇年計画である（第四章参照）。十箇年計画のもとになった南洋群島開発調査委員会の答申（三五年）では、「水産試験機関」の「充実」もうたわれているが（「第四分科　水産」）、阿刀田は、事務上の仕事で頻繁に水産課に足を運んだとも回想しており、南洋庁によるパラオ研への協力支援も、十箇年計画実施の一環だったと考えられる。

逃避行――トラック・マーシャルの旅

むろん、阿刀田のパラオ生活に楽しみがなかったというわけではない。研究員の神田千代一（三八年一〇月来島）や水産試験場の職員とテニスに興じることもあったようだが、彼が特に思い出深く語っているのは、パラオ野球大会への参加である。当時、パラオでは官庁や企業が野球チームを結成しており、特に、正月明けにおこなわれるパラオ野球大会は恒例の一大行事だった。

阿刀田は、小学校六年時に少年野球の全国大会出場の経験をもち、二高・大学時代を通じて、野球に親しんでいた。パラオでは水産チーム（「南洋庁水産課と水産試験場の職員の合併軍」）にくわわり、毎年ピッチャーとして出場するようになった。ちなみに、途中から「島民」青年は出場が禁止されたという。「彼等は昔からピスカン（投げ槍）を投げて珊瑚礁で魚を取るせいか、肩が滅法強く速い球を投げるので日本チームが負けては具合が悪いとの配慮だとのこと」と阿刀田は回想している（阿刀田 一九八九：三〇）[18]。だが、畑井の名代としての研究所での業務は、阿刀田にとって、やはり重荷であったようである。研究所運営に対して責任を感じるあまり、畑井と衝突することもあったし、何より「無期限」派遣で、いつ内地に帰れるかもわからないパラオでの生活はときに逃げ出したくなるようなものであった。

実際、来島三年目の四〇年一月二一日、恒例の野球大会でピッチャーをつとめたあと——試合はパラオ本島の日本人入植地である朝日村のチームに惨敗した——、阿刀田は、トラック島へ向かう南星丸に乗って放浪旅行に出かけている。名目はハワイのビショップ博物館（第七章参照）から依頼された陸貝採集であったが、「いつになっても熱帯の自然に馴染めず、また各大学から入れ代り、たち代り来所する研究員との人間関係にも疲れ果て」た末、「行き先も戻る日も決めずに飛び出した」のだという。この調査旅行も、当時の〈島〉の様子を伝える興味深いものなので、彼の旅程を確認しておく。

阿刀田によると、この船の一等船客は、彼と若い会社員ひとりだけ。ハッチにはトラックに移り住む「酌婦数人」が押し込まれていた。彼がもつ「南洋庁嘱託」の肩書きが役立ち、船長から歓待されたが、船長以下、船員が飲んだくればかりで、毎日のように泥酔の末の喧嘩が起こったという。なお、阿刀田はこれ以上語っていないが、トラックの夏島には海軍の司令部が置かれ、慰安所があったことも知られている。したがって、阿刀田がみかけた「酌婦数人」はいわゆる従軍慰安婦だった可能性もあるだろう[19]。

さて、こうして阿刀田は、通常三日の行程を十一日もかかってトラックに着いたが、トラックには夏島に一軒しか旅館がないため、鰹工場、駐在所、公学校の校長宅、さらには「島民」相手の売店に泊まったりしながら各島を転々とした。トラックの島々には、昔来島して現地の女性と結婚し、土着した古老や朝鮮人などが雑貨を商っていた。「金曜島」[20]で明治中期に当地に住み着いた森小弁（第一章参照）の売店兼自宅に泊まって昔話を聞いたり、水曜島では、詐欺事件で南洋庁を首になった元職員が「カナカ」女性とふたりで暮らす家に泊めてもらったりした。もちろん、陸貝採集にも取り組み、トラック滞在は三ヶ月に及んだが、衣服は汗と泥にまみれ、精神的にも肉体的にも疲れ果ててしまったという。

その後、折よく寄港した日本郵船のパラオ丸に乗り込み、さらに東に向かい、ポナペを経て、終着地であるヤルートに到着した。ここで、水産試験場がチャーターし、これからマーシャル諸島を巡回する予定の木造船を発見し、乗船を申し込んだ。南洋庁の堂本に打電したところ許可が下り、船長に巡航計画案を諮り、採用された。

この巡航でエニエタック（エニウェトク）環礁に上陸した際、阿刀田は、島の住民から立派な洋館で昼食をご馳走になるという珍しい体験もしている。戦後、アメリカの核実験場となったエニウェトク環礁の歴史を伝える貴重な証言だと思われるので、彼の回想をそのまま引用しておこう。

エニエタック環礁に上陸したとき、海岸のヤシの木の下で膝小僧を抱えてうつらうつらしていた人びとが迎えてくれ、やがてしゃんとした身なりの人から昼食の招待を申し出られました。私たち一同はたかがカナカの招待だと考え裸同然の粗末ないでたちで訪問しましたが、先方に着いて肝をつぶしました。家は立派な洋館で大きな図書室には天井まで届く書架が並び、広い分野にわたる洋書で埋まり、中に私が書名だけ知っているCoral（サンゴ）に関する重要な古書も数冊含まれておりました。
別室には顕微鏡、バロメーター、その他様々な機械器具が陳列され、中には大きなアサガオ付きの手廻し蓄音機があるのに目を奪われました。私の生れる前に既に市場から姿を消した珍品です。レコードを所望したところ丸い筒を持ってきました。これが話に聞いていた蠟管で、アサガオの奥からオールド・ブラック・ジョーのメロディーが柔らかく流れ出たとき、思わずアサガオの中をのぞきこまずにはおられませんでした。

　食堂は別館にあって立派な食卓に銀製の環をはめた紋章入りのナプキンが並べられ、由緒ありげな食器を使った正式の洋風の食事で私が来島三年で初めてお目にかかったものです。正装したドイツ人の牧師も同席し、我々一同非礼な姿に恥入るばかり、詳細は不明ながら、難破船から流れついて土着した白人の孫とのことでした（阿刀田　一九八九：二一―二二）。


大航海時代以降、太平洋の島々には、捕鯨船から脱走した水夫、難破船の生き残りなど、多くのヨーロッパ人が住み着いていたことが知られている。彼らはビーチコマー（beachcomber）――原義は「浜辺で漂流物を拾う人びと」――と呼ばれるが、この洋館の主人もまた、そうしたビーチコマーで、ドイツ統治時代にはヤルート会社の関係者だった人物の子孫だったと思われる(21)。

　一ヶ月後、阿刀田はヤルートに帰着し、ひとり下船したが、パラオに戻る決心がつかず孤独感に悩んでいたとき(22)、畑井からすぐ帰島せよと電報を受け取り、ようやく気持ちの整理がついたという。帰路は同じコースを戻り、トラックにさらに三ヶ月滞在して、往路で調査し残した島々を歩き回った。トラックからサイパンに向かう船中でデング熱にかかり、サイパンの南洋興発の宿舎で寝込んだりもしたが、六月四日、サイパン丸でコロールに帰着した。このときの旅は、およそ半年にわたり、パラオに戻った阿刀田は、「乱れた研究所のたて直し」に取り掛かったのだという（阿刀田　一九八九：一二）。

　さらに、阿刀田は、「帰島後、尊敬すべき人物を友に得て、初めて精神が安定」したと回想しているが、その人物こそ第四章で検討した土方久功にほかならない。だが、土方と「後期」・「終焉期」の研究員の交流に関する考察は第九章にゆずり、次章では、土方以外の研究所周辺の研究者についてみていくことにしよう。

注

（1）元田は三八年に再びパラオに派遣されているが、このときは二ヶ月弱の滞在（九月三日―一〇月二一日）なので、これほどの感慨は抱かなかったと思われる。
（2）「附録」の意味については、エピローグで論じる。
（3）石川達三のミクロネシア旅行については、木村（二〇〇四）を参照。
（4）すべて仮名となっているが、石川がコロールに滞在した時期（四一年六月・七月）と、彼が書き留めている研究テーマから考えて、ここに登場する四人の研究員は、加藤源治、和田連二、榎並仁、阿刀田研二（順不同）だと思われる。
（5）大正教養主義のバイブルと呼ばれる『三太郎の日記』（一九一四）の著者として知られる。
（6）元田茂は、「阿部氏は裸潜りも好まず、専ら礁原を干潮時に歩いたり、礁原を箱ガラスで覗いて観察していた。もし阿部氏が、今皆がやっているようにスクーバダイビングをやったなら、どんなにすばらしい観察をしたことかと想像される」（元田　一九九一：一）と回想している。
（7）この時期、内海はすでに内地に帰還していたが（三五年二月一三日）、いったん内地に戻った江口が再び来島していた（三月八日）。松谷善三は旅行には参加していない。
（8）ただし、このエピソードは他のふたつの旅行記には書かれておらず、阿部の創作である可能性が高い。
（9）貝ボタンの材料となるタカセガイの採取は「島民」のみに許され、南洋興発がこれを買い取ることになっていた。
（10）『研究所日誌（重要事項抜粋）』では、出航は一二月二一日となっており、日にちは阿部の記憶違いだと思われる。
（11）元田の弟子である大森信（東京海洋大名誉教授）の私信によれば、船乗りに憧れて東京高等商船学校（現・東京海洋大学）に入学したものの、軍事教練などの雰囲気に耐えられず、すぐに中退して北大予科に入ったのだという。
（12）さらに注目されるのが、一九三八年に元田が『民族学研究』に発表した「カヌーを尋ねて――ミクロネシアの旅」という論文である（元田　一九三八ａ：三〇二―三一九）。これは、元田が研究所滞在中にミクロネシア各地で実見した伝統的なカヌーの形状を記述したものだが、彼は学生時代からボートを趣味としており、パラオでも知り合いからボートを借りて帆走を楽しむことがあった。したがって、本稿は、自らの趣味を基盤に、現地滞在経験を生かして、パラオの物質文化を考察したアマチュア民族学的な論考と評することができる。
（13）大谷光瑞の南洋とのかかわりについては、加藤斗規（二〇一〇：二四八―二六九）を参照。ただし、この論考で扱われているのは、大谷と東南アジアとの関係であり、ミクロネシアでの調査については触れられていない。
（14）「日誌」によると、大谷光瑞の一行は、その後、一二月五日に研究所を訪問している。
（15）「日誌」をみると、島津が研究に真面目に取り組んでいたことがわかる。実はパラオ到着から三ヶ月後、島津の父親（健之助）が急死したが（八月二四日）、彼はひとり通夜をしただけで帰還せず、その後も研究を続けていた。
（16）南洋海運は、一九三五年、逓信省の斡旋により日本郵船、大阪商船など四社が共同して設立された。
（17）阿刀田の回想録では、表音式仮名遣いが使われているが、読みやすさを優先して、「わ」を「は」に直した。
（18）山本悠子によれば、一九二〇・三〇年代からパラオの現地青年のあいだでも野球熱が高まり、日本人チームと戦うことも増えていった。だが、実力があがり、日本人チームに勝つようになった結果、野球大会に参加することが禁止されたのだという（山本　二〇一八：二四一―二八三）。
（19）なお、同年の土方久功の日記（四〇年一二月四日）には、次のような記述がある。「トラックに大軍港の計画も実行にうつり、御用船にて、朝鮮婦女子をも運んでくるらしい。コロールに於てさへ、飲食店の増設、買笑婦女子の増員が内々警務迄命ぜられて居る有様である」（須藤・清水　二〇一四：二六一―二六二）。
（20）これは阿刀田の記憶違いで、水曜島（現トル島）が正しいと思われる。
（21）黒崎岳大氏（東海大学現代教養センター）からの情報による。
（22）いっそのこと、このまま内地に帰ろうかとも思ったようである。ヤルートから日本郵船でパラオに戻るにはサイパンで乗り換える必要があり、そのまま乗り続ければ横浜に戻ることができた。

第七章 〈島〉を往来する——南洋学術探検隊・田山利三郎・八幡一郎・杉浦健一

筆者は航海者ではない。一個の学究に過ぎない。珊瑚海に活躍される人の為の注意もをこがましい次第であるが十箇年の珊瑚海中の生活には色々のことがあった。飛行機、軍艦、大小様々の汽船、発動機船、帆船、ボート、カノーから筏の果まで乗って調査した。三〇噸のボロ船に乗って二箇月間珊瑚海上を巡航し奇蹟的に帰還したこともあり、絶海の孤島に取残されたこともある。ボート、カノーの転覆は何回か経験してゐる。時計は毎年一箇宛購入する必要も当然起った。随分苦心したものである（田山　一九四二：三〇）。

第一節　南洋学術探検隊

〈島〉を往来する科学者たち

ここまでみてきたように、一九二二年に南洋庁が創設されて以降、ミクロネシアで調査研究をおこなう日本の研究者は確実に増えていった（第二・三章）。一九二九年、のちに「土人学者」「現地調査家」として広く知られるようになる土方久功が南洋庁のあるパラオ・コロール島での生活を始め（第四章）、さらに三四年には、コロールに常設の研究機関であるパラオ熱帯生物研究所が設立された（第五・六章）。

土方やパラオ研が活動を始めて以降も、ミクロネシアで実施される調査研究の多くは内地からの調査旅行という形をとったが、一方その頃から、本章冒頭に引用を掲げた田山利三郎（海洋地質学者）や杉浦健一（民族学者）のように、一年の過半を〈島〉で過ごす研究者も登場するようになる。そこで本章では、主としてパラオ研が設立された一九三四年以降、ときにパラオ研の関係者や土方久功とも連絡をとりながら、ミクロネシア各地で現地調査をおこなった南洋学術探検隊、田山利三郎、八幡一郎、杉浦健一について考えてみたい。

ここでまず注意すべきは、第二・三章で検討した、一九二〇年代から三〇年代中盤までの調査研究（民族誌、人類学、医学、植民政策学）とは異なり、三〇年代後半になると、もはやミクロネシアの委任統治をめぐる問題はほとんど意識されなくなったということである。

沖縄出身者を中心に、日本統治時代のミクロネシアには日本人移民が常に流入し続けたが、国際連盟脱退の正式発効（一九三五年）以降、ミクロネシアは実質的に植民地とみなされ、南洋群島開発十箇年計画（三六年から）などにもとづく開発が進められていった。とりわけ南洋庁の置かれたパラオ・コロール島（およびパラオ本島）における開発の進行が、もともとは「土人」への憧れから〈島〉にわたった土方久功の調査や、パラオ研における熱帯生物の研究にも影を落としていたことは、第四―六章でみたとおりである。

それでは、この時期、他の専門領域の研究者は〈島〉で何を調べようとしていたのか。彼らの現地調査と〈島〉をめぐる同時代の政治状況の関係はいかなるものか。そしてさらに、彼らは当時の〈島〉について、どのような記録を残したのか。こうした問題について考えるのが本章の課題である。

なお、この時期、ミクロネシアで現地調査をおこなった者はほかにも存在する。たとえば、江崎悌三（当時、九州帝大農学部教授）、泉井久之助（当時、京都帝大文学部助教授）は、それぞれの専門領域（昆虫学、言語学）で幅広い業績をあげた著名な研究者だが、三〇年代以降、ミクロネシアで複数回、調査を実施している。彼らはいずれもパラオ研の研究員や土方とも交流があったが、フィールドワークの実態をうかがうための資料の乏しさもあり、本書では扱わない。また、一九四一年、ポナペ島を中心に生態学調査を実施した京都探検地理学会の調査隊（今西錦司、梅棹忠夫ら）については次章で検討する。

南洋学術探検隊と齋藤報恩会・ビショップ博物館

さて、本章で最初に取り上げるのは、パラオ研の所長である畑井新喜司が深い関係をもつ仙台の齋藤報恩会とハワイのビショップ博物館が共宰し、一九三五年から翌三六年にかけて実施された南洋学術探検隊（Micronesian expedition）である。すでに開発の進んだミクロネシアを「探検」とはなんとも大げさに思えるかもしれないが、これは、前年、ビショップ博物館がポリネシア地域で実施したマンガレヴァン探検隊（Mangarevan expedition）――この調査では、日本の漁船明神丸を調査船として使用したため、日本側では明神丸探検とも呼んだ――に続くものだからである。探検隊一行は、一九三五年一二月一日に齋藤報恩会のある仙台を出発、三六年六月一一日に仙台に戻った。おもな調査地はパラオ（約一ヶ月）、ヤップ（約二週間）、トラック（約二ヶ月）、クサイ（約二週間）、ポナペ（約二ヶ月）、その目的は次のようなものであった。

> 陸貝類、昆虫類、植物類及土人文化ヲ説明スベキ資料蒐集ノ為ニ計画セルモノニシテ之レニヨリ学者ガ其ノ足跡ヲ留メタルコト比較的稀ナル是等諸島ニ関スル学術的知識ノ範囲ヲ拡大シ更ニ進ンデオーシヤニア群島ニ於ケル陸上生物ノ分布進化及其ノ土人トノ関係ニ就キ研究資料ヲ求メントスルモノナリ（新谷　一九三六：一八）。

探検隊は植物班・昆虫班・陸貝班・人類学班の四つで構成され、参加メンバーは高松正彦（団長、植物班主任）、庄司弥一（同助手）、大野善右衛門（昆虫班主任）、大友重雄（同助手）、近藤義夫（Yoshio Kondo、陸貝類主任）、伊藤七郎（同助手）、村主岩吉（人類学班主任）、さらに近藤の妻である清子（Kiyoko）をくわえて八名。このうち、ハワイのビショップ博物館員（「貝殻部助手」）である近藤とその妻以外は、齋藤報恩会の関係者（学芸員、博物館員、嘱託）である。

ともあれ、ここで南洋学術探検隊を送り出した財団法人齋藤報恩会とビショップ博物館の概要を確認しておこう。

まず齋藤報恩会は、仙台に設立された有名な民間学術奨励団体である。宮城県陸前桃生郡前谷地村（現石巻市前谷地）の大資産家である齋藤家の当主、九代目善右衛門有成は、自らの莫大な財産を「天財」ととらえ、社会に還元しようという「報恩主義」にもとづき、一九二三年、齋藤報恩会を設立した。報恩会は、パラオ研を所轄する日本学術振興会に先立ち、二四年に学術研究への助成を開始し、二〇一五年の解散まで、東北地方のさまざまな研究者を支えたことで知られる（曽根原・永田・村上　二〇一七：一〇九―一三六）。

齋藤報恩会は、事業拡張にともない、二五年に学術研究総務部を設置し（のちに学術研究部）、初代部長には東北帝大の畑井新喜司が就任した。一九三三年、報恩会は仙台市内に博物館を開館するが、その初代館長をつとめたのも畑井であり（「財団法人齋藤報恩会のあゆみ」編集委員会　二〇〇九：一二―一三、五五）、このように畑井は設立時から齋藤報恩会の活動に深くかかわった。第五章で触れた「前研究所時代」のヤップ島におけるサンゴ研究（一九三〇年）も報恩会からの支援によるものである(1)。

一方のビショップ博物館は、一八八九年、カメハメハ王族の直系王女であるバニース・パウアヒ（Bernice Pauahi）が亡くなった際、その夫であるチャールズ・リード・ビショップ（Charles Reed Bishop）が追悼のために創設した博物館を起源にもつ。当初はハワイの美術工芸品を中心とする蒐集・展示をおこなっていたが、その後、収集範囲をポリネシア地域の動植物や人類学などに拡げ、太平洋地域を代表する研究機関のひとつへと発展していった。第五章で述べたように、パラオ熱帯生物研究所誕生のきっかけとなった太平洋学術会議（PSC）の第一回大会が開催され、その本部が置かれていた博物館でもある。

探検隊と南洋庁

それでは、南洋学術探検隊の派遣はどのように決定したのだろうか。幸い、ビショップ博物館と日本の関係機関のやりとりについては、公文書（「官房第三七九三号「ビショップ博物館長グレゴリ博士ヨリ南洋群島ニ於ケル陸貝類及昆虫類採集許可願出ノ件」、防衛省防衛研究所所蔵）が残っているので、以下この資料も参照しながら、探検隊派遣までの経緯を確認しておこう。

先に述べたとおり、ビショップ博物館では、一九三四年に、マンガレヴァ島（現フランス領ポリネシア）を中心に、ポリネシア地域で資料採集のための学術探検を実施していた。この調査には学芸員の近藤義夫（Yoshio Kondo）も助手として参加していたが、ポリネシアに続いてミクロネシアでの資料採集を構想した博物館館長のハーバート・グレゴリーは、三五年の春までに、日本統治下にあるミクロネシアでの調査の可否をたずねる手紙を、旧知の櫻井錠二（化学者、当時、帝国学士院長）に出した（第五章参照）。

さっそく桜井は文部省に問い合わせをおこない、南洋庁を所轄する拓務省や海軍省との交渉を進めていく。また、六月には、次回の太平洋学術会議に関する非公式の打ち合わせのため、ホノルル入りした畑井新喜司がグレゴリーと面会し、探検隊についての協議を実施。こうして七月にグレゴリーと桜井とのあいだで覚書が結ばれた。調査費についてはビショップ博物館が全額負担、一行が採集した標本類およびそれに関する記録はビショップ博物館に送られ、研究識別後、代表的標本一組を東北帝大または畑井の指定する学術機関に寄贈することとした。

また、ビショップ博物館から派遣される者（近藤義夫）以外は、日本の学界より昆虫学者、植物学者、考古学者各一名を畑井が選定することになった。計画の一部が新聞で報道されたため、畑井のもとに各大学の研究者から参加希望の申し込みが多くあったようだが、最終的に齋藤報恩会の関係者で揃えることとし、一一月には、理事会で探検隊メンバーが正式に決定した（新谷 一九三六：一六一―一二二）。

ここで注意しなければならないのが、プロローグなどで述べたように、南洋庁はミクロネシアへの外国人の入国を厳しく制限していたということである。残された公文書によれば、文部省からの照会に対して、拓務省や海軍省は「学術探検の為に委任統治領に入国せむとするを無下に拒否することは出来ませんが、申出のポナペ、トラック等には施設上、外国人の踏査を好まない地域もありますので、一応先方に対し、左の趣旨を照会して頂き度い」と回答し、探検隊の人数、専門領域、職位と渡航時期を問うとともに、日本の定期航路を使うこと、案内者には南洋庁指定の者を使うこと、調査地域は南洋庁の承認を受けることなどを求めている。

おそらく探検隊がビショップ博物館と齋藤報恩会の共宰という形に落ち着いたのは、これにより拓務省や海軍省の懸念を解消しようという意図が働いたからではないかと思われる。また、ビショップ博物館からの派遣者が日系人である近藤義夫となったのは、マンガレヴァン探検隊に参加していた経験を買われてのことだろうが、少しでも日本側の懸念を低減するためでもあっただろう。(2) 実際、ビショップ博物館のグレゴリーは、櫻井との手紙のやりとりのなかで、日本側の要求にすべて同意すると回答するとともに、近藤夫妻の両親がともに日本生まれであることをわざわざ記している。(3)

仙台から南洋へ――調査と採集

それでは、探検隊はどのような日程で調査をおこなったのだろうか。ここでは、人類学班主任をつとめた村主岩吉が調査終了後、雑誌（『新時代』）に発表した調査日誌に依拠しながら、調査経過を検討していこう（村主 二〇〇九）。(4)

図表 7-1　南洋学術探検隊

出典：村主岩吉『南洋を語るの記』(2009)。
注：後列右端のふたりが近藤（Kondo）夫妻。

一九三五年一二月一日、畑井をはじめとする東北帝大、報恩会などの関係者に見送られ、一行は仙台を出発。二日、東京で南洋庁長官や南洋興発の松江春次、櫻井錠二などを訪問、挨拶をすませた。本書ですでに述べたように、南洋庁や南洋興発はミクロネシアで調査をおこなう研究者をさまざまな形で援助したが、この探検隊もその例外ではない。

三日、日本郵船の筑後丸で横浜港を出航。ここで、数日前ハワイから来日した近藤夫妻が合流した。この時点では近藤夫妻はあまり日本語が堪能ではなかったが、六ヶ月間の調査で、相当に日本語能力は上達したようである（図表7-1）。

船は神戸、門司を経て、一二日朝サイパン着。南洋興発の厚意で、神社、農事試験場、製糖工場などを見学。午後三時、トラック島へ出航した。

一七日、トラック島の夏島（現トノアス島）に到着、ランチで上陸。島のあちこちに「探検隊来る尽力せよ」とのポスターが貼られているのをみる。以降、各自で採集を続け、トラック参考館という私設博物館の協力も得た。二六日、春島（ウエノ島）へ。二七日、村主らは総村長（現地住民）から通訳を通じて話を聞く。他は採集などを実施し、夕方夏島へ戻る。以後、適宜、春島、水曜島（トル島）などでも採集。

三六年一月二日、一行は水曜島で森小弁に会う。三日・四日と続けて、森から昔のトラックの話（第一次大戦のときのことなど）をいろいろ聞いた。

ちなみに、一九四〇年にパラオ研の阿刀田研二が、トラック・マーシャル調査の途中、森小弁の自宅兼売店に泊めてもらった際（第六章参照）、森から、南洋学術探検隊が訪れたときの話をくわしく聞かされたらしい。以下はそのひとつ。当時、森宅の居間に天皇と皇后の写真がはってあったのだが、近藤義夫（Yoshio Kondo）から、この写真は誰かと質問されたので、天皇陛下だと答えたところ、いくら給料をもらっているのかとさらに質問され、森は驚いたのだという（阿刀田　一九八九：一八）。

一月六日、宿舎で採集品の整理。

一月七日、庄司弥一を残して、一行は離島巡航へ。楓島、芙蓉島、薄島など。

一一日、一日遅れで入港した横浜丸には、第六章で述べたように、パラオ研の元田茂と南洋視察中の大谷光瑞の一行が乗船していた。探検隊一行は、大谷光瑞らとともに、「島民」の踊りを見学。一三日、トラックの関係者に挨拶後、ランチで横浜丸へ。横浜丸では元田と同室になり、クサイまで同船した。

一五日、ポナペ島コロニア港着。南洋興発関係者の出迎えを受け、ポナペ支庁に挨拶したあと、宿舎となる支庁官舎へ。南洋庁産業試験場（ポナペ分場）を見学後、「島民の踊」の見学。一六日、ワイル病の予防注射を受ける。一八日、再び横浜丸に乗って、ポナペを出航。また大谷一行と同船となった。

二〇日、クサイ島に上陸。ワイル病の予防注射を受ける。以降、各自で採集を続け、登山も実施した。

二月一日、近江丸でポナペに向かい出航。二日、ポナペ島コロニア着。四日、ナンペイ商会の主人オリバー・ナンペイ（Oliver Nanpei）一家の厚意をいろいろ受ける。(5) 以降、ポナペ島で採集を続行。ナナラウト山に続く高峰であるトロトン（七七五メートル）登山、ナンマドール遺跡の調査、神学校で講演もおこなった。ここでも、「島民踊り」を見学し、ビショップ博物館から取り寄せたディクタフォン（蝋管録音機）による唄の録音を実施した。

三月二五日、ランチで日本郵船の横浜丸に乗船し、翌日、ポナペ出航。二七日、トラック着。二八日、前に保管を頼んでいた採集品などを点検し、横浜丸に運搬。二八日、出航。

三〇日、ヤップの離島オレアイ島に臨時寄港し、リーフ内に投錨。

四月一日、パラオ・コロール島到着。パラオ研の元田茂、高橋敬三、林良二などの出迎えを受け、宿舎として提供された南洋興発のパラオ事務所に入る。二日、南洋庁、パラオ支庁などへ挨拶。パラオ研の見学。夜、パラオ滞在中の採集計画を立てる。

三日、パラオ研へ。御木本真珠の船で湾内を回る。四日、本島（マルキョク）へわたる。以降、本島をまわりながら採集調査。ディクタフォンで録音、採集なども実施した。

五月二日、いったんコロールへ帰島。二四日よりパラオ滞在中だった畑井新喜司と齋藤報恩会の新谷武衛（博物館職員）、パラオ研研究員の出迎えを受ける。夜は宴会。三日、畑井、新谷らと御木本真珠の船で釣りへ出かけたあと、物産陳列所の見学。別行動でペリリューに出かけていた近藤夫妻も合流した。

四日、一足先に畑井はパラオ丸で内地へ。七日、パラオ研の高橋敬三と雇い人の山川松次郎（第六章参照）とともに、ペリリュー、アンガウルへ。一一日、コロールに戻る。一二日、採集品の整理に忙しい。村主は木工徒弟養成所（プロローグ参照）の見学。唄の録音など。

一四日、タバオ（ダバオ？）、メナードをまわって到着した横浜丸に乗船。一五日、ヤップ島コロニー港着。ヤップ支庁への挨拶など。一六日、滞在の日程作成。一七日、採集開始。二一日、「ヤップ島民などの舞踏」、「島民」から各種録音。二五日、採集を切り上げ。以降、採集品の整理などを実施した。

三一日、ランチで筑後丸に乗船。翌六月一日、出航。三日、テニアン着。上陸して少し見学。夕方船に乗り込み、サイパン着。四日はサイパンで製糖工場などの見学をおこなった。五日、サイパン出航。六月一〇日、横浜入港。畑井らの出迎えを受けた。一一日、仙台に帰着、調査は無事終了した。

その後、探検隊の採集した標本類については、三六年に齋藤報恩会博物館で南洋展覧会を開催、一般に公開した。その後、村主の撮った写真や資料はビショップ博物館へ送られたという。

第二節 田山利三郎のサンゴ礁研究

田山利三郎とミクロネシア

次々と交替するパラオ熱帯生物研究所の研究員や土方久功とも現地で付き合いながら、一九三〇年代以降、最も長期間にわたり〈島〉で学術調査に携わったのが海洋地質学者の田山利三郎である。田山は東北帝大理学部地質学古生物学教室を卒業後、主任教授の矢部長克が進める研究プロジェクトの一環として、三二年のマーシャル諸島を皮切りに、〈島〉での調査を開始する。これ以降、田山は毎年ミクロネシアを訪れ、サンゴ礁や地形・地質に関する現地調査を実施した。本章冒頭に掲げた文章は、一九四二年に、海図製作や海洋測量に携わる後進（主として海軍水路部関係者）を念頭に書かれたものの一部である。

第四章で述べたように、土方久功は、サタワル島滞在中の一九三四年八月、現地調査の途中にサタワルを訪れた田山と初めて出会い、三八年の暮れ、サタワルでの暮らしを切り上げてコロールに戻る際にも、偶然船が一緒になった。このとき土方は田山に南洋庁への就職を頼み、嘱託の地位を得たのであった。土方日記にはその後も田山の名前がたびたび登場するが、その記録からは、この時期、田山がコロールの官舎に滞在したかと思えば、すぐに他の島へと現地調査に出かける生活を続けていた様子がうかがえる(6)。

また、第五章でみたように、田山は一九三四年五月、東北帝大からパラオ研「草創期」の研究員に選ばれた江口元起とともにパラオを訪れている。自らが研究員となることはなかったが、当時、田山は臨時の研究嘱託として研究所の立ち上げにも協力しており（内海　一九七七：八）、宿舎で研究員（江口、内海、阿部）と同宿している(7)。

ともあれ、ここで改めて田山利三郎の経歴を確認しておこう（図表7–2）。

田山は一八九七年、宮城県丸森町に生まれた。宮城県師範学校と東京高等師範学校で学び、福岡や札幌で教員生活を送ったのち、一九二四年、東北帝大理学部地質学古生物学教室に進学。草創期における日本の地質学、古生物学を主導した矢部長克のもとで学び、二七年に卒業した。副手・助手を経て三三年、講師。一九三二年にミクロネシアで調査を開始し、三七年には東北帝大助教授と兼任で南洋庁の熱帯産業研究所技師（鉱業部部長）に就任、海軍水路部の嘱託もつとめた。また、後述するように、一九四〇年の二月には、第一章で触れた金平亮三とともにニューギニア調査をおこない、さらに開戦後の四三年二月から一一月にかけて、海軍ニューギニア資源調査隊の隊長として、日本占領下の西ニューギニアで大規模な調査隊を率いた。

戦後の一九四七年から運輸省（四八年より海上保安庁）水路部測量課長、四九年からは東北大学

図表 7-2　田山利三郎（1936 年）

出典：元田茂氏ご遺族提供。

理学部の地理学教授を兼任。だが、一九五二年九月、海上保安庁の測量船・第五海洋丸で明神礁の観測測量中、海底火山の爆発により殉職した。(8)

田山がミクロネシアで十年間にわたって実施した現地調査の詳細な報告書と、サンゴ礁の分類・形成論——サンゴ礁の分類に関して、従来の裾礁・堡礁・環礁に、卓礁（table reef）・エプロン礁（apron reef）をくわえたことで知られる——は戦後、高く評価され、彼の南洋研究の総決算である『南洋群島の珊瑚礁』（水路部報告、一九五二）は彼の死後（五三年）、日本地理学会賞を受賞している。(9)

東北帝大地質学古生物学教室と南洋庁熱帯産業研究所

先に述べたとおり、田山利三郎は、一九三七年に東北帝大理学部助教授と南洋庁熱帯産業研究所技師の兼任となり、四三年まで一年の大半をミクロネシア各地で過ごす生活を送った。次に、こうした田山の〈島〉での研究生活の前提となる、東北帝大の地質学古生物学教室と南洋庁の熱帯産業研究所について説明しておこう。

所長が畑井新喜司であった関係から、パラオ熱帯生物研究所の研究員には東北帝大の生物学科出身者が多く含まれていたが、東北帝大理学部にはもうひとつサンゴ（礁）研究の拠点があった。それが矢部長克の率いる地質学古生物学教室である。

地質学古生物学教室では、矢部の指導のもと、門下生が（一）琉球列島・台湾・小笠原諸島・南洋群島の地形・地質学調査、（二）隆起環礁の調査、（三）過去・現在の造礁サンゴの調査を進めていた。田山利三郎や江口元起（パラオ研）以外にも、多くの教室員がミクロネシアで現地調査に携わっており、彼らの調査結果は地質学古生物学教室の紀要『地質学古生物学教室研究邦文報告』などに発表された（高橋　一九八八：五二—六八）。

一方の熱帯産業研究所の前身は、南洋庁の創設とともに設立された産業試験場である。一九二二年、南洋庁の産業試験場は、（一）農業、林産及畜産に関する調査及試験、（二）農産林産及畜産に関する分析及鑑定、（三）農産、林産及畜産に関する講習及講話を業務とする機関として設立された。その後、コロールの産業試験場にくわえて、ポナペ、サイパンに分場、パラオ本島に造林試験地、果樹試験地も設置された（南洋庁長官官房　一九三二：三六九―三九〇）。

一九三六年、産業試験場は、新たに「熱帯に於ける農業、畜産業、林業及鉱業に関する研究、調査、試験、分析、鑑定及講話」などをおこなう機関として熱帯産業研究所に改組された（「南洋庁熱帯産業研究所官制」南洋庁勅令第三三〇号、一九三六年九月一六日）。これは、第四章で述べた南洋群島開発調査委員会の答申（「第一分科　対南方政策」および「第三分科　拓殖」）にもとづくものであり、翌年新たに設けられた鉱業部の部長となったのが田山であった(10)。

なお、当時、パラオで「熱研」と呼ばれた熱帯産業研究所は、一九四〇年にパラオ本島のアイミリーキに移転したが、専任の技師・技手・助手などを大勢抱え、現地ではパラオ熱帯生物研究所よりもはるかに存在感の大きい研究機関であった。それに対しパラオ研は「熱生」とも呼ばれ、当時、研究員の加藤源治は、「財力に於ても、人数に於ても到底勝ち味」はないと冗談交じりに語っている（加藤　一九四〇：一四）。

マーシャル諸島の旅（一九三二年）

冒頭の回想にもあるように、一九三二年から四三年まで、田山利三郎は毎年、海軍や水産試験場などの船に便乗、ときに「島民」のカヌーに乗ってミクロネシア各地をくまなく調査した。サンゴ礁を含む彼の南洋調査の報告は、地質学古生物学教室の紀要や地理学・地質学関係の雑誌に陸続と発表され、熱帯産業研究所兼務となった三七年以降は、現地の資源（石炭、地下水、リン鉱などの鉱物資源）に関する調査報告も増えていく(11)。

しかし、アジア・太平洋戦争中、コロールの熱帯産業研究所が空襲にあい、フィールドノートなどは失われたこと、戦後、彼自身が明神礁で殉死してしまったことから、冒頭の回想を除けば、田山の現地調査の実態をうかがわせる資料はあまり存在しない。ただし、一九三二年におこなわれた最初の調査について、田山は前述の齋藤報恩会の雑誌に「南洋旅行談」（一九三四）を発表しており、さらに一九四〇年のニューギニア調査については、金平亮三による詳細な調査日記（『ニューギニヤ探検』一九四二）が刊行されている。そこで、以下、これらの資料にもとづき、田山のフィールドワークの様子を確認しておこう。

まずは田山にとって最初のミクロネシア行きである三二年の調査から。このとき田山は、海軍の軍艦に便乗し、海軍水路部の磁気観測班とともにマーシャル諸島を巡見したが、彼が語っているのはウォッゼ（ウォッジェ）、アイルック、ヤルート（ジャルート）、ポカアック（ポカック）の各環礁での見聞である（田山　一九三四：一一―一〇）。

横須賀を出発してから十八日目、最初にボートで上陸したのはウォッゼ（ウォッジェ）環礁。海岸では「酋長以下全村民が盛装して並び我等を迎へて呉れ」「南洋の島の第一印象は実によい」と彼は記している。艦長とともに田山は「酋長兼村長」の自宅を訪れたが、なかなか立派な家であり、オルガンや蓄音機、碁盤さえあった。しかも、彼が英独日の三ヶ国語を解することに驚いた。

また、現地に暮らす日本人は三家族五人で、ひとりは公学校の校長（妻は訓導）、他のふたりはコプラを買い付けるために滞在している店員（南洋貿易分店と廣瀬商会）。ともに「島民」を妻としている。田山たちは、一日の調査を終えるとテントから校長宅へ風呂を借りにいき、その際、現地の風俗習慣や公学校の教育状況などを教わったという。島を離れるときには、伝統的な石焼き料理の饗宴を受けた。

続いて訪れたアイルックにおける唯一の日本人も南洋貿易の分店員だが、同じく「島民」を妻にしていた。

「酋長」も彼に服従しており、彼は「要するにアイルック王の形」である。この島では二十日間、軍医長と一緒のテント生活を送り、彼らのテントは臨時診療所となった。「島民」の大半は病人であり、皮膚病、性病、肺病などに罹患していた。特に若い女性はほとんどが性病患者であり、しかも美しい女性ほど病気が重かったのだという。この島にはキリスト教徒が多く、週末になると離島からも教会に人々が集まってくる。(12)南洋貿易分店による「晩餐会」の際、委任統治の規定のため、飲酒を禁止されている「島民」が羨ましそうにしているのをみて、「罪なこと」だという感想を抱いた。島を去るとき、軍医長に対し、「島民」から診療へのお礼の歌と儀式がおこなわれ、持参のお土産物が手渡された。

アイルックからヤルートへ。支庁が置かれたヤルートには日本人もたくさん住んでいるが、その大半は沖縄出身の鰹節製造業者であった。田山は「琉球人」を雇い、環礁の水道（礁門）入り口でサンゴの採集を実施した。

ポカアックはマーシャル諸島最北端の無人島。ただひとつの水道（礁門）は水流が急で幅も狭く、座礁の危険性があった。ボートの周囲にサメが集まってきて「気味の悪いことおびただしい」。ようやく最南端の島に上陸して、テントを張った。

人間に会ったことがないためか、鳥たちは奇声を発するだけで、まったく逃げない。捕まえて食べたが不味い。綺麗な赤い尾羽をもつ熱帯鳥がたくさんいるので、生け捕って赤い尾を抜いては放すを続けた結果、帰る頃にはこの島の熱帯鳥には赤尾がなくなってしまった。「悪い事をやったものである」と田山は記している。この島には、水はもちろんヤシの木もない。軍艦から運んできた水を一日ひとりタライ一杯分支給されるだけで、水の大切さを痛感した。この島でもサンゴ採集を実施した。

なお、南洋庁の統計によれば、一九三二年当時のヤルート支庁の人口は日本人一六三人（うち朝鮮人一人）、「島民」一八一〇人（すべて「カナカ」）であった（南洋庁　一九九三）。

ニューギニア調査（一九四〇年）

次に、ミクロネシアではないが、一九四〇年のニューギニア調査の旅程を確認しよう。この調査は、林学者・金平亮三（当時、九州帝大農学部教授）の植物調査に田山が途中から合流しておこなわれたものであり、調査の主体はあくまでも金平である。田山自身による記録は残っていないが、金平の記録（『ニューギニヤ探検』）などから、田山のフィールドワークの様子は断片的にうかがえる（金平　一九四二）。

なお、次節でみるように、金平・田山に先立ち、一九三七年に「南の会」の松本信廣（民族学者）がミクロネシアでの民族調査の途中、パラオから西ニューギニアへ向かい、短い調査をおこなっている。このように、南洋群島（内南洋）を拠点に、東南アジア島嶼部（外南洋）へと調査地域が拡大していったことにも、三〇年代後半における現地開発の進展をみてとることができる。

ちなみに、パラオから定期航路で西ニューギニア（オランダ領ニューギニア。オランダ領東インド（蘭印）の一部）の地方政庁所在地であるマノクワリまで五日ほどであった。マノクワリには、一九三二年に南洋興発が設立した南洋興発合名会社が置かれ、同社は樹脂採取事業や綿花栽培、牧畜経営、海運などの事業を進めていた（丹野　二〇一五：一三一―一三六）[13]。また、第九章でみるように、一九四三年の海軍ニューギニア資源調査隊では、南洋興発は自ら班を組織して、現地で資源調査を実施することになる。

さて、金平は講師の初島住彦（戦後、鹿児島大教授）とともに、一月一八日に門司港を南洋海運の日昌丸で出航し、ジャワ島、セレベス島（現スラウェシ島）を経て西ニューギニア（オランダ領ニューギニア）へ向かった。田山利三郎が金平に合流したのは二月一七日、モルッカ諸島のタルナテ（テルナテ）である。詳細は不明だが、田山の一行はパラオからメナド（スラウェシ島）経由でテルナテに向かった（無署名　一九四〇：四三）。

金平亮三の調査日記によれば、その後、一行を乗せた船はマヌコワリ（マノクワリ）を経て、二月二一日、目的地ワーレンに到着した。この地には、南洋興発（合名会社）の農場（モミ農場）があり、久しぶりに陸上のベッドで寝ることができた。翌朝、一行は南洋興発（合名会社）の所有する大東丸に乗り込み、ニューギニア調査の第一の目的地であるナビレ地方へ向かう。船には、「苦力」として探検隊にくわわるパプア人たちも乗り込んだ。

二三日、拠点となるナビレに到着。二七日、四十七名のパプア人「苦力」とともに往復十六日の予定でナビレ地方の調査に出発。田山の様子を伝える情報はほとんど無いが、調査は無事終了し、三月一三日、ナビレの宿舎に帰還した。

三月一七日、ナビレからワーレンのモミ農場へ帰還すべく、再び大東丸に乗り込む。一九日、モミ農場に到着。以降、金平らは採集した植物標本の整理、田山は近くの山に地質調査に出かけるなどして過ごす。

四月二日、第二の目的地であるアンギ湖探検に出発する前に、案内人としてマノクワリから派遣された現地行政官の「ムルダー君」が合流。彼から、オランダ領東インドの首都であるバタビア（現ジャカルタ）から「金平、外二名の案内及び護衛の命」を受けてきたので、この三人以外の日本人の同行を許すわけにはいかないといわれてしまう。仕方なく、それまで一行の世話役をつとめていた南洋興発の社員（「井上さん」）と別れ、金平、田山、初島で「探検」を実施することになった。

三日、アンギ湖に向けて出発。途中、田山が川を横切る際、フィールドノートにメモを書き込んだところ、「ムルダー君」がそれをとがめるという事件が起こる。彼がバタビアから受け取った電報には「ドクトル金平の外に助手二名」とあり、植物学の助手のはずが、現地の地形を田山が書き込んでいるのをみて不審に思ったのだという。

その後、「ムルダー君」が密かに使者を派遣し、マノクワリに問い合わせの電報を送っていたことも判明するが、この一件からは、当時のオランダ植民地政府が日本人の動向に敏感になっていた状況がうかがえる。金平によると、徐々に「ムルダー君」とも親しくなり、田山への「疑は全く晴れた」という。だが、のちに田山が海軍ニューギニア資源調査隊の隊長をつとめたことを考えれば、完全な誤解ということもできないだろう。

四月一一日、モミ農場に無事帰還。二二日、オランダのイムホッフ号に乗り込み、二三日マノクワリ着。二四日、パラオとマノクワリ間を往復する南洋興発（合名会社）のぬし丸に乗り込んで、パラオに向かった。二九日、パラオ・コロール島着。興発クラブに泊まり、三〇日、熱帯産業研究所とパラオ研を見学した。五月一日、コロールを出航。五月七日、神戸港着。田山も最後まで同行した。

第三節 八幡一郎の南洋考古学

八幡一郎とミクロネシア

次に取り上げるのは、第二・四章でも触れた考古学者・八幡一郎である。彼がミクロネシアで現地調査をおこなったのは、一九二九年夏、三七年夏、四〇年はじめの計三回。ここでも、まず八幡の経歴を確認しておこう（図表7-3）。

八幡一郎は、一九〇二年、長野県諏訪郡に生まれた。二一年、東京帝大理学部人類学選科に入学、鳥居龍蔵（人類学者）に師事した。二四年に選科終了後、人類学教室の副手、助手（三一年）、講師（三九年）を歴任。考古学者としての八幡が選科生時代から力を入れたのは縄文文化の研究であり、選科の同志である山内清男、甲野勇とともに、二〇年代から三〇年代にかけて、縄文土器の編年を作成する作業を進めた。考古学史上、彼ら三人は編年学派とも呼ばれ、その後の縄文研究の基礎をつくったことで知られる（大村 二〇一四）。戦後は、東京国立博物館学芸部考古課長を経て、東京教育大、上智大学の教授を歴任。日本考古学協会の委員長もつとめた、戦後日本を代表する考古学者のひとりである。

ただし、当時は考古学と人類学、民族学の専門分化があまり進んでいなかったこともあり、八幡の研究は多岐にわたる。晩年、八幡は自分の研究の中心は先史学と民族誌にあったと述べていたようだが（量　一九八〇：四一-六）、とりわけ戦前の活動では民族学者との協力が目立つ。

一九三四年の日本民族学会創立の発起人にくわわり、四三年に文部省直轄研究所として創設された民族研究所の所員となっている。民族研究所は「大東亜戦争を遂行し大東亜建設を完遂する国策遂行に関連ある諸民族に関する基本的総合的調査研究」をうたう国策機関であり、八幡は、次に述べる「南の会」同人でもあった岡正雄（民族学者）に協力して、設立段階からかかわった。やはり「南の会」同人で、東京帝大人類学教室の同僚でもあった杉浦健一も、このとき民族研究所の所員となっている。また、八幡は、敗戦直前の四五年七月下旬から民族研究所による中国（満蒙・北支）での共同調査に参加し、そのまま中国で敗戦を迎えたが、そのときも杉浦と一緒だった。

図表 7-3　八幡一郎

出典：江坂輝弥「八幡一郎先生を偲ぶ」『人類学雑誌』96 巻 2 号（1988）。

八幡は早くから海外でのフィールドワークに熱心な考古学者であり、その調査地域は、戦後、東南アジア、さらにはブラジルと「環太平洋」全域に広がっていった[14]。そうした八幡にとって最初の「海外」調査地が日本統治下のミクロネシアであり、第二章で述べたとおり、一九二九年夏、彼は、東北帝大の長谷部言人に途中まで同行して、初めて現地を訪れた。

当時、東京帝大の副手だった八幡は、この調査旅行でクサイ島（レロ遺跡）、ポナペ島（ナンマドール遺跡）、パラオ本島（アルコロン遺跡）、マリアナ諸島（石柱遺跡）などを巡見し、その成果は、長谷部言人『過去の我南洋』（一九三二）に付録「南洋に於ける著名遺跡の概況」として収められた（長谷部 一九三二）。また、このとき、八幡はコロールで土方久功と初めて出会い、現地案内も受けている（第四章参照）。

そして、ここで見逃せないのが、一九三五年に八幡が発表した「南方経営と人類学」という論考である。これは、オーストラリアのニューギニア（パプアニューギニア）委任統治——ミクロネシアと同じく、ドイツ領だったが、第一次世界大戦後、オーストラリアの委任統治領（C式）となった——にシドニー大学の人類学部が深く関わっていることをふまえ、ミクロネシアの委任統治においても「為政者と協力するところの人類学者、民族学者」を現地に招聘する意義を主張したものである（八幡 一九八〇a：三二〇—三二四）。一九二〇年代から植民地経営に人類学（民族学）を応用しようとする試みが世界各地で始まっており、オーストラリアではニューギニア担当の行政官補がシドニー大学で教育を受けるシステムがつくられていた（大野 二〇〇九：三五九—三九五）。考古学者としてのイメージが強い八幡だが、杉浦健一と同様、彼もミクロネシア統治への人類学的知の利用を唱えていたこと、ただし、三五年の段階で、彼はまだ委任統治を前提に「南方経営」を考えていたことが注目される。

「南の会」の民族学調査団

八幡の回想によると、先の第一回旅行後、彼の「学問的関心は常に南に向かった」（八幡 一九四三：序）が、実際には次の調査の機会はなかなか訪れなかった。その後、南洋研究に関心を有する同志とともに「南の会」を結成した八幡一郎は、南洋興発が所蔵するニューギニアの「土俗品」を整理研究する機会を得た。

「南の会」同人――岡正雄、小林知生（考古学者）、中野朝明（民族学者）、松本信廣（民族学者）、山本達郎（東洋史学者）、杉浦健一と八幡の七名――が分担してまとめられた報告書は、南の会編『ニューギニア土俗品図集（上）（下）』（一九三七・一九四〇）として南洋興発から刊行された（南の会　一九三七・四〇）。[15]

これが縁となり、一九三七年夏、南洋興発などの後援で、「南の会」によるミクロネシアへの民族学調査団の派遣が実現する。松本、中野、杉浦、八幡の四人がおこなったこの現地調査については、松本信廣による詳細な調査日誌（「南洋群島旅行日誌」）が発表されているので（松本　一九三七：七七―一〇九）、この「旅行日誌」と八幡自身の記録にもとづいて、八幡たちのフィールドワークの足跡をたどっておこう。

ただし、途中で八幡は一行から別れて、マリアナ諸島でひとり調査を実施し（七月一七日?―八月一〇日）、さらに、先述のとおり、松本も途中でニューギニアに向かい、単独調査をおこなっている（七月二七日―八月一〇日）。ここでは、これらふたりの単独行を除く、ミクロネシアでの合同調査に焦点を当てることにする。[16]

七月一二日、日本郵船のサイパン丸で横浜を出航。船は観光客と移民で「超満員」だったが、幸いドイツ人宣教師レンゲ（第三・四章参照）と同室となり、彼からいろいろな情報を得ることができた。

一六日、サイパン上陸。南洋興発関係者の出迎えを受け、その後、サイパン支庁の技師により各種施設の案内を受けた。

サイパン支庁長は、南洋が「酋長の娘」の歌で想像するようなヤシの葉陰で「島民」が踊っているところではなく、日本企業が進出する「南の生命線」であること、南洋興発の産業上の貢献は多大であること、子弟の教育のため内地に家をもつ必要があることなどを語る。さらに、「島民」は邦人に圧迫され、彼らを北方離島に移住させようと目論まれていること、国際連盟脱退後、連盟規約を守る必要はなくなったので、「島民」には飲酒禁止の撤廃を求める者もあり、当局が目下考慮中であること、「島民」が邦人に対し尊敬の意を表さなくなったという意見があるが、その一因として「文化の低い沖縄移民」が多く入ってきたことが関係しているので、沖縄県当局には標準語教育くらいはやってほしいともいう。いうまでもなく、連盟脱退後のミクロネシアの状況を示す証言だが、当時の南洋庁上層部の本音を示すものとして興味深い。

その後、一行は、サイパン神社、熱帯産業研究所（サイパン支所）、サイパン公学校、実業学校、南洋興発（本社、製糖工場、農場）を見学。さらに中心街（ガラパン）に戻り、「島民」住宅（チャモロ、「カナカ」）、公教教会を訪問。夜は興発クラブに戻り、松江社長の招待で「島民料理」をごちそうになった。

一七日早朝、クラブを出発、サイパンを出航し、テニアンへ。サトウキビ運搬用の汽車に乗って、南洋興発の農場を見学。途中、八幡はレール際で「古代の土器片」を拾得。テニアン神社を参拝後、タガ族の遺跡といわれる大石柱列を見学。再びサイパン丸に乗ってパラオへ向けて出航した。日本観光帰りのパラオの少女が公学校の訓導に連れられて乗っていたので、杉浦健一は彼女をつかまえ、早速パラオ語の勉強を始めた。松本の調査日誌には書かれていないが、ここで八幡は一行と別れ、マリアナ諸島（サイパン、テニアン、ロタ）に向かった（八幡　一九八〇b：二六〇）。

一九日朝、八幡を除く三名はヤップに到着。支庁前で「島民」による「集団舞踏」をみる。ここで興味深いのは、その踊りは「ごく単純無難な踊りで所謂検閲通過という代物らしい」という記述である。ここからは、現地の踊りまでもが検閲対象となっていたことがわかるが、踊りをみせてくれたのはヤップだけで、パラオあたりでは「島民は互ひに相談し合って日本人の踊勧誘には応じなくなってをる」という。ヤップ一といわれる集会所、石貨、月経小屋を見学。有名なヤップの人口減少について（第三章参照）、「今少し医学以外に社会学的に土人の制度を調査し、その真原因を打診する必要があらう」と松本は記している。

二〇日正午、パラオ着。ランチを使ってコロール波止場に上陸し、南洋庁に高橋拓殖部長を訪ねる。彼からは最近オロプシカルの鍾乳洞で発見された人骨、遺物の調査を委嘱された。興発クラブは満員なので、東屋旅館に投宿。

二一日、発動機船に乗り、他の団体とともに、名勝となっている鍾乳洞へ。その後、マラカル島の南興水産の鰹節工場、コロール島の水産試験場、物産陳列所を巡見した。「群島の産物と土俗品とを蒐めて有益であるが、専門家の指導を欠き、民族学的には甚だ物足りぬ」と書き記している。ちなみに、土方久功がコロールに戻り、物産陳列場の責任者となるのは、これから二年後のことである。昼は昌南倶楽部（第四章参照）で南洋庁の接待を受けたあと、午後はコロールのア・バイ（集会所）、コロール公学校、御木本真珠を見学した。どうやらパラオ研には寄っていないようである。

その後、二六日までコロールに滞在したが、街がすっかり日本化し、「土人の存在は全く邦人の氾濫の中に隠れてしまって」いることは、「此の島に於ける調査を著しく不便ならしめてをる」という。

ここで注目されるのは、パラオは軍事上の重要地点であり、地図の販売が禁止されていたという証言である。そのため、杉浦と中野が南洋庁で地図の「引き写し」を実施し、松本は秘書課所蔵のクレーマーの著作を借りたりもしている。

二七日、杉浦と中野は船でパラオ本島へ。松本は、前述のぬし丸で西ニューギニアへ向かい、それぞれ調査を実施した。一方、先にマリアナ諸島で一行と別れた八幡一郎は、現地調査後、そのまま内地に戻る予定だったが、乗船した天城丸が航路変更になったため、思いがけずパラオに来航した。こうして、八月一一日、再び全員がコロールで合流。相談の結果、翌日から再度、パラオ本島調査を実施することにした。

八月一二日、西回りの船で本島へ。船は本島に向かうパラオ人で一杯であった。途中、中野はアイライで下船し、徒歩で東海岸へ向かう。残り三名は、ガクラオで上陸し、村吏事務所で古老から説明を受けた。徒歩でウリマンのア・バイ（集会所）へ。村長宅を訪ね、土俗品を分けてもらう。家の前には「累代の墓地」があり、その形式は「文化移動史の上で興味ある研究対象」だと感じる。宿は「御大典祈念」に建てられた村吏事務所に泊まる。夜付近の古老たちを集め、公学校の助教の通訳（現地住民）を介して土俗の質問を実施した。

一三日、ウリマン付近の古蹟を見学後、ガクラオを経てオギワルへ。行きの船で同室となった宣教師レンゲの自宅を訪ねる。マルキョクに向かい、途中、先着していた中野と合流。夜はマルキョクの村吏事務所に泊まった。その日は、あちこちで「島民の饗宴」があったため、古老を集めるのが困難だったが、夜遅く集まってきた人たちを相手に、通訳を頼りに杉浦が盛んに質問したという。

一四日、船で本島の東側をまわって、一路コロールへ向かう。正午にコロール波止場に帰着、再び興発クラブの客となった。午後は、カヌー小屋やパラオ支庁の入り口前の石像、アラバケツ集落の「島民の祠堂」、物産陳列所で撮影を実施した。

一五日、アラカベサン島まで自動車で遠足。トコベイ島からの移住者の集落などを見学した。

その後、一行は一九日までコロールに滞在し、帰京準備の毎日。一六日はオロプシカルの鍾乳洞で再調査を実施する。今回は専門家である八幡一郎がくわわったため、調査は詳細なものとなり、八幡が多くの土器片、腕輪、ウドウド（パラオの旧貨幣）に似た遺物、人骨残片などを採取した。また、南洋庁土木課が所蔵する頭骨のうち一個を調査報告のため東京に持ち帰ることになった。そのほか、カトリック教会でスペイン人宣教師に布教状態について質問、公学校校長から「島民」教育の現状に関する話も聞く。

一九日、日本郵船のパラオ丸で帰路につく。船は行きと同様、満員であった。ヤップ、テニアン、サイパンに寄る。テニアンでは再び石柱列祉を見学し、二九日、横浜に帰着。「旅行中支那の事変は漸次拡大し、南洋にも戦時気分が波及して来た。（中略）日本は出発前と変り、招集者を送る国旗が街路にはためき、国民の注意は支那方面に転じられてゐた」という。

マリアナ北部離島の旅

八幡一郎にとって三回目となる南洋調査がおこなわれたのは、一九四〇年の一月から三月にかけてである。八幡は一月二日に内地を出発、今回はマリアナ諸島で遺跡調査と遺物蒐集を集中的におこない、三月一二日に帰京した。第一次調査（二九年）と第二次調査（三七年）で「見残した部分」を精査し、より多くの標本を採集することが目的であり、調査費は日本学術振興会の補助によった。

先の「南の会」による調査（一九三七年）で八幡は途中で一行から別れ、マリアナ諸島（サイパン、テニアン、ロタ）で単独調査を実施していたが、その理由のひとつは、パラオやポナペなどとは異なり、マリアナ諸島だけに石器がみつかることに彼が注目したからであった。

しかも、ここで興味深いのは、マリアナ諸島における八幡の調査は、日本列島における石器の起源の探求と結びついていたことである。八幡によると、日本の石器の系統は、今のところ大陸のどこともつながらず、孤立しているが、日本の周辺を探すと、南の方だけが残っているという。これは、雑誌『海を越えて』でおこなわれた「学者の観た南洋群島」と題する座談会――この座談会については第九章で改めて触れる――における発言だが（八幡ほか 一九三八：六）、ここには、第二章で検討した松岡静雄や長谷部言人と同様、日本と南洋の関係に対する関心をみいだせる。

ところで、第三回調査で彼が特に希望していたのが、マリアナ北部諸島の調査であった。八幡によると、ドイツ統治時代、一、二の島でかつての住民の遺址が発見されていたことから、くわしく調査したいと考えていたのだという。ここで、彼の調査報告書にもとづき、北部離島の旅程についても確認しておこう（八幡一九八〇c：二六七―二七三）。

マリアナの北部離島は壮年期の火山列島で、上陸が難しく、土地も急峻かつ不毛であるため、日本統治時代もほとんど開発が進んでいなかった。だが、当時、南洋貿易のヤシ林栽培などの事業が開始されたため、サイパンから年四回の定期船以外にも便船が往来するようになっていた。そこで、八幡は一月二〇日、南洋貿易の長明丸で往復約二週間の調査旅行を実施し、（南より）アラマガン、パガン、アグリガン、アッソンソンの諸島に上陸、調査を実施した。調査はなかなか大変だったようで、八幡は次のように記している。

航海中は西北西の低気圧の影響と、東北方より貿易風のために、風浪激しく相当に難航であった。港湾ほとんどなく、深海の故に投錨意に任せぬこれら諸島において、かかる季節の上陸の困難なることは実に言語に絶する。幸いに南洋庁サイパン支庁、南洋貿易会社現業員、長明丸乗組員の好意ある援助下に、愉快に調査を続行することが出来た。

さらに見逃せないのが、帰還後、彼が発表した調査の紀行文（「南洋だより」一九四〇）である。先述したように、三八年に「南の会」一行がサイパンを訪れた際、サイパン支庁長が北部離島への現地住民の移住計画があることを語っていたが、四〇年には、すでにその計画は実施されていたようである。八幡は北部離島へ向かう船の様子を次のように述べている。

船客の大部分は、マリアナ北部諸島に送られる南洋貿易や南洋油脂［南洋興発の関連会社］の契約労働者で、総勢百五十余名、大部分がカナカの家族である。甲板の至るところに莫蓙を敷いて身動きもせず横たわっている。船酔に耐え切れなくなって吐瀉する呻きがあちこちでする。前甲板の日掩張りの下に繋がれた小山羊が、これを真似するかのように物悲しく啼くのが、エンジンの音の外は深閑とした甲板の上の人びとの郷愁を唆る（八幡 一九八〇d：三〇一）。

北部離島における調査で、八幡は、いくつかの石柱遺跡を発見、石柱遺跡がマリアナ諸島の全域にわたって存在することを確認するとともに、土器や人骨製槍頭、青銅製品、人骨などを採集した。八幡によると、青銅製品はかなり大型で、「欧船渡来後の遺物として珍重すべき」ものなのだという。上陸した離島では、現地駐在の南洋貿易会社社員の協力を得たが、海が荒れたため上陸できない地点もあり、のちに駐在員から遺物を送付してもらったりしている（八幡　一九八〇e：二七三―二八一）。

第四節　杉浦健一の応用人類学

杉浦健一とミクロネシア

戦前、民族学者としてミクロネシアで長期にわたる調査を実施し、日本の文化人類学（民族学）史上、ミクロネシア研究の先駆者と評されるのが、杉浦健一である（祖父江　一九八八：三三三―三五二）。先にみたように、杉浦は一九三七年夏、「南の会」調査団の一員として初めてミクロネシアを訪れ、翌年以降は、南洋庁の嘱託として、四一年まで毎年、〈島〉でフィールドワークをおこなう生活を続けた（図表7-4）。

図表 7-4　杉浦健一

出典：大藤時彦ほか編『柳田国男写真集』(1981)。

杉浦健一については、すでに第四章で触れたが、ここで改めて彼の経歴を確認しておく。杉浦は一九〇五年、愛知県岡崎市に生まれた。一九二八年、東京帝大文学部宗教学宗教史学科に入学、学部・大学院では宇野円空（宗教学者・民族学者）に師事した。三三年に大学院を中退し、翌年から柳田国男（民俗学者）の主宰する山村調査に参加した[17]。山村調査での経験やその後の南洋調査などを通じて、次第にマリノフスキー（Bronislaw Kasper Malinowski）やラドクリフ＝ブラウン（Alfred Reginald Radcliffe-Brown）といった、当時最新の文化人類学研究に傾倒するようになったといわれる。一方、大学院時代から理学部の人類学教室に出入りしていた杉浦は、三八年には、南洋庁嘱託と兼任で人類学教室の副手となった。第四章で述べたように、この年、長谷部言人が東北帝大医学部から教授として赴任しており、この時期の東京帝大理学部人類学教室には、長谷部、八幡、杉浦と三人の南洋研究者が所属していたことになる。

先に述べたとおり、一九四三年に民族研究所の所員となり（当初は嘱託）、四四年から人類学教室講師（兼任）。八幡一郎らとともに、民族研究所による中国大陸での調査中に敗戦を迎えた。一九五〇年に東京外国語大学教授、五三年、新設された東京大学教養学部の文化人類学初代教授に就任。戦後はアメリカ文化人類学の日本への紹介も進めたが、胃潰瘍の悪化のため、一九五四年に四十九歳の若さで急逝した。

ヤップ島調査（一九三八年）

一九三七年夏、「南の会」の調査団に参加した杉浦は、翌三八年に南洋庁の嘱託（「旧慣調査ニ関スル事務」）となった（今泉　二〇一二：六二一）。戦後、東大の文化人類学教室で同僚となった泉靖一によれば、杉浦は、ミクロネシアにおける土地制度の調査を南洋庁が希望していることを知り、知人を介して推薦を依頼したのだという（泉　一九五三：二六六―二七二）。

嘱託就任との関係は不明だが、「南の会」による調査後、杉浦は南洋群島文化協会が刊行する雑誌『南洋群島』に、「南洋群島に於ける民族学調査の意義」という論考を寄せている（杉浦　一九三七：二五―二九）。

先に触れた八幡一郎の「南方経営と人類学」と同じく、応用人類学的な視点から「民族学調査」の意義を論じたものだが、八幡とは異なり、委任統治の問題については語られていない。

そして、杉浦は、一九三八年には七月二四日から約二ヶ月にわたり、ヤップ島で単独調査を実施した。おそらく正式に南洋庁嘱託となる直前のことで、調査終了後、杉浦はパラオに向かっている。この調査については杉浦自身が日誌の抄録を発表しているので、それにもとづき、彼のフィールドワークの様子を確認しておこう（杉浦　一九三九：一二四―一三〇）。

七月二四日、ヤップ島上陸後、十一日かけて全島を巡見。八月四日より各村で「綿密な調査」に取りかかった。杉浦によれば、「通訳は言葉が出来るのみでは駄目」であり、その村のことを熟知し、インフォーマントと「気合の一致」する者でなければならない。そこで、日本語の十分できる者を「ボーイ兼通訳」として常に連れ、調査対象の村でもうひとり通訳を選ぶ方針を立てた。これにより「非常な好成果を得た」という。

最初は、「ヤップの大酋長として恐らく最後の最も大酋長らしさを備へた」フセガモ・ニガ（第三章参照）がいるガチャパル村を選び、同村在住で日本語の上手なソリンという三十歳くらいの男を通訳として頼んだ。村では八日間毎日フセガモ・ニガの家に通い、スペイン時代における隣村との戦争の話などを聞いている。

九月五日から五日間オカオ村に滞在し、「村酋長」モムタムの世話になった。モムタムは日本最初の公学校生徒として教育を受けたことを誇りとしており、片言ながら日本語も通じ、床のある「改善家屋」に住んでいる。あるとき、モムタムから日本の皇室について説明してくれと頼まれたことがあった。杉浦は次のように述べている。

先づ第一に陛下は唯だ大きな権力者ではなくして現人神にましますことをヤップの神話をも引用して

説明した。以下日本の国体に関する話をも一応解してくれたことは嬉しかった。もとより御稜威の辺土の蛮民にまで及んだ結果と云ひながら、民族学が皇室の御尊厳を明かにするのに役立ったことは喜ばしいことであった。

八月一一日から二日間おこなったトミル地方での再調査には女性の通訳をともなったが、ヤップでは男女や階級による差別が大きいため、調査に苦労したという。ここの「大酋長チャサン」はヤップの「三大酋長」のひとりであり、彼の好意で、魚を神に捧げる儀式にも参加させてもらった。

九月一〇日以降は、最後のまとめのため官舎に宿泊することにし、毎日バラバッド村の調査に出かけた。役所が近いため、「命令がよく行き届き思ふままの人々が集められ調査に都合がよい」と杉浦は記している。

ここで興味深いのは、杉浦が書き留めている、もうひとりの「三大酋長」であるルエポンとバラバッド村「酋長」モローとの対立である。ドイツ語を話すことができ、ドイツ統治時代、ハンブルク南洋探検（第一章参照）の一員としてヤップで現地調査を実施した民族学者ミュラー（Wilhelm Müller-Wismer）の通訳をつとめたこともあるルエポンに対して、モローは「如何にも勢《マ》力《マ》的な体をした親分肌の男」だが、両者の意見が異なるときには長老をはじめ多くの者がモローの側につくのだという。その後、ルエポンは毎晩、杉浦の官舎にやってきて消灯時間まで話していったが、そこで明らかになったのは、モローおよび長老たちが系図、「酋長権」などの話について嘘をついているということであった。杉浦は次のように述べている。

筆者の見た所では非常に智的な吾等に最も親しみのある教養の深いクリスチャン大酋長ルエポンを何故に村民等がきらひ、モローのために筆者にまで計画的に嘘をつくのであらう。これこそ民族学研究の背後に横はる一問題である。（中略）政治家モローと学者ルエポンの対抗をめぐる村民の向背はヤップ島民全体の気風を研究する好個の資料であると共に南洋島民の統治に於ける重大問題村長の選択とその権限研究に暗示を與へること大である。

ここでの杉浦は、委任統治など一顧だにせず、もっぱら「村長の選択とその権限」という「南洋島民の統治」への民族学研究の貢献を語っているといえるだろう。

「神様事件」とミクロネシア統治

第四章で述べたとおり、一九三九年五月二九日、杉浦健一は、一時帰京中の土方久功と東京帝大の人類学教室で初めて会い、その後、八月からパラオで南洋庁の旧慣調査をともにすることになった（土方の嘱託就任は三九年三月）。杉浦自身、三七年から現地で調査を積み重ねていたとはいえ、〈島〉暮らしが長く、パラオ語の堪能な土方の協力は、杉浦の調査にとって有益であり、土方にとっても、杉浦との共同調査は、民族学の理論や方法論を学ぶよい機会となった。杉浦と土方久功、さらに東北帝大の中川善之助（法学者）が実施した南洋庁の土地旧慣調査については、すでに先行研究でくわしい検討がなされているので（飯高　二〇一一：一七五―二〇八：中生　二〇一六）、ここでは扱わない。

ただし、ここで注目したいのは、新宗教モデクゲイの運動について、同じ南洋庁嘱託である杉浦と土方が対照的ともいえる反応を示していることである。最初のパラオ滞在時（二九―三一年）にモデクゲイの指導者であるオゲシ（コデップ）と親しく付き合い、調査にも協力してもらっていた土方は、三八年暮れにおこなわれたモデクゲイ信者の大量摘発（「神様事件」「オゲシー事件」）に対して批判的な立場をとっていた（第四章参照）。

しかし、杉浦のモデクゲイに対する態度は、まったく異なるといってよい。杉浦によれば、一九三七年の

「南の会」による調査時、パラオ本島北部に「秘密結社」（モデクゲイ）があると聞いて調べようとしたが、調査は進まず、オゲシに会うこともできなかった（杉浦　一九四二a：四六）。だが、共同調査の翌年、雑誌『南洋群島』に発表した「島民の指導と宗教」で、杉浦は、「現在、島民間に行はれてゐる宗教的講社（一種の秘密結社）は、取り締られてゐて表面はないことになってゐる」が、「取り締らねばならないものであって、放置すると大切なことを惹起する恐れがある」と述べている（杉浦　一九三八：一二）。先に述べたように、杉浦のもともとの専攻は宗教学なので、モデクゲイの運動に関心をもつのは自然なことだが、彼は、当初から「取り締まり」「指導」の対象としてモデクゲイを捉えていた。土方と異なり、杉浦と南洋庁当局は一体化している。

　信者の大量検挙がおこなわれた時期、杉浦は内地に戻っていたので、直接摘発にかかわってはいないだろう。だが、三八年暮れの「神様事件」発生後も彼の姿勢は変わらない。この「日本の統治始っ《マ》て《マ》以来の大検挙」（杉浦）以降、彼は、毎年パラオを訪れるたびにモデクゲイについて調べたようだが、杉浦がその後発表した論考で挙げている参考資料は、検挙と取り調べにあたった大村要蔵警部（パラオ支庁警務係長）が摘発後にまとめた「生神様オゲシーの解剖」という文書（「プリント」）である。[18]

　その後、杉浦がモデクゲイについて論じたふたつの論考（「南洋群島における固有宗教の問題並に宗教対策に就いて」（一九四二）、「ミクロネシア島民の宗教政策」（一九四二））をみると、彼がこの文書に大幅に依拠していること、さらに警部から直接話を聞いていたことがわかる。たとえば、大村は、モデクゲイの儀礼で歌われたという排日的な「賛美歌」を紹介しているが、これを杉浦は自分の論考でも引用している（杉浦　一九四二b：六九）。[19]

　また、これらの論考で、杉浦がキリスト教の宣教師に対する警戒の必要性を語っている点も見逃せない。先に述べたとおり、杉浦は、一九三七年に「南の会」で初めてミクロネシアを訪れた際、行きの船でドイツ人宣教師のレンゲと同船となり、調査団の一行は彼からさまざまな情報を得ていた。その後、南洋庁嘱託としてのパラオで民族調査に携わる過程でも、杉浦はレンゲと親しくつきあい、彼の「島民」との付き合い方を「偉いもの」だと思っていたという。

ただし、杉浦によれば、ヨーロッパ人宣教師の「島民」への態度は、日本人や日本政府の威信にとって危険でもある。たとえば、彼が調査中、近所の公学校の寄宿舎落成に各部落から青年団が「お祝ひの余興」を出すことになったが、レンゲのいる部落だけは余興を出さないという出来事があった。それをみた杉浦は、「宣教師のゐる所は日本の統治領ではあるが、外国である様な感じ」がしたのだという。杉浦は次のように述べている。

その前から私は役所で全教《ママ》対策としてはキリスト教の宣教師として真に尊敬すべき有徳の宣教師の存在が役所の威信を害することが多いから、役人の態度も反省して貰ふと共に彼等の処置も考へて貰ひ度ひと云ってある。所へ又此の問題が起ったのであります。即ち役所の中でも反対がありまして「あれは智識も教養もある立派な宣教師だのに何故あれを左様に邪魔者にするか」と云ふので「あれを出さねば日本人特に日本政府の威信に対する不安がある。勿論有徳にして日本の国家的立場まで考へてくれる外人宣教師など滅多にある筈がありません。私はその宣教師個人に対しては何年も交際し色々と世話にもなってゐる、個人としては忍び得ないことですが幾ら私が個人的に尊敬する知己であるからと言っても統治上から色々の障碍がある様は捨てゝ置けない気がします。個人的な情誼や感情は全然出る余地がないのであります。此の状態を見ては全く黙って居れない気持になるのです、教養もあり熱もあり、一見して堂々たる体軀と高い生活状態それに心服する島民の状態を見てゐると遺憾とも何とも云はれない。キリスト教を呪ひたくなります（杉浦　一九四二a：六〇—六四）。

レンゲ個人に対する裏表ある態度の是非は措くとして、これが研究者として相当ふみこんだ発言であることは確かだろう。杉浦のミクロネシアでの研究に「役人意識」がみられるという指摘があるが（中生　二〇一六：二三二）、杉浦は、応用人類学の実践として、南洋庁の民族統治にここまで深くかかわろうとしていたのである。

ちなみに、一九二九年以来、パラオ本島のオギワルを拠点に布教活動を続けてきたレンゲは、妻が病死したため、子どもたちを連れて一九四一年にドイツに帰国していた（Fey 1972: 2-8; 小谷　二〇一九：一八三）。四一年にパラオでの調査を切り上げていた杉浦は、そのことを知らなかったのだと思われる[20]。

民族統治――南洋群島から「大南洋」へ

そして、ミクロネシアにおける杉浦の調査研究は、さらに広く大東亜共栄圏における民族政策に関する提言へとつながっていく。杉浦はこの時期、多くの応用人類学的な論文を発表しているが、ここでは、太平洋協会編『大南洋――文化と農業』（一九四一）に掲載された「民族学と南洋群島統治」を検討しよう。

さて、この論考は、次のような文章から始まっている。アジア・太平洋戦争の開戦直前、実用的観点から、民族学（人類学）に対する社会的期待が高まってきた状況を示す語りである。

> 現在程、我が国に於いて、周囲民族の理解を必要とする時代はない。今迄余り注意されずに居た民族学が、今こそ、起って社会の要求に応ずべき時である。その一つの試みとして、民族学の実用価値と云ふことから、この学問を考へて見たい。即ち民族学の利用的方面に関する吟味をなし、直接の実用と云ふ最も手とり早い所から民族学の認識を新たにして見たい（杉浦　一九四一：一七五）。

以下、杉浦は、ピット＝リヴァース（G. H. Pitt Rivers）、ミード（Margaret Mead）など欧米の人類学の「実用民族学」にかかわる研究をもふまえて、「政治生活、社会生活、経済生活、衣食住、技術・知能・道徳、宗教」について、民族学的知識をどう統治に利用すべきか、具体的考察をしていく。そして、ここで注目したいのは、「島民」の「怠惰」の問題が取りあげられていることである。彼は次のように述べている。

島民を如何にして今少し勤勉な労働者とするかの研究は重要な問題である。それには島民は怠惰にして文明国人と同様な労働にはたへ得ないかどうかと云ふことから吟味する必要がある。南洋群島の島民（チャモロは別として）を使った経験のある人々は、凡て怠惰であると云ふことに一致する様である。その内容を少し分析して考へて見ると、（一）彼等は徹底した怠惰で救ふべからざるものである。（二）一時的には多少熱心に働くことはあるが、規則的に永続性ある仕事には全く駄目であるとの二つの見方に帰せられる様である（杉浦　一九四一：二〇五）。

だが、いくら現在の「島民」が「怠惰」にみえるとしても、彼らが「徹底した怠惰で救ふべからざるもの」であるわけがない。それでは、彼らを「文明人並な勤勉な労働者」にすることは不可能なのか、それとも「訓練次第で勤勉になり得る」のだろうか。これを明らかにするためには「彼らを労働せしめる原動力」から明らかにする必要があるが、杉浦によれば、欧米文化の輸入以降、「固有の文化」に変化が起きた結果、彼らは、その活発さを失い、「規則的労働」の原動力を甚だしく弱めてしまった。したがって、これを根本的に直すためには職業教育による必要がある。

それでは、総体として「島民」の統治、そして労働力の活用はどうあるべきなのか。杉浦の提言は、単なる同化や急速な「文明化」を住民に押しつけるのではなく、「島民」の「固有文化」を保存しつつ、改革を推し進めていくべきだというものである。杉浦によれば、「島民対策としては島民の固有の文化を或る程度保存し、彼等の旧慣に従ひつゝ新しい方へ向けて行くべきで、急速な改革は害多くして、益がない」のである。具体的には、衛生施設の充実や人口減少の防止、「島民生活の中心となる氏族の族長、村長、大酋長を保護して、島民間の秩序を保つこと」などの「消極的開発」と、教育によって変化する社会に適応する用意をさせる、つまりは「職業教育によつて彼等を文明にたへ得る資格をつくつてやる」という「積極的開発」の二つが求められる。

ただし、「島民」の職業教育とは、あくまでも支配者である日本人の手足となって働く人間の養成を意味するにすぎない。杉浦はいう。

> 職業教育と云つても高等の技能を教へるのではない。文明人の手足となって働き、それによって経済的独立の出来るだけのことをすればよい（杉浦　一九四一：二一七—二一八）。

しかも、これは「島民」統治の問題にとどまらない。「今後日本が大南洋の何処まで発展して行くにしても、先づ第一に必要なのは土民の労働力を充分に使ひこなすこと」であって、この対策こそ、今後の開発に重大な影響を与えるものなのである。「土民を利用するには彼等の生活の全面を理解せねばならぬ。斯かる意味より土民の旧慣の研究が大南洋各地に行はれなければならない」のである。ここで、杉浦の南洋研究は、ミクロネシアという枠を越え、広く「大南洋」全域の民族統治の問題へと接続する。「島民」の旧慣調査は「大南洋」／大東亜共栄圏の「土民」を統治するための基礎資料ということになるだろう。

だが、現実には、四一年一二月のアジア・太平洋戦争の勃発により、内地—南洋航路は不定期となったため、杉浦自身、ミクロネシアで現地調査を続けることは困難になった。しかもまた、開戦後の占領地域の急速な拡大にともない、ミクロネシアの「島民」は「大南洋」にあまた存在する「土民」の一つにすぎなくなった。こうして、杉浦健一をはじめとする民族学者（人類学者、考古学者）は、民族研究所（一九四三年創設）などに依拠し、軍の協力も得ながら、他の地域で民族調査に向かうことになる。

しかし、戦時下の民族学者の調査活動は本書が扱う範囲を超えている。そこで、次章では、同時期、また別の観点から〈島〉で現地調査をおこなおうとしていたグループに目を向けることにしよう。それは、今西錦司率いる京都探検地理学会のポナペ調査隊である。

注

（1）東北帝大からパラオ研に派遣された研究員のうち、江口元起、阿刀田研二、阿部襄、加藤源治は派遣以前に齋藤報恩会から研究助成を受けた経験をもつ。

（2）近藤義夫（Kondo Yoshio）の履歴と業績については、Robert H. Cowie（1993）を参照。

（3）さらにまた、公文書には、両者の英文の手紙が参考資料として付されており、そこであとから加えられた日本語訳には、近藤夫妻はともに日本人であると述べられている。

（4）村主岩吉は、齋藤報恩会博物館の嘱託として探検隊に参加した。息子（巌）の回想録によると、村主は東京帝大で法学、京都帝大で哲学を学び、さらに東京帝大大学院の考古学教室へ進んだ。だが、塩釜の小地主の嫡男であったこともあり、結局、研究者の道に進むのを断念し、探検隊参加以外には、東北地方でいくつか考古学調査を実施しただけで、ほぼ無名のまま人生を終えた（村主巌　一九九五）。

（5）ドイツ統治時代、ドイツ人とポナペ人女性とのあいだに生まれたヘンリー・ナンペイ（Henry Nanpei, 1862–1928）の一家はポナペで幅広く事業をおこない、ドイツおよび日本の統治時代、現地の有力者であった。

（6）調査でコロールを留守にすることが多いためか、四一年一一月、土方は田山の官舎に引っ越している（須藤・清水　二〇一四：四〇五）。

（7）このときのサンゴ礁調査の成果は、田山と江口の共著『珊瑚礁（岩波講座地質学及び古生物学・礦物学及び岩石学第五　地質・古生物）』として刊行された（田山・江口　一九三八）。

（8）明神礁の爆発により、乗組員三十一名が行方不明となり、のちに全員死亡が認定された。当時、マスコミでも広く報道され、日本における海底火山の観測史上、未曾有の悲劇として知られる。
（9）本書は学士院賞が内定していたが、遺族が辞退したのだという（八島　二〇一五：四一一一）。
（10）また、東北帝大の矢部長克が鉱業部の顧問に就任し、さらに三八年に同教室の浅野清（戦後、東北大学理学部教授）も嘱託として鉱業部に赴任、翌年、技師となっている（浅野　一九三九：四一二―四一六）。
（11）これらは熱帯産業研究所の紀要（『南洋庁熱帯産業研究所彙報』）などに発表された（中陣　二〇一四）。
（12）マーシャル諸島では、十九世紀後半からアメリカのプロテスタント伝導団（アメリカン・ボード海外伝道局American Board of Commissioners for Foreign Mission）によるキリスト教布教がおこなわれていた。
（13）ただし、当時のオランダ植民地政府の入国制限のため、南洋興発合名会社の日本人従業員数は少なく、労働力は現地のパプア人に依存していた。
（14）八幡が参加した一九五七年の日本民族学協会による東南アジア稲作民族文化綜合調査団は、戦後の民族学・人類学関係者が総力を挙げた大規模調査として知られる。
（15）南洋興発社長の松江春次が、八幡と松本信廣（慶應義塾大学文学部教授）に、同社が所蔵する「土俗品」の整理を依頼し、同人が分担執筆する形で同書は刊行された。
（16）ただし、松本によるニューギニアでの調査は、先に述べた金平・田山の調査（一九四〇年）、さらに第九章で検討する海軍ニューギニア資源調査隊（一九四三年）に先立つものなので、ここで簡単に調査行程を確認しておく。
二七日正午、南洋興発関係者とともに、ぬし丸でパラオを出航。三一日、西ニューギニアのマノクワリ着。八月一日、マノクワリの南端にある古い日本人墓地を見学、その後、マノクワリ対岸のサンゲンの集落などを巡見。二日、モーターボートでマンシナム島へ。現地人から土俗品の購入など。「一体ニューギニアに来て我南洋より愉快なのは、土人が日本人と見れば夕べ・トアン（今日は、旦那様）と挨拶することである。（中略）日本人の優秀性をわきまへてをるのである。」三日から六日まで、マノクワリ付近を歩きまわり、現地人から土俗品を蒐集。六日夕方、ぬし丸でマノクワリを出発、トコベイ島を経て、一〇日未明、パラオに帰島した。
（17）この「日本僻陬諸村における郷党生活の資料蒐集調査」（一九三四―三六年）は、日本民俗学史上、画期となった調査として知られる（福田　二〇〇八など）。
（18）一九三九年三月二五日作成。この文書は、その後、司法省刑事局が発行する『思想月報』に転載された（大村　一九三九：三五七―三八七）。
（19）この「賛美歌」の日本語訳をおこなったのは、当時、パラオでよく知られた巡警長のオイカワサン（本名ジョゼフ・テレイ）であった。戦時中のオイカワサンの行動については、第十章で触れる。
（20）レンゲは、本書でみたように、矢内原忠雄（第三章）、土方久功（第四章）とも親しく付き合っていた。だが、レンゲを撮影した写真が元田茂所蔵のアルバムに一枚残っているものの、パラオ研の関係者との接点はあまりなかったようである。ちなみに、レンゲの名は、第九章で触れる中島敦の「南洋もの」の短編小説「雞」のなかにも登場する（中島　二〇〇一：一〇五―一一八）。この小説は、中島が土方の日記からアイデアをもらって書かれたものである（岡谷　二〇〇七：一八〇；小谷　二〇一九：一九四―一九八）。

第八章　「来るべき日」のために——京都探検地理学会のポナペ調査

熱帯探検の足ならしといふほかに、この遠征隊にはもうひとつ重要な目的があった。それは隊員一〇名のうち七名までが学生であるといふ事実の示すごとく、来るべき日にそなへての学生会員の訓練といふことであった。わたくし自身も、当時蛇尾に附していった学生のひとりに他ならないのであるが、いまにして思へば、この遠征によって学生たちの受けた訓練は、まことに貴重なものであった。ひとり探検の技術的側面にとどまらず、優秀な幹部隊員の指導によって、学術探検家としての野外研究の訓練をつんだことは、特に有益であった（吉良一九七五ａ：五〇二）。

第一節　今西錦司とポナペ調査

今西錦司と京都探検地理学会

一九四一年夏、京都探検地理学会は、ミクロネシアのポナペ（ポンペイ）島などで三ヶ月にわたる学術調査を実施した。調査隊のメンバーは、京都帝大の今西錦司隊長（当時、理学部無給講師）以下、森下正明（農学部副手、生態学者）、浅井辰郎（建国大学助手、地理学者）、池田敏夫（法学部学生）、秋山忠義（同）、松森富雄（経済学部学生）、中尾佐助（農学部副手）、吉良龍夫（農学部学生）、梅棹忠夫（理学部学生）、川喜田二郎

（文学部学生）の計十名である。

ただし、のちにみるように、調査旅行中に、帰国便に予定していた船（笠置丸）の欠航が決まるというアクシデントがあり、参加メンバーのうち、都合のつかない四名はそのまま帰京、今西と森下・中尾・吉良・梅棹・川喜田の六名が予定を一ヶ月延長して調査を続行することになった。また、調査報告書（『ポナペ島——生態学的研究』）は敗戦間近の一九四四年に刊行され、そこには編者の今西のほかに、吉良（第一部「生物」を今西とともに担当）、森下（第二部「島民」）、浅井（第三部「日本人」）、梅棹（第四部「紀行」）が執筆者としてくわわった。

すみわけ理論などで知られる今西錦司とともにポナペに残った若者たちは、この調査を通じて今西から徹底的に鍛えられ、その後いずれも戦後日本を代表する研究者となった。そこで本章では、アジア・太平洋戦争開戦直前に実施された、京都探検地理学会による調査隊の南洋研究史上における位置を考えてみたい。

ともかく、まずはポナペ調査隊を送り出した京都探検地理学会について確認しておこう。京都探検地理学会は一九三八年暮れ、今西錦司が中心となり、京都帝大に属する各分野の若手研究者によって設立された。会長に大学総長に就任したばかりの羽田亨（東洋史学）、さらに新村出（言語学）、小川琢治（地質学・地理学）、川村多実二（動物学）、駒井卓（遺伝学）、正路倫之助（生理学者）らの教授・名誉教授陣を賛助員に迎え、今西のほかに、小牧実繁（地理学）、槇山次郎（古生物学・地質学）、水野清一（考古学）、徳田御稔（動物学・進化学）、木原均（遺伝学）の六名が幹事に就任した。

今西によれば、一九三八年一二月二日、彼は東京帝大で開かれた日本生物地理学会の十周年記念講演会に招かれて講演をおこなった。その晩餐会の席上、たまたま会に参加していた徳田御稔とともに、東京で学術探検熱が高まっていることを知り、京都でも学術探検のための団体を結成する必要性を感じたのだという。今西たちは、さっそく先に挙げた会合を京都帝大の楽友会館で開き、会名は、参加者の投票により京都探検地理学会と決まった（今西　一九四二a：一）。

翌三九年一月三一日、第一回の例会を開催し、四〇年からは会誌（『京都探検地理学会年報』）の発行を開始する。例会は楽友会館を会場に、最初はおよそ月一回のペースで開催、四三年一一月まで計二十一回を数え、会誌も四三年九月まで計四冊発行された。

京都探検地理学会が産声をあげたのは日中戦争のさなか、アジア・太平洋戦争開戦直前のことであり、実際のところ、学会が公式に企画・実施できた海外調査は、ポナペ調査だけである。だが、これに先立ち、今西は一九三〇年代から積極的に海外での学術調査を推し進め、それまでに京都帝大の白頭山遠征隊（一九三四―三五年）、内蒙古学術調査隊（一九三八年八―一〇月）などを実現させていた（斎藤　二〇一四）。

一方、第三高等学校で今西の後輩にあたる吉良・梅棹・川喜田は、今西たちの影響を受けて、高校時代から海外での探検的登山の実績を積み重ね、梅棹は、四〇年に学会の学生会員たちが実施した樺太での犬ぞり旅行（樺太踏査隊）にも参加していた。吉良に一年遅れて四一年四月に梅棹と川喜田は京都帝大に進学、志を同じくする友人六名でベンゼン核と称するグループを結成し、今西の門をたたくことになる（梅棹　二〇〇二ほか）。こうして四一年夏のポナペ調査への参加が実現したわけである。(1)

「来るべき日」のために

では、どのような経緯でポナペ調査は企画されたのだろうか。

今西によると、一九三九年夏、学会は北支蒙疆の調査計画を立て、外務省文化事業部に打診したが、うまくいかなかった。続いてイラン遠征計画を立て、大阪毎日新聞の後援を受けるところまで話が進んだものの、四〇年五月頃より国際情勢が険悪となってきたため、大阪毎日、東京毎日などと協議し、むしろ南方の探検を先にすべきではないかということで、計画は白紙に戻った。

そこで、今度は、ニューギニア探検計画を作成し、海軍の関係者とも協議を始めたが、ニューギニアにはいつになったら入れるか見当がつかない。さらに、翌四一年には興亜院北支聯絡部の委嘱を受けて、北支調査を実施する予定を立てたが、これも交渉がなかなか進まなかった（今西 一九四二a：二―三）。

一方、吉良によると、学会では、同年春頃から、幹事長の木原均と南洋興発の援助で、学生をくわえた会員有志をミクロネシアに派遣する計画も立てられていた。こうして夏前になり、今年はいっそのことミクロネシアに集中して調査を実施するということになった（吉良 一九七五a：五〇一）。再び今西の言葉を借りれば、将来ニューギニアをやる気なら、南方の経験を積んでおいた方がよいと判断し、「取り敢へず行ける処として」（今西 一九四二a：三）ポナペ島は選ばれたのである。なお、当初、小牧実繁（地理学者）が調査隊を率いる予定だったが、急に支障が生じたため、今西がこれに替わることになった[2]。

ここで注意すべきは、ポナペ調査が何よりも「熱帯探検の足ならし」「来るべき日にそなへての学生会員の訓練」のために企画されたということである。今西たちの強い探検志向を考慮に入れなくてはならないとしても、これは、ミクロネシアがもはや単なる訓練（トレーニング）の場となり下がったことを意味している。

では、なぜニューギニアだったのか。前章でみたように、三七年の「南の会」の民族調査の際、一行から離れて松本信廣（民族学者）が西ニューギニアで短い調査を実施し、さらに四〇年一月から五月にかけて、九州帝大の金平亮三（林学者）と東北帝大・熱帯産業研究所の田山利三郎（海洋地質学者）が現地で長期にわたる探検調査を実施していた。そこで述べたとおり、西ニューギニアでは三〇年代から南洋興発（合名会社）が現地開発を進めており、これらの調査も南洋興発のバックアップのもとにおこなわれたのだった。

したがって、京都探検地理学会は南洋興発の援助を当てにしてニューギニアの探検計画を立てたと考えられるが、それは実現しなかった。すでに一九四〇年五月に本国オランダはナチスドイツに降伏し、占領下に置かれる一方、西ニューギニアを含むオランダ領東インド（蘭印）はオランダ亡命政府の傘下にあった。四〇年から四一年にかけて、日本とオランダ領東インドのあいだで通商交渉もおこなわれるが（第二次日蘭会商）、このような不安定な政情下で探検計画の実現は難しかったのだろう。

それでは、ミクロネシアの数多くの島嶼のなかでポナペ島が選ばれた理由はどこにあるのだろうか。木原均によると、ポナペ調査では、ポナペを「外来者の影響をうけて、急激な変化を遂げつつある」太平洋の島々の「代表的の島と見たててその現実を記録」することを目指した（木原　一九七五：一）。これだけではポナペを選んだ理由の説明としては不十分だが、戦後の吉良の回想によると、同島に決まったのは、なかば偶然の産物だったようである。「調査隊の生みの親」である木原は、その頃ミクロネシアでサトウキビの育種と細胞遺伝学の研究を進めていたが、木原研究室の当年の調査予定がたまたまポナペであったため、ポナペ調査隊もそれに便乗する形になったのだという。

だが、今西たちの山岳志向やニューギニアの予備調査という隊結成の経緯から考えて、隆起サンゴ礁の島や環礁島は対象外であったことは確かである。ニューギニアとは比べものにならない小さな島であるとはいえ、ミクロネシアの最高峰（ナナラウト山、七九八ｍ）を擁する火山島で、海岸線からナナラウト山まで植生の高度分布が観察できるポナペはもともと生態学者である今西にとって好都合だったと考えられる。実際、吉良は、「てきとうな大きさ、ほとんど荒れていない自然、ゆたかだが熱帯としてはかなり単純化した生物相」などの点で「生態学のトレーニングの場」としてポナペは理想的な条件をそなえていたと振り返っている（吉良　一九七五ｂ：Ⅵ—Ⅴ）。

図表 8-1　パラオ丸での特別講義

氏名	所属	講義名
西山市三	京都帝大農学部助教授	南洋と遺伝学
泉井久之助	京都帝大文学部助教授	ミクロネシアの言語について
羽根田弥太	慈恵医大講師・パラオ熱帯生物研究所（元）研究員	熱帯の有毒動物
田山利三郎	東北帝大理学部助教授・熱帯産業研究所技師	南洋群島の地形学、及びニューギニア旅行談
杉浦健一	東京帝大理学部嘱託・南洋庁嘱託	南洋群島の民族学

出典：今西錦司編『ポナペ島』(1975) より作成。

第二節　パラオ丸に乗って

船内講義

一九四一年七月一四日、今西たちは、日本郵船のパラオ丸で横浜を出航する。梅棹によれば、南洋へ帰る人たち——移民や現地の会社員、役人などであろう——で船は「超満員」であった。野外での生活に慣れた彼らは、三度の食事が終わると、デッキで波の起伏を眺めながら、大声で歌を歌ったり、議論したり、本を読んだりする毎日を送った（梅棹 一九七五：四〇二）。

また、ここで注目されるのは、調査隊一行が、現地へ向かう南洋研究者と同船となり、毎日、二、三時間の講義を受けていることである。他にも講義はあったようだが、梅棹が書き留めている氏名と講義内容は上のとおりである（図表8-1）。このうち西山市三は、当時、木原研究室の助教授（戦後、京大教授）、それ以外は本書ですでに登場した研究者である。

なお、土方日記（第四章参照）によると、このとき土方久功はパラオ丸で到着した杉浦健一を波止場で出迎え、田山利三郎の舎宅で談話している（須藤・清水 二〇一四：三六七）。また、後述するとおり、このとき、羽根田弥太も、古畑種基（東京帝大）の血液型調査に随行して来島している（第九章参照）。したがって、西山、羽根田、杉浦の船内講義は内地—パラオ間で実施されたのに対して、田山は、その後、今西一行がパラオから他の島に向かう船で同船となり、講義はその途中におこなわれたと考えられる（泉井は不明）。

コロールにて

しかしながら、本来「北方大陸」での学術調査を志向し、ニューギニア行きも不可能となった結果としてのポナペ調査は、彼らにとって「大海の一粟中でのあくせくとした仕事」に思え、「気乗りが薄」いものであった。パラオ本島（バベルダオブ島）に船が近づくにつれて、梅棹は「その外観が内地のただの松山とさっぱり変わらない」ようにもみえ、悲観的な気持ちになったという。

調査隊一行はパラオ・コロール島に七月二〇日到着。翌日、彼らは、南洋庁につとめる今西の旧友の案内で、物産陳列所、水産試験場、パラオ熱帯生物研究所、熱帯産業研究所、南洋神社などの施設を見学した。

ここで見逃せないのは、「船内講義」で羽根田弥太の講義も受けたにもかかわらず、梅棹たちがパラオ研に対し特別な関心を示しておらず、また逆に研究所の記録（「研究所日誌」）にも今西一行の訪問について記されていないということである。当時パラオ研に研究員として滞在していたのは、阿刀田研二、加藤源治、時岡隆、和田連二、尾形藤治の五名だが、梅棹が執筆した紀行文に彼らの名前はいっさい登場せず、パラオ研の「日誌」にも今西一行が訪問した記録はない。研究所の公式記録である「日誌」に記されていないのは少々不可解だが、海洋生物の研究を進めるパラオ研と、生物学徒が中心とはいえ、登山や生態学への志向が強い今西一行とは交わるところが少なかったことは確かである(3)。

コロールに到着した梅棹は、街の印象も書き留めているが、ここでさらに注意してよいのは、彼の描き出すコロールの街には、ほとんど現地住民の姿がみえないことである(4)。一行はア・バイ（集会所）や「古い島民の部落」も見学したが、梅棹の印象に残ったのは、むしろ南洋神社（四〇年に創建）だったようで、神社の様子をくわしく記すとともに、「フロンティーアにおける神社の創建といふものは、大なり小なりその地方において、日本民族がすでにその土地を、辺境の前進基地として確保したことを示すもの」「その地方における民族の種として主体性の確立の表徴」だと述べている。

また、近代的にみえるコロールの街も、南洋庁近くの本通りから一歩外れると、「混乱と貧弱さ」があふれているとし、そこでみかけた移民たちの姿を次のように描いている。

そこでは、店は常に小さく汚いし、道にあそぶはだしの子供たちは殆ど裸体に近く、そこに行き交ふ日本人たちも、それは大部分沖縄県人らしく見受けられたが、黒い顔色と、その恥も外聞も忘れたような不体裁な服装とは、たしかに一部の人たちからは顰蹙をかふであらうが、実はこれらの人々の強靭な粘着力こそ、酷暑の環境を征服して、日本民族が着々と大地に建設の歩みをふみしめてきたその力の、偉大なる一部力をなしてゐるのであらう。(5)

二二日、パラオ丸はパラオを出航。次の目的地であるトラックに到着する頃、帰路に予定していた笠置丸が欠航となるという情報が入った。その次となると、九月末の横浜丸を待たなくてはならない。そこで、都合のつかない四名はそのままパラオ丸で一足早く帰ることにし、残る六名は時間に余裕ができたので、まずは全員でポナペ以東のクサイ、ヤルートまで足を伸ばすことで話が決まった。

二六日トラックに入港、トラックの「島民学校」や「島民」集落などの見学などをおこなう。二八日早朝トラックを出航し、二九日、目的地であるポナペ島に到着。翌日から一泊二日でナナラウト山登山班（池田・松森・秋山・吉良・川喜田）と春木村（日本人移民村）視察班（浅井・中尾・梅棹）に分かれて大急ぎの踏査を実施した。

八月一日、調査隊一行は再びパラオ丸に乗り込み、クサイ、ヤルートを巡航して、八月九日、再びポナペ島コロニアに入港。翌一〇日、四名はそのままパラオ丸で横浜へ向かい、残り六名により調査は「第二段階」に入った。

第三節　訓練地としてのポナペ

ナナラウト山登山から「島民部落」へ

八月一一日、ポナペ島に残った今西・森下・中尾・吉良・梅棹・川喜田は、熱帯産業研究所から宿舎として提供された「分場長官舎」に移った。「調査計画の細目の打合せや、さまざまな論戦」「諸種の交渉、買出し、情報集め、郊外の予備的調査など」に数日費やす。こうして、ポナペ調査の三つの核である（一）植生を中心とした生態学的調査（二）「島民」の生活調査（三）「外来者日本人の社会」調査に関する細目が決まった。

八月一五日、一行は陸行班三名（一周道路で陸行）と船行班三名（汽艇でリーフ沿いにまわり、植生図を作成）に分かれて中心街であるコロニアを出発、まずはナナラウト山への登山口であるメタラニウム（マタラニーム）のレイタオに向かった（図表8−2）。

陸行班は、途中のウー村イプトクからメタラニウムのレイタオに到る道中、計三人の案内人を交替で雇い、彼らから動植物に関するくわしい情報を得る。夜遅くレイタオ着。一足先に到着していた船行班と合流した。一

レイタオは南洋興発が一九三三年から開発を進めていた土地であり、彼らは興発のクラブに宿泊した。一行はナナラウト登山の準備を進めつつ、採集や周辺地域の見学を実施したが、レイタオでは日本人と「島民」が混在して暮らしており、現地住民は生活様式、言語、習慣において日本の影響を受けていることが予想された。そこで、レイタオを新たに調査地にくわえ、「ポナペにおける生態観察」の地点として「邦人の

図表 8-2　ポナペ島と踏査経路

出典：今西錦司編『ポナペ島』(1975)。

都市コロニア」「邦人の農村春木村」「最も純粋な島民部落オネ」と「邦人、島民の混住するこのレイタオ」の四つとすることにした。滞在中、村の駐在所に頼んで、メタラニウムのカテルシャンという「島民」を頭に「人夫」計六名を雇うことになった。

二一日朝、隊員六名、「人夫」六名でレイタオを出発。森林に入ってからは数人で手分けして、樹木の種類別統計を記録しながら進むが、次の「前進根拠地」として予定していた山頂部付近の岩小屋がなかなか発見できないというアクシデントが発生する。現地にくわしい「島民」のアンドレアスを連れてこようという話になり、いったん麓のオネ村まで森下・吉良・梅棹とカテルシャンが下り、二五日、一行に合流したアンドレアスのおかげで、ようやく「岩小屋」に到着することができた。この間に三名の「人夫」を村に返し、これ以降、カテルシャン・ウリアム・ヨアケムの三名とアンドレアスが今西たちと行動をともにすることになった。

この岩小屋は、巨大な岩盤が斜面から突き出た下にあり、広さは十五畳ほどもあり、豪雨のときも雨が入らず、床の土は森林のなかで、唯一乾いた場所であった。かつてドイツ統治時代に起こった現地住民の反乱（ジョカージの反乱）の際、首謀者が最後に逃げ込んだ場所だったらしい(6)。今西が雑誌『改造』に発表した登山日記（「南島登高記」）によると、岩小屋で「人夫」たちがつかまえてきた山豚の石焼きを骨ごとしゃぶったときは「久しぶりに俺たちの世界だ」という気分になったものの、ときどき海鳥が近くまで飛んでくるのをみて、海岸がそんなに近いのかと幻滅したという（今西　一九四二b：一三八―一四一）。

ところで、梅棹は、調査時における「島民人夫」たちの能力を高く評価していた。彼は、自分たちが聞かされた、「南洋土人」の能力に関する低い評価を否定したうえで、次のように述べている。

人夫の問題に関してわれわれがとった方策とその結果は次のようなものであった。一般に、仕事に対する適・不適の個人差を無視した人夫募集方法は、多分に危険性をもつものである。われわれは島内最優秀といはれるアレックこそ手に入らなかったが、その代りにカテルシャンを人夫頭として指名で傭ひ入れ、その他は彼の撰択指名に委せた。それも実際に山地で是非必要な人員よりも多くを一旦傭ひ入れ、われわれ自身による数日の観察によって、その働きぶりから判断して上述の如く篩にかけて三名をのこしたのである。そしてこれは非常に成功であった。体力の強い、精神的にも優秀な、そして何よりも山で働くことの真実にすきな連中がえらばれたからである。次に彼等の特殊な性質をのみこんで、よろこんで働けるようにしてやることが必要であった。彼等自身は何も村では所謂農耕業主であり、金銭のためには毫もこのような労働の必要を認めてゐないにも拘らず、駐在所の命令によって徴用されて来たものなのであるから、まづこの事情をよく呑みこんでやらねばならぬ。彼等は生来極めて朗かでユーモアに富んだ人種であり、われわれがそれを認めてある程度打ちとけてやれば、大いによろこんで和気藹々

図表 8–3　「島民人夫頭」カテルシャン

出典：今西錦司編『ポナペ島』（1975）。

> のうちに働くのである。そして、彼等は、その主人に心服すれば驚くべき従順さを示した。（中略）要するに彼等は、われわれが原始民族として、また屢々耳にした悪評を基として、彼等に期待してゐたものよりもはるかに優秀であることを身をもって示し、雇傭者側の不馴れや失敗がその大きい原因である所の同族の無実の罪を立派に拭ひ去ったのである。われわれは、更に南方の、そして更に未開な種族の間にふみ入る際の、優秀な下士官級の人物として、その風土に対する適応性とともに、彼等の素質をかなり高く評価してもよいと思った（梅棹　一九七五：四六七—四六八）。

ここで見逃せないのは、「島民人夫」が「駐在所の命令」による「徴用」だったことだろう。梅棹は、「人気男アンドレアス」をはじめとする「島民人夫」の活躍を記録しているが、隊員たちがあくまでも支配者として彼らに接していることは確かである。

なお、ポナペはコロールほどには日本語教育は普及しておらず、残された梅棹のフィールドノート（国立民族学博物館所蔵）をみると、現地で彼がポナペ語の学習に励んでいた様子もうかがえる。隊員一行と「島民人夫」のコミュニケーションがどのようにおこなわれたのか、さだかではないが、おそらく「人夫頭」のカテルシャンとは日本語とポナペ語のちゃんぽんでやりとりしたのではないかと思われる（図表8–3）。

二八日、隊員とカテルシャンはナナラウト山の頂上へ。頂上で北方を遥拝し、カテルシャンとともに万歳三唱をおこなった。今西によると、誰かが「ニューギニアは見えないか」と叫んだりもしたという（今西一九四二b：一四一）。その後、周辺の植物（中尾、吉良）、陸水及び陸水中の生物（梅棹）、蟻（森下）、陸産貝類（吉良）の標本などを採集した。

二九日、キチー川に沿って下山を開始。三〇日、河口（ロンキチ）のナンペイ商会（第七章参照）のクラブに旅装を解き、ここで「島民人夫」たちと別れる。山間部での生態調査は終了した。

三一日、オネ村に移動、船で先着した吉良が交渉し、村長ルウエランから新築の一棟を借り受けることができた。以降、ここを宿舎に、およそ一週間、日本人がほとんどおらず、ポナペ島でもっとも伝統的な生活が残るオネで「島民の生態」を中心に調査を実施する。オネ村では日本語があまり通じなかったが――若い頃に英語を習ったことがある村長とは英語でやりとりした――、村民たちは非常に親切であった。九月三日には、事前の予告もなくいきなり住民の家庭を訪れ、分宿して、生活を観察するという乱暴な調査もおこなっている。その後、村のナニケン（副首長）訪問、家庭訪問、家系調査、ヤシ林調査、植生調査、陸水学研究などを手分けして実施。

九月八日、今西・森下の東回り班はオネを出発し、メタラニウムに向かった。翌九日、中尾・吉良・川喜田三名の西回り班出発。最後まで残った梅棹は一一日、先発した西回り班が手配した現地住民のボートに荷物を積んで村をあとにし、ロンキチで三名に合流。その後、それぞれ調査をおこないながら、順次コロニアの本部に帰着。資料の整理をおこないつつ、さらに調査を続けた。

二五日、日本郵船の横浜丸に乗船、トラック、サイパンを経て、一〇月八日朝、横浜港に帰着。彼らの出発直後に内地では学生の海外旅行禁止令が出、さらにポナペ島滞在中に、学生の卒業期三ヶ月繰り上げが発表されていた。京都に全員が戻ったのは一〇月一四日のことであった（梅棹　一九七五：三九九―四八九：無署名　一九四二：二六―三一）。(7)

訓練地としてのポナペ

それでは、ポナペ調査は、参加した学生たちにとってどのような経験だったのだろうか。

吉良の回想によれば、滞島の日が重なるにつれて、実際の「訓練」は思ったほど楽ではないことがわかってきたのだという。密林におおわれた〈島〉は思ったより広く、「不馴れな熱帯の風土」により行動が緩慢になった。降雨林のなかでは雨と汗で衣類はいつもしぼるようであり、しかも数百メートルの高さでも、しばらく立ち止まっていると冷たさを感じる。要するに、彼らは「もうポナペを馬鹿にしなくなった」のである。

他方、こうした調査を続けるなかで「この島のもつ特異性のいちじるしさ」が彼らの興味の中心になっていく。「予想していたよりもはるかに貧弱な生物界を、大洋による隔離の結果」と解釈することで「これらの特異性」を「大洋島社会の性格にもとづくもの」と位置づける考えに導かれたのだという。こうして、調査報告書を貫く「生態学的、社会学的立場」が定まった。やがて山を降りて、「島民の生活」に入り込んでいったとき、彼らの仕事への興味は頂点に達した。吉良は次のように述べている。

長い隔離の時代ののち、急激な近代文明の侵入をうけた大洋島の人間社会が、いかに変革をうけたか。それは探検の目標とする辺境の地に、つねにおこってゐる、もっとも重要な民族社会学の問題である。しかし、島民部落の滞在もそこそこに切り上げて、やうやく眼を外来者日本人の社会に転じはじめてまもなく、四五日の滞島期間はをはりを告げてしまった（吉良　一九七五ａ：五〇二―五〇三）。

そして、彼らはポナペ調査を通じて、学術調査の基本を今西から徹底的に教えられた。梅棹の言によれば、「あるきながら現象を観察し、議論をする。私たちはなまの自然をまえにして、それを自分の目で観察して解読する術を徹底的にたたきこまれた」。また、調査報告書の執筆過程では、学生たちが提出した原稿は今西により徹底的に直され、これは彼らにとってまたとない「文章修行」となった（梅棹　二〇〇二：六五）。同様のことは吉良も述べている。吉良によれば、ポナペ調査は、今西との盟約における「その第一回の契約履行であり、このグループの実力の瀬ぶみであった。三人は、この入門試験に合格した。ポナペ島の報告書つくりを機会に、われわれの学問的実力も、きびしくたたきあげられていった」のである（吉良　一九九一：二八）。

植民地研究としての『ポナペ島』

本章の最後に、改めて今西たちのポナペ調査隊が日本の南洋研究史のなかでもつ意味について考えておこう。

吉良もいうように、ポナペ調査は、〈島〉の自然（生物）から「島民」、日本人までを一貫した分析視角から捉えようとするものであり、それは『ポナペ島』の構成にも表れている。そして、こうした調査報告書を貫く視角は、戦後展開されることになる、今西学派のさまざまな成果――中尾と吉良の植物学、森下の動物学、川喜田の人類学上の業績から、梅棹の「文明の生態史観」まで――の出発点と評することができる（大串　一九九二）。

だが、それはまた同時に、南洋庁によるミクロネシア統治の産物でもあった。ポナペ調査隊がミクロネシアを訪れた当時、日本海軍による「一時占領」からは三十年近くが経過し、本書でここまでみてきたように、南洋興発による現地開発や、沖縄出身者を中心とする大量の移民の流入などによって「大洋島の人間社会」は大きな「変革」を遂げていた(8)。

そして、『ポナペ島』の第二部（「島民」）・第三部（「日本人」）は、「過去における島民の生活」から「南洋群島将来の展望」まで、ポナペ島を中心に、まさしくミクロネシアの島々で生じた「変革」の過程とその将来を広範なフィールドワークと文献調査に即して考えようとするものであった[9]。その意味で、『ポナペ島』は、第三章で検討した矢内原忠雄の『南洋群島』(一九三五)などと同じく、〈島〉を対象とした――「生態学的、社会学的立場」からする――植民地研究とみることができるだろう。

「熱帯探検の足ならし」という意味では、実際に「来るべき日」が到来することはなかった。だが、「戦時下」での今西たちのフィールドワークはこれ以降も続いていく。一九四二年五月から七月にかけて今西を隊長に北部大興安嶺探検がおこなわれ、そこにはポナペ調査に参加した吉良・梅棹・川喜田がくわわった。さらに今西・森下・中尾・梅棹は、四四年より、張家口に設立された西北研究所に赴任、彼らの念願だった「北方大陸」での学術調査を開始したが、現地で敗戦を迎え、大切なフィールドノートを隠しもち、命からがら日本へ引き揚げることになる。

それでは、ポナペ調査隊がミクロネシアから去ったあと、パラオ熱帯生物研究所を含む〈島〉の調査研究はどうなったのだろうか。次章以降、パラオ研の関係者を中心に、戦時下の南洋研究についてさらにみていこう。

注

(1) ベンゼン核のメンバーは、吉良・梅棹・川喜田のほか、藤田和夫(理学部学生)、和崎(本野)洋一(理学部学生)、伴豊(文学部学生)。彼らは、京大近くのしるこ屋の二階に今西を呼び出し、彼に学術探検の指導を頼み、ここに今西グループが誕生した。戦死した伴を除く五名は戦後、みな著名な研究者となった。なお、ベンゼン核メンバーのうち、藤田、伴は続く大興安嶺探検には参加している。

(2) この間の事情は不明だが、同じ学会の中心メンバー(幹事)であるとはいえ、「日本地政学」の提唱者で、今西らの登山家的・ナチュラリスト的な探検思想に批判的な小牧が調査隊のリーダーになっていたら、ポナペ調査はまったくの別物となっていただろう。小牧の思想と活動については、柴田(二〇一六)、小牧の「日本地政学」と今西学派の関係については、山野（一九九九：一一三二）を参照。

（3）なお、当日の「研究所日誌」に、羽根田の名前は記録されている。土方日記にも今西一行のことは記されていないが、これは今西たちが物産陳列所を訪問した日（二一日）、彼が出勤していなかったからだろう。また、時岡隆と梅棹忠夫は京都帝大理学部の動物学科で先輩・後輩の関係にあるが、おそらくまだ梅棹は京大に入学したばかりで、お互いの存在を意識していなかったのだと思われる。ちなみに、第十章で述べるように、アジア・太平洋戦争末期、西北研究所の研究員として張家口に向かう途中、梅棹忠夫は、徴兵され軍務についていた時岡隆と北京で偶然出会うことになる。

（4）第四章でみたように、一九三九年一月、七年ぶりにコロールに戻った土方久功は、すっかり日本化した街の様子に驚いていたが、現地が初めての梅棹にとって、それが当たり前の姿であっただろう。

（5）菊地暁は、こうした記述について、若き梅棹が「帝国日本」の躍進を肯定し、「沖縄県人」への差別的な視線も有する、ごく普通の「時代の子」である一方、植民地統治の不体裁な現実を鋭くえぐり出すものだと評している（菊地　二〇一三）。今西の「添削」が入っている可能性も否定できないが、同感である。

また、梅棹は、コロールの街で彼が感じ取ったニューギニア進出熱についてもくわしく記録している。梅棹によると、彼らが出会った公学校の校長は熱っぽく「ニューギニア進駐」を語り、街では「若人よ、立て！　蘭印の陽は招く！」と呼びかける扇情的なポスターや、ニューギニア進出を目指す「南方挺身隊」への入隊申し込み所の看板をあちこちでみかけたという（梅棹　一九七五：四〇九—四一〇）。

（6）一九一〇年、ジョカージ地区の住民が起こしたドイツ政庁への蜂起事件（野畑　一九九〇）。

（7）日にちについては、梅棹の「紀行」と、「ポナペ島調査隊日記」（『京都探検地理学会年報』第三輯）で合わないところがある。ここでは「調査隊日記」の記述にしたがった。

（8）もちろん、日本以前に、ミクロネシアはスペイン、ドイツによる統治を経験していたが、現地の自然と社会の変化という点では日本統治時代のそれは圧倒的であったといえる。

（9）ただし、第三部の「日本人」に関しては、吉良もいうとおり、フィールドワークに当てられる時間がほとんど残っておらず、また執筆者が先に帰京した浅井辰郎であることもあり、ほとんどが文献資料にもとづく記述である。

第九章　さらに南へ！——戦時下のパラオ熱帯生物研究所とニューギニア資源調査

かくてパラオ熱帯生物研究所は今や我国南方科学陣の最尖端に立ち、熱帯の酷熱を制しつゝ奮闘してゐるのである。この状態にして幸い躍進の一路のみを追はんか必ずや近き将来に於て日本の熱帯動物学は世界其学の指導的位置に上るや自明であり、国力南進の平和的進出の一方における先駆者の責を果すものと信ずるのである（加藤　一九四〇：三七）。

第一節　アジア・太平洋戦争とパラオ熱帯生物研究所

「科学南進」とパラオ研

冒頭に掲げたのは、パラオ研活動期間の「後期」にあたる一九三九年四月にパラオに派遣され、最後は研究所の閉鎖を見届けることになる加藤源治が『科学』四〇年七月号に発表したパラオ研の紹介記事（「研究所概観——パラオ熱帯生物研究所の現在」）の一節である。第六章でみたように、研究員にはそれぞれの苦悩もあったとはいえ、ここからは、開設から六年が経過し、研究所の活動が順調に進んでいた様子がうかがえる。

同時期、一般誌でパラオ研の紹介をおこなった研究員は加藤だけではない。たとえば羽根田弥太は、『科学画報』四〇年八月号に寄稿した「生物学の南進基地——パラオ熱帯生物研究所」のなかで次のように述べている。

欧州諸国の跡を尋ねてみるのに、先づ科学南進を第一とし、然る跡に植民の基礎を確立した。純学術的調査の基礎なくして所期の目的を達することの不可能なのは、あまりにも明白であるが、従来我が国においては事実はこれと反する場合が多かった。

パラオに熱帯生物研究所が出来たこと、それだけで我が学界の大きい進歩であらう。規模は内地の臨海実験所に遠く及ぶべきもないが、南洋庁始め各方面の支持と所長委員以下研究員の努力に依て、内容を充実し今後益々活発に行はれんとしてゐる。欧州戦局の進展に伴って南方への関心重大の折から、将来この研究所を中心に更に南へと、研究範囲を拡大されるであらうことは想像に難くない（羽根田　一九四〇：八八）。

ふたりの文章に共通するのは、何よりもパラオ研の活動が日本の南進と結びつけて語られていることである。では、なぜこの時期「科学南進」だったのか。

もちろん、そこには、いわゆる南進政策の国策化という事態がかかわっている。日本の国策構想に南方問題が初めて取り上げられたのは、一九三六年八月の五相会議による「国策ノ基準」であり、これを契機に、南進は単なる「論」から「政策」になったといわれる（矢野　一九七九：一八二）。さらに四〇年七月には、第二次近衛内閣が「大東亜新秩序」建設をうたう「基本国策要綱」を閣議決定し、日本は決定的に南進政策へと踏み出していく。先の加藤や羽根田の意気軒昂な言葉は、こうしたなかで「南進拠点としての南洋群島」（平野義太郎）の社会的プレゼンスが高まった状況を反映するものといってよい。

実際、その頃には、パラオ研関係者にとどまらず、多くの南洋研究者が、自分たちの研究成果を社会にアピールするようになっていた。たとえば、雑誌『海を越えて』三八年一二月号に掲載された「学者の観た南洋群島」と題する座談会（一一月一日、東京の学士会館で開催）では、パラオ研への派遣期間を終えたばかりの阿部宗明、羽根田弥太（一回目）、元田茂（同）の三名の研究員にくわえ、第七章で検討した八幡一郎（考古学）、杉浦健一（民族学者）なども参加し、それぞれの立場から、〈島〉における研究の意義を語っている（八幡ほか 一九三八：二一―一三）。[1]

また、一九四〇年と四一年に太平洋協会から相次いで刊行された『南洋諸島――自然と資源』と『大南洋――文化と農業』の二冊は、この時期のミクロネシアに対する学術的関心の高まりを示す代表的著作である（太平洋協会 一九四〇：一九四一）。そこには、畑井新喜司、長谷部言人、田山利三郎、八幡一郎、杉浦健一（さらに江崎悌三、中川善之助）など、これまで本書に登場した南洋研究者（「日本が有する斯界の最高権威」）が論考を寄せ、「大東亜新秩序」建設のため、南洋の「自然と資源」「文化と農業」に関する科学研究をおこなうことの重要性が語られた。[2][3]

南洋庁とパラオ研

では、その頃、南洋庁のパラオ研への支援はどうなっていたのだろうか。

第四章で述べたように、南洋群島開発調査委員会（拓務省）の答申にもとづき、一九三六年から、現地では南洋群島開発十箇年計画が実行に移されていた。田山利三郎が鉱業部長をつとめた南洋庁熱帯産業研究所は、この答申によって設立されたが（第七章）、パラオ研に対しても、三八年以降、毎年寄付がおこなわれるとともに、阿刀田研二（主事）は、南洋庁の堂本貞一（内務部長）に協力して、研究所運営にあたっていた（第六章）。

そして、ここで注目されるのは、その堂本貞一が、雑誌『南洋』三九年一一月号に寄稿した「南洋群島の[4]

地位」と題する論考である。堂本によると、南洋群島開発調査委員会の答申により、三六年に「所謂南洋群島開発十年《ママ》計画」の実施をみたが、この答申の趣旨は「南洋群島を帝国の構成部分として不可分の一体とし、南方発展の有力なる拠点たらしめねばならぬとの見地」に立脚したものであり、「南洋群島を開発し、更に群島を根拠として南方経済発展を策せん」がために、南洋拓殖の設立などもおこなわれた。

　だが、「支那事変」（日中戦争）や「欧州の変局」（第二次世界大戦勃発）といった情勢に対しては、もはや従来のような小規模の計画では対応できない。「外南洋の経済的活力」を無視しては、日満支の「東亜の新秩序」を建設することは不可能であるため、従来の計画にかわり、次年度から「群島の基本的重要施設を五年間に整備する案」を準備中だという（堂本　一九三九：四―六）。以上の発言からは、ミクロネシアを南方進出の拠点にするという、国際連盟脱退後の南洋庁の政策課題が、三〇年代末の国際情勢を受け、より重要性を増していた状況がうかがえる。

　堂本は、次年度からの計画として、「航空保安施設の拡充」「港湾施設の拡充」などと並んで、「熱帯研究機関の新設」を挙げている。現有の熱帯産業研究所の「拡充整備」にくわえて、熱帯病・栄養・保健などの研究をおこなう「衛生研究の機関」、さらに「科学研究機関を設け、熱帯に関する各般の科学的研究を遂げ度い」という。それはパラオ熱帯生物研究所を最終的には「熱帯大学」にまで発展させるという遠大な計画である。堂本は次のように述べている。

　現に、パラオに学術振興会の設けた小規模の熱帯生物研究所なるものがあるが、私共、そこに研究に没頭して居る学者の姿を見ると自ら頭が下がる。そして、極めて設備は小さいが、研究の結果は、世界の学会にも認められて、日本科学の為めに気を吐いて居る現状をも考へ、此の施設には大きな期待をかけて居るのである。私共は此の施設を種子として、将来、熱帯大学にまで発展させ、こゝに熱帯科学研究の一大殿堂を打ち建て度いと念願して居るのである（堂本　一九三九：七）。

朝鮮・台湾の両総督府に比べれば、人口僅少で、予算規模も小さい南洋群島に「熱帯大学」を創設するというのは、夢想のようにみえるのも確かである。だが、翌四〇年、新たに立案された南洋庁の開発計画でも、パラオ研の実績をふまえて、「熱帯科学研究所」の設立が提言されている（南洋庁　一九四〇：二九―三〇）[5]。ここには、南進の国策化を追い風に、南洋庁が自信を深めていた姿を看取すべきだろう。

実際、この計画にもとづいて、四一年の秋には、堂本貞一と緒方勉（海軍武官）が発起人となり、パラオの官民有力者に呼びかけて「パラオ熱帯生物研究所拡張案」が企画されている。当時、内地に戻っていた所長の畑井には内密のまま、その第一期実行案として「畑井所長官舎造営寄附」が発案され、学振との交渉を経て、工事も始まった（無署名　一九四二a：三五）。

それでは、当時、パラオに滞在していた研究員はどのような研究生活を送っていたのだろうか。第六章で所長代理としての阿刀田研二の苦悩について述べたが、彼の回想によれば、トラック・マーシャルへの旅からパラオに戻り、土方を友に得て「初めて精神が安定した」のであった。そこで、次にパラオ研の研究員と土方久功の交流を中心に、一九四〇年頃のコロールの様子をみていこう。

土方久功とともに

私と言えば既に南洋に十年余もいたのだったが、日本人のいないサトワヌ島と言う小島に七年もいて、再びパラオに出て来てみると、パラオはすっかり変りはてて居り、殊に役所（南洋庁）のあったコロール島は、殆ど日本人の島になり、カフェーや料理屋が何軒も出来て居り、南洋拓殖とか南興水産とかいう、一応の大会社が来て居り[6]、昔の、言わば眠ったような南洋ではなくなってしまっていたので、私も大いに戸惑って、結局お役所につとめていたのだった。しかし十年もの間、島民の中にめりこんでいた私には、お役所や会社員とは何ともそりをあわせることが出来なかったので、親しい交友と言っては熱帯生物研究所に来ている若い学者ぐらいのものだった。そこへ敦ちゃんが来て、私たちのグループに飛びこんで来たのだった（土方　一九九一：三二一）。

ここで掲げたのは、戦後、土方久功が、作家・中島敦とのパラオでの交流について綴った未発表原稿「トンちゃんとの旅」の一節である。第四章でみたように、一九三九年一月五日、サタワル（サトワヌ）から七年ぶりにコロールに戻った土方は、南洋庁に嘱託としてつとめるようになった。そこで土方が親しくなったのが、パラオ研「後期」の研究員と、結核療養をかね、南洋庁教科書編纂掛としてコロールに赴任してきた中島敦である。以下、少し煩雑になるが、土方日記などにもとづいて、土方と研究員、中島の交流について眺めておこう。

先述したとおり、南洋庁の仕事が決まったあと、土方はいったん内地に戻り、八月八日、再びコロールに帰島する。土方日記にパラオ研のことがはじめて登場するのは八月一九日で、この日、土方は友人たちとともに研究所の見学に訪れた（須藤・清水　二〇一四：八二）。その後、土方はパラオの南方離島へ調査に出かけ、一〇月、再び知人を研究所に案内しているが、まだ研究員との個人的な付き合いは始まっていない。

一二月二一日、二回目の派遣となる羽根田弥太が飛行艇で来島する。二三日、土方は、旧知の羽根田に会うため研究所に出かけ（須藤・清水　二〇一四：一五一）[7]、この頃から、パラオ研の和田清治、加藤源治、阿刀田研二とも急速に親しくなったようである。その後、土方は、彼らと一緒に研究所の採集船で岩山湾へ調査に出向いたり、カヤンゲル環礁で正月を迎えるべく、年末から年始にかけて、和田、加藤、羽根田らとともに、パラオ本島へ旅行に出かけたりしている[8]。

翌四〇年二月一八日、発光生物の調査のため、羽根田はポナペ島経由でラバウル（オーストラリア委任統治領）に向かい（羽根田　一九四一a：五七―六九：一九四一b：七五―八三）、そのまま内地に帰還した。そして、羽根田がコロールを去ったあと、土方が特に親しくつきあったのが和田清治である。土方は、この時期、パラオを訪れた画家・赤松俊子――のちの丸木俊。丸木位里・俊による原爆の絵で知られる――とも親しくなったが（赤松のコロール滞在は一月から三月まで）、三月には、赤松、和田と三人で、カヤンゲル環礁への小旅行に出かけている。(9)

土方と和田清治の付き合いはその後も続き、土方日記によると、その頃、土方が進めていたクレーマー（第一章参照）の翻訳を手伝ってもらったりしている。和田にとっても土方との付き合いは単なる息抜きとはいえない面があり、羽根田は、和田が土方から直々に民族学、人類学の手ほどきを受けた「土方の高弟」と呼んでいる（羽根田　一九五五：三）。また、その後、和田は、『科学南洋』に現地語による動物名の論文も発表しているが、こうした研究は土方の協力なしには不可能だったろう（和田　一九四二：六一―七一）。

四一年七月一〇日に和田清治は内地に帰還したが、彼と入れ替わるように来島し（七月六日）、新たに彼らの仲間入りしたのが、作家・中島敦であった。中島敦のミクロネシア経験や彼と土方の交流については、すでに多くの研究があるので（岡谷　二〇〇七：小谷　二〇一九）、ここでは詳細にはふみ込まず、中島が妻に送った手紙のなかで、パラオ研について語っている部分を紹介するにとどめよう。

> 土方さんの所へ集まってくるのは、みんなカワッタ人ばかり。熱帯生物研究所の人で、鰹の脳の中の水分について、研究して居る人［松井喜三］や、目高の心臓の研究をしている学者［加藤源治］などがやって来る。中々面白いよ（中島　二〇〇一：一四五）。

図表 9-1　パラオでの古畑種基の血液型検査

出典：蟹江由紀氏提供。

七月二〇日、三回目の派遣となる羽根田弥太が日本郵船のパラオ丸で来島した。今度は、日本学術振興会の補助を受け、ミクロネシアで血液型検査をおこなう古畑種基（東京帝大医学部教授）とその息子（定基、写真技師として参加）のつきそいという形である。なお、パラオ丸には、杉浦健一と泉井久之助（京都帝大文学部助教授）、さらに前章で検討をくわえた今西錦司率いる京都探検地理学会のポナペ調査隊一行も乗船していた。ただし、パラオ研関係者とポナペ調査隊のあいだで交流が生まれなかったのは、先に述べたとおりである（第八章参照）。ともあれ、翌日、土方は、旧知の杉浦、泉井とさっそく交流し（須藤・清水　二〇一四：三六八）、その後、杉浦の調査にも同行しているが、ここでは省略する。

古畑は、コロール島の公学校の生徒男子百二十三名、女子九十二名について、血液型と指紋、掌紋を調べ、血液型についてはパラオ研の実験室を借りて検査をおこなった（古畑・羽根田・吉江一九四三：一三三―一四八）。彼らのパラオ滞在は八月二六日までの約一ヶ月で、その間、古畑種基も研究所の宿舎に寝泊まりした。土方は古畑の講演を聴きにいったり、彼らの調査を見学に公学校に出かけたりしている（図表9―1）。

その後も土方と研究員との交流は続くが、土方日記からは、一一月頃から、特に阿刀田研二と会う機会が増え、彼が土方の宿舎に入り浸っていた様子もうかがえる。第六章で述べたように、阿刀田は、所長代理の仕事や研究所の人間関係に疲れ果て、「逃避行」に出かけたこともあったが、年上で、研究所と利害関係をもたない土方には甘えることができたのだろう。

だが、間もなく、パラオ熱帯生物研究所の存続自体を危うくする事態が勃発する。一九四一年一二月八日のアジア・太平洋戦争の開戦である。

ラジオ放送と開戦

一九四一年一二月七日、九月に開局したばかりのパラオ放送局（ＪＲＡＫ）から、「パラオ熱帯生物研究所を語る」と題するラジオ放送（短波）がおこなわれ、パラオ研からの現場中継に阿刀田研二、加藤源治、松井喜三が出演することになった(10)。

加藤によれば、午後六時三〇分から二十五分間の番組では、研究員の日常生活や採集船の活動、コオロギやカエル、オウムの声などが流されたが、放送の途中でスコールが来て、研究所の屋根をうつ雨の音が効果的だったという。彼は、この放送が終わって街に出たときの様子を次のように回想している。

この放送が終わってから、放送局の招待で金寿司にゆきビールを飲み、寿司を食べて九時過ぎに外に出てみたら、コロールの町は陸海軍の兵隊さんで一杯であったし、旅館はもちろんのこと飲食店という飲食店はどこも満員であった。私は阿刀田、松井両氏とともにアラバケツの宿舎へ帰る途上で私たちの得た結論として「戦争が始るな」という不安な実感であった(11)。

その翌日の一二月八日、朝のラジオで太平洋戦争に突入したことを知った。この日からパラオの町では官報以外の内地向け電報は一切停止、食料品や薬品の販売も禁止された（加藤　一九七二：九—一〇）。

また、パラオ放送局の職員だった久保田公平の回想によれば、翌朝、早起きの加藤から「戦争だぞ、号外を見ろ」とどなられ、通りに出てみると、電柱に新聞の特報が貼ってあったのだという。ちなみに、アメリカの諜報部はこのラジオ放送を傍受していたが、期待外れの「のんき」な放送にあきれると同時に、日本は電波においても欺いたと発表し、有名な放送になったらしい（日本放送協会総合放送文化研究所編修室　一九七二：五二—五三）。一二月九日には空襲警報が二回発令され、さらに翌四二年一月一〇日にも警報が出された。

加藤によれば、その後、彼がパラオを去る一九四三年六月まで、コロールの街で敵機の襲来をみることはなかった。だが、当然のことながら、アジア・太平洋戦争の開戦は、研究所の先行きに不透明さをもたらすことになる。第五章で試みた時期区分では、この頃からが研究所の「終焉期」である。

「時局切迫」を理由に、周囲から出発の延期を進言されたものの、開戦直前の一二月六日、畑井は、「重大時局にこそ所長は現地に居なければならぬ」として、横浜から山城丸でパラオに向けて出発した。その後、船が大阪停泊中に開戦のニュースが飛び込んできたが、畑井はそのままパラオに向かい、通常の三倍ほどかかったものの、四二年一月一日、無事に到着した（無署名　一九四二b：一六〇）。高橋敬三と羽根田弥太が、横浜と大阪で二度にわたって畑井の説得に当たったが、聞き入れられなかったらしい（加藤　一九八一：五）。

畑井と入れ替わるように、当時、研究所に滞在していた阿刀田研二と松井喜三は相次いで内地へと帰還する。所長代理の阿刀田の帰還は開戦前から決まっていたようだが、松井の場合は、彼が実験材料とするカツオの個体が戦争で手に入らなくなったので、早めに帰る決心をし、畑井に伺いを立てたのだという。内地とミクロネシアを結ぶ航路は不定期となり、阿刀田は、「戦時下」の第一便で一月八日にパラオを発ち、二四日に横浜着。松井は一月一二日にパラオを出航、二六日に横浜に到着した。松井の回想によれば、彼が乗船した船は、敵艦の攻撃を警戒してジグザグコースを通ったため、通常のおよそ倍の日数がかかったという（松井　一九七七：五）。

その後は加藤源治だけが研究所にとどまり、四二年四月に南洋庁職員（官房調査係）から研究員（現地委嘱）に転じた大平辰秋と、次に述べるように、四回目の来島（四二年三月二六日から七月三〇日）を果たした羽根田弥太を除けば、開戦後、新たに研究員としてパラオに赴任したのは、熊野正雄ただひとりである（四二年一〇月一四日から四三年一月八日）。

さらに、研究員の兄貴分だった土方久功も同時期に内地に引き揚げている。彼は、すっかり仲良くなった中島敦と一月一七日から三一日まで、最後の本島旅行をおこなったのち、三月四日、中島とともに、日本郵船のサイパン丸でパラオを離れた。後述するとおり、土方は二度とパラオの土をふむことはなかった。

また、先述した畑井所長の官舎は、四二年四月末に落成するが、加藤によると、畑井がこの宿舎を利用したのは、「この日から退島される五月七日までの一週間と、それから一ヶ月して再度来島された六月二五日から七月二八日までの三三日の計四〇日に過ぎなかった」という（加藤　一九七二：九）。

南進計画の蹉跌と研究所の終焉

開戦後、内地では空前の南方、南洋ブームが起こっており、「南方」や「南洋」と名のつく学術出版物の数はさらに増えていく（廣重　一九七三：二〇〇）。だが、東南アジア地域を占領下に置いたことは、ミクロネシアが「南方」あるいは「大東亜共栄圏」の一部になったことをも意味していた。むろん、対米戦争の戦略上、ミクロネシアの軍事的価値は高まり、この時期、各地で軍事基地の建設も急ピッチで進められた。しかし、東南アジアの南方占領地へと国内の関心は向かい、結果的に南洋群島は「第二線に後退」（無署名一九四三：八九）することになった。

そして、研究所にとって何より大きな問題は、内地との行き来を含め、パラオでの研究活動に支障が出ていたことだった。このような状況下、一九四二年五月、難局を打破すべく、当時コロール滞在中の畑井所長と研究員（羽根田、加藤、大平）のあいだで研究所の南方進出の計画が立てられることになる。その計画とは次のようなものであった。

畑井所長は、諸君及全岩山会員の協力によつてパラオ熱帯生物研究所は今日の如く充実した業績を挙げる事が出来た。今後はこれを基礎として更に一段の飛躍をなし南方へもつと進出し度いと思ふ。上京以来諸方面と協議し成案を得たので、此の機会にこの案の概略を発表して諸君の今後に於ける一層の奮起と協力とを願ひ度いと思ふ。とてバンダ海を中心とする地域の科学的重要性を説かれ、将来の南方調査に当つてこの地域こそは科学者にとつて最も興味ある対象となるであらう。自分はこれをバンダ圏と名付け、このバンダ圏に向つて大いに進出し度いと思ふ（以下略）（無署名　一九四二b：一六二）。

これは、畑井が帰京後の六月九日、岩山会の例会（東京）で語った言葉であり、これ以上の詳細は不明である。だが、関係者の証言などを突き合わせると、どうやら「バンダ圏」への進出計画には、大きくふたつの方向性が考えられていたようである。第一案は、当時、海軍がマカッサル（セレベス島）で計画していた研究所設立に便乗して南進をはかる計画、第二案が、これとは別にパラオ研自前で南進を目指す計画である。

羽根田や加藤の回想によれば、いったん内地に戻った畑井は、その後、海軍省の委嘱を受け、海軍研究所の候補地策定のため、マニラを経由してマカッサルへ向かった。いつ頃決まったかは不明だが、この海軍研究所の所長には畑井が内定しており、彼は旧オランダ統治時代の建物であるロッテルダム要塞を候補地に決定し、海軍省に報告したあと、六月二五日にコロールに帰島した。

一方、発光魚中の発光細菌の培養実験のため、ニューギニア方面へ出張した羽根田は、畑井とは別に、海軍司令部が置かれていたアンボン島で海軍当局と「研究所南進交渉」を実施する。羽根田によると、畑山少将から、「もしパラオ熱帯生物研究所の南進基地を望むなら、今ならアンボン市内にはオランダ人の立派な家が沢山あるので、いつでも世話をする」といわれ、「さすが海軍将官」だと感銘を覚えた。六月二七日、コロールに戻り、畑井に報告したところ、「先生自身も次便でアンボンに行こうと言われ、私達は顕微鏡を箱づめにして次便で行く準備をしていた」という（羽根田　一九七六：七〇）。

だが、そこへ内地から二通の電報が届いたことで、彼らの計画は頓挫する。これは、文部省からの公用電報であり、畑井をマニラの科学局（Bureau of Science）の司政長官、羽根田をシンガポールのラッフルズ博物館の司政官に推薦したいという内容であった。ふたりはこれを受諾し、第十章で述べるように、四二年暮れにそれぞれ新たな勤務地に向かうことになる。

畑井のマニラ行きが決定し、アンボンに移ることが断念された時点で、少なくとも第二案は放棄されたが、その後も、第一案の方向性で海軍との折衝は続けられたようである。だが、そもそも畑井が新研究所の所長からはずれることが確実になった段階で、パラオ熱帯生物研究所の南進計画は現実味を失ってしまったといってよい。結局、パラオ研の研究設備（研究器具や図書類）は海軍の研究所に移管され、加藤源治が新研究所に移ったものの、パラオ研は海軍マカッサル研究所へと吸収される結果に終わった(12)。

研究所を所轄する学術振興会の小委員会でどういう議論があったのかは不明だが、学振の年報には、ただ「同研究所ハ使命ヲ達成シタノデ昭和一八年度ヨリ事実上研究ハ行ハズ、建物ハ南洋庁ニ又内部研究設備ハ海軍省ニ寄付スルコトニナツタ」とのみ記されている（日本学術振興会　一九四三：四〇）。こうして、南洋庁をはじめとする現地関係者の期待もむなしく、一九四三年三月末でパラオ熱帯生物研究所は閉鎖され、和文誌（『科学南洋』）も終刊となった（五巻二号、四三年三月二五日刊行）。

閉鎖決定以降のパラオ研の様子について、加藤は次のように回想している。

昭和一八年一月七日サイパン丸で熊野氏が退島後は研究所関係者全員による片付けに追われる毎日となった。この年の三月末をもって研究所を閉鎖するようにとの指令も得ていたし、図書と研究資材一切はマカッサルに送る準備も急がれたし、建物や船などは南洋庁に移管する手筈が整っていた。三月末、雇人全員の解雇、加藤が海軍省の嘱託に発令。四月から五月にかけては図書と研究資材をマカッサル向け積出しのための板、クギ、縄などの購入、箱づくり、発送といった雑用で多忙だった。

こんな雑用が一段落して研究資材その他を送り出してみると、研究所内はガランとしてしまって、すべての機能が停止、電灯、電話も取りはずされてしまったさびしい風景を眺めつつ、私は六月一二日に空路日本へ発ち一一月までマカッサル研究所を創設するための仕事に従事した（加藤　一九七二：一〇一―一一）。

なお、ここで付言しておきたいのは、一冊だけとはいえ、研究所閉鎖後も欧文の研究報告（Palao Tropical Biological Station Studies）が刊行されたということである（二巻四号、四四年五月三〇日刊行）。当時、学術振興会でパラオ研の事務局をつとめていた新谷武衛によれば(13)、学振の理事のひとりが「報告は欧文でなく日本文で出せ、日本語で世界を圧すべきだ」と主張し、激論になったが、理事の長岡半太郎（物理学者）が理事会にかけて、従来どおり、欧文と決まったのだという（新谷　一九五四：五）。研究所開設後、日本とミクロネシアをめぐる国際情勢から影響を受けつつも、ここには、かろうじて最後まで残っていたパラオ研における「国際主義」の残滓をみてとることができる。

では、開戦後、パラオ研以外の調査研究はどうなったのか。内地―南洋航路は不定期となったため、当然、内地からミクロネシアを訪れて現地調査をおこなうことは困難になっていた。第七章でみたように、一九三七年以来、毎年、現地調査のため、パラオを訪れていた杉浦健一も、四一年を最後にコロールから引き揚げている。また、先に述べたとおり、二九年以来、長年にわたってミクロネシアに暮らした土方久功も四二年に内地に帰還した。

だが、パラオ研の南進計画は挫折したものの、南方占領地への関心が高まるなか、「科学南進」の拠点としてのミクロネシアの位置がすべて失われたわけではない。研究所閉鎖直前の一九四三年一月、パラオを経由してニューギニアに向かう資源調査の一大プロジェクトが実施された。その隊長をつとめたのが、長年、〈島〉で現地調査を続けてきた海洋地質学者・田山利三郎にほかならない。

第二節　田山利三郎と海軍ニューギニア資源調査隊

調査隊長・田山利三郎とニューギニア

一九四三年一月から約半年間、海軍による調査隊が西ニューギニア（旧オランダ領）で大規模な資源調査をおこなった。「戦争必勝に必要な重要地質鉱産、林産、農産資源の開発と基礎資料の蒐集」を目的とし、当初の計画では、調査隊員だけで奏任七十三名、判任二百九十一名、助手五十名。戦前の日本で実施された学術調査のなかでおそらく最も大規模なものである。

全体の隊長にニューギニア民政府調査局長の足立主計大佐、本隊である資源調査隊の隊長には田山利三郎が就任した。調査隊一行は、内地からパラオを経てニューギニアに向かい、パラオ研の大平辰秋（現地嘱託）も途中から隊に合流した。

それでは、資源調査の対象としてニューギニアが選ばれた理由はどこにあるのだろうか。大東亜共栄圏構想において、南方占領地は資源圏とみなされていたが、そのなかでもなぜ西ニューギニアだったのか。

まずニューギニアの占領過程を確認しておくと、日本軍は、四二年三月にニューギニア上陸作戦を開始し、西ニューギニア方面の占領が終了したのは四月である。その後、一〇月には海軍軍政区域となり、オランダ植民地政府（オランダ領東インド）の地方政庁所在地であったマノクワリにニューギニア民政府が置かれた。

そして、ここで見逃せないのは、海軍は当初よりニューギニアの資源に注目しており、ニューギニア民政府の最大任務がまさしく資源調査にあったということである（太田　一九八五：六四―八一）。調査隊が現地に到着から二ヶ月後（三月）、刊行された太平洋協会編『ニューギニアの自然と民族』（一九四三）の序文で、平野義太郎は、ニューギニアで資源調査をおこなう意義について、次のように述べている。

> 大東亜共栄圏を安固に建設発展せしめんがためには、その西南方域及び東南方域における防衛基地が確保されねばならぬ。米英の大西洋勢力が印度洋を越えて太平洋へ闖入するに対してマライ半島及びスマトラが、この西南地区の要衝基地であるとすれば、米英豪の連合勢力が東南太平洋より大東亜海を窺ふに対しては、ニューギニア及びニューブリテン・ソロモン諸島を含むメラネシア群島が、まさに大東亜共栄圏の東南地区における重要な要衝基地にほかならない。（中略）マライ半島スマトラより環状島嶼を以て大東亜に繋る大陸造山帯のこの地形は、ニューギニアそのものが、大東亜に属しつつ、アジア大陸との連関において、大東亜防衛の重要な東南堡塁たる役目をも示すものである。

平野によれば、かねてより日本人は「大ニューギニアを開拓せんとする熱意に燃えて」種々の外交交渉に努めてきた。たとえば、かつて松岡静雄（第一章参照）が西ニューギニアに土地を租借しようとオランダ植民地政府と折衝したのもその現れであり、その後、南洋興発がマノクワリなどに農場や事業地を得た。だが、「旧蘭印政府」は、企業の制限や入国の制限・禁止をおこなうなど、日本人の発展を極力阻止してきたのであった。

このように、「大東亜共栄圏における国防線の基地として重要であり、しかも、古くから日本人が熱心に開拓発展せんとしたニューギニアがわが皇軍の裁定するところとなったのであるから、この未開の大島を開発することは、日本民族の使命」であり、この「世界の暗黒地帯」「謎の魔界」に対して「綜合的な大調査」を実施して、その本体をつかまなければならないのである（平野　一九四三：一―五）。

ただし、ニューギニアが選ばれた背景には、研究者側の事情もあったようである。当時、東京帝大理学部地理学科の学生で、第二班（資源科学研究所班）の一員として資源調査隊に参加した佐藤久（地理学者、戦後、東大教授）の回想によれば、文部省の資源科学諸学会連盟内で、ちょうど四二年一月に刊行されたばかりの金平亮三の『ニューギニヤ探検』が話題となり（第七章参照）、傘下の諸学会で合同調査をしてはどうかという話になった。だが、すでに戦争が始まっている以上、軍のバックアップが必要となる。そこで民政府のなかに調査局をつくり、その下部組織としてニューギニア調査隊が編制されることになったという（佐藤　二〇〇五：六五）。

では、なぜ田山利三郎が隊長だったのか。佐藤も述べているとおり、何といっても田山がニューギニアにおける調査経験者だったことが大きいが、さらに彼が三〇年代以降、積み重ねてきた南洋調査における海軍水路部との関係も見逃せない。第七章でみたように、一九三二年以降、田山は年の過半を〈島〉での調査に費やしてきたが、現地調査の際、海軍水路部の協力を得ることも多かった。実際、彼は海軍水路部の嘱託もつとめており、戦後は、その後進である海上保安庁水路部の測量課長と東北大学理学部教授を兼任することになる。こうした経歴と、資源調査という調査の目的を考えれば、海軍当局が田山を調査隊長としたのは当然といえるだろう。

調査隊の結成

海軍ニューギニア資源調査隊の計画が具体的に動き出したのは、一九四二年秋のことである。東京科学博物館から調査に参加し、第三班の班長をつとめた佐竹義輔（植物学者）によれば、一〇月三〇日、田山利三郎が博物館を訪れ、「博物館で一班を組織することになったから是非参加して頂きたい」という話があった。六つの班が各班二カ所ずつ計十二ケ所で六ヶ月間調査を実施、現地では飛行機、モーターボートをできるだけ使うという「大計画」であった（佐竹　一九六三：三―四）。また、当時、朝鮮総督府地質調査所の技師で、第五班の班長をつとめた波多江信廣（地質学者、戦後、鹿児島大教授）によれば、資源調査隊の実行計画は、田山が、東北帝大の師である矢部長克とともに、およそ一年かけて作り上げたものだったという（波多江一九六八：iii）。

その後、一一月一一日に軍部と調査隊との打ち合わせ会が芝水交社で開かれ、調査隊の概要が説明された。「戦争に必要なる資源を獲得」すると同時に「国家百年の基礎的調査」をおこなうことが調査隊の目的である。調査隊は本部と六つの調査班からなり、それ以外に「水上隊」と「衛生調査隊」を設置するが、「人の和が大事であるから、一班一校（所）とし、混成を避ける」という計画であった。この時点では、東北帝大（第一班）、資源科学研究所（第二班）、東京科学博物館（第三班）、京都帝大（第四班）、南洋庁（第五班）、南洋興発株式会社（第六班）の予定だった。また、資源調査隊の顧問には、田山とともに調査計画を立案した矢部長克が就任した(14)。

佐竹によると、各調査班は「地質班―水成資源調査、鉱物班―火成資源調査、林業班―林産資源調査、農業班―農産資源調査、測量班―土地測量と地図作製、医療班―隊員の医療と原住民の宣撫通訳、設営班―道路開設と宿舎設置」から構成される。少しややこしいが、各大学（所）による班内に、専門分野ごとの複数のグループを設けるという計画であった（佐竹　一九六三：三―四）。ただし、実際にはすべての分野の専門家がいる班（組織）は少なく、しかも次にみるように、班組織自体、現地で次々と再編成されることになる。

そして、田山利三郎の補佐役（総務）をつとめたのが、京城帝大の民族学者・泉靖一（当時、学生主事）であった。京城帝大と朝鮮総督府の関係者が隊にくわわることが決まったのは少しあとのことだが（一一月）、泉靖一は、それまで朝鮮半島や中国大陸で共同調査を積み重ねており（一九三九年の蒙彊学術探検隊など）、その経験が評価されたようである。

泉の回想によれば、三年間の兵役生活を終えて京城に戻ったあと、彼は、海外での民族調査の機会を探っていた。一九四二年の秋、太平洋協会から連絡があり、東京で田山と会って、彼に協力して調査隊の編制に努力しようと決心したのだという（泉　一九七二：二六二）[15]。なお、これに先立ち、泉靖一のところには太平洋協会からボルネオ調査の話もあったが、これを泉は断っており、彼に代わって、土方久功がボルネオに派遣されることになった。この件については、第十章で述べる。

パラオ経由ニューギニア行き

佐竹によると、科学博物館班の隊員は、一二月、探検の備品を準備したり、予防注射を受けたりして出発を待った。調査の性格上、出発日時は直前まで秘密とされていた。

翌四三年一月四日、太平洋協会の主宰で、資源調査隊の壮行会が鉄道会館で開催された。会に出席した京城帝大の田中正四（衛生学者）は、理事の鶴見祐輔をはじめ、平野義太郎、清野謙次といった有名人が勢揃いしている様子を皮肉交じりに記している（田中　一九六一：一四二）。

一月一一日、いよいよ隊員一行は横浜港から乗船した。船は白山丸、妙高丸、勝鬨丸の三隻、ニューギニア民政府の職員や現地に進出する商社の従業員なども一緒であり、その総数は二千名を越えたようである。調査隊員は白山丸と妙高丸に分かれて乗り込んだが、「奏任嘱託」については外出許可が出たため、その夜はいったん帰宅し、翌日再び乗船。荷役に時間がかかり、横浜港出航は一三日朝となった。

船は横須賀に寄港し、ここから警備にあたる陸戦隊が乗船、潜水艦による攻撃にそなえて駆潜艇の護衛もついた。また、敵から発見されるのを避けるため、夜間の甲板での喫煙などは厳禁とされた。一四日、白浜沖で敵潜水艦に接近されたが、幸い魚雷を発射される前に撃沈させたという。なお、勝鬨丸は呉軍港出航後、船団と別れたため、パラオ、ニューギニアに向かったのは白山丸と妙高丸の二隻である。

その後、進路をカモフラージュするため、白山丸と妙高丸は別航路をとったが、天草沖で合流し、一路パラオへと南下した。船団が日本本土を離れるときが一番危険なので、さらに駆逐艦と戦闘機が護衛についた。波多江によると、妙高丸は元荷物船のため船内の居住空間が劣悪で、当初、隊員のあいだの不満も高かったようである。だが、もう一隻の白山丸では毎日厳重な避難訓練がおこなわれ、研究会や講演会も開催されるなど船内生活の自由は少なかったが、妙高丸では避難訓練もせず、毎日読書や雑談、碁、将棋などをしてのんびり過ごせたという（波多江　一九六四：一一）。

一月二四日、船団は無事パラオ・コロールに到着。士官待遇者は陸泊が許されているため、ホテルや旅館、パラオ熱帯生物研究所の官舎——先に述べたように、もともとは畑井新喜司のために建設されたものだった——、田山利三郎の官舎などに分泊した。コロール滞在の十日間、ニューギニアでの調査に備えて、毎日のように「班長会議」「調査懇談会」が開かれたが、科学博物館班の一行はパラオ研の見学をおこない、田山とともに、研究所の船でサンゴ礁を見学したり、パラオ本島（バベルダオブ島）を巡見したりもしている。

図表 9-2　マノクワリの調査隊宿舎

出典：佐竹義輔『西イリアン記』(1963)。

なお、当時、加藤源治は内地に戻っていたので、研究所にいた研究員は、現地嘱託の大平辰秋だけである。ただし、研究所のマカッサルへの移転にともない、「臨時嘱託」となった熱帯産業研究所技手の熊沢誠義（昆虫学者）——その後、熊沢もマカッサル研究所研究員（農林水産部所属）となる——もおり、彼ら二名が調査隊の対応にあたった。また、大平は、ここから第一班（東北帝大班）にくわわり、白山丸に乗り込んだ。

二月三日、再び調査隊を乗せた船団はコロールを出航した。五日、当時、海軍司令部が置かれ、調査の拠点とさだめられたマノクワリに到着。先に述べたように、マノクワリはかつて西ニューギニア（オランダ領）の地方政庁が置かれた街であり、南洋興発によるニューギニア開発の拠点でもあった。調査隊一行は大発（上陸用船艇）で上陸し、ベランダのついた大きな高床の木造家屋（教会跡）四棟に分かれて入り、約一ヶ月かけて調査計画を立てることになった（図表9-2）。

調査経過

ニューギニア資源調査隊は、当初、四百名以上の研究者を現地に派遣する計画であった。だが、先述した佐藤久によれば、調査隊結成時には総数二五〇名と予定の半分ほどになっており、現地では「それでも、そんなにいたかな、と思うほど少数になった印象（実員は一七〇名前後？）」だったという（佐藤　二〇〇五：六六―六七）。

これは、調査隊がニューギニアに向けて出発した時期がガダルカナル島（ソロモン諸島）の攻防戦が終わりを迎えようとした時期にあたっていたことが大きい。ガダルカナル島の戦いは、アジア・太平洋戦争の転換点となったことで知られるが、調査隊出発の頃には、もはや大規模な資源調査など実施できる状況ではなくなっていたと佐藤は述べている。実際、調査隊一行がマノクワリに入港してから五日後（二月九日）、大本営によってガダルカナル島からの日本軍「転進」――いうまでもなく、これは日本軍の敗退を意味する――が発表され、現地でこのニュースを知った調査隊一行は、不安な気持ちになったという。

現地到着後の二月一一日に発表された組織編制は図表9―3のとおりである。当初は南洋庁関係者で一班を組む予定だったが、第五班は、波多江信廣をはじめ、京城の関係者を中心に編制することになった。なお、波多江は、他の隊員から請われて、パラオで副隊長に就任し、田山を補佐することになった。波多江と泉を含めて、京城からの参加者が資源調査隊で果たした役割は大きく、田山は、彼らを京城組と呼んでいる。

また、ここで改めて注目したいのが、南洋興発だけで一班を組織していることである。本書でみたように、南洋興発は学術調査に対して一貫して協力的であり、「南の会」の松本信廣（一九三七年）や、金平・田山（一九四〇年）のニューギニア調査も全面的に支援していた。ニューギニア資源調査隊における南洋興発班（第六班）結成は、会社創業以来、学術調査を支援してきた「海の満鉄」の本領発揮といえるだろう。

さて、当初の計画より参加者数は減ったとはいえ、それでも資源調査隊は大所帯である。しかも、ニューギニア民政府と軍とのあいだに挟まれ、本部の方針が猫の目のように変わるので、統制もまったくとれず、隊員のあいだでは不平も高まっていった（佐竹　一九六三：六三）。佐藤の回想によると、ニューギニア上陸後も、調査隊本部では連日連夜の会議で「話が違うじゃないか！　軍のいいなりになり過ぎる！　班の編制

図表 9-3　ニューギニア資源調査隊の組織編制

班名（主体となった大学・組織）	班長・主な班員（担当）
第 1 班（東北帝大）	田山利三郎（東北帝大、地質） 八木健三（東北帝大、鉱物） 大平辰秋（パラオ研、地理） 小林宏（京城帝大、医療）
第 2 班（資源科学研究所）	津山尚（資源研、植物） 野田光雄（満洲国立博物館、地質） 石橋正夫（資源研、鉱物） 松山三樹男（岐阜農専、農業） 田中正四（京城帝大、医療）
第 3 班（科学博物館）	佐竹義輔（科学博物館、植物） 井尻正二（同、地質） 杉山隆二（同、鉱物） 長戸一雄（農業教育専門学校、農業） 服部敏（京城帝大、医療）
第 4 班（京都帝大）	小畠信夫（京都帝大、地質） 梅垣嘉次（同、鉱物） 三木茂（同、植物） 梶田茂（同、林業） 森本勇（宇都宮農専、農業）
第 5 班（寄せ集め、京城帝大）	波多江信廣（朝鮮総督府地質調査所、地質・鉱物） 長沢徹（小川香料、林業） 鈴木誠（京城帝大、医療） 飯山達夫（朝鮮鉄道局、写真）
第 6 班（南洋興発）	兼松四郎（南洋興発、鉱物） 大西宏（東北帝大、地質） 出口宣三（南洋興発、林業） 湯本義香（台北帝大、医療）

出典：波多江信廣『西イリアンの思い出』（1968）などをもとに作成。

図表 9-4　ニューギニア資源調査隊における各班調査概要

班名	調査地域・日程概要	特記事項
第 1 班	・ランシキ湾からアルファックス山脈、アンギ湖（第 1 回）：約 40 日 ・ホ（ー）ランディア地方のセンタニ湖周囲、サイクロープ山脈の周囲（第 2 回）：約 40 日	
第 2 班	・マノクワリ南のアンダイから上陸して無人地帯を踏査：約 60 日（第 1 回） ・ヤーベン島（林業班、鉱物班別個に調査）（第 2 回） ・ビリ河の油田調査（第 3 回）	調査途中でパラオ人の隊員がマラリアで死亡 大部分のメンバーは第 1 回で帰国
第 3 班	・ヤムール地峡（ヘールヴィング湾からアラフラ海）踏査：約 80 日	先発隊（測量）と本隊（資源調査）に分かれて調査 途中で「特別任務」を負うオランダ時代の油田調査の報告書（隠匿されていた）を発見
第 4 班	・ワーレン（南洋興発の農場あり）からアンギ湖まで（第一回） ・モミから南下、ミオスワール島で温泉調査（第 2 回）：約 40 日 ・途中で林業班はワンダーメン半島の最高峰で林相の調査：約 2 ヶ月 ・セメント班（特別班）はワンダーメン沿岸でセメント工場の適地調査：約 2 ヶ月 ・他に地質鉱物班によるホーランディア近くの短期調査、林業班によるブラフィ下流地方の林業調査など	
第 5 班	・ホルナ炭田調査（第 1 回） ・ピアク島調査（第 2 回）：地下資源および医学調査 ・ドスネール調査（第 3 回） ・他に林業班も独自調査	主目的は炭田調査 パプア人の軍夫が一名病気で死亡
第 6 班	・ルンベルボン島の西南地域調査 西側から：約 70 日（第 1 回） 東側から：約 32 日（第 2 回）	現地で「特別任務」を負う 第 1 回目の際、全員がマラリアに罹患

出典：田山利三郎ほか「ニュウ・ギニア学術探検座談会」（1944）などをもとに作成。

も調査計画もクルクル変わる！　装備も不足だ！」といった意見が噴出し、田山や波多江、泉はかなり苦労したようである（佐藤　二〇〇五：六七）。第一次世界大戦中、文部省がミクロネシアに派遣した「南洋占領地」の視察でもみられたことだが（第一章参照）、異分野の研究者がともにおこなう共同調査の難しさである。

各班の調査地域・調査日程などを個別に記すと煩雑になるので、ここでは概要を表にまとめるにとどめる（図表9-4）。班によって異なるが、各班は、おおむね三回、地域を変えながら調査をおこなった。また、これとは別に本部付きの「別働隊」も組織されている。これは、現地住民から新たな情報が入ったときに調査をする部隊であり、船に乗って現地を確認するという形をとった。各班の調査開始後も計画変更は続き、戦局の悪化などのさまざまな条件が重なったとはいえ、隊員たちは最後まで本部の方針に翻弄され続けることになった。

なお、調査隊は、荷物運搬のため現地でパプア人の「苦力」を大勢雇ったが、ここで見逃せないのが、調査の補助としてパラオの「島民」も参加していることである。前年暮れにパラオ支庁がメンバーを募集し、約六十名が隊員として選ばれて、パラオから資源調査隊にくわわった（樋口　二〇〇三：三七―三八八）。現地調査の際、パラオ人一名（第二班）がマラリアなどで亡くなっている（田山ほか　一九四四：五二）。

その後、再度コロールで隊員の募集がおこなわれ、今度は「挺身隊」として、さらに三十名のパラオ人がニューギニアにわたった。「挺身隊」が現地に到着した八月末頃には現地の戦局はすっかり悪化していた。各班が各地に分かれて調査中の四月にはマノクワリへの爆撃が連日繰り返され、市街と港湾施設は消失してしまったという。

帰還

資源調査隊は大所帯のため、隊員たちの帰還はバラバラにおこなわれた。帰国の第一陣は佐竹義輔が率いる第三班（科学博物館）であり、六月四日、彼らは迎えにきた桑港丸に乗ってマノクワリを去った。船では負傷兵や重病患者、戦死者の遺体も一緒であった。

七日、パラオに着いたときの様子を佐竹は次のように記している。まだコロールには空襲はなかったが、いよいよ本格的攻撃も近いと感じさせる記録である。

五時から六時まで監視当番。パラオ島に接近し、危険区域に入ったので監視は愈々厳重、不安の念も強くなる。昼食近くパラオ諸島が見えて来た。（中略）十二時から十四時まで監視。飛行機が大分前からきているので非常に心強い。

マラカル水道からパラオ港に入る。この水道は西方の軍用水道より遥かに狭いが、通常、商船の出入する水道である。

パラオ港は相変らず御用船で賑わい、人間を満載した大発が右往左往している。誰の顔にもやっと人心地がついたという色が浮んでいる。内地へはまだ遥かに遠い。が何かしら内地の香がするのである。三田氏が遺体の処置について打合せに上陸。一時間ばかり後、帰ってきて棺をウインチで下ろす。山本中尉が輸送してきた負傷兵が上陸、重患者は担架のまま、ウインチで下ろす（佐竹　一九六三：三二四―三二五）。

翌日未明にはマラカル水道の入り口で三千トンの船が米軍の魚雷を受け、二十分で沈没した。「一日の違いで命拾いをしたことになる」と彼は述べている。

一〇日、佐竹は朝八時の便船で上陸したが、半年ぶりのコロールの街がすっかり様変わりしていることに驚いた。「ほとんど道の両側が兵隊で一ぱい」である一方、商店には「実に何もない」。官舎で少し休ませてもらおうとパラオ熱帯生物研究所を再訪したが、誰もみえずガランとしている。研究所は、資源調査隊がニューギニアで調査中の三月末ですでに閉鎖されていた。見知らぬ人がいるので、行きに世話になった熊沢誠義のことをたずねたが、彼はすでにマカッサル研究所に向けて出発したあとだった。代わりに、研究所の後片付けのため来島（五月一四日）していた加藤源治を呼んできてもらい、官舎で加藤からビールをご馳走になった（佐竹　一九六三：三一七）。

先に述べたとおり、加藤も一二日にパラオを飛行機で去ったので、佐竹たちは、その直前にパラオ研を訪れたことになる。その後、佐竹の一行は一九日にコロールを出航、潜水艦の恐怖におびえながら内地に向かい、二九日、呉軍港になんとか到着した。

また、波多江によれば、第三班（科学博物館）の出発後は、調査結果のまとめが済んだ班から帰国することにしたが、その頃には、大型船を利用することが必ずしも安全ではなくなっていた。そこで、パラオまでは調査隊に専属していた小型船を利用することにしたが、これらの小型船は羅針盤だけが頼りのため、パラオに到着するまで苦労したという（波多江　一九六八：一六七―一六八）。

なお、資源調査隊の総務をつとめた京城帝大の泉靖一は、八月末、飛行艇に一席空席があるので、これに便乗してパラオまで引き揚げよとの命令を受けてマノクワリを去った。パラオ、サイパンを経由して東京に戻ると、船で先に帰った京城組の田中正四、鈴木誠（人類学者）、小林宏志（法医学者）が桟橋で出迎えてくれたという（泉　一九七二：二八六―二八七）。秋頃まではすべての隊員の帰還が終了したが、隊長の田山と波多江は責任上、最後までマノクワリに残り、調査隊の成果の整理や後始末をおこなった（波多江　一九六八：二〇二）。また、パラオ研から調査隊に参加した大平も現地で残務処理をおこない、一一月にパラオに戻ったのだという（大平　一九六八：九）。

ちなみに、田中正四は、隊長の田山利三郎について、次のように評している。

田山さんはいい意味での人格者であった。殆ど怒った顔を見たことがない。隊員がどんな失礼なことを言っても、どんなつまらんことを言っても誰にも同じように応対していた。しかし隊長としての政治的手腕は極めてあやしいものであった。むしろ政治的手腕はないと批評した方があたっていた。曲がりなりにもニューギニア資源調査隊が、その目的を達し得たのは、田山さんの腕ではなくて、その〝人徳〟のせいであった（田中　一九六一：一六三）。

ほぼすべての調査隊員が内地に帰着してからおよそ半年後、連合軍のニューギニアへの侵攻が開始された。ガダルカナル島における敗北後、大本営はマーシャル諸島を除くミクロネシアと西ニューギニア、スンダ列島を結ぶ範囲を絶対国防圏とさだめ（四三年九月三〇日）、西ニューギニア各地で飛行場建設が進められた。だが、一九四四年二月には、ニューギニア資源調査隊の母体となったニューギニア民政府も解体され（太田一九八五：六四―八一）、四月以降、ニューギニア島西北部を海岸伝いに侵攻する連合軍に対して、日本軍はほとんど抵抗できぬまま敗走することになる。かつて資源調査隊が調査した地域からも膨大な数の犠牲者が出るが、そのほとんどは餓死や病死だったといわれる。

注

（1）『海を越えて』は、海外植民を研究する目的で三六年に創設された拓殖奨励館が刊行する雑誌である。
（2）この座談会には、パラオ研にとって身近な存在だった堀良光（当時、南洋拓殖勤務）、和田連二（南洋真珠、のちにパラオ研研究員）も参加している。
（3）杉浦健一が『大南洋』に寄稿した「民族学と南洋群島統治」については、第七章で検討をくわえた。
（4）『南洋』は、一九一五年に創設された南洋協会が刊行し（三七年に『南洋協会会報』が改題）であり、南方開発において、当時もっとも権威をもつ雑誌であった。南洋協会については、第二章注１も参照。

（5）そこでは次のように述べられている。「現在パラオに日本学術振興会の設けたる熱帯生物研究所は、規模極めて小なれども、其の研究の結果は世界の学界にも認められ、大に日本科学の為め気を吐きつゝあり。／茲に大規模なる綜合的熱帯科学研究所を設け、熱帯に関する科学的基礎研究を各部門に亘り遂げせしむることは、蓋し文化的施設として世界に誇示するに足らん。仍て大方篤志家の義金を糾合し、財団法人とし、之が実現を期す。」

（6）南洋拓殖については、第四章参照。また、南興水産は、一九三五年に設立された南洋興発の子会社であり、三七年に南洋拓殖との共同経営になった（丹野　二〇一五：二六）。

（7）第四章で述べたように、三七年九月、ふたりは、当時、土方が暮らしていたサタワル島で出会い、その後、土方が一時、内地に戻ったときに再会していた。

（8）この時期、阿刀田はマーシャル諸島へ「逃避行」中だったので参加していない（第六章参照）。

（9）赤松俊子にとってもこのときのミクロネシア旅行は印象的だったようで、後年、自叙伝のなかで、パラオでの土方や和田との交流について回想している（丸木　一九七七：八六―九一）。

（10）番組名については、「社会見学（熱帯生物研究所より中継）」「南洋の動物」「パラオ便り」などという記録もある。

（11）土方日記によれば、夜、放送を聴きに行ったあと、宿舎にいたところ、放送局の知人（久保田公平）から電話で金寿司に呼ばれた。松井はデング熱だったので、阿刀田とふたりで出かけ、加藤もあとから合流したようである（須藤・清水　二〇一四：四〇八）。

（12）「研究所日誌」によると、四三年初めから、当時、研究所にいた加藤源治と大平辰秋が「研究所の南進 Macassar 移転の策」について、武官庁や内務部長の堂本と相談を始めているので、この頃にはパラオ研の閉鎖は決定されていたのだと思われる。

（13）新谷武衛は、畑井の東北帝大の教え子で、齋藤報恩会博物館から日本学術振興会に転じ、パラオ研の活動を側面から支えた。また第八章でみたように、一九三五年、齋藤報恩会とビショップ博物館による南洋学術探検隊がパラオを訪れた際には、畑井とともにコロールで一行を迎えた。

（14）佐藤久によると、矢部長克は、資源調査隊がニューギニア滞在中、一度、船で現地の視察・激励に訪れたこともあったようである（佐藤　二〇〇五：六五）。

（15）泉の回想によると、「田山利三郎さんに会ってみて、私はこの善意の人に強い親近感を覚えた。東北人らしい鈍重さと、すべてを善意でうけとろうとする人柄は、探検隊の隊長として立派であり、それにもまさって南海にたいする彼の情熱のはげしさにうたれた」のだという。

第十章　パラオから遠く離れて――パラオ研関係者のアジア・太平洋戦争

昭和二〇年六月昭南に帰りついて後、発光細菌アンプール封入保存法を防疫給水部隊長（葉山少将）に報告したところ、一夜二〇〇名の兵隊を使って発光実験をすることになり、前もって封入アンプールを兵隊に渡しおき、夜間演習の時より一五時間前にアンプールを破り、空気を入れるだけで光るか否かを試みたところ、ブキテマの暗黒の森で蛍が押しよせるような壮観で、演習は大成功、防疫給水部の手で二五万個の封入アンプールを作り、目下、実戦中のニューギニア、ビルマ、フィリッピンなどに送るため箱づめにされていた。昭和二〇年六月末のことであった。しかしそれから一ヶ月半、八月一五日に日本が降伏し、ついにこれらの発光アンプールは実戦には使われないままであった（羽根田　一九八五：一九―二〇）。

第一節　満洲へ・戦線へ

仙台から満洲へ

第九章で述べたように、アジア・太平洋戦争開戦後、〈島〉で調査研究をおこなうことは難しくなった。一九四三年三月末でパラオ熱帯生物研究所も閉鎖され、戦時下における研究者の関心は、東南アジアの南方占領地へと移っていく。そうしたなかで、海軍によるニューギニアの資源調査もおこなわれたのであった。

そして、研究所創設以来、パラオに派遣された歴代の研究員もまた戦時体制に巻き込まれていく。元所長の畑井新喜司を含め、研究所閉鎖後、占領下の東南アジアへ赴任した者がいる一方、派遣終了後における元研究員の経歴は多様である。そこで本章では、パラオ熱帯生物研究所の関係者を中心に、かつてミクロネシアで調査研究をおこなった研究者の戦時下における足跡を検討しよう。本章の目的は、〈島〉での調査経験が彼らの戦時下の活動とどのようにかかわっているかを考えることである。

パラオ研の研究員のその後に関して、まず注目されるのは、東北帝大理学部の出身者に、満洲にわたった者が目立つことである。パラオ研への派遣終了後、仙台から満洲に赴任した者は、江口元起、阿部襄、島津久健、阿刀田研二の四名を数える。順にみていこう。

地質学古生物学教室の副手時代の一九三四年、パラオに最初に派遣された江口元起は、二度のパラオ滞在（「草創期」）を経て三六年に渡満し、大倉組が遼寧省本渓湖に設立した媒鉄公司（製鉄企業）に勤務した。「満洲の曠野を時には生死の境に身をおきながら資源調査に奮闘した」という（石島　一九七八：二七九）。その後、三七年秋から、江口は吉林にある師道高等学校（四二年から師道大学）――満洲国に創設された唯一の高等師範学校であった――の教授となった。

そして、三九年から江口の同僚となったのが、やはりパラオ研「草創期」の研究員である阿部襄である（第六章参照）。阿部の回想によれば、江口から誘われ、三九年六月、彼は師道高校の生物学教授（「博物班」担当）として満洲に赴任した（阿部　一九七〇：二）。

師道高校（大学）時代の彼らの活動についてはわからないことが多いが、ふたりは、満洲在住の研究者が組織した満洲生物学会（三七年創設）にくわわり、会誌（『満洲生物学会会報』）や師道高校（大学）の紀要にも数編の論文を発表している。パラオでサンゴの分類に取り組んでいた江口は、中国大陸のサンゴ（化石サンゴを含む）や石炭地質などの研究をおこない（東北大学史料館　一九六八）、阿部は、松花江に生息するカワニナ（巻き貝）の行動やテントウムシの斑紋変異などの研究を進めた（阿部　一九七三：一一四）。

また、阿部は、満洲国の科学動員組織である科学技術聯合部会（四二年創設）が企画した長白山総合学術調査（一九四三年八月―九月初め）に動物班班長として参加し、翌四四年（七月末―八月初め）には、関東軍からの依頼により、ソ連との国境地帯である完達嶺の「野獣調査」も実施している。後者は、「軍の軍事行動のじゃまになる」動物の生息状態の調査を目的とし、軍の警護・運搬要員もついていたという（阿部　一九六六：九―一一三）。

なお、阿部によると、師道高校（大学）の学生は大部分が中国人で、ほかにモンゴル人、朝鮮人もいたが、日本人はほとんどいなかった。だが、日本国内で学徒出陣が始まった翌年（四四年）からは、理系・教員養成系の学校で徴兵猶予が継続されたこともあり、日本人学生の数が増えていった。それにともない、中国人学生との関係が複雑になったが、その頃から学生も勤労奉仕に動員される機会が増えていったという（阿部　一九七〇：六三―七三）。

さらに、「前期」にパラオ研に派遣されたが、カタリーナ（カトゥーナ）との恋愛が問題とされ、内地への帰還を余儀なくされた島津久健も、満洲国の首都が置かれた新京（現・長春）にわたっている。渡満の時期は不明だが、満洲生物学会の活動記録には四〇年から登場しており、江口、阿部、島津のあいだに交流があったことは確かである。また、島津は、『満洲生物学会会報』三巻二号（一九四〇）に、「新京動物園」という肩書きで、短い報告（共著）を寄せていることから、新京に新設された新京動物園（三八年着工、四〇年開園）につとめていたことがわかる（島津・高須賀　一九四〇：九六―九八）。

島津の動物園における職種は不明だが、彼の満洲行きの背景には、江口、阿部というふたりの先輩の存在のほかに、新京動物園の園長（中俣充司）の前任地が仙台市動物園であったこと（犬塚　二〇〇九：一五―二五）、次に述べる満洲国国立中央博物館（新京）と、パラオ研とも縁の深い齋藤報恩会博物館（仙台）とのあいだに人的交流があったことのいずれかが関係していると思われる。なお、一九三七年の父親（健之助）の逝去にともない、島津は渡満の頃には男爵の爵位を継いでいたが、カタリーナと再会することはなかった。

さらにまた、「後期」から所長代理としてパラオ研の現地責任者をつとめた阿刀田研二も内地への帰還後に渡満し、一九四四年五月から翌四五年一月まで、新京にある満洲国国立中央博物館に学芸官として勤務している（犬塚　一九九六：二五―二八：二〇一五：六六）。わずか半年の勤務であり、ほとんど実質的活動はできなかったはずだが、彼の満洲行きにも「仙台ネットワーク」（犬塚康博）がかかわっていたと考えられる。

なお、江口と阿刀田は満洲国崩壊の前に帰国しており、引き揚げの過酷な体験をせずにすんだ（江口は四一年に仙台高等工業学校教授、阿刀田は四五年一月に東北帝大助手として転出）。だが、敗戦後、阿部襄は吉林で抑留されたため、帰国は遅れた。また、島津久健についても、現地で応召した後、収容所入りしたという証言もある。敗戦後の阿部と島津の足跡については、第十一章で再び触れることにしよう。

召集

パラオに派遣された研究員の多くが比較的若かったことから、派遣後に徴兵された者もいる。元田茂によれば、彼と同時期（「前期」）にパラオに滞在していた林良二も応召し、林は日本敗戦後、シベリアで抑留生活を送ることになった。元田自身も、終戦前の短期間だが、海兵団の水兵となり、「屈辱的な生活を味わった」という（元田　一九八〇：二五）。また、川口四郎の場合は、一回目の派遣終了後の一九三七年九月から、充員召集によって中国大陸（中支・南支）を転戦することになった。彼は、三九年五月に除隊となり、同年一一月から二回目のパラオ研派遣を経験している（川口　一九九三：七―八）。

そして、日中戦争時から、おそらく最も長い軍隊生活を送ったのが、京都帝大出身の内海（弘）冨士夫である。彼は、一九三三年に大学院在籍のまま幹部候補生となっており（そのときは半年あまりで除隊）、パラオ派遣をはさんで二度にわたって応召し、中国や東南アジアの戦線で従軍した。内海の回想によると、東南アジアでの従軍中、マニラで畑井、高橋と再会したこともあったようである（内海 一九五四：三）。また、彼は帰還後、パラオ研での研究をまとめ、すでに出版先も決まっていたものの、戦争でその出版社がつぶれてしまったという（内海 一九七二：一）。ただし、内海は、二度の応召のあいだにまとめた労作『南洋群島科学文献集』を敗戦間際に北隆館から刊行しており、これは、今でもミクロネシア研究の基礎的な資料となっている（内海 一九四五）。

時岡隆と七三一部隊

さらに、応召した元研究員の動向で注目されるのが、内海の京都帝大における後輩であり、戦後、京大瀬戸臨海実験所でも彼の同僚となる時岡隆（第五章図表5–2参照）の戦争体験である。動物学教室におけるふたりの後輩にあたり、四一年にミクロネシア（パラオ、ポナペ）を調査で訪れたこともある梅棹忠夫（第八章参照）は、戦時中、従軍中の時岡と北京で遭遇するという珍しい経験をしている。このときのことは梅棹の回想録（『回想のモンゴル』一九九一）で語られているが、彼の証言は、単なる偶然の出会いということをこえて、戦時下の生物学者の活動として見逃せない。

梅棹は一九四四年五月、当時、蒙古聯合自治政府（日本の傀儡政権）の首都であった張家口に新設された西北研究所に所員として赴任する。梅棹は、所長となった今西錦司とともに、京都から張家口に向かったが、その途中、北京でばったり時岡と出会った。そのときのことを梅棹は次のように回想している。

北京では、モンゴルでの仕事にそなえて、いくつかの役所をたずねたようにおもうが、記憶がさだかではない。ただひとつ、はっきりおぼえているのは静生生物調査所である。これはむかしから有名な研究所であった。

そこへいってみると、門にはおおきな表札がかかっていて、「北支派遣第××部隊篠田隊」とかいてあった。門前に剣付き鉄砲の衛兵がたっていた。顔をみると、おどろいたことには、その兵隊は京大の動物学教室の先輩の時岡隆氏だった。かれは召集をうけて、この部隊に配置されていたのである（梅棹一九九一：二三—二四）。

部隊の責任者である篠田統は、やはり梅棹の動物学教室の先輩（内海・時岡のさらに上）にあたる昆虫学者であり、陸軍に文官（大佐相当）として勤務していた。梅棹によると、「篠田隊」は実質的には研究所であった。「篠田さんは、召集でひっぱりだされた生物学者を各部隊からもらいうけて」勤務させており、時岡も衛兵勤務が終わると研究室で顕微鏡をのぞいていたという。

梅棹は時岡についてこれ以上語っていない。だが、彼が出会った「篠田隊」は、陸軍防疫給水部、いわゆる七三一部隊に属し（第二部の篠田班）、そこでは細菌戦の研究がおこなわれていた。梅棹と今西は、四五年六月、内モンゴルで動物（ネズミなどの齧歯類）調査中の「篠田隊」に同行したこともあったという。戦後、篠田も時岡も「篠田隊」時代について沈黙しているが、かつてパラオ研でプランクトンやホヤ類の研究をしていた時岡は、戦争末期、中国大陸で意外な形で戦時体制に組み込まれていたのである(1)。

第二節　南方軍政とパラオ研関係者たち

畑井新喜司とフィリピン占領

戦時中のパラオ研関係者の活動で何といっても注目されるのは、南方占領地に向かった人びとである。パラオ研の南進計画は挫折したが、本章冒頭の羽根田弥太の回想が示すとおり、個人的に「科学南進」を果たした彼らもまた、さまざまな形で戦争と相対することになった。

第九章で述べたように、当初、海軍マカッサル研究所の所長には畑井新喜司が就任する予定であったが、パラオ滞在中の畑井のもとに届いた文部省からの電報を受けて、急きょ彼はマニラへ赴任することになった。これは、四二年六月、研究所の候補地を探すため、マカッサルに向かう途中、畑井がマニラに立ち寄ったのがきっかけだったようである。加藤源治によれば、マニラには畑井のアメリカ時代の友人や知古が多くおり、彼らから引き留められて、やむなくマカッサル研究所を断念したという（加藤　一九七二：一一）。

ただし、四二年五月以降、マカッサルを含めて、パラオ研の南方進出の可能性を探っていた畑井が陸軍司政長官としてマニラに赴任した背景には、現地に進駐する陸軍（第十四方面軍）の意向が大きくかかわっていたことは確かである。実際、加藤は畑井のマニラ行きは「陸軍のつよい要請」によるものだったとも回想しており（加藤　一九八〇：三五）、陸軍関係者は、シカゴ大学で学び、フィリピンにも広い人脈をもつ畑井を科学行政の責任者として最適と判断したのだろう。ともあれ、一一月二五日に正式に陸軍司政長官の発令がおり、やはりパラオ研の元研究員である高橋敬三（当時、東京文理大）とともに、畑井は一二月一一日、福岡飛行場からマニラに出発した。

残念ながら、畑井のフィリピンでの活動を伝える資料は少ない。だが、司政官として畑井に同行した高橋の回想によれば、マニラ入りした畑井は、年明けにはフィリピン科学局の顧問に就任する。畑井は、フィリピン行政委員会（比島行政府）長官であったホルヘ・B・バルガス（Jorge Bartolome Vargas）との会見をすませ、フィリピン側の責任者とともに、科学局の「再建」に取りかかった。なお、四二年七月に陸軍嘱託としてマニラに派遣された鹿野忠雄（生物地理学者・民族学者・考古学者）が、すでに軍政下で学術機関の整備や科学局にある民俗・考古資料などの保護を進めており、畑井の仕事はこれを引き継ぐものでもあったようである（山崎　一九九二：二一四―二一五）[2]。

ときに強権を振るいつつ、科学局の「再建」を矢継ぎ早に進めていった畑井の様子を、高橋は伝えている（高橋　一九六三：四面）。畑井により、フィリピン大学の研究室も含めて、それまで行政上、分散されていた研究部門は科学局に移管され、「人類及民俗、地質及土壌、動物、植物、物理及化学、博物館、科学図書館」の七局へと統合された。畑井は、研究員の人選や三月までの暫定予算の承認までの一連の作業を約四十日間でなしとげたという。念のため付言すれば、アメリカ統治時代に独立を約束されていたフィリピンについて、日本政府は大東亜共栄圏への協力を前提に独立を認めており、四三年一〇月にはフィリピン共和国が成立する。

そして、さらにここで注目しておきたいのは、畑井とバルガス長官の会見に関する高橋の次のような証言である。

> バルガス長官の話し《ママ》の中で米国人の人類学者ベイヤーの蒐集した膨大な標本が現在科学局、フィリピン大学、水産局に分散していて惜しい旨を聞かれて、先生はベイヤーにも会われて標本は全部まとめて科学局で保管する事を約された。

ここでいうベイヤーは、フィリピン人類学の先駆者であり、戦前、日本の人類学者、民族学者にもよく知られたフィリピン大学人類学教授のオトリー・ベイヤー（Otley Bayer）である。全京秀によれば、ベイヤーと鹿野は四三年に新設された比島先史研究所で協力して研究にあたったようだが（全　二〇一八：一〇五―一五六）、この研究所もまた、科学局「再建」の一環としてつくられたものだと考えられる。

さて、高橋によると、駐屯する陸軍が現地自給体制に入ったため、科学局の活動が軌道に乗ると、科学局への調査研究の依頼が増えていった。特に応用化学関係と、紙の再生や硫酸キニーネ（マラリア治療に用いられる）の製造が忙しくなったという。こうした状況下でも、畑井は、フィリピン人研究員の指導をおこない、毎週水曜日に研究員全員を講堂に集めてセミナーを実施した。畑井自身も自分の研究に関する講演を三回おこなったらしい。

また、畑井は、最初ホテル住まいだったが、三月下旬にはアパートに移り、さらに半年後の九月からは科学局正門前の接収家屋を官邸とした。マニラには、かつて畑井が教鞭をとったシカゴ大学の卒業生も大勢いたが、特にシカゴ大学の教え子であるゴメス博士と親しくしており、たびたび彼の私邸を訪問していたという。

四四年に入ると、フィリピンの食糧事情は悪化し、九月以降、米軍による空襲も激しくなっていく。業務連絡のため、九月末に畑井は東京に約四週間の出張（二回目）をおこなったが、マニラに帰任する頃にはすでに戦局は「悲観的段階」となっていた。「先生は万一の事態になっても任地で死ぬことは望む所であると申されて、敢然としてマニラに向われた」と高橋は回想している。

しかし、一二月四日、マニラの軍司令部や在住日本人はバキオに待避することになったため、ついに畑井は軍の命令で帰国する。七日、畑井たちはマニラを離れ、二年にわたる彼のフィリピン滞在は終わった。米軍が侵攻し、マニラが凄惨な市街戦の戦場となったのは、そのあとのことである。

加藤源治とマカッサル研究所

加藤の回想によれば、パラオ研の後片付けをすませ、六月一二日に空路でパラオを発ち、その後、東京でマカッサル研究所創設の準備に従事した。加藤の記憶では八月中に福岡、台北、マニラ、シンガポールを経由してマカッサルに向かい、マニラで畑井と高橋、シンガポールでは羽根田弥太とも再会した（加藤　一九八〇：三五）。

自分の上司となるマカッサル研究所の所長が畑井以外の人物になったことは加藤にとって不本意だったようである。畑井に代わって薗部一郎（元東京帝大農学部教授）が所長に就任したが、「この事実は私のその後のマカッサルでの研究活動その他に微妙に反映した」と彼は述べている（加藤　一九七二：一一）。なお、第九章で述べたとおり、パラオ研「終焉期」に「臨時嘱託」をつとめた熊沢誠義（昆虫学者）は、加藤より先にマカッサル研究所（農林水産部）に赴任していた。

では、改めてマカッサルはどのような研究所だったのだろうか。太田弘毅によれば、旧オランダ領時代、各種研究施設は陸軍軍政地域であるジャワ島に集中し、海軍の軍政地域（主担任地域）にはひとつも存在しなかった。そこで、当初、永久占領する予定であったインドネシアにおける「海軍軍政地域の自然科学・社会科学・人文科学の一大センター」として、四三年七月七日に創設されたのが、マカッサル研究所である（太田　一九九一：六一―八〇）。総務部・地質鉱物部・農林水産部・熱帯衛生部・環境科学部・慣行調査部から構成され、研究所の組織員は計百五十二人。パラオ研とは比較にならない大規模な研究所だったが、四五年五月二五日には解体されたため、活動期間はわずか一年十ヶ月にすぎず、活動内容を伝える資料も少ない(3)。

先に述べたとおり、加藤のマカッサルへの赴任（環境科学部）は一九四三年八月頃のことだったようである。加藤によれば、年末までに他の研究員も徐々に到着し、次第に研究活動も本格化したが、それと前後して敵機の来襲も増えていった。四四年初め、女性職員の内地への引き揚げが開始され、畑井の旧蔵書を中心とする図書類も消失の恐れがあるので、八月に梱包してマカッサル近傍の現地人職員宅に移した(4)。加藤自身は、中部セレベスのランテパオ（トラジャ地方）へ移動し、食用ゴイの養殖事業に専念したという。

その後、一九四五年一月、アンボンの海軍司令部から食用ゴイ養殖の指導依頼があり、加藤は、コイを持参して駆潜艇でマカッサル港を出発した。出航直後に魚雷攻撃を受けたり、アンボン到着直前に空襲に襲われたりもしたが、無事に現地到着。司令部近くの一軒の家をもらい、「養殖班」の看板を掲げて、飼育池二面を造ってコイの飼育を続けた。当時すでにアンボンの市街は爆撃で完全に瓦礫となっていたので、頭上に敵機の編隊が来ても怖いとは思わなかったと彼は回想している。六ヶ月ほどたった頃には見違えるほどにコイは成長したが、そのまま八月一五日の敗戦を迎えた。抑留生活を経て、四六年六月初めに復員船（アメリカ海軍の揚陸艦LST）に乗って帰国の途についたという（加藤　一九八〇：三三一—三三八）。

羽根田弥太と昭南博物館

第九章で述べたように、一九四二年六月末、パラオ研滞在中の羽根田弥太のもとに文部省から電報が届き、彼は、同年末に日本占領下のシンガポール（旧英領マラヤ、当時、昭南市）に陸軍司政官として赴任することになった。羽根田のシンガポール行きは、しばしばミクロネシアを調査で訪れていた昆虫学者の江崎悌三（九州帝大農学部教授）の推薦によるものだったことが戦後判明するが、突然の話に戸惑った羽根田が畑井に相談したところ、「僕もマニラに行く、君も男一匹やりたまえと言われた」のだという（羽根田　一九八七：六八）。

日本占領以前、シンガポール植物園の副園長であったE・J・H・コーナー（Edred John Henry Corner、植物学者、のちにケンブリッジ大学教授）を含む三名のイギリス人科学者と、占領直後（四二年二・三月）にシンガポールに現れた地理・地質学者の田中館秀三（東北帝大講師、陸軍嘱託）、第二五軍軍政顧問の徳川義親（侯爵、貴族院議員）、さらに年末に同地に赴任した羽根田弥太と植物学者の郡場寛（陸軍司政長官、元京都帝大理学部教授）が、敵味方の関係を越えて協力しながら植物園や博物館の資料散逸を防いだエピソードは、コーナーの回想録（『思い出の昭南博物館』）で広く知られている（コーナー　一九八二）[5]。なお、当初は徳川義親が博物館と植物園の総長をつとめていたが、その後、羽根田が博物館長、郡場が植物園長に就任した（図

図表 10-1　昭南植物園にて

出典：蟹江由紀氏提供。
注：左から羽根田、ひとりおいて田中館、コーナー、E. ホルタム（植物園長）、W. バートウィッスル（水産局長）。

表10―1)(6)。

田中館は四三年七月、徳川は四四年八月にそれぞれ内地に帰還し、羽根田の彼らとの協力関係は終わったが、羽根田の昭南博物館における経験は、戦後、彼が初代館長となる横須賀市博物館の創設（一九五四年）へとつながり、彼とコーナー、徳川、郡場は、戦後再び親しく付き合うことになった（田中館は一九五一年に死去）。その意味で、羽根田の人生にとって、昭南博物館時代はパラオ研時代と同様の重要性をもつが、ここでは深入りしない。

ただし、コーナーが描き出した昭南博物館における「美談」は、割り引いて考える必要があることも確かである。田中館や徳川らによる昭南博物館における資料保護の活動は、その軍事利用を目的とするものであったし、実際には、相当量の図書が略奪されていたことも判明している（加藤一九九八：五〇―七〇）。

また、コーナー自身にとって、貴重な資料を保護するために科学者として協力したと強調することは、日本への協力者という汚名をそそぐためにも必要だっただろう。実際、当時のシンガポールでは、日本軍による華人の大量虐殺もおこなわれていた。そうした状況下、彼は戦時中、捕虜収容所から解放されていたため、戦後、イギリス人たちからスパイ扱いされたのである。(7)

そして、ここで見逃せないのは、昭南博物館時代、羽根田が、陸軍防疫給水部（南方軍防疫給水部岡九四二〇部隊）の細菌研究室兼務となり、発光細菌の培養の研究（夜間行軍用）を命じられていることである。羽根田の回想によれば、週に一回はキング・エドワード七世医科大学（King Edward VII College Medicine、日本占領後、昭南医科大学と改名）を接収した防疫給水部の研究室で研究をするよう命令を受けたという。

南方軍防疫給水部は、中国戦線の時岡隆が所属した「篠田隊」と同じく、いわゆる七三一部隊に属しており、当時は、石井四郎の片腕である内藤良一（陸軍軍医中佐）が指導していた（神谷　二〇〇七：一一八）。中国大陸と同様、南方軍防疫給水部でも細菌戦の研究がおこなわれ、多くの人体実験も実施されたといわれるが、羽根田が、こうした問題を知っていたかどうかはわからない。

だが、羽根田自身、最初不可能だと思っていた発光細菌をアンプル内に密封する方法に目処をつけたところ、防疫給水部から、さらに研究を進めるため、ジャワ（バンドン）のパスツール研究所（Institut Pasteur、日本占領後、防疫研究所に改名）に行くよう命じられたという。当初は三週間の出張予定だったが、帰りの飛行機が来ず、ジャワに三ヶ月間足止めになり、ようやく六月はじめに船でシンガポールに帰り着いた。本章冒頭で挙げた引用はそのときの回想である。(8)

コーナーによれば、ちょうど八月一五日の朝、羽根田は船をチャーターしてシンガポールを発ち、リオ群島のクンドール島（旧オランダ領）に旅行に出かけたため、二〇日になってはじめて終戦を知ったらしい（コーナー　一九八二：一七六）。羽根田の回想によると、二八日、彼がシンガポールに戻ったときには、すでに昭南博物館の看板は外されてラッフルズ・ミュージアムに書き換えられ、街の様子は一変していたという入った。彼が日本に復員したのは、一九四六年二月のことである。羽根田は、植物園や博物館をイギリス人たちに引き継いだあと、捕虜収容所に（羽根田　一九七六：七二）。

パラオ研関係者と南方科学ネットワーク

昭南博物館時代の羽根田弥太に関連して、もうひとつ見逃せないのが、占領下のシンガポールに、かつてミクロネシアで調査経験をもつ研究者がしばしば集結していたということである。

東南アジア各地を占領下に置いた南方軍は、現地に欧米諸国が設立した学術機関（博物館、動植物園、図書館、研究所など）を接収し、軍政に利用した。新設された海軍のマカッサル研究所は例外だが、畑井にせよ羽根田にせよ、接収された学術機関の管理・運営のため、現地に派遣されたのである。その後、南方占領地にある学術機関のネットワークを構築しようとする動きも始まるが、そのための会議の主催地となったのが、羽根田の赴任したシンガポールであった。シンガポール（昭南市）は、南方軍（第七方面軍）軍政総監部が置かれ、南方軍政全体を統括する位置にあったからである。

たとえば、羽根田のシンガポール赴任と同じ頃、国策調査・研究機関である東亜研究所（一九三八年創設）から、陸軍司政官としてジャワに派遣された柘植秀臣（大脳生理学者、戦後、法政大教授）によれば、四三年二月末、各地域の調査団や研究所の責任者の会議がシンガポールで開催された。そのときのことを柘植は次のように回想している。

会議は一九四三年二月二四日から四日間程だった。各調査責任者から、ジャワは日常の生活物資が豊富であり、労力、資源も豊富だから、それらを早急に調査し、各地の軍政に役立つようにして欲しいとか、各地域の既存資料が整っているから各地域の調査班の受け入れ態勢をつくってくれといった注文などが多かった。また、南方諸地域のみならず、日本本土に諸農産物、鉱物資源を送るため開発、増産輸送を含めた諸調査に主力をつくすように要請された。この機会に、老骨をひっさげてやってきていた畑井新喜司（仙台時代の旧師、フィリピン在勤）や、郡場寛（ボゴール植物園長後に弘前大学長）が司政長官として出席していた。また、田中館秀三博士（東北大学講師、地質学、クアラルンプール）にも再会したのは奇遇だった（柘植　一九七九：一五〇）。

また、羽根田によれば、同年六月、南方軍の企画で、昭南博物館を会場に、南方全域の博物館、植物園など基礎研究機関の会議が開かれた。そこにはマニラから畑井（陸軍司政長官、フィリピン科学局）、ジャワから金平亮三（陸軍司政長官、ボゴール腊葉館）、マカッサルから、かつて南洋庁熱帯産業研究所にいた熊沢誠義（海軍嘱託、マカッサル研究所）らが参加し、文化財の保存、活用などが討議された（羽根田　一九八二：一一―一二）。

おそらくそのときのことだと思われるが、夜、羽根田の宿舎で、彼が採集した発光カタツムリを畑井、郡場、徳川、コーナーらに確認してもらったという（羽根田　一九八四：六）。その一ヶ月後にはマカッサルへの赴任途中に立ち寄った加藤源治がシンガポールに数日間滞在し、「岩山会は昭南島に移ったように感じた」と羽根田は述べている。

ちなみに、先の会議にジャワから参加した金平亮三（元九州帝大農学部教授）は、かつて台湾総督府から占領直後（一九一四―一五年）のミクロネシアに派遣されて以降、ミクロネシア（一九二九―三一年）、ニューギニア（一九四〇年）をはじめ、熱帯各地で植物調査をおこなっていた（第一・七章参照）。彼もまた、そうした経験を買われて、四二年一一月から陸軍司政長官としてジャワに赴任していたのである。なお、柘植は、金平をボゴール植物園長と記しているが、「植物園園長」は中井猛之進（東京帝大理学部元教授、司政長官）、金平がつとめたのは同植物園内の「腊葉館館長」であり、羽根田が正しい。

では、こうしたシンガポールでの一連の会議では何が話しあわれたのだろうか。

開戦後、占領地域の統治を目的に、拓務省、興亜院などが一元化されて大東亜省が設立されたが、それと平行して、南方占領地の軍政を補佐するため、各種調査機関が占領地を分担し、まずは民間の調査団を現地に派遣することになった。柘植によれば、一九四二年六月、陸軍省内に新設された南方政務部と人事課によって、調査機関の選定・分担などが以下のとおり決定された。

（一）東京商科大学東亜経済研究所：南方軍政総監部（南方軍）
（二）東亜研究所：ジャワ軍政監部（第二十五方面軍）
（三）三菱経済研究所：フィリピン軍政監部（第十四方面軍）
（四）満鉄調査部：マレー軍政監部（第二十五方面軍）およびビルマ軍政監部（第十六方面軍）
（五）太平洋協会：北ボルネオ軍政部

柘植のジャワ派遣もこの分担にもとづくが、先の柘植の回想にある四三年二月末のシンガポールでの会議に畑井、郡場、田中館も列席していたというわけである（羽根田については不明）。

そして、おそらくこの二月末の会議に向けて準備されたのだろうが、二月二二日、南方軍総監部調査部の部長となった赤松要（東京商大経済学部教授）を中心に、昭南博物館長を幹事長とする南方民族研究室の設置案が作成された。南方民族研究室は、「南方諸民族ノ社会生活ノ実態」を「民族学的見地ヨリ把握シ、将来ノ南方政策ノ基礎資料」を得ることを目的としていたが、その後、この組織を母体に、数回の会議を経て、一一月には南方科学委員会という組織が結成されることになる。

南方科学委員会の目的は「南方全域ニ設立セラレアル研究機関、試験機関、調査機関等〔以下単ニ機関ト称ス〕ニ於ケル科学的、技術的研究ヲ作戦目的ニ即応セシメ、且ツ相互ノ連絡、又海軍地区、台湾、内地等ノ当該機関トノ連携ヲ計リ、全体トシテノ研究成果ヲ昂揚セシムル」ことにあった。小田部雄次もいうとおり、戦争遂行のため、大東亜共栄圏内の研究機関を統合しようとしたのである（小田部　一九八八）。

一一月一四日の南方科学委員会開催（第一回）までの関係諸会議における出席記録では、羽根田らの名は、「南方学術機関ニ関スル打合会」（七月一九日、出席者：羽根田、徳川、郡場など）、「南方学術機関会同」（一〇月一八・一九日、出席者：羽根田、徳川、郡場、金平、畑井、熊沢など）、「南方科学委員会全委員会」（一一月一四日、出席者：羽根田、徳川、郡場など）にみえる（南方学術科学等諸機関会同関係書類綴）。

以上をふまえると、羽根田が回想している六月の会議（畑井、金平、熊沢らが出席）については、記録文書が残っていないか、あるいは彼の記憶違いということになる。おそらく、この時期、羽根田と畑井、金平らはシンガポールで複数回会っていたのだろう。ともあれ、かつて〈島〉で調査研究に携わった者たちは、占領下の東南アジアで構築された研究者のネットワークの一翼を担っていたのである。

なお、先に引いた回想からわかるとおり、偶然にも、柘植秀臣も東北帝大の生物学科で畑井新喜司のもとで学んだ研究者であった。柘植は「前研究所時代」（第五章参照）の派遣者（佐藤隼夫、三村卓雄）とパラオ研最後の研究員である熊野正雄（当時、東京文理大助手）の同級生でもあるが、学部卒業後、パラオには行かず、畑井がかつて教鞭をとったアメリカのウィスター研究所に留学した。

だが、先の畑井に対する少々冷たい言葉(9)（「老骨をひっさげて」）から想像できるように、アメリカから帰国後、柘植は畑井との折り合いが悪くなり、紆余曲折をへて、この時期には東亜研究所につとめていた（柘植　一九七三）。また、戦後、柘植は、元パラオ研の山内年彦（京都帝大出身）と民主主義科学者協会（民科）の運動で協力することにもなる。柘植は東北帝大の学生時代、実習で訪れた浅虫臨海実験所で山内と知り合い、親しくなったらしいが、戦後のふたりの協力については第十一章で触れよう。

そして、かつてミクロネシアで調査研究の経験をもち、戦時下の東南アジアへ向かったのは、パラオ研の畑井・加藤・羽根田や、植物学者の金平亮三だけではなかった。もともとは南洋の「土人」への憧れから〈島〉にわたった土方久功もまた、この時期、なかば無理矢理ボルネオに行かされていたのである。

土方久功の戦争

第九章で述べたように、土方久功は、一九四二年三月四日に中島敦とともに日本郵船のサイパン丸でパラオを去った。ふたりは一七日に横浜港に無事帰還したが、戦時下のため帰還日を知らせることもできず、出迎えはなかった。夕食をともにしたあと、ふたりは別れた。

その後、土方は、旧友や親戚と会うなど、久しぶりの内地生活を享受した。友人の紹介で、医師の川名敬子との見合いの話も進み、医師となっていた弟（久顕）の執刀で盲腸の手術を受けた。(10)

だが、七月六日、太平洋協会の清野謙次（人類学者）が土方の留守中に訪れ、ボルネオに民族調査でいってほしいという伝言を残して帰った。先にみた柘植が述べている調査機関の分担にもとづくものである。第九章で触れたように、ボルネオでの調査の話は、最初、京城帝大の泉靖一のところにいったが、泉がこれを断り、土方のところにまわってきたのである。(11)

おそらく泉に断られたため、太平洋協会の清野謙次と平野義太郎は、急きょ旧知の土方久功に白羽の矢を立てたのだろう（第四章参照）。だが、土方にとってはあまりに突然の話であり、体調にも不安があるため、翌朝、断るつもりで太平洋協会に出かけた。しかし、ふたりに押し切られ、結局、その場で履歴書まで書かされてしまう（須藤・清水　二〇一四：五二〇）。

その後、土方のボルネオ行きは、年末まで何度も延期となり、その間、当初の嘱託という話から職位を落として、勝手に陸軍司政官にさせられかけるという一悶着もあった。私生活では、川名敬子との結婚式、新婚旅行をすませ、さらにパラオで親友となった中島敦の死去（一二月四日）というショッキングな出来事があった。一二月六日、中島の葬儀に列席したあと、土方は列車で神戸へ移動し、輸送船に乗りこんで任地へ向かった。羽根田弥太によると、偶然この船でふたりは一緒となったらしい。そのときのことを、戦後、羽根田は次のように回想している。

第三回目にお目にかかったのは昭和一七年も暮、シンガポールへ向う安芸丸という大きな輸送船の中であった。先生は長い刀を重そうに腰に下げ、長靴をはいた陸軍文官の勇姿であった。馬子にも衣装（これは失礼）とは古人はよく言ったものである。ボルネオのクチンの博物館へ行かれるというので、シンガポールでお別れした（羽根田　一九五五：三）。

年明けの四三年、土方はボルネオ守備軍の司令部が置かれたクチンに到着する。残念ながら、この時期（四二年一二月―四三年三月）の土方日記（三二番）は、現在、所在不明となっており[12]、土方のボルネオ調査の詳細を知ることはできない。だが、かつて土方日記をくわしく調べた岡谷公二によれば、二月、司令官一行とともに、土方は白鳳丸でボルネオ島北岸（クダト、サンダカン、ゼセルトン、ブルネイ）を一ヶ月かけて巡見した。この調査について、岡谷は次のようにまとめている。

鋸の歯のように七つの峰をそびえ立たせたキナバル山の奇怪な姿や、沿岸部の、内地を思わせるひろびろとした水田、広大なゴム園、ブルネイの水上家屋や、サルタンの宮殿と、彼の目を驚かすものは多かった。何処でも原住民が、日の丸を振って一行を迎え、夜は、その土地土地の招宴で、独特の歌舞を見せてくれた。しかしこうした為政者側にたっての視察は、いつでも彼の中に、隔靴掻痒の不満を残した。仕事の調査も、パラオでの自発的な調査とちがって、強制労働の苦い味がした（岡谷　一九九〇：一八五―一八六）。

その後（三月二五日）、土方は、ボルネオ博物館長・図書館長事務取扱を任命されるが、胃潰瘍のため、五月一三日、現地クチンの病院に入院する。二六日付けで除隊となり、七月一日にはシンガポールの陸軍第一病院へ移送された。ここには三ヶ月弱入院したが、土方日記からは、羽根田弥太がたびたび見舞いに来ていた様子がうかがえる。九月二三日、香港島病院に転院。さらに四四年三月七日、病院船で香港を発ち、台湾を経て一八日、大阪の赤十字病院に移った。五月一七日に退院し、その後、九月には妻・敬子ともに、岐阜県土田村に疎開した(13)。

こうして、今度こそ土方久功の長年にわたる〈島〉での生活は完全に終わった。土方に代わってボルネオ調査に派遣されたのは、フィリピンでの業務を畑井新喜司に委ねたあと、次のフィールドを探していた鹿野忠雄である。その後、鹿野はボルネオで行方不明となる。

では、その頃、〈島〉はどうなっていたのだろうか。本章最後の課題は、研究者たちが立ち去ったあとも現地に残った雇い人やパラオ人の友人を含め、戦時下のパラオ・コロール島の状況について考えることである。

第三節　コロール炎上

パラオ大空襲と雇い人のその後

開戦後、ミクロネシア全域の軍事基地化は急速に進み、現地に進駐する部隊も増えていった。また、第九章で述べたように、一九四三年に入ってからは、次第にパラオ周辺で魚雷攻撃を受ける船舶も増えていくが、パラオ研の最後に立ち会った加藤源治が島を去る一九四三年六月まで、コロールに空襲はなかった。

だが、一九四四年二月、米軍はマーシャル諸島を攻略し、さらに、航空基地の確保のため、パラオ諸島への攻略作戦を開始する。コロールやパラオ本島に軍隊が上陸することはなかったが、三月三〇・三一日、碇泊する軍用艦船や軍事基地を主な攻撃対象として、コロールは大規模な空襲にあった（パラオ大空襲）。七月二五・二七日にも空襲がおこなわれ、これによってコロールの市街地のほとんどが消失する（加藤　二〇〇九：一九三―一九四）。かつて各種商店などが軒を並べた通りは焼き払われ、南洋庁の官舎や、かつてのパラオ熱帯生物研究所の建物も破壊された。その後、コロールの南に位置するペリリュー島、アンガウル島では九月から米軍の上陸作戦が実施され、一一月には両島とも「玉砕」する。

コロール空襲の際、住民（日本人、パラオ人）は岩山湾の島などに逃げたが、その後、ペリリュー島が米軍に占領されると、陸軍守備隊を残して、パラオ本島（バベルダオブ島）へ避難し、敗戦まで一年あまり自給自足の生活を余儀なくされた。パラオ人には、本島に暮らす親族などを頼れる者もいたが、その後も続く米軍機の来襲と、食糧事情の悪化により、飢餓による死者も増加していった。終戦時までに民間人の約四割が餓死したともいわれる。パラオ人も日本軍により食料生産を命じられ、また日本軍による食料の略奪も横行したという。

パラオ空襲当時、すでにパラオ研の元研究員は全員パラオから離れており[14]、戦後の『岩山会会報』をみるかぎり、かつて現地嘱託として研究所を補佐した関係者もほとんどが無事だったようである（連絡先不明な者は除く）。

ただし、ここで見逃せないのは、パラオ研の「草創期」から「前期」にかけて、雇い人として研究所につとめた山川松次郎と山城嘉次の二名が、パラオ空襲後に亡くなっていたことである。沖縄県のパラオ現地応召者名簿（沖縄県文化振興会公文書管理部史料編集室　二〇〇三）によれば、山川松次郎は、四五年一月二一日、パラオで現地応召し、六月二三日、避難先であるパラオ本島のアイミリーキ林業試験場（熱帯産業研究所）で戦病死。かつて南洋庁にタイピストとして勤務し、山川の最期を知る姪の富原貞子さんによれば、栄養失調と病気が原因だったという（二〇一六年九月二七日、筆者による富原さんへのインタビューによる）。また、山城嘉次は四四年四月二四日現地応召し、同年一二月三一日戦死。亡くなった場所は不明である。

戦時下の「友人」たち

では、かつてパラオ研の研究員が親しくつきあったパラオの人びとは、戦時中どう過ごしたのだろうか。もちろん、全員の足跡を追うことなど不可能だが、ここで、阿部襄が特に親しかったアラバケツの少年アンドレスと、元田茂をはじめ、多くのパラオ研研究員が世話になったパラオ本島北部ガツメル（アルコロン）のチャモロ一家（マリアノ・ボルファ一家）のその後に触れておこう。ここで彼らを取り上げるのは、阿部と元田による証言が存在するからだが、アンドレスとチャモロ一家のその後は、日本、ミクロネシア、アメリカの関係を象徴するもののように思われる。

まず阿部襄の「お友だち」アンドレスは、阿部がパラオに派遣された一九三四・三五年当時、六歳か七歳の少年だったが、彼は戦時中、米軍機の射撃を受け、死亡している（図表10-2）。パラオ空襲のときなのか、はたまたパラオ本島に逃げてからのことなのか判然としないが、友人とリーフで魚をとっていたところ、米軍海軍機の機銃掃射を受けて即死したという（阿部　一九七七：七）。なお、アンドレスの弟のフェリックスは、戦後、アメリカに留学、その後、コロール島に戻り、神父となった。

そして、元田が親しく付きあっていたガツメルのチャモロ一家に関して注目したいのが、『岩山会会報』

図表 10-2　アンドレス少年

出典：阿部記念館。

一一号（一九七七）に元田が書いた「研究所日誌より」と題する記事である。これは、当時、元田の手元にあった研究所日誌から、「代表的な事件」を引用して紹介したものだが、元田自身がチャモロ（マリアノ・ボルファ）一家の家に泊めてもらったときの記録（一九三五年一二月二六日）には、次のような一節がさりげなく付け加えられている。

後記：太平洋戦争末期米軍パラオニ来襲セリトキ、チャモロ達ヒソカニ米軍ニ通牒シテ日本軍ノ情報ヲ伝ヘタリトカ、戦後ミナサイパン島ニウツサレタリト聞ク。モハヤ夢幻境ガツメルハ存在シナイ（元田　一九七七：一二三）。

これは事実だったようである。戦時下のパラオ人の生活について、歴史資料と

図表 10–3　ガツメルのマリアノ・ボルファの家（1935 年 11 月）

出典：元田茂氏ご遺族提供。

関係者からの証言にもとづく調査をおこなった樋口和佳子（Wakako Higuchi）によれば、四四年暮れ、パラオ本島（バベルダオブ島）の北端からすでに米軍の艦船へ「逃亡」していたチャモロのマリアノとホセが密かにマルキョクの島民避難部落にやってきた。彼らは、軍艦まで逃げてこいという、旧知の米軍人からの手紙を、巡警長として南洋庁に長くつとめたオイカワサン（本名ジョゼフ・テレイ）に渡した。(15) オイカワサンは、当時パラオで広く知られた人物であったが、その夜、妻子を連れてチャモロたちとともにカヌーで沖に停泊中の米軍艦に「逃亡」した。この事件は、南洋庁関係者だけでなく、「島民」を含むパラオ在住者に衝撃を与えた。その後、オイカワサンは米軍の作戦に協力し、彼が与えた情報がパラオ本島の爆撃に利用されたともいう（樋口　二〇〇三：四一–八）。

オイカワサンは日本統治時代を象徴するパラオ人であるため、彼の「逃亡」はパラオの近現代史における重要な事件として記憶されている。(16) だが、本書の問題関心から注目されるのは、オイカワサンに手紙をもってきたふたりのチャモロ（マリアノとホセ）の存在である。マリアノが、元田たちが親しくしていたマリアノ・ボルファかどうかは不明だが、(17) 少なくとも戦争末期、ガツメルのチャモロがパラオ研の「協力者」「友だち」とは別の顔をみせていたことは確かである。かくして、ガツメル（アルコロン）のチャモロはパラオを去り、元田茂にとってガツメルは永遠の「夢幻境」と化したのであった（図表10-3）[18]。

注

（1）篠田統は、内海冨士夫、時岡隆と同じく、京都帝大の川村多実二に師事し、ヨーロッパに留学したが、アカデミック・ポストに恵まれず、三八年に陸軍技師として七三一部隊に採用された。戦後は、食物史研究に転じ（大阪教育大教授）、第三回江馬賞を受賞した『中国食物史』をはじめ、多くの著作を発表した。篠田統の七三一部隊時代の研究については、末永（二〇一七：七―一六）を参照。なお、篠田は一八九九年生まれなので、梅棹にとって、内海（一九一〇年生）、時岡（一九一三年生）よりもさらに上の先輩である。

（2）鹿野忠雄は、台湾から東南アジアまで幅広い現地調査をおこない、日本の敗戦直後、北ボルネオで行方不明となった――一説には、憲兵によって撲殺されたともいう――伝説のフィールドワーカーとして知られる。

（3）数少ない当事者の回想録が、倉持（一九八八）と栗山（一九八七：四六―四九）である。倉持は熱帯衛生部の技師としてマラリア蚊の研究に従事し、栗山は農林水産部に所属して木材からクレオソート油を製造する仕事をおこなった。栗山は前年、第九章で検討した海軍ニューギニア資源調査隊にも参加している。また、慣行調査部には、戦後日本の民族学・文化人類学をリードすることになる馬淵東一が、台北帝大南方人文科学研究所の助教授と兼任（海軍嘱託）でつとめていたが、彼の活動内容は不明である。

（4）図書類は、敗戦後、学振関係者が日本への返送を試みたが、結局駄目だったという。

（5）田中館秀三（地理・地質学者）は著名な地球物理学者である田中館愛橘（東京帝大教授などを歴任）の養子で、当時、東北帝大の講師をつとめていた。彼のシンガポール行きは、正式な辞令にもとづくものではなく、自称嘱託のようなものだったようである。また、徳川義親（尾張徳川家第十九代当主）は「虎狩りの殿様」として広く知られ、徳川生物学研究所を主宰する生物学者でもあった。

（6）シンガポール時代の郡場の活動については、山内（二〇一〇：一九―二六）を参照。

（7）同様の事情は戦後の徳川義親にもあったように思われる。徳川は生物学者である以前に、第二十五軍の軍政顧問であり、また開戦前からさまざまな政治運動に関与してきた政治家でもあった。日本敗戦後、徳川義親は公職追放となるが、彼の公職追放に関連した調査の一環だと思われる、羽根田弥太の回答書が防衛省防衛研究所に残っている。そこで羽根田は、シンガポール時代の徳川について、学問の庇護者、科学者としての側面を強調している。少々うがった見方をすれば、戦後のコーナー・徳川・羽根田・郡場はある種の運命共同体としてつながっていたとも考えられよう。

(8) 羽根田は、後述する南方科学委員会が刊行した『南方科学研究輯録』第一輯（一九四四）に「夜間空襲下ニ於ケル発光細菌ノ利用」と題する論考（極秘）を発表しており（羽根田　一九四四：一八―二四）、彼が述べている「発光実験」は、この論文をふまえたものだと考えられる。

(9) ゾルゲ事件で死刑となった尾崎秀実（ジャーナリスト）と親しく、社会主義思想に関心が高かった柘植と、父権主義的なナショナリストでもある畑井とは、もともと相性が悪かったのかもしれない。

(10) 以下の記述は、主として清水（二〇一六）と土方日記にもとづく。

(11) 泉の回想によれば、「陸軍司政官にこだわってしまった」ため、彼はボルネオ行きを断り（泉　一九七二：二六一）、代わりに四三年一月から海軍ニューギニア資源調査隊に参加した（第九章参照）。

(12) その経緯については、清水（二〇一六）の「あとがき」を参照。

(13) この時期の土方日記は翻刻されていないので、国立民族学博物館所蔵の「土方久功アーカイブ」を参照した。

(14) 大平辰秋（現地嘱託）も、海軍ニューギニア資源調査隊への参加後、ニューギニアから引き揚げる女子職員の引率として内地に帰還した（大平　一九六八：六―九）。

(15) 第七章で述べたように、オイカワサンは一九三九年暮れのモデクゲイ摘発の際、モデクゲイの「賛美歌」を日本語訳していた。オイカワサンがモデクゲイ摘発の仕掛け人だという説もあったらしいが、樋口によると、これは間違いだという。

(16) 現在でもなお高齢のパラオ人でオイカワサンのことを記憶している者は多い（Mita　2009; 山本　二〇一八）。

(17) 先の元田の記録には、ホセ・ボルファという名前も登場するので（マリアノ・ボルファとの関係は不明）、ホセとマリアノがボルファ一家の可能性は高い。

(18) もともとサイパンなどのマリアナ諸島を主要な居住地とするチャモロには、アメリカ領であったグアムに親戚をもつ者も多かった。その生活様式を含め、西洋文化と近しい彼らが米軍に協力するのは自然なことだったといえるだろう。

第十一章　〈島〉が遺したもの——南洋研究と岩山会の戦後

アラバケツに行く路は、丘の上の道路が本道となったので、昔私たちが通いなれた坂路は石がゴロゴロし、草が生い繁り、倒木が横たわって荒れるがままになっている。ここが熱帯生物研究所があったところなのか。やや傾いた見覚えのある門柱でそれと知られる。忘れようとしても忘れられないところだ。門を入った石段は少し崩れているが、右手には海水タンクの土台が残っている。実験室の跡は島民（アズマという人）の住宅がたって居り、裏の方にも小屋がけの島民の家がある。天水タンクの四本の脚は昔のままだ。三〇年前私たちがここで過ごした日々のことが蘇ってくる……。パパヤとかマンゴーと名付けられた舟をつないだマングローブ叢林の間の水路は昔のままで変らないが、今は船外機をつけた島民のボートが浮んでいる。阿部襄さんが終日みつめていたマングローブに這い上がっている小さな巻貝も未だ沢山いるだろうか。併しあれほど街を埋めつくしていた仏桑華の赤い花は殆どみられない。可憐なミツスイ鳥も見当らない。［中略］林一正さんや阿部襄さんが親しかったデリランが未だ生きていると聞いたので、暗い夜路を辿ってアラバケツの部落に行ってみた。アメリカの場末のような小屋がたっていて、もはや昔の樹々にかこまれたうす暗くて涼しい島民部落の俤はない（元田　一九六八：五—六）。

第一節　南洋研究の戦後

その後の南洋研究者

一九四五年八月一五日、日本の全面降伏により、アジア・太平洋戦争は終結した。その時点ですでにミクロネシアの主要島嶼は米海軍の占領下にあったが、現地に暮らす民間人の引き揚げは四六年一月に始まり、四月までにほぼ終了した。その総数は、日本人（「本土」出身者、沖縄出身者）、徴用などで現地にわたっていた朝鮮人、台湾人などをあわせて約六万人にのぼるといわれる。彼らは、米軍の艦艇でそれぞれの出身地（国）に直接引き揚げた（加藤　二〇〇九：一九六）。

こうしてミクロネシアから日本人はいなくなったが、これは、一九一四年の海軍による占領以来、およそ三十年続いた帝国日本の南洋研究が終焉したことも意味していた。では、戦前、〈島〉で調査研究をおこなった研究者は、その後いかなる人生を送ったのだろうか。また、帝国日本の南洋研究は戦後社会にどのように受け継がれたのだろうか。本章では、これまで登場した主要な研究者のその後の足跡と、南洋研究の「戦後」について検討しよう。

まず、第二章で取り上げた松岡静雄（民族誌家・言語学者）と長谷部言人（人類学者）は、いずれも第一次世界大戦における海軍による現地占領時からミクロネシアと縁のあった――松岡は軍人としてミクロネシア占領作戦に参加、長谷部は文部省が派遣した視察に参加――研究者である。その後、松岡は、一九二〇年代から三〇年代にかけて、ミクロネシアや太平洋地域に関する民族誌、言語学の著作を次々に発表し、長谷部は一九二〇年代末に再び〈島〉を訪れ、現地住民に関する大規模な計測調査を実施した。

松岡は一九三六年に死去したが、第七章で述べたとおり、長谷部は三八年に東北帝大医学部から東京帝大理学部の人類学教室に転任し、一時期、同教室は、長谷部、八幡一郎、杉浦健一が所属する南洋研究の拠点となった。

だが、長谷部自身は一九三〇年代以降、〈島〉で調査を実施することはなく、次第に南洋研究から離れていく。第二章で述べたように、長谷部は、三五年には「日本人と南洋人」の人種的関係を語っていたが、その後、彼が提唱した日本人起源論では、日本人の起源における異「人種」との混血自体、否定された（坂野二〇〇五）。長谷部は戦後、人類学会会長（一九五一―六八年）もつとめ、長きにわたり日本の人類学界に君臨したが、南洋研究に復帰することはなかった。

第三章で検討した矢内原忠雄（植民政策学者）と藤井保（医師）の場合も事情は少し似ている。まず矢内原にとって、ミクロネシアでの調査はあくまで太平洋問題調査会（ＩＰＲ）からの委嘱によるものであり、『南洋群島の研究』（一九三五）の刊行でそれは一段落したといってよい。しかもまた、言論弾圧が強まるなか、矢内原はその言論活動が問題とされ、一九三七年に東京帝大経済学部教授を辞任し、戦時中はアカデミズムから追放されていた。戦後、矢内原は東京大学に復帰し、総長までつとめるが、長谷部と同様、日本敗戦以前に南洋研究からは離れていた。

また、ヤップ島の人口減少問題を、パラオ医院の院長として調査した藤井保は、その後、サイパン、ポナペ、パラオの院長を歴任した。藤井は戦局の悪化のため四四年に内地に戻り、戦後は北品川に藤井医院を開業、土方久功らとの交流は戦後も続いた（須藤・清水　二〇一四：五六五）。ただし、彼の場合、ヤップ島での現地調査以降、熱帯医学の研究を続けたわけではない。

そして、第四章で検討した土方久功（彫刻家・画家・詩人・アマチュア民族誌家）は、敗戦後、本来の仕事である芸術活動に復帰した。戦前の調査にもとづく論文や著作も発表しているものの、戦後における彼の仕事の中心は南洋をテーマにした彫刻・絵画の制作や詩、エッセイの執筆にあったといってよい。また、後述するように、パラオで親しくなったパラオ研の元研究員との交流も続いたが、戦後、ミクロネシアを再訪することはなかった。戦争とアメリカの統治で激変した現地をみて幻滅するのが怖ろしかったのだという岡谷公二の推測は正しいと思われる（岡谷　一九九〇：二〇一）。

さらに、第七章で検討した八幡一郎（考古学者）は、一九二九年に長谷部言人の調査への同行以来、何度かミクロネシアで遺跡調査を実施していた。彼は戦時中、民族研究所員となり、中国大陸での調査中に敗戦を迎えた。彼は戦後もミクロネシアへの関心をもち続け、一九五九年にはハワイのビショップ博物館でサイパンの考古資料の調査をおこなっている。だが、八幡はもともと幅広い関心をもつ研究者であり、南洋考古学に本格的に復帰したとはいいがたい。彼の場合は、むしろ戦前のミクロネシアにおける調査経験が、戦後の考古学者としての幅広い研究活動につながったと考えるべきだろう。

そして、ここで見逃せないのは、田山利三郎（海洋地質学者）と杉浦健一（民族学者）が一九五〇年代に相次いで死去したことである。田山は、戦後、海上保安庁（当初は運輸省）水路部測量課長となり（四九年より東北大学理学部地理学教授と兼任）、年の過半を海洋調査に費やす生活に戻ったが、一九五二年、観測航海中に明神礁の噴火に巻き込まれて殉死する。また、杉浦は一九五三年、東京大学に新設された文化人類学科の初代教授に就任したが、胃潰瘍を悪化させ、翌五四年に死去した。ふたりとも、戦前〈島〉で長期にわたる現地調査に取り組んだ研究者であり、彼らが生きていれば、再びミクロネシアで調査を再開した可能性もある。だが、ともに五〇年代初めに急逝したため、それはかなわなかった(1)。

パラオ熱帯生物研究所（第五・六・九章）研究員の戦後については次節でくわしく検討するが、一九四三年に研究所が閉鎖されたことが関係者にとって決定的だったことは確かである。戦後になってから研究所時代の成果を発表した者も多いが、サンゴ（礁）研究、熱帯生物研究のためのフィールドが失われたことで、戦後、多くの元研究員は別の研究対象を選ばざるをえなくなった。

したがって、個々の理由はさまざまだが、本書で登場した研究者で、戦後〈島〉で本格的に現地調査を再開した人間はいなかったといえるだろう。敗戦により日本の南洋研究の伝統はいったん途絶え、戦後日本のミクロネシア研究は、基本的に次世代の研究者が担うことになった。

たとえば、戦後日本の民族学（文化人類学）で、太平洋（オセアニア）地域における現地調査の嚆矢とされるのが、一九五八年の大阪市立自然科学博物館（現・自然史博物館）によるメラネシアへの調査団の派遣（調査採集旅行）である。この調査には民族学者も参加しており、その後、ポリネシア、ニューギニアなどへ相次いで民族学・人類学関係の学術調査団が派遣されることになる（石川　一九六六：三四二—三四九）。だが、かつて日本が統治下に置いたミクロネシアでの民族学者（文化人類学者）による調査研究の再開は意外と遅く、一九七〇年代になってからだといわれる（清水　一九九六：二〇）。これは、ドイツ、日本、アメリカの統治を経験し、伝統的生活が変容したと考えられるミクロネシアが、当時あまり研究者の興味を惹かなかったことも関係しているだろう。

また、第五章で述べたように、戦前、パラオ研は、熱帯生物学、とりわけサンゴ（礁）研究の領域で世界トップクラスの研究水準を誇った。だが、研究所の閉鎖により、日本は熱帯の海洋生物に関する研究拠点を失い、サンゴ研究における世界の研究の中心は、アメリカ、フランス、イギリス、オーストラリアといった自国領土にサンゴ礁を有する国に移った（茅根　二〇〇八：九三—九九）。

日本に熱帯の海洋生物の研究拠点が再びつくられたのは、本土復帰後の沖縄である。琉球大学瀬底臨海実験所（現・琉球大学熱帯生物圏研究センター瀬底研究施設、一九七二年設立）、東海大学海洋研究所西表分室（現・沖縄地域研究センター、一九七六年設立）、阿嘉島臨海研究所（一九八八年設立）などを挙げることができる。特に阿嘉島臨海研究所については、パラオ研関係者（川口四郎、元田茂、阿部宗明など）の支援を受けていることが注目される。

『民事ハンドブック』と日本の南洋研究

では、帝国日本の南洋研究の遺産は、日本に代わって現地を占領下に置いたアメリカにどのように伝えられたのだろうか。ここでまず取り上げたいのが、アメリカの文化人類学者ジョージ・マードック（George Peter Murdock）とそのグループが作成した『民事ハンドブック（Civil Affairs Handbook）』のシリーズである。これらは、太平洋戦線に赴任する司政官の参考用に作成された占領予定地の地誌要覧であり、日本では特に琉球列島のハンドブックが有名である。

大戦前の一九三七年から、イェール大学の人間関係研究所では、マードックが中心となって、世界中の民族誌的情報をデータベース化する「通文化サーベイ」というプロジェクトを実施していた。そして、アジア・太平洋戦争開戦後、マードックらは、コロンビア大学の海軍学校に異動し、通文化サーベイを利用した『民事ハンドブック』の編集を進めていく（泉水　二〇一二：二一七―二二四）。

マードック指揮のもと作成された『民事ハンドブック』は計九冊（ミクロネシア、千島、伊豆・小笠原、琉球）にのぼるが、ここで見逃せないのが、ミクロネシア（西カロリン、東カロリン）の巻に、参考文献として、本書に登場した日本の南洋研究者による研究成果が複数含まれていることである（Office of the Chief of Naval Operations 1944a; 1944b）。英語やドイツ語によるものを含めて二冊で計二百九十本挙げられている参考文献のうち、日本人によるものは三十本（南洋庁など公的機関によるものを含む）。そのうち本書に登場した研究者は、阿部襄、畑井新喜司、内海（弘）富士夫、松谷善三、高橋敬三、山内年彦（以上パラオ研）、江崎悌三（昆虫学）、長谷部言人（人類学）、金平亮三（植物学）、松岡静雄（民族誌）、染木煦（民族誌）、杉浦健一（民族学）、田山利三郎（地質学）、矢部長克（同）、矢内原忠雄（植民政策学）の計十五名である。

各論文に付されたコメントをみると、現地の地理や住民の生活習慣などの情報という観点から、これらの文献が選ばれていることがわかる（図表11-1）[4]。むろん、『民事ハンドブック』は現地占領の参考資料として編纂されたものであるため、そこで日本の研究成果が利用されたのは当然といえば当然である。だが、たとえばパラオ研の研究員は、かつて自分が書いた英語論文——第五章で述べたように、これらが掲載されたパラオ研の欧文誌（Palao Tropical Biological Station Studies）は海外の学術機関にも送られていた——がこういう形で利用されるとは想像もしなかっただろう。

パラオ研の遺産と戦後アメリカ

そして、帝国日本の南洋研究の成果をも積極的に利用しようとするアメリカ側の姿勢は、一九四五年以降むしろ強まったとみてよい。一九四七年四月、日本によるミクロネシアの委任統治は法的にも完全に終了し、ミクロネシアは戦略的信託統治地域として、アメリカの施政下に入ることになった。残念ながら、信託統治時代のアメリカのミクロネシア研究の歴史は、それ自体、多角的な検討を要する問題であるため、ここでくわしく論ずることはできない[5]。だが、ここでは、パラオ熱帯生物研究所における研究成果にしぼって、戦後アメリカとの関係について若干の考察をくわえておこう。

パラオ研を所轄する日本学術振興会につとめた新谷武衛の証言によれば、敗戦後、ＧＨＱから学振にパラオ研の報告の提出が求められた。どこを探してもみつからず、そのときは小委員会の委員長だった柴田桂太に頼んで提出したが、その後も科学局・資源局からひっきりなしに問い合わせがあったという（新谷　一九五四：五）。元研究員でもＧＨＱから個別に問い合わせを受けた者は多い。しかもまた、畑井新喜司によれば、戦後、アメリカによって和文誌（『科学南洋』）もすべて英訳され、その結果、世界中の研究所から問い合わせが来たのだという（羽根田　一九五五：四）。

そして、ここで注意すべきは、パラオ研の研究成果の利用は戦後アメリカの太平洋戦略ともかかわるもの

	Palao ni okeru iwayuru totemizumu ni tsuite, 1940（日本語）	パラオのクラン制のくわしい分析
	Palao shima ni okeru shuraku no ni-bun-shosiki nit suite, 1938（日本語）	パラオのクランと親族組織の分析
高橋敬三（パラオ研）	On some Castings of Sand in Koror Island of the Palao Group, 1939	パラオ・コロール島の熱帯産業研究所正面にあるマングローブ湿原の情報を含む
田山利三郎	Distribution of Coral Reefs in the South Sea, 1945	サンゴ礁の分布の記録
	Table Reefs, a Particular Type of Coral Reefs, 1935	ソンソロル、トビおよび類似のサンゴ島に関する地質構造の考察
	Terraces of the South Sea Islands under the Japanese Mandate, 1939	パラオ、ヤップ、トビの段丘の分析と比較
矢部長克・杉山敏夫	Reef Corals found in Japanese Seas, 1931-1932	パラオのサンゴの記録
矢部長克・田山利三郎	Depth of the Atroll-Lagoons in the South Sea Islands, 1937	ミクロネシアの環礁におけるラグーンの深さに関する観察の短報
山内年彦（パラオ研）	Ecological and Physiological Studies on the Holothurians in the Coral Reef of Palao Islands, 1937	海洋動物学の情報
矢内原忠雄	Nanyo-gunto no kenkyu, 1935（日本語）	下記の英訳には書かれていない情報を多く含む
	Pacific Islands under Japanese Mandate, 1939; 1940	委任統治領の経済、人類学、行政に関する権威ある本
（東カロリン）		
江崎悌三	A Preliminary Reports on the Entomological Survey of the Micronesian islands under Japanese Mandate, 1940	昆虫学的観察
長谷部言人	On the Polynesian Colonies in the South Sea Islands under Japanese Mandate, 1929（日本語）	ヌクオロとカピガマラギの形質人類学
金平亮三	New and noteworthy Trees from Micronesia, 1940	ミクロネシアの樹木に関する植物学的記述
杉浦健一	Ponape to no keigo, 1940（日本語）	ポナペの原住民の社会構造の概説、特殊な敬語に関する議論を含む

出典：*Office of the Chief of Operation*（1944）より作成。

図表 11-1 『民事ハンドブック』（西カロリン、東カロリン）に掲載された日本のミクロネシア研究文献

著者	文献名	そこに付されたコメント
（西カロリン）		
阿部襄（パラオ研）	Preliminary Survey of the Coral Reef of Iwayama Bay, Palao, 1937	コロールとオロブシャカル島に囲まれた岩山湾の短い地理学・地質学的記述、岩山湾の優れた地図付き
江崎悌三	A Preliminary Report on the Entomological Survey of the Micronesian Islands under the Japanese Mandate, 1940	昆虫学的観察
長谷部言人	On the Islander of Togobei, 1928（日本語）	トビ島原住民の身体的特徴と人種特性の分析
	The Tattooing of the Micronesians, 1928（日本語）	西カロリン原住民の入れ墨の比較研究
畑井新喜司	The Palao Tropical Biological Station, 1937	いくつかの有用な地理的データを含む
	Results of Coral Studies at the Palao Tropical Biological Studies, 1940	パラオ・コロール島の熱帯産業研究所で行われた研究の短い報告
弘（内海）冨士夫（パラオ研）	Cirripeds of the Palao Islands, 1937	パラオのサンゴ礁の動物相についての専門的論文、地名に関する貴重な情報を含む
	On the Barnacle Communities at the Madaral Pier in Koror Island, Palao	パラオ・コロール島のマダライ埠頭についての短い記述を含む
金平亮三	New and Noteworthy Trees from Micronesia, 1940	ミクロネシアの樹木に関する植物学的記述
松岡静雄	Micronesha Minzoku-shi, 1927（日本語）	ミクロネシアの貴重な民族誌、多くの日本のフィールドワーカーと役人の観察にもとづく
松谷善三（パラオ研）	Some Hydrographical Studies of the Iwayama Bay in the South Sea Islands, 1937	パラオ・コロール島の岩山湾への入り口に関する短い記述を含む
染木煦	Karolin Shoto no ki-sara ni Tsuite, 1936（日本語）	現地の木皿についての記録
	Sekika-to dozoku dampen,1940（日本語）	ヤップ原住民の文化の諸側面の記録
	Yappu rito junko-ki, 1937	ヤップ管区の島嶼の民族誌的記録
杉浦健一	Fishing and Fishing Implements of the People of Yap, 1939（日本語）	ヤップの原住民の漁業と漁法の記述

だったということである。戦後、海軍を除隊したマードックは、四六年六月、太平洋学術会議（Pacific science conference）という大規模な会議を開催する（パラオ研創設のきっかけとなった太平洋学術会議（ＰＳＡ）とは別組織）。そこにおいて、日本統治の三十年間、欧米の研究者にとってほぼ空白だったミクロネシア地域に関する調査と安全保障上の要請を調整する機関として、太平洋学術部会（Pacific Science Board）の設置が決定されることになった（泉水　二〇一二：二三三―二三四）。

太平洋学術部会では、一九四七年以降、海軍の資金援助のもと、ミクロネシア人類学共同調査（Coordinated Investigation of Micronesian Anthropology, ＣＩＭＡ）、太平洋無脊椎動物顧問委員会（Invertebrate Consultants Committee for the Pacific, ＩＣＣＰ）、ミクロネシア学術調査（Scientific Investigations of Micronesia, ＳＩＭ）といった大規模な共同調査を実施する（泉水　二〇〇八：一四―一八）。

残念ながら、これらの共同調査において、パラオ研の研究が具体的にどのように利用されたのか、その詳細は確かめられていない。だが、たとえばＩＣＣＰの事業の一環としてコロールに派遣され（Pemberton 1954）、信託統治領昆虫研究所の責任者をつとめたロバート・Ｐ・オーエン（Robert P. Owen）によれば、パラオ熱帯生物研究所の報告は彼自身のみならず、アメリカからやってくる訪問科学者や信託統治領海洋資源部にとって非常に有用だったという（オーエン　一九七二：二〇）。

そしてさらに注目しておきたいのが、阿部襄の次のような回想（阿部　一九六六：二）である。

また、南洋のカヤンゲル環礁に行ったときの、かんたんな記録を、Ｇ・Ｈ・Ｑ［中略］に出すようにいわれたことがあります。この文章を、武田久吉先生（当時Ｇ・Ｈ・Ｑの天然資源局農林部の顧問をしておられた理学博士）[6]が、英訳してくださいましたが、その後、クエゼリン環礁で、水爆の実験が行われました。おそらく、実験の、なにかの参考にさせられたらしいのです。

実のところ、阿部がＧＨＱに報告を出した時期もさだかではないし、彼の推測が正しいという保証もない。そこで少し煩雑になるが、この間のマーシャル諸島における核実験の歴史的展開を整理しつつ、阿部の報告が核実験の参考資料として使用された可能性について検討しておく(7)。

まずマーシャル諸島で核実験が実施されたのは、ビキニ環礁とエニウェトク環礁であって、クエゼリン（クワジェリン）環礁ではない。だが、戦時中、日本海軍の守備隊が置かれ、日本敗戦後、アメリカによる核実験で後背基地として使用されたのがクワジェリン環礁なので、これについては阿部の混同とみてよいだろう。

そして、阿部が抑留先から日本に引き揚げてきた四六年八月段階で、すでにビキニ環礁の核実験場は決定しており（四六年一月に正式決定）、それと無関係であることは明らかである。また、日本でよく知られているのは、五四年三月にビキニで実施され、第五福竜丸が被爆したブラボー実験だが(8)、史上初の水爆実験はこれより先、五二年一一月、エニウェトク環礁でおこなわれたアイビー作戦である。エニウェトクの核実験場の正式発表が四七年一一月なので、阿部の報告書が核実験場選定または水爆実験に向けての参考資料として用いられた第一の可能性はエニウェトク環礁ということになるだろう。

さらに注目されるのが、エニウェトクにおける核実験開始以降、パラオを含むカロリン諸島でも核実験を実施することが検討されたという事実である。実現はしなかったものの、阿部の報告もまた、そのための資料蒐集の一環だった可能性も考えられる。また、ビキニ、エニウェトクでは、周辺地域住民の他地域への集団移住なども実施されたので、移住先の島（環礁）の住環境調査の一環の参考とされた可能性もあるだろう。

だが、どのような利用のされ方をしたかはともかく、かつて研究員がよく遊びに行ったカヤンゲル環礁についての報告までもが、戦後アメリカの太平洋戦略の一翼を担っていたことは確かだと思われる。

第二節　岩山会と戦後日本

パラオ研の記念写真から

第十章で述べたように、若手を中心とするパラオ研研究員のその後の経歴はさまざまである。もとの所属機関に復帰し、研究活動を続けた者がいる一方、国外の研究機関や陸海軍の嘱託、あるいは一兵卒として敗戦の日を迎えた者も存在する。とりわけ敗戦時、外地にいた者は、現地での抑留や引き揚げ、さらに国内での再就職などの苦難を経験することになった。

そして、研究所自体は閉鎖されたが、戦後、パラオ研の元研究員は同窓会組織である岩山会――もともとは研究員の親睦を深めるため、一九三八年に結成された――に集まり、会の活動は大多数の会員が亡くなる一九九三年まで続いた。そこで、本節では、岩山会の活動を中心にパラオ研関係者の戦後について考えよう。

ここでは、まず元田茂が所蔵していたパラオ研時代の二枚の写真に注目してみたい。図表11-2（写真）は、内地に帰還する林一正の送別会（三五年一一月二六日）のときのものである。前列左端から雇い人の山川松次郎と山城嘉次、中央に元田、さらにその右に林一正、阿部襄が並んで座っており、うしろに並ぶ「島民」女性のうち、左端がデリラン（阿部、林が親しかったアンドレスの母親の友人）である（第六章参照）。

さらに図表11-3（写真）は、元田がパラオ滞在（一回目）を終え、内地への帰還直前（三七年五月末から六月初め頃）に撮影されたもので、後列ふたりが雇い人の山川（左）と山城（右）、前列左から羽根田弥太、元田、山内年彦、島津久健である。(9)

二枚とも、研究所の「草創期」から「前期」にかけて、いまだパラオでの研究生活が比較的のんびりした時期に撮られた写真である。戦時中、山川と山城がパラオで戦（病）死したことは第十章で述べた。では、

図表 11-2　林一正の送別会（1935 年 11 月 26 日）

出典：元田茂氏ご遺族提供。

図表 11-3　元田茂帰還直前の記念写真（1937 年 5～6 月頃）

出典：元田茂氏ご遺族提供。

これらの写真に写っている六名の研究員（林一正、元田茂、阿部襄、羽根田弥太、山内年彦、島津久健）はその後いかなる人生を送ったのだろうか。結論から先にいえば、内地への帰還後、林と元田は比較的順調に次のステップをふみ出すことができたが、それ以外の四名の戦中から戦後の足跡は波乱に満ちたものだった(10)。

林一正と元田茂

元田茂の回想によれば、「外方《マ》的《マ》な性質」で「島民のよき友達」であったのが、林一正である（第六章参照）。本人の回想によれば、林は、旧制高知高校を経て、京都帝大理学部を卒業後、真珠養殖会社につとめた。だが、会社勤めが性に合わず、母校の動物学教室に舞い戻ったおり、恩師である岡田要の勧めがあり、パラオ研の研究員となった。

派遣期間終了後、やはり動物学教室の駒井卓から秋田県の角館中学校（旧制）の理科教師の職を紹介され、一九三六年から三九年まで同校に勤務。三九年四月、新設された滋賀県立瀬田工業学校に赴任し、さらに四三年七月に滋賀師範学校に転任した。同校は敗戦後の四九年に新制滋賀大学学芸学部（のちに教育学部）となり、生物学教室教授として定年までつとめた。パラオではサンゴの研究をおこなったが、生涯の研究の中心は貝類の生態や組織学にあり、戦後は琵琶湖が主な調査フィールドとなった（林 一九七五）。滋賀大学を定年後、京都家政短大（現・京都文教短大）で理科教育を担当し、一九九二年に死去した。

パラオ研への派遣までの元田茂の経歴はすでに第六章で述べたが、最初のパラオ派遣終了後の三七年、北海道帝大農学部助手、二回目の派遣後の四二年に助教授となった。戦時中は海兵団に召集されたりもしたが、敗戦後の一九五〇年、函館に新設された水産学部の教授（五五年から浮遊生物学講座を担当）。七一年に北大を定年後は静岡県の東海大海洋学部の教授となった。

この間、日本プランクトン学会の創設（一九六八年）にかかわり、初代会長をつとめた。ＭＴＤネットと呼ばれるプランクトン採取のための装置の開発でも知られる[11]。さらに、前述した太平洋学術会議（ＰＳＡ）が、畑井新喜司の名を記念して設けた畑井メダル（The Hatai Shinkishi Medal）も受賞している（一九八七年）。本人の意識はともあれ、当時としては順調な研究者人生といえるだろう。一九九五年に死去したが、晩年の元田の活動についてはエピローグで述べる。

山内年彦

そして、戦中も内地にとどまったものの、林、元田とは対照的に、激動の戦後を送ったのが、山内年彦である。日本の生物学の歴史で山内年彦の名はほとんど忘れ去られているが、興味深い研究者なので、ここで少しくわしく検討しておきたい。

山口県に生まれた山内は、京都帝大理学部で川村多実二に師事したが、学生時代から社会主義思想に関心をもち、先輩である山本宣治が主宰する性学読書会のメンバーでもあった。山本宣治は、性科学者、産児制限運動の活動家、労農党の政治家（衆議院議員）として知られるが、もともと動物学者であり、山内の在学当時は京都帝大の大津臨湖実験所の講師をつとめていた。山内の回想によれば、山本宣治や東北帝大の柘植秀臣（第十章参照）らとともに、「人性生物学会」（人類生物学会）の結成準備をしていたところ、一九二九年、右翼によって山本が刺殺され、この企ては挫折したのだという（山内　一九七七：八―一八）。

その後、山内はドイツに三年間私費留学し、パラオ派遣時（三七年一―七月、四〇年七―九月）には京都帝大の無給講師であった。また、戦時中に大阪高等医専（現・大阪医大）の教授となり、戦後、立命館大学に転任したが、中学時代の友人を会計係に世話したところ、不祥事をおこしたため、責任をとって辞任したという。

そして、戦後の山内の活動で何といっても注目されるのは、一九四六年、京都で民主主義科学者協会（民科）立ち上げの中心となったことである。柘植秀臣の回想によれば、東京では柘植、京都では山内が中心となり、日本科学の民主化を目指す運動を開始した。京都民科結成には、山内を中心とする、戦前、山本宣治の影響を受けた京大理学部の生物学者グループのほかに、河上肇の義弟である末川博（民法学者）のグループ、新村猛（仏文学者、言語学者）の『世界文化』グループ、湯川秀樹らの物理学者グループなど、さまざまな研究者が集まり、民科京都支部長を山内年彦がつとめた（廣重　一九六〇：上野　一九八八）。さらに山内は、民主主義にもとづく新たな教育を目指して一九四六年に設立された京都人文学園の講師にも就任している（山寄　二〇〇二：一三九、一四三）。

このように、戦後の山内は動物学の研究から離れ、もっぱら社会運動に力を注いだ。だが、いわゆる逆コースによって、民科の運動は五〇年代に入ると急速に衰え、その後、山内も運動の一線からは退いたようである。また、これも民科の運動の一環だと思われるが、GHQの指導により、四八年に始まった教育委員会制度のもとで、京都府教育委員（公選制）をつとめていたが、五六年、任命制に変わるとともに退任した。晩年、花園大学教授となったが、妻の回想によると、一九七九年に亡くなるまで生活は苦しかったという（山内　一九八五：三六―三七）[12]。

阿部襄

第十章で述べたように、阿部襄は、パラオ派遣終了後、吉林にある師道高校（大学）に赴任し、六年間、満洲で教員生活を送った。敗戦後、留置所に約一ヶ月収容され、ソ連の「憲兵隊」から取り調べを受けるなどの苦難を経験したが、およそ一年後、妻子とともに吉林を引き揚げ、九月、故郷の山形県酒田（山寺）に帰り着く（阿部　一九七〇）。実家は地主であったが、農地改革（解放）により田畑の大部分はすでに失われていた。

帰郷後、阿部襄は、子ども時代から親しかった叔父の次郎（哲学者、東北帝大教授）を仙台にたずねたことがあった。阿部次郎の日記によると、そのとき襄は、吉林の留置所のなかで、山寺の実家を生物学研究所にするという学生時代からの理想を実現しようと思い始め、建物の設計を考えていたと話したという。次郎は日記のなかで、襄について「あらゆる境遇の下に生甲斐を発見し得る能力――これは彼［襄］の長所にて我等阿部一家の等しく所持するところ（一九四六年九月一〇日）」と記している（阿部　一九六三：四四〇―四四一）。パラオ研時代の阿部に対する元田の印象にも通ずるところがあると思われる。

その後、阿部襄は請われて地元（山寺）の小学校（国民学校）の代用教員を引き受けたが、一九四七年、鶴岡に県立農林専門学校を設立することが決まり、その開校にかかわることになった。同時期、東京の畑井新喜司から東京家政大学教授への誘いもあったがこれを断り、農林専門学校開校とともに教授に就任。四九年、新制山形大学の発足にともない、農林専門学校は山形大学農学部となり、阿部は応用動物学教室で教授をつとめた。なお、農林専門学校時代の教え子に木田元（哲学者）がいる[13]。

また、吉林での抑留経験も影響してか、ユネスコの平和運動にも尽力し、鶴岡ユネスコ協会長、同子ども学校長などを歴任するとともに、第六章で述べたように、少年少女向けの科学啓蒙書を次々と発表した[14]。山形大学を定年後、自宅を開放し、若い頃からの夢である子供向けの科学教室（山寺生物学研究所）を主宰した。一九八〇年、心筋梗塞で死去。

羽根田弥太と島津久健

さらに、戦時中、昭南博物館館長をつとめた羽根田弥太は、一九四六年二月、シンガポールから引き揚げ、いったん岐阜の実家に戻った。幸い実家は戦災からまぬがれ、両親とも無事であった。だが、やはり農地改革で土地は取り上げられており、田舎の医者として生きていくか、無一文で東京に出るかの選択を迫られたという。翌四七年、妻とともに、逗子（神奈川県）にあった従兄弟の別宅を借りて移り住んだ。幸い横須賀市教育部の学校衛生技師に採用され、その後、視学、指導主事、検査課長（兼任）を歴任する。一九五四年、アメリカで開催された第一回国際発光生物学会に、発光生物学の先駆者として知られるニュートン・ハーヴェイ（Edmund Newton Harvey）から招かれ参加。帰国後、久里浜に新設された横須賀市博物館の館長となった。

羽根田は、横須賀市博物館を日本では数少ない自然史系の研究もおこなう総合博物館へと育て上げ（現・横須賀市自然・人文博物館）、『発光生物の話』（一九四七）、『発光生物』（一九八五）などの科学啓蒙書も著した。また、羽根田は、二〇〇八年度のノーベル化学賞受賞者である下村脩と発光カタツムリの共同研究もおこなっており、共著論文（一九八六）もある。(15) 一九九五年、死去。

一方、カタリーナとの恋愛が問題とされ、研究者の道を進まなかったこともあり、パラオへの派遣終了後の島津久健の履歴は不明なことが多い。前述したように、三八年に男爵の爵位を継いだあと、一九四〇年頃満洲にわたり、新京動物園につとめたことは確かだが、残念ながら、そこで彼の足跡は途絶えてしまう。ただし、久健の息子（故・久純氏）の友人（安部時男氏）の証言によると、島津は満洲で二等兵として現地応召し、敗戦後、シベリアに抑留されたのだという。時期は不明だが、引き揚げ後、朝鮮戦争における米兵戦死者の遺体修復の仕事に従事、さらに米軍関係の仕事を続けたあと、自衛隊関係の仕事についたらしい（二〇一八年一二月一三日、筆者による安部氏へのインタビューによる）。また、一九五七年に『保安衛生』（現『防衛衛生』）という自衛隊関係の学術雑誌に掲載された、実験用マウスに関する論文に第二著者（肩書きは防衛庁技官）として名を連ねているので（小沢・島津・森田　一九五七：二一―二五）、完全に研究から離れたというわけでもないようである。

おそらく一九六〇年代中頃に東京から群馬に移り、以降は地元で小中学生相手の英語塾を経営していた。

島津の晩年については、あとで述べる。

岩山会とパラオへの郷愁

一九五三年一〇月、仙台で戦後初めての岩山会が開催された。パラオ研の研究員は交替で〈島〉に派遣されたため、それまでお互い一度も会ったことのない者も多かったが、この頃には、彼らの生活もある程度落ち着いてきたということだろう。翌年には、内海（弘）冨士夫（京大瀬戸臨海実験所）の編集で『会報』が復刊され（第七号）、岩山会は「今後は発展のない」（内海）純粋な同窓会組織として再出発する。

一九三八年の岩山会発足当初、研究員は無条件で会員、それ以外に研究所に関係のある者で、会員に推薦された者も入会できると規定されていた。ただし、実際の会員は、研究員（正会員）、会長（畑井）、学振小委員会メンバー（顧問）、「前研究所時代」の派遣者（準会員）に限られ、しかも全員が動物学関係者だったため、会合は動物学会の大会に合わせておこなわれていた。

だが、戦後は暫時、研究員以外の者も会員にくわえられ、最後の会員名簿（一九八九年）には、物故者も含めて、研究所事務嘱託、援助者・友人（土方久功、堂本貞一（南洋庁）、江崎悌三（九州帝大）など）、パラオ駐在の歴代武官、雇い人なども名前を連ねている[16]。同窓会はほぼ年一回のペースで開催され、最後となる一九八七年まで計二十九回を数えた。一九五〇年代に撮られた、畑井新喜司や土方久功が参加している写真も残っている（図表11-4）。一方、『会報』の発行頻度はそれほど高くなかった。復刊号発行の翌年（五五年）、学振につとめる新谷武衛の編集で第八号が出たものの、そこで刊行はいったん途絶えている。会員の多くが壮年期を迎え、それぞれの生活に忙しい時期に入ったからだろう。

一九六三年、元所長の畑井新喜司が八十八歳で死去する。畑井は、妻が学園創設者の娘（四女）だった関係から、戦後、初代の東京家政大学学長などをつとめ、彼の死去の際には大々的な大学葬がおこなわれた。

図表 11-4　戦後の岩山会（1956年10月2日新橋・橋善？）

出典：蟹江由紀氏提供。
注：前列中央が畑井新喜司、その左が古畑種基（血液学者）。二列目の左から羽根田弥太、土方久功、ひとりおいて元田茂、高橋敬三、三列目の左から二人目から大平辰秋、阿部宗明、さらに一人おいて加藤源治。女性二名はシンガポールで徳川義親の秘書をつとめていた大森秘書、土田秘書か（蟹江氏の情報による）。

先述したとおり、六六年に、パラオ研設立の出発点となった太平洋学術協会（ＰＳＡ）は、畑井の功績をたたえて畑井メダルを設けている。ちなみに、パラオ研の元研究員で、畑井のフィリピン行きに同行した高橋敬三も東京家政大学につとめ（最初は付属中高の教諭）、彼はその後、理事長となった。また、江口元起、榎並仁も一時期、東京家政大学で教鞭をとっている。

一九六八年、ようやく『会報』第九号が、羽根田弥太（横須賀市博物館）の編集により発行されたが、この頃から、国際会議などの機会を得て、青春の地であるパラオを再訪する元研究員も現れるようになった。たとえば元田茂と川口四郎は、六八年に国際生物学事業計画（International Biological Program, IBP、一九六四―七二年）の国際会議のおり、パラオを再訪した[17]。本章冒頭に掲げた文章は、元田によるそのときの記録である[18]。

ここで研究所の雇い人と戦後の岩山会の関

係についても触れておこう。先に述べたとおり、戦時中に山川松次郎と山城嘉次は亡くなったが、五四年の岩山会の会合で、弔慰金をふたりに送ろうという話も出ている。さらに、松次郎の弟で、やはり一時期、雇い人をつとめた山川松三（沖縄在住）と、羽根田弥太や阿刀田研二のあいだでは、戦後、手紙や年賀状のやりとりが続いた。松三は、研究所閉鎖前の一九四二年に沖縄に帰郷し、軍務についたのち、四四年に巡査となった。彼は沖縄戦を生き抜き、六五年には与那原署交通主任となっている。

だが、沖縄返還前年の一九七一年一一月一〇日、ゼネストで警備中にデモ隊が投げた火炎ビンがあたり、松三（当時、巡査部長）は殉職する。のちに阿刀田研二は、松三を追悼する文章を『会報』に寄稿しているが（阿刀田　一九八二：一〇―一一）、松三の殉職はえん罪事件を引き起こし、沖縄戦後史のなかで長く記憶されることになった(19)。

島津久健とカタリーナのその後

そして、戦後の岩山会の活動で見逃せないのが、第一一号（一九七七）から、島津久健が会員にくわわっていることである。パラオからの帰還後、畑井との関係が悪化したこともあり、戦前の会員名簿（一九四一年九月、『会報』五号）に島津の名はない。先に述べたとおり、彼の戦後については不明な点が多いが、一九七七年の時点での住所は群馬県新田郡（現・太田市）となっている。この間、ごく一部の親しい者を除けば、パラオ研関係者とは音信不通状態が続いていたと推測できる。第六章で述べたように、島津とカタリーナの一件は当時のパラオ研関係者にとって大きな出来事であったが、彼もなかなか昔の仲間と連絡する気にはならなかったのだろう。

だが、所長の畑井新喜司はすでに六三年に亡くなっており、元研究員も老境に入って、本人や当時の関係者のわだかまりも薄れてきたということだろう。島津は、翌一二号に「パラオでみた十二の不思議」という

図表 11-5　カタリーナが所蔵していた島津久健の写真

出典：飯高伸五氏提供。

エッセイも寄稿している（島津　一九八〇：一四―一六）。

一方、この頃から逝去する会員が増え、毎号、編集後記ではその間に逝去した者を伝えるようになった。一九八〇年の時点ですでに亡くなっていた元研究員は、パラオで病死した高橋定衛を除く元研究員二十八名中、九名を数える（江口元起、内海冨士夫、阿部襄、山内年彦、神田千代一、榎並仁、大島正満、尾形藤治、熊野正雄）。「後期」の研究員にとってよき友人であった土方久功も一九七七年に死去していた。その後も亡くなる者は絶えず、『会報』の誌面では、自らの老化や病気をめぐる嘆きも増えていく[20]。

会員の高齢化は、第一五号以降の表紙に編集担当の元田が付記した副題にも現れている。第一五号（一九八四）は「老人の国」、第一六号（一九八五）が「旅路の果」、第一七号（一九八七）「鼬の最後っ屁」、第一八号（一九九三）「これが最後の最後」といった具合である。

こうしたなか、一九七七年に岩山会の会員になった島津久健は、八三年、突然の死を迎えた。『会報』第一三号（一九八一）の「会員消息」によると、八〇年に妻が脳出血で寝たきりとなり、さらに第一四号（一九八二）では、妻を入院させたが、ひとりきりの生活で筆をとる気力もなくなったと語っている。そして、第一五号（一九八四）の元田による編集後記は、八三年の元旦に島津が自宅を失火焼失し、翌日火傷で亡くなったことを伝えている（元田　一九八四：三五）[21]。

では、島津のかつての恋人カタリーナ（カトゥーナ）は、その後どうなったのだろうか。実は彼女は、一九九〇年と二〇〇二年に、それぞれ山本悠子氏（カトリック信徒宣教者）と飯高伸五氏（文化人類学者）から日本統治時代に関する取材を受け、そのなかで、島津との思い出を懐かしく語っていた。

山本のインタビューによれば、父親が重い病気になったため、島津は日本に帰らざるをえなくなった。できれば戻ってくる、一年経っても自分が戻らなかったらパラオの人と結婚してほしい。そう彼はカタリーナに語ったという（山本　二〇一八：三〇八―三一二）。また、飯高によれば、カタリーナは、島津に平和になってから日本に来いといわれたが、寒いのが怖いのと、高齢の母を気にして行かなかった。また、父親が亡くなったため、いったん内地に帰って葬式をすませたらまた帰ってくるともいっていたが、戻ってこなかったという（飯高伸五氏からの情報による）（図表11-5）。

すでに昔のことゆえ、色々とつじつまの合わないところもあるが、それは大した問題ではないだろう。島津は晩年、岩山会の会員となるまで、戦後史のなかに姿を消していたようにもみえる。だが、かつて〈島〉で研究生活をともに過ごしたパラオ研関係者、そしてカタリーナの記憶のなかに若き日の島津は確かにその姿を刻みこんでいたのである。

注

（1）　田山利三郎は、明神礁で遭難死する以前、一九五〇年夏におこなわれた八（九）学会連合の対馬調査（五〇・五一年）に参加している。対馬調査はフィールドワークを志向する八（九）つの学会が協力しておこなわれた、戦後初の総合学術調査として知られるが、戦時中、海軍ニューギニア資源調査隊のメンバーだった田山（地理学会）、泉靖一（民族学協会）、鈴木誠（人類学会）、佐藤久（地理学会）の四名が参加していた。ここには、学会の枠を超えた共同調査における戦中・戦後の連続性をみてとることができる。八（九）学会連合の共同調査の展開については、坂野（二〇一二）を参照。

（2）　この学術調査団には、当時、京大瀬戸臨海実験所に復帰していた時岡隆（元パラオ研）も参加している。

（3）　一九七七年に実施された「ミクロネシア西カロリン群島民俗文化の文化人類学的総合調査」が代表的なものである（ミクロネシア研究委員会　一九八二）。

（4）コメントをみると、パラオ熱帯生物研究所と南洋庁所轄の熱帯産業研究所を混同していたこともうかがえる。
（5）戦後アメリカ人類学におけるミクロネシア研究については、とりあえず Kiste and Marshall（1999）を参照。
（6）武田久吉は著名な植物学者であり、イギリスの外交官アーネスト・サトウ（Ernest Mason Satow）の息子である。北海道帝大、京都帝大などで講師をつとめ、一九〇五年、小島烏水らと日本山岳会を設立した。その後、日本山岳協会会長、日本自然保護協会会長などもつとめ、尾瀬の自然保護活動に尽力したことから、「尾瀬の父」とも呼ばれる。ここにあるように、戦後、GHQ天然資源局農林部の顧問もつとめた。
（7）マーシャル諸島における核実験の展開については、竹峰（二〇一五）などを参照。
（8）この実験によって初めて水素爆弾が実用可能なまで小型化される一方、当所の予想以上の爆発規模であったため、日本の第五福竜丸のみならず、マーシャル諸島の住民の多くが深刻な健康被害を受けることになった。
（9）これも元田の帰還を前にしての記念写真だと思われる。
（10）もちろん、これ以外の研究員にもそれぞれの「戦後」があった。だが、彼ら六名だけでも元研究員の多様な後半生はある程度確認できると思われる。
（11）複数のプランクトン・ネットを多層曳きして、プランクトンの鉛直分布を調べることができる。現在でも使用されている。
（12）ただし、山内はパラオ研の同窓生たちに対しては、ほとんど政治的な主張をすることはなく、『会報』からは、社会運動の一線から離れて以降、ナマコの研究などを細々と続けていた様子もうかがえる。
（13）一九五五年から『庄内日報』紙上に連載され、阿部の死後に刊行された彼の自伝的小説『柿の実』には、若き日の木田元が「木下君」として登場する（阿部　一九八六）。また、木田元の自伝『なにもかも小林秀雄に教わった』『闇屋になりそこねた哲学者』でも、山形農林時代の阿部との交流が回想されている（木田　二〇〇八；二〇一〇）。これらの著作によると、戦前、木田の父親（木田清）は満洲国の高級官僚をつとめており（戦後は新庄市長）、吉林の師道大学の教員だった阿部とは同郷ということで、満洲時代に親しい付き合いがあった。そのため阿部は、海軍兵学校帰りで、山形農林に一期生として入学してきた木田に目をかけたらしい。
（14）彼の著作の多くはベストセラーとなり、『貝の科学』（一九六五）はサンケイ児童出版文化賞を受賞している。
（15）下村による羽根田との思い出は、下村（二〇一〇：一一二―一一五）を参照。
（16）研究所の最大の理解者であった堂本貞一（南洋庁内務部長）は、戦後、長らく病床にあり、一九六六年に死去した。
（17）国際生物学事業計画（IBP）は、当時騒がれていた人口爆発、気候変動（主に寒冷化）への危惧を背景に、世界五十ヶ国以上、数万人の生物学者、医学者、人類学者などが参加した一大プロジェクトであった。
（18）その後、一九七〇年に羽根田弥太、七四年に阿部襄・江口元起・松井喜三・元田茂・高橋敬三がパラオを再訪している。
(19)　この事件については、松永闘争を支援する市民会議ほか（一九七七）などを参照。
(20)　研究所の事務嘱託をつとめた堀良光は、パラオ研の前身である「前研究所時代」から、交替で来島する研究員の後見人的役割を果たした人物である（第五章参照）。研究員ではないが、戦後の『会報』からは、彼の数奇ともいえる後半生が浮かび上がるので、ここで触れておきたい。
一九〇三年、和歌山県に生まれた堀は、北海道帝大附属水産専門部養殖科を卒業後、ミクロネシアにわたり、水産試験場技師、御木本真珠の養殖場長をつとめた。御木本時代はコロール一の高給取りだったというが、その後、同社を辞め、南洋拓殖（第四章参照）にしばらくつとめ、戦時中は太平洋興産という会社を経営していた。

戦後、堀は、伊豆で水産会社を営んだあと、一九五一年から沖縄の宮古島に移住し、真珠養殖を再開する。だが、大きな台風に襲われて断念し、さらにフィリピンにわたって再び真珠養殖を手がけるが、これも失敗（堀　一九八二：四―七）。その後、パラオに移住し、ひとりで真珠養殖に再挑戦したが、一九八六年、コロールの自宅から火事を出して、ついに無一文となった。なんとか周りのパラオ人たちの援助で暮らしていたが（堀　一九八八：二四―二五）、一九八八年に死去した。
(21)　ただし、元華族の団体である霞会館の記録によれば、島津が亡くなったのは四日である（霞会館　一九九六：七三八）。

エピローグ　科学者が歴史を記録するということ

パラオ熱帯生物研究所は門柱、タンクの柱を残すだけであとかたもなく、パラオを訪れる人は多くなりましたが、アラバケツの研究所の跡に気付く人はありません。記念碑を建てたいという念願は度々書きましたが、実現しそうもありません。すべては忘れ去られようとしています。

では会員の皆様、願くば少し長すぎた様な旅路の果の平安ならんことを、もろもろの苦悩に耐え、愚痴をこぼさず、泣きごとを言わず、勇気を出して戦いましょう。最後まで（元田一九八五：六九）。

本書では、ここまで一九一四年の海軍占領時から日本敗戦にいたるまでのミクロネシア（南洋群島）における調査研究の展開を、パラオ熱帯生物研究所の活動を中心に検討してきた。本書の主な目的は、戦前、ミクロネシアで調査研究に携わった日本の研究者の群像を、同時代の政治・社会の状況をふまえつつ描くこと、さらに、彼らの目を通して、日本統治下にあった二十世紀前半のミクロネシアの姿を描き出すことにあった。科学知識が産み出される場所《フィールド》としての〈島〉は、さまざまな人びとが出会う空間であり、〈島〉にわたった日本の研究者は、そうした人びととの「接触」のなかで、彼らの調査研究を推し進めたのであった。

そして、一九三四年にパラオ・コロール島に創設されて以降、さまざまな専門領域の研究者も訪れたパラオ熱帯生物研究所の活動に関して、本書が大きく依拠したのが、その同窓会誌『岩山会会報』（全十八冊）であった。『会報』は当初、研究員の持ち回りで発行されたが、第一〇号（一九七二）以降は元田茂が編集を一手に引き受け、第一八号（一九九三）まで続いた。ここまでみてきたように、『会報』には、当時の研究所やミクロネシアの様子を伝える貴重な証言があふれているが、こうした証言がいまに残されたことは、元田の個人的努力なしには考えられない。そこで、最後に、研究所の歴史を次代に残そうとした晩年の元田茂の奮闘に触れて、本書を締めくくることにしたい。

戦後、岩山会が再出発した時点では、他の元研究員と同様、元田も若き日々を懐かしんでいただけだったと思われる。彼の勤務先は函館（北大水産学部）だったこともあり、当初は同窓会にもあまり出席できなかったようである。だが、一九七一年に北大を定年退職し、静岡県にある東海大学海洋学部へ移って以降、元田は、羽根田弥太や加藤源治、阿刀田研二らの協力も得ながら、岩山会の活動に力を注いだ。

元田の活動でまず注目されるのは、『会報』の編集と、文書類の保存に関する努力である。会員との連絡や誌面の編集、会計などの面倒な作業をすべておこない、一九八九年には、もともと謄写版で刊行されていた『会報』の一号（一九三八）から九号（一九六八）までの全巻を復刻している。同窓会誌という、本来関係者に向けた雑誌であるにもかかわらず、編集を担当した頃から、元田が『会報』を歴史的資料とみなし、その保管について考えていたことは疑えない。実際、これらは、のちにまとめて製本され、国立国会図書館と沖縄県立図書館に収められた。

また、パラオに派遣された元田が一九三六年五月四日に自主的に書き始め、その後、研究員が交替で記録した「研究所日誌」は、研究所の閉鎖を見届けた加藤源治が内地に戻る海軍駐在武官に託したことで、失われずにすんだ（元田　一九七二：四五）。その後、「日誌」は元田によって製本され、加藤源治、阿刀田研二の手元に一時置かれたあと、長く元田の書斎に保管されていた。『会報』をみると、「日誌」を公立図書館に寄贈し、保管してもらう方法を探っていた様子もうかがえるが、結局、適当な寄贈先がみつからず、元田の死去後、二〇一五年一一月に元田の教え子である大森信氏（東京海洋大学名誉教授）とサンゴ礁学会の佐藤崇範氏（現・琉球大学）によって発見されるまで、彼の書斎で眠り続けた。現在、「日誌」は、阿嘉島臨海研究所に託されていた元田の個人資料とともに、研究所にゆかりのある東北大学史料館に寄贈され、利用可能となっている(1)。

そして次に特筆すべきは、元田自身の歴史への向き合い方である。彼は、単なる懐古や顕彰とは一線を画し、パラオ研のネガティヴな面も含めて記そうとしていた。元田が一九八九年に編集した「附録」で、おそらく最後のつもりでまとめた研究所の通史（「パラオ熱帯生物研究所――誕生から終焉まで」）には次のように記されている。すでに第六章で引いた文章だが、これは、彼が到達した歴史認識を示すものでもあると思われる。

昔のことは何でもなつかしく思われるもので、年をとれば人間は一層過去を美化して懐かしがり、不快なこと苦しいことは都合よく忘れている。パラオの話になると、今でも明るい空と海を讃え、屈託ない自由な生活を懐かしがる。しかし現実はそういう夢の様なことばかりではなかった（元田　一九八九：三三）。

パラオ派遣時に彼が「研究所日誌」を書き始めたことからわかるように、もともと元田に記録への志向があったことは確かである。だが、過去／歴史の描き方についてここまで自覚的な科学者は珍しいだろう。しかも、内輪向けということもあり、『会報』では、多くの者が〈島〉での研究生活について比較的率直に語っており、結果として『会報』は、戦前、ミクロネシアで研究生活を送った若き学徒の貴重なドキュメント

図表1　パラオ研跡の記念碑

出典：著者撮影（2017年2月17日）。

となった。

さらにまた、『会報』が一九九三年の終刊まで半世紀以上続いたことも重要である。晩年の元田は、「岩山会の会員は、今でもパラオを懐しがっている人、思い出すのも厭だという人、すべて忘却の彼方に去って何の感慨もない人など様々です」（元田　一九八七：六三）などと自虐しながら、一九九五年に亡くなる二年前まで『会報』の編集を続けた。その結果、はからずも『会報』は、日本における草創期の熱帯生物学者が若者から壮年となり、やがて老い、消えていくまでを伝える希有な記録となったのである。[2]

なお、本章の冒頭に掲げた文章にあるとおり、晩年の元田はパラオ熱帯生物研究所の記念碑の建立を望んでいた。彼の念願は二〇〇一年に大森信らによって実現し、今でも研究所の跡地に行けば往事を偲ぶことができる（図表1）。

注

（1）　資料の詳細については、佐藤（二〇一八：二九―三二）を参照。

（2）　パラオ研の元研究員で最後に亡くなったのは、戦後、世界的なサンゴ研究者となった川口四郎である。川口は、『会報』終刊からおよそ十年後の二〇〇四年に九十六歳で死去した。二〇〇七年には日本サンゴ礁学会が川口賞（川口奨励賞）を設け、顕彰活動が今なお盛んである。

あとがき

筆者がパラオ熱帯生物研究所の存在を初めて知ったのは一九九〇年代初め、当時、在籍していた東大の大学院で佐々木力さんが開講した植民地科学史のセミナーのときだったはずである。その頃、佐々木さんは欧米における植民地科学史研究の紹介を熱心に進めており、ドイツ優生学史に関する修士論文を何とか書き終え、博士課程から日本科学史に転進しようとボンヤリと考えていた私もそのセミナーに参加したのだった。それ以前から科学の政治性や知の暴力をめぐる問題に関心をもっていたため、植民地科学史というテーマ系には大きな魅力を感じていたが、セミナーで、佐々木さんから「坂野は生物学史が専門だから、パラオ熱帯生物研究所のことを調べて発表して」といわれたのが最初だったと記憶している。

発表内容はまったく覚えていないが、せっかく調べたのだからということで、数年後、論文にまとめ、『化学史研究』という、少々場違いな雑誌に載せてもらった（「パラオ熱帯生物研究所――その誕生から終焉まで」一九九五）。だが、同時期から日本の人類学史研究を始めたため、パラオ研に関する研究はそれで終わりのつもりだった。その後、人類学史研究の一環として、ミクロネシアにおける人類学者や民族学者の活動については論文や著作で扱ったが、パラオを訪れたのも、二〇一一年春に神奈川大学の泉水英計さん（文化人類学）主宰のプロジェクト（「第二次大戦中および占領期の民族学・文化人類学」国際常民文化研究機構）による合同調査が初めてだった。正直いえば、そのときのパラオ訪問は遊び半分の気分であり、パラオ研跡地の写真も撮ったものの、その頃には研究所への関心は完全に失われていた。

だが、それから二年後の二〇一三年、琉球大学の佐藤崇範さん（サンゴ礁学会）から、昔書いた『化学史研究』の論文について問い合わせをいただいた。九五年の時点では同窓会誌（『岩山会会報』）にも目を通しておらず、研究所の制度史を手堅くまとめただけだったが、佐藤さんとのやりとりをきっかけに、国会図書館に『会報』が所蔵されているのを知った。そこで、これを読んでみると、ムチャクチャ面白い。こうしてパラオ研の存在が自分のなかで再浮上し、フィールドワーク史という観点から、研究所を中心に戦前日本の南洋研究史を一冊にまとめる構想ができあがったのである。

その後、日本各地に散在するパラオ研関係者の資料蒐集を少しずつ進めるとともに、パラオ（二回）、サイパン（二回）、ヤップ、ポナペなど旧南洋群島各地で現地調査も実施した。どんな研究でも何らかの形で偶然がかかわるものなのだろうが、もし院生時代、佐々木さんからパラオ研の発表を振られなければ、また佐藤さんから問い合わせがなければ、この本を書くこともなかっただろう。その意味で、おふたりには感謝している。

ついでに、本文には書けなかったことだが、本書に登場するふたりの人物に関して、研究の過程で経験した極私的な偶然についてもここで書き留めておきたい。

まずひとり目は、カタリーナの恋人であった島津久健である。二〇一七年春、パラオ研究者の飯高伸五さん（文化人類学）の案内で、前述の泉水さんとともにパラオ調査に出かけたとき、飯高さんから、二〇〇〇年頃、カタリーナにインタビューしたことがあるという話を聞いた。その偶然には驚かされたが、インタビュー後、飯高さんはカタリーナが戦後ずっと手元に置いていた島津の写真を預かり、日本で修復して、彼女に送ったのだという。飯高さんの許可を得て第十一章に掲載した写真がそれである。

そしてふたり目が、第十章に登場する柘植秀臣である。実は柘植は、心理学者である私の父が若い頃、個人的に世話になった人なのだが、本書を準備する過程で彼が畑井新喜司の弟子であったこと、さらにパラオ研関係者とも縁が深いことを知った。その後、父から、柘植さんが生まれたばかりの私を被験者に条件反射の実験をおこなったこともあるという話を聞き、不思議な縁を感じている。

戦前、〈島〉にわたった研究者が遺したさまざまな資料を蒐集し、断片的な情報をつなぎ合わせて彼らの研究生活を再構成する作業は手間がかかったが、端的にいえば楽しかった。島津の「恋愛事件」を含めて、研究活動以外の記述にも力を入れたため、科学史からはみ出す本になった気がするが、本書の執筆は、筆者にとって彼らの人生を追体験する得がたい経験となった。激動の時代を生きた人びとの人生を読者にも追体験してもらえるよう努力したつもりだが、さてどうだろうか。

＊　＊　＊

本書を準備する過程では、これまでの本以上に、多くの方々と関係機関の世話になった。個人名を書くときりが無いので大部分は省略せざるをえないが、資料調査に関して特に世話になった公的機関とご遺族・関係者は、以下の通りである。国立国会図書館、沖縄県立図書館、東北大学史料館、九州大学附属図書館、鹿児島大学附属図書館、阿部記念館、横須賀市自然・人文博物館、京都大学瀬戸臨海実験所、阿嘉島臨海研究所、原野農芸博物館。蟹江由紀・康光氏（羽根田弥太氏ご遺族）、元田進氏（元田茂氏ご遺族）、大森信氏（元田茂氏門下生）、林公義氏（羽根田弥太氏元同僚）。また、勤務校の同僚である海洋動物学者・中嶋康裕さん（前日本動物行動学会会長）には、本書の第五・六章の原型となる文章について有益なコメントをいただいた。むろん、本書の文責がすべて私にあることはいうまでもない。

なお、本書第一・四・五・六・八章については、その一部を拙編著『帝国を調べる』『帝国日本の科学思想史』（ともに勁草書房刊）に発表したが、それぞれ大幅に加筆修正をくわえてある。

本書の原稿完成間際に担当編集者が急きょ橋本晶子さんに交替することになったが、橋本さんには『帝国日本の科学思想史』に続いて手際よく編集作業を進めていただいた。ここに記して感謝する。

世間が「改元」で騒ぐ五月の連休に

坂野　徹

追記：本研究では、日本学術振興会科学研究費（「パラオ熱帯生物研究所に関する科学史研究」基盤研究C、二〇一五―一八年）及び日本大学経済学部特別研究員（二〇一六年度）の助成を受けた。

坂野　登　不安の力　不確かさに立ち向かうこころ　四六判　二七〇〇円

坂野　登　利き脳論　四六判　二七〇〇円

金森　修　遺伝子改造　四六判　三〇〇〇円

金森　修　自然主義の臨界　四六判　三〇〇〇円

金森　修　負の生命論　認識という名の罪　†四六判　三〇〇〇円

金森　修　フランス科学認識論の系譜　カンギレム・ダゴニェ・フーコー　四六判　三三〇〇円

金森　修
中島秀人　編著　科学論の現在　A5判　三五〇〇円

著者略歴

1961年生まれ

1994年　東京大学大学院理学系研究科（科学史・科学基礎論）博士課程単位取得退学

現　在　日本大学経済学部教授

専　攻　科学史・科学論（博士［学術］）

著　書　『人種概念の普遍性を問う』（人文書院、2005年、共著）、
『帝国日本と人類学者――1884-1952年』（勁草書房、2005年）
『人種神話を解体する2――科学と社会の知』（東京大学出版会、2016年、共編著）
『帝国を調べる――植民地フィールドワークの科学史』（勁草書房、2016年、編著）
『帝国日本の科学思想史』（勁草書房、2018年、編著）

〈島〉の科学者　パラオ熱帯生物研究所と帝国日本の南洋研究

2019年6月20日　第1版第1刷発行

著　者　坂《さか》野《の》　徹《とおる》

発行者　井　村　寿　人

発行所　株式会社　勁《けい》草《そう》書房

112-0005　東京都文京区水道2-1-1　振替　00150-2-175253
（編集）電話 03-3815-5277／FAX 03-3814-6968
（営業）電話 03-3814-6861／FAX 03-3814-6854

理想社・牧製本

ISBN978-4-326-10274-7　Printed in Japan

事項索引

タ　行

ナ　行

ハ　行

マ　行

人名索引

カ　行

サ　行

タ　行

ナ　行

ハ　行

マ　行

ヤ　行

ラ　行

ワ　行

参考文献表

プロローグ

今泉裕美子　1990 「日本の軍政期南洋群島統治（1914-22）」『国際関係学研究』17 号，1-18.

今泉裕美子　1994 「国際連盟での審査にみる南洋群島現地住民政策――1930 年代初頭までを中心に」『歴史学研究』665 号，26-40，80.

栗林徳五郎（編）　1970 『南洋貿易のあゆみ――南洋群島開発の歴史』.

坂野徹　2005 『帝国日本と人類学者――1884-1953』勁草書房.

丹野勲　2015 「戦前日本企業の南洋群島進出の歴史と戦略――南洋興発，南洋拓殖，南洋貿易を中心として」『神奈川大学国際経営論集』49 号，13-36.

南洋群島教育会（編）　1938 『南洋群島教育史』南洋群島教育会.

南洋庁長官官房（編）　1932 『南洋庁施政十年史』南洋庁長官官房.

廣重徹　1973 『科学の社会史――近代日本の科学体制』中央公論社.

リヴィングストン，デイヴィッド（梶雅範・山田俊弘訳）　2014 『科学の地理学――場所が問題になるとき』法政大学出版局.

松島泰勝　2007 『ミクロネシア――小さな島々の自立への挑戦』早稲田大学出版部.

若林宣　2016 『帝国日本の交通網――つながらなかった大東亜共栄圏』青弓社.

第一章

飯高伸五　2011 「南洋庁下の民族学的研究の展開――嘱託研究と南洋群島文化協会を中心に」山路克彦編『日本の人類学――植民地主義，異文化研究，学術調査の歴史』関西学院大学出版会，175-208.

石橋栄達　1916 「旧独領ミクロネシア諸島見聞記」『南洋新占領地視察報告』文部省専門学務局，70-80.

石丸文雄　1917 「南洋占領地視察報告書」『南洋新占領地視察報告（追録）』文部省専門学務局，173-204.

今泉裕美子　1994 「国際連盟での審査にみる南洋群島現地住民政策――1930 年代初頭までを中心に」『歴史学研究』665 号，26-40，80.

内田寛一　1916 「我カ占領南洋諸島視察概報」『南洋新占領地視察報告』文部省専門学務局，81-96.

江崎悌三　1984 「南洋群島の動物学探検小史」『江崎悌三著作集』第 1 巻，思索社.

奥田譲　1917 「南洋諸島出張報告」『南洋新占領地視察報告（追録）』文部省専門学務局，50-67.

片岡修・長岡拓也　2015 「ミクロネシア連邦ポーンペイ島のナン・マドール遺跡とシャウテレウル王朝期の遺跡について」『関西外国語大学研究論集』101 巻，69-88.

金平亮三　1914 『南洋諸島視察復命書』台湾総督府.

参考文献表

日下部四郎太　1915a 「南洋視察後の感想」『理学界』12 巻 10 号，721–726.
日下部四郎太　1915b 「南洋出張所感」『自修会会報』1 号，26–28.
日下部四郎太　1916 「マーシャル，カロリン，マリアナ群島視察報告」『南洋新占領地視察報告』文部省専門学務局，97–100.
小出満二　1916 「南洋新占領地視察報告」『南洋新占領地視察報告』文部省専門学務局，192–233.
高知新聞社（編）　1998 『夢は赤道に――南洋に雄飛した土佐の男の物語』高知新聞社.
小谷汪之　2019 『中島敦の朝鮮と南洋――二つの植民地体験』岩波書店.
小松和彦　2001 「南洋に渡った壮士・森小弁――「南洋群島」以前の日本・ミクロネシア交流史の一断面」篠原徹編『近代日本の他者像と自画像』柏書房，195–233.
高岡龍雄　1954 『ドイツ内南洋統治史論』日本学術振興会.
高山純　1995 『南海の大探検家鈴木経勲――その虚像と実像』三一書房.
竹本修三　2011 「松山基範先生の足跡――地球物理学教室時代を中心として」竹本修三ほか編『京大地球物理学研究の百年（Ⅲ）』京大地球物理の歴史を記録する会，2–6.
寺田貞次　1917 「新占領南洋諸島踏査報告（追録）」『南洋新占領地視察報告（追録）』文部省専門学務局，205–268.
東郷吉太郎　1921 「領内南洋の産業」『南洋協会雑誌』7 巻 6 号，51–52.
中生勝美　2011 「田代安定伝序説――人類学前史としての応用博物学」『現代史研究』7 号，129–164.
楢林兵三郎　1916 「新占領南洋諸島ノ視察報告」『南洋新占領地視察報告』文部省専門学務局，17–69.
長谷部言人　1915a 「マーシャル諸島の土俗小話」『人類学雑誌』30 巻 7 号，278–279.
長谷部言人　1915b 「東カロリン土人に就て」『人類学雑誌』30 巻 7 号，262–275.
長谷部言人　1917 「南洋新占領地視察報告」『南洋新占領地視察報告（追録）』文部省専門学務局，98–100.
松村瞭　1915a 「南洋占領地視察談――東カロリン群島殊にツルークの土人に就て」『人類学雑誌』30 巻 7 号，243–253.
松村瞭　1915b 「南洋占領地土人風俗（口絵説明）」『人類学雑誌』30 巻 7 号，275–277.
松村瞭　1917 「南洋占領地ニ於ケル人類学上ノ調査概略」『南洋新占領地視察報告（追録）』文部省専門学務局，117–118.
松山基範　1939 「南洋群島の重力測定」『科学南洋』1 巻 3 号，1–4.
松山基範・金子秀吉　1916 「南洋ヤルート島ニ於ケル重力偏差測定報告」『南洋新占領地視察報告』1–16.
無署名　1915 「南洋渡航案内」『実業之日本春季増刊　南洋號』実業之日本社.
矢野暢　1979 『日本の南洋史観』中公新書.
やまだあつし　2007 「植民地台湾から委任統治南洋群島へ――南進構想の虚実」浅野豊美編『南洋群島と帝国・国際秩序』慈学社出版，141–163.
山本美越乃　1917 「南洋新占領地視察報告書」『南洋新占領地視察報告（追録）』文部省専門学務局，144–161.

楊南郡（笠原政治ほか編訳） 2005 『幻の人類学者森丑之助――台湾原住民の研究に捧げた生涯』風響社.

Matsumura, Akira 1918 "Contributions to the Ethnography of Micronesia," *Journal of the College of Science*. 40（7）Tokyo: Imperial University of Tokyo.

第二章

飯高伸五 2011 「南洋庁下の民族学的研究の展開――嘱託研究と南洋群島文化協会を中心に」山路克彦編『日本の人類学――植民地主義，異文化研究，学術調査の歴史』関西学院大学出版会，175-208.

上原轍三郎 2004 『植民地として観たる南洋群島の研究（アジア学叢書 106）』大空社（復刻版）.

江坂輝彌（編） 1975 『日本考古学選集 10：長谷部言人集』築地書館.

川村湊 1996 『「大東亜民俗学」の虚実』講談社.

河原林直人 2007「帝国日本の越境する社会的人脈・南洋協会という鏡」浅野豊美編『南洋群島と帝国・国際秩序』慈学社出版，97-138.

清野謙次 1943 「南洋研究の先覚者松岡静雄大佐を偲ぶ」松岡静雄『ミクロネシア民族誌』岩波書店，627.

坂野徹 2005 『帝国日本と人類学者――1884-1953』勁草書房.

等松春夫 2007 「南洋群島の主権と国際的管理の変遷――ドイツ・日本・そしてアメリカ」浅野豊美編『南洋群島と帝国・国際秩序』慈学社出版，21-56.

等松春夫 2011 『日本帝国と委任統治――南洋群島をめぐる国際政治 1914-1947』名古屋大学出版会.

中村茂生 1995 「「南洋民族学」と松岡静雄」『史苑』55 巻 2 号，立教大学史学会，18-36.

中村義彦 1982 『松岡静雄滞欧日記（近代日本史料選書 8）』山川出版.

南洋協会（編） 1915 『南洋の風土』春陽堂.

南洋庁（編） 1939 『南洋群島に於ける旧俗習慣』南洋庁.

南洋庁長官官房（編） 1932 『南洋庁施政十年史』南洋庁長官官房.

長谷部言人 1928 「南洋見聞」『民族』3 巻 2 号，111-114.

長谷部言人 1929 「南洋雑話」『艮陵』5 号，84-87.

長谷部言人 1932 『過去の我南洋』岡書院.

長谷部言人 1932 「南洋群島の母権制」『ドルメン』1 巻 5 号，63-69.

長谷部言人 1934 「南洋群島の土人に就て」『ドルメン』3 巻 12 号，876-881.

長谷部言人 1935 「日本人と南洋人」東京人類学会編『日本民族』岩波書店.

松岡静雄 1925 『太平洋民族誌』岡書院.

松岡静雄 1927 『ミクロネシア民族誌』岡書院.

松岡静雄 1928 『中央カロリン語の研究』郷土研究社.

松岡静雄 1929 『マーシャル語の研究』郷土研究社.

松岡静雄 1935a 『ミクロネシア語の綜合研究（国語に及ぼしたる南方語の研究）』池田仲一.

松岡静雄 1935b 「南方経営は天孫民族の使命」『日本及日本人』330 号，56-59.

松島泰勝　2007 『ミクロネシア――小さな島々の自立への挑戦』早稲田大学出版部.
無署名　1932 「我が南洋の人類学的調査」『ドルメン』1 巻 3 号，34.
柳田国男　1971 「故郷七十年」『定本柳田国男集（別巻三）』筑摩書房，1–421.
横田郷助　1927 「序」松岡静雄 『ミクロネシア民族誌』岡書院，1–4.
渡辺誠　1984 「長谷部言人論」加藤晋平他編『縄文文化の研究 10：縄文時代研究史』雄山閣，199–204.

第三章

赤江達也　2017 『矢内原忠雄――戦争と知識人の使命』岩波新書.
今泉裕美子　2001 「南洋群島委任統治における「島民ノ福祉」」『日本植民地研究』13 号，38–56.
今泉裕美子　2011 「南洋群島研究」鴨下重彦他編『矢内原忠雄』東京大学出版会，135–136.
大蔵省管理局（編）　1947 『日本人の海外活動に関する歴史的調査：南洋群島編』大蔵省管理局.
高岡熊夫　1954 『ドイツ内南洋統治史論』日本学術振興会.
南洋庁長官官房（編）　1932 『南洋庁施政十年史』南洋庁長官官房.
原覚天　1984 『満鉄調査部・東亜研究所・IPR の研究』勁草書房.
藤井保　1934a 「ヤップ島本島々民人口減少ニ関スル原因調査――死亡高率ニ関スル調査」『南洋群島地方病調査医学論文集第 3 輯（ヤップ島人口減少問題ノ医学的研究）』南洋庁，8–22.
藤井保　1934b 「ヤップ島々民『カナカ』族出生低率ニ関スル調査報告」『南洋群島地方病調査医学論文集第 3 輯（ヤップ島人口減少問題ノ医学的研究）』南洋庁，73–122.
藤井保　1934c 「ヤップ島々民『カナカ』族性病蔓延ニ対スル対策案」『南洋群島地方病調査医学論文集第 3 輯（ヤップ島人口減少問題ノ医学的研究）』南洋庁，70–72.
藤井保・相川助松・吉田昇　1934 「ヤップ島本島々民『カナカ』族性病検査成績報告」『南洋群島地方病調査医学論文集第 3 輯（ヤップ島人口減少問題ノ医学的研究）』23–69.
矢内原忠雄　1935 『南洋群島の研究』岩波書店.
矢内原忠雄　1963a 「未開土人の人口衰退現象について」『矢内原忠雄全集』4 巻，岩波書店，196–275.
矢内原忠雄　1963b 「南洋群島視察談」『矢内原忠雄全集』5 巻，岩波書店，151–162.
矢内原忠雄　1965 「南洋群島旅行」『矢内原忠雄全集』23 巻，岩波書店，600–754.
椰府医生　1936 「ヤップ性病検査の思出」『南洋群島』2 巻 7 号，56–62.
Matsumura, Akira　1918 "Contributions to the Ethnography of Micronesia," *Journal of the College of Science*. 40（7）Tokyo: Imperial University of Tokyo.

第四章

青柳真知子　1985 『モデクゲイ――ミクロネシア・パラオの新宗教』新泉社.
石塚義夫　2002 「太平洋協会について」『環』8 号，186–187.
今泉裕美子　2009 「南洋群島への朝鮮人の戦時労働動員――南洋群島経済の戦時化からみる一側面」『季刊戦争責任研究』64 号，50–61.
岡谷公二　1990 『南海漂泊――土方久功伝』河出書房新社.

岡谷公二　2007『南海漂蕩――ミクロネシアに魅せられた土方久功・杉浦佐助・中島敦』冨山房インターナショナル.
川島淳　2009「戦間期国際社会と日本の南洋群島の統治・経営方針――1935年における南洋群島開発調査委員会の答申の紹介を中心に」『駒沢史学』73号，47-71.
清水昭俊　2013「民族学の戦時学術動員――岡正雄と民族研究所，平野義太郎と太平洋協会」『国際常民文化研究叢書4――第二次大戦中および占領期の民族学・文化人類学』神奈川大学国際常民文化研究機構，17-82.
清水久夫　2016『土方久功正伝――日本のゴーギャンと呼ばれた男』東宣出版.
須藤健一・清水久夫（編）　2010『土方久功日記Ⅱ（国立民族学博物館調査報告94）』国立民族学博物館.
須藤健一・清水久夫（編）　2011『土方久功日記Ⅲ（国立民族学博物館調査報告100）』国立民族学博物館.
須藤健一・清水久夫（編）　2012『土方久功日記Ⅳ（国立民族学博物館調査報告108）』国立民族学博物館.
須藤健一・清水久夫（編）　2014『土方久功日記Ⅴ（国立民族学博物館調査報告124）』国立民族学博物館.
角南聡一郎　2008　芹澤知広・志賀市子編『日本人の中国民具収集――歴史的背景と今日的意義』風響社.
染木煦　2008『書簡に託した「染木煦のミクロネジア紀行」』求龍堂.
太平洋協会（編）　1944『太平洋圏――民族と文化（上巻）』河出書房.
土方久功　1991a「過去に於けるパラオ人の宗教と信仰」『土方久功著作集』2巻，三一書房，151-263.
土方久功　1991b「わが青春のとき」『土方久功著作集』6巻，三一書房，171-236.
土方久功　1991c「青蜥蜴の夢」『土方久功著作集』8巻，三一書房，1991，89-90
土方久功　1992「流木1」「流木2」『土方久功著作集』7巻，三一書房.
中生勝美　2016『近代日本の人類学史――帝国と植民地の記憶』風響社.
仲程昌徳　2013『南洋紀行のなかの沖縄人』ボーダーインク.
南洋庁（編）　1937『南洋群島要覧』南洋庁.
南洋庁（編）　1993a『南洋庁統計年鑑　第1巻（南方資料叢書11-1）』青史社.
南洋庁（編）　1993b『南洋庁統計年鑑　第4巻（南方資料叢書11-4）』青史社.
牧野正則　2007『木彫杉浦佐助――南洋に消えた幻の彫刻家』清伸社「一坪庵」.
松江春次　1932『南洋開拓拾年誌』南洋興発.
三田牧　2011「土方久功は「文化の果」に何を見たか」山路克彦編『日本の人類学――植民地主義，異文化研究，学術調査の歴史』関西学院大学出版会，253-297.
森亜紀子　2014「戦時期南洋群島における資源開発・要塞化とその帰結――境界を生きた沖縄の人びとに着目して」『農業史研究』48巻，15-28.
森田幸雄　1939「『オゲシー事件』批判」『南洋群島』5巻12号，82-87.

第五章

阿刀田研二　1941 「会員消息」『岩山会会報』5 号，32.
阿刀田研二　1989 『思い出の記――喜寿を記念して』私家版.
阿部襄　1943 『南洋紀行――貝と珊瑚礁』フタバ書院成光館.
阿部襄　1965 『貝の科学――なぎさでの研究三〇年』牧書店.
阿部襄　1969 『パラオの海とサンゴ礁』牧書店.
磯野直秀　1988 『三崎臨海実験所を去来した人たち――日本における動物学の誕生』学会出版センター.
今泉由美子　2009 「南洋群島への朝鮮人の戦時労働動員――南洋群島経済の戦時化からみる一側面」『戦争責任研究』64 号，50–61.
榎並仁　1940 「彙報」『岩山会会報』4 号，24.
蝦名賢造　1995 『日本近代生物学のパイオニア――畑井新喜司の生涯』西田書店.
大平辰秋　1972 「パラオで結婚した三人」『岩山会会報』10 号，13–15.
大森信　2002 「パラオ熱帯生物研究所」中森亨編『日本におけるサンゴ礁研究 I 』日本サンゴ礁学会，7–12.
加藤源治　1941 「パラオより」『岩山会会報』5 号，27–28.
川口四郎　1955 「パラオの思い出」『岩山会会報』8 号，9.
喜如嘉誌編集員会編　1996 『喜如嘉誌』喜如嘉誌刊行会.
坂野徹　1995 「パラオ熱帯生物研究所――その誕生から終焉まで」『化学史研究』22 巻 3 号，180–196.
佐藤隼夫　1938 「研究所が出来る前の話」『科学南洋』1 巻 1 号，35–37.
佐藤隼夫　1972 「研究所のできる前」『岩山会会報』10 号，5–6.
佐藤隼夫　1980 「思い出」『岩山会会報』12 号，8–12.
世田谷美術館（編）　1991 『土方久功展図録』世田谷美術館.
平良泉幸ほか（編）　1991 『大兼久誌』大兼久区.
高橋敬三　1984 「春光館の胡瓜もみ」『岩山会会報』15 号，14–15.
田村正　1942 「熱帯生物研究所創設前の思出」『科学南洋』5 巻 1 号，155–158.
田村正　1977 「畑井先生の思い出」『岩山会会報』11 号，1–2.
田村正　1985 「ヤップ島の仮実験室」『岩山会会報』16 号，39–41.
時岡隆　1955 「いわやまだより（会員消息）」『会報』8 号，13.
中嶋康裕（編）　2016 『貝のストーリー――「貝的生活」をめぐる七つの謎解き』東海大学出版部.
南洋庁（編）　1993 『南洋庁統計年鑑　第 4 巻（南方資料叢書 11-4）』青史社.
日本学術振興会（編）　1938 『特別及ビ小委員会ニヨル綜合研究ノ概要』日本学術振興会，189–201.
林一正　1935 「南洋パラオ島より」『THE VENUS』5 巻 4 号，236–239.
久生十蘭　2012 『十蘭レトリカ』河出文庫.
廣重徹　1973 『科学の社会史――近代日本の科学体制』中央公論社.
堀良光　1980 「パラオより懐しき岩山会の皆さんへ」『岩山会会報』12 号，16–19.

無署名　1938 「パラオ熱帯生物研究所」『科学南洋』1 巻 1 号，4–12.
無署名　1941 「研究所雑報」『科学南洋』3 巻 3 号，208–212.
無署名　1941 「研究所雑報」『科学南洋』4 巻 1 号，84–87.
無署名　1972 「パラオ熱帯生物研究所年表」『岩山会会報』10 号，27–32.
元田茂　1968 「再びパラオを訪れて」『岩山会会報』9 号，5–6.
元田茂　1980 「パラオの奇人変人たち（昭和 10–12 年頃）」『岩山会会報』12 号，20–31.
元田茂　1989 「パラオ熱帯生物研究所――創生から終焉まで」『岩山会会報』附録，30–36.
元田茂　1977 「研究所日誌より」『岩山会会報』11 号，20–32.
Yonge, C. M.　1940　“The Palao Tropical Biological Station,” *Nature*. 145, 16–17.

第六章

阿刀田研二　1972 「会員消息」『岩山会会報』10 号，23–24.
阿刀田研二　1989 『思い出の記――喜寿を記念して』私家版.
阿部襄　1940 「カヤンゲルの環礁」『動物文学』67 号，1–9.
阿部襄　1943 『南洋紀行――貝と珊瑚礁』フタバ書院成光館.
阿部襄　1965 『貝の科学』牧書店.
阿部襄　1966 『わたしの野生動物記』牧書店.
阿部襄　1969 『パラオの海とサンゴ礁』牧書店.
荒俣宏　1991 『大東亜科学奇譚』筑摩書房.
石川達三　1973 『若き日の倫理』新潮文庫.
内海冨士夫　1955 「会員消息」『岩山会会報』8 号，16.
加藤斗規　2010 「大谷光瑞と南洋」柴田幹夫編『大谷光瑞とアジア――知られざるアジア主義者の軌跡』勉誠出版，248–269.
木村一信　2004 『昭和作家の〈南洋行〉』世界思想社.
須藤健一・清水久夫（編） 2014 『土方久功日記Ⅴ（国立民族学博物館調査報告 124)』国立民族学博物館.
中嶋康裕（編） 2016 『貝のストーリー――「貝的生活」をめぐる七つの謎解き』東海大学出版部.
羽根田弥太　1938 「ボルネオ紀行」『科学南洋』1 巻 2 号，41–46.
羽根田弥太　1939 「ヤップ離島の旅」『採集と飼育』1 巻，419–430.
羽根田弥太　1955 「土方先生のプロフィール」『岩山会会報』8 号，2–4.
羽根田弥太　1968 「羽根田弥太氏より」『岩山会会報』9 号，11–12.
羽根田弥太　1976 「研究生活の思い出（7）発光生物とのであい」『フィッシュマガジン』12 巻 7 号，68–74.
羽根田弥太　1981 「無計画で無茶苦茶に生きぬいた私の人生」『岩山会会報』13 号，1–3.
羽根田弥太　1987 「光とともに――昭南から横須賀へ」『日本の生物』1 巻 10 号，5–8.
保坂三郎・大森信　1996 「元田茂先生を偲んで」『みどりいし』7 号，1–3.
堀良光　1980 「パラオより懐しき岩山会の皆さんへ」『岩山会会報』12 号，16–19.
松井喜三　1977 「パラオの懐かしい思い出」『岩山会会報』11 号，4–6.

元田茂　1938a 「カヌーを尋ねて――ミクロネシアの旅」『民族学研究』4 巻 2 号，302–319.
元田茂　1938b 「南洋に於ける故高橋定衛氏」『科学南洋』1 巻 2 号，48–51.
元田茂　1938c 「パラオ南西離島航海記」『舵』406–412，421.
元田茂　1940 「トコベイ，ソンソル旅行記」『科学南洋』2 巻 2 号，44–63.
元田茂　1972 「遠い昔」『岩山会会報』10 号，16–19.
元田茂　1980 「パラオの奇人変人たち（昭和 10–12 年頃）」『岩山会会報』12 号，20–31.
元田茂　1981 「かつて在りしパラオ熱帯生物研究所――その使命と成果」『太平洋学会誌』12 号，7–29.
元田茂　1985 「思い出の南洋航路」『岩山会会報』16 号，46–57.
元田茂　1989 「パラオ熱帯生物研究所――創生から終焉まで」『岩山会会報』附録，30–36.
元田茂　1991 「石サンゴの研究今昔あれこれ」『みどりいし』2 号，1–3.
元田茂　1996 「ガツメル紀行（昭和十年）」大森信編『波のまにまに――元田茂随想集』文治堂書店，68–71.
山本悠子　2018 『パラオの心にふれて――思い出の中の「日本」』サンパウロ.

第七章

浅野清　1939 「南洋の地質と熱帯産業研究所」『採集と飼育』1 巻 9 号，412–416.
新谷武衛　1936 「南洋学術探検（マイクロネシアンエクスペジション）彙報――探検隊派遣までの経緯」『齋藤報恩会時報』109 号，16–26.
飯高伸五　2011 「南洋庁下の民族学的研究の展開――嘱託研究と南洋群島文化協会を中心に」山路克彦編『日本の人類学――植民地主義，異文化研究，学術調査の歴史』関西学院大学出版会，175–208.
泉靖一　1953 「故杉浦健一教授と人類学・民族学――追悼と評伝」『民族学研究』18 巻 3 号，266–272.
今泉裕美子（監修）　2012 『南洋庁公報（復刻版）』17 巻，ゆまに書房.
内海冨士夫　1997 「パラオ交遊録」『岩山会会報』11 号，8.
大野あきこ　2009 「「マルチカルチュラル」オーストラリアにおける人類学」『国立民族学博物館研究報告』33 巻，359–395.
大村裕　2014 『日本先史考古学史講義――考古学者たちの人と学問』六一書房.
大村要蔵　1939 「パラオ邪教闘争史考――生神様オゲシーの解剖」『思想月報』62 号，357–387.
岡谷公二　2007 『南海漂蕩――ミクロネシアに魅せられた土方久功・杉浦佐助・中島敦』冨山房インターナショナル.
加藤源治　1940 「パラオの研究所」『岩山会会報』3 号，14.
金平亮三　1942 『ニューギニヤ探検』養賢堂.
「財団法人齋藤報恩会のあゆみ」編集委員会（編）　2009 『財団法人齋藤報恩会のあゆみ――財団八五年・博物館七五年』財団法人齋藤報恩会.
小谷汪之　2019 『中島敦の朝鮮と南洋――二つの植民地体験』岩波書店.
杉浦健一　1937 「南洋群島に於ける民族学調査の意義」『南洋群島』3 巻 12 号，25–29.

杉浦健一　1938 「島民の指導と宗教」『南洋群島』4 巻 2 号，11–15.
杉浦健一　1939 「ヤップ島民族調査日誌抄」『民族学研究』5 巻 1 号，124–130.
杉浦健一　1941 「民族学と南洋群島統治」太平洋協会編『大南洋——文化と農業』河出書房，173–218.
杉浦健一　1942a 「南洋群島における固有宗教とキリスト教の問題並に宗教対策に就いて」『東亜文化圏』1 巻 4 号，43–67.
杉浦健一　1942b 「ミクロネシア島民の宗教対策」『新亜細亜』4 巻 3 号，53–69.
須藤健一・清水久夫（編） 2014 『土方久功日記Ⅴ（国立民族学博物館調査報告 124)』国立民族学博物館.
祖父江孝男　1988 「杉浦健一——ミクロネシア研究の泰斗」綾部恒雄編『文化人類学者群像 3——日本編』アカデミア出版会，333–352.
曽根原理・永田英明・村上麻佑子　2017 「企画展『学都仙台を支えた「天財」——齋藤報恩会と東北大学』」『東北大学史料館紀要』12 巻，109–136.
高橋達郎　1988 『サンゴ礁』古今書院.
田山利三郎　1934 「南洋旅行談」『齋藤報恩会時報』87 号，1–10.
田山利三郎　1942 「珊瑚礁講話（続)」『水路要報』21 年 11 号，15–37.
田山利三郎・江口元起　1936 『珊瑚礁（岩波講座地質学及び古生物学・礦物学及び岩石学第 5 地質・古生物)』岩波書店.
丹野勲　2015 「戦前日本企業の南洋群島進出の歴史と戦略——南洋興発，南洋拓殖，南洋貿易を中心として」『神奈川大学国際経営論集』49 号，13–36.
中生勝美　2016 『近代日本の人類学史——帝国と植民地の記憶』風響社.
中島敦　2001 『南洋通信』中公文庫.
中陣隆夫　2014 「田山利三郎業績目録」私家版.
南洋庁（編） 1993b 『南洋庁統計年鑑　第四巻（南方資料叢書 11–4)』青史社.
南洋庁長官官房（編） 1932 『南洋庁施政十年史』南洋庁長官官房.
量博満　1980 「編集にあたって」江上波夫ほか編『八幡一郎著作集 5：環太平洋考古学』雄山閣，413–421.
長谷部言人　1932 『過去の我南洋』岡書院.
福田アジオ　2008 『日本の民俗学——「野」の学問の二百年』吉川弘文館.
松本信廣　1937 「南洋群島旅行日誌：サイパン・ヤップ・パラオ・ニューギニア」『史学』16 巻 3 号，77–109.
南の会（編） 1937・40 『ニューギニア土俗品図集（上）（下)』南洋興発.
無署名　1940 「熱帯生物研究所雑報」『科学南洋』3 巻 2 号，43.
村主巌　1995 『メモランダム：市井の医師の小さな真実』日曜随筆叢書.
村主岩吉　2009 『南洋を語るの記』清流印刷.
八島邦夫　2015 「田山利三郎博士の経歴・業績及び関係する海底地形・地形名」『地図』53 巻 2 号，4–11.
八幡一郎　1943 『南洋文化雑考』青年書房昭光社.

八幡一郎　1980a 「南方経営と人類学」江上波夫ほか編『八幡一郎著作集 5（環太平洋考古学)』雄山閣，320–324.
八幡一郎　1980a 「南方経営と人類学」江上波夫ほか編『八幡一郎著作集 5（環太平洋考古学)』雄山閣，320–324.
八幡一郎　1980b 「南洋群島の調査」江上波夫ほか編『八幡一郎著作集 5（環太平洋考古学)』雄山閣，260.

八幡一郎　1980c 「マリアナ北部諸島の遺跡遺物」江上波夫ほか編『八幡一郎著作集 5（環太平洋考古学)』雄山閣，267–273.

八幡一郎　1980d 「南洋だより」江上波夫ほか編『八幡一郎著作集 5（環太平洋考古学)』雄山閣，301–304.

八幡一郎　1980e 「マリアナ・アラマガン島出土の遺物」江上波夫ほか編『八幡一郎著作集 5（環太平洋考古学)』雄山閣，273–281.

八幡一郎ほか　1938 「学者の観た南洋群島」『海を越えて』1 巻 8 号，2–13.

Cowie, Robert H.　1993　“Yoshio Kondo: Bibliography and List of Taxa,” *Bishop Museum Occasional Papers*.No.32, Bishop Museum Press: Honolulu.

Fey, Pastor Wilhelm　1972　“Interview: Pastor Wilhelm Fey, Micronesian Reporter,” *The Journal of Micronesia*. First Quarter 1972, Volume XX, Number 1.

第八章

今西錦司　1942a 「三ヶ年の回顧」『京都探検地理学会年報』第 3 輯，1–6.

今西錦司　1942b 「南島登高記」『改造』24 巻 4 号，138–141.

今西錦司（編）『ポナペ島――生態学的研究（復刻版)』講談社（原著 1944).

梅棹忠夫　1975 「紀行」今西錦司編『ポナペ島――生態学的研究（復刻版)』講談社（原著 1944)，399–489.

梅棹忠夫　2002 『行為と妄想――わたしの履歴書』中公文庫（原著 1997).

大串龍一　1992 『日本の生態学――今西錦司とその周辺』東海大学出版会.

菊地暁　2013 「『ポナペ島』管見――京都探検地理学会ポナペ島調査（1941）の足跡をたどって」人文研探検――新京都学派の履歴書（プロフィール）第 10 回.
http://www.keio-up.co.jp/kup/sp/jinbunken/0010.html 慶應義塾大学出版会.

木原均　1975 「序」『ポナペ島――生態学的研究（復刻版)』講談社，1.

吉良龍夫　1975a 「あとがき――編者に代りて」『ポナペ島――生態学的研究（復刻版)』講談社，501–504.

吉良龍夫　1975b 「解説――復刻版へのあとがき」『ポナペ島――生態学的研究（復刻版)』講談社，Ⅰ―Ⅵ.

吉良龍夫　1991 「探検の前夜」今西錦司編『大興安嶺探検――一九四二年探検隊報告』朝日文庫（原著 1952).

斎藤清明　2014 『今西錦司伝――「すみわけ」から自然学へ』ミネルヴァ書房.

柴田陽一　2016 『帝国日本と地政学――アジア・太平洋戦争期における地理学者の思想と実践』

清文堂.
須藤健一・清水久夫（編） 2014 『土方久功日記V（国立民族学博物館調査報告 124)』国立民族学博物館.
野畑健太郎 1990 「ジョカージの反乱」百々佑利子監修『オセアニアを知る事典』平凡社.
無署名 1942 「ポナペ島調査隊日記」『京都探検地理学会年報』第 3 輯，26-31.
山野正彦 1999 「探検と地政学――大戦期における今西錦司と小牧実繁の志向」『人文研究（大阪市立大学文学部紀要)』第 51 巻，1-32.

第九章

新谷武衛 1954 「昭和 28 年 11 月 3 日戦後第二回岩山会記録」『岩山会会報』7 号，5-6.
泉靖一 1972 「遥かな山々」『泉靖一著作集 7（文化人類学の眼)』読売新聞社，159-383.
太田弘毅 1985 「ニューギニアにおける海軍民政機関」『政治経済史学』223 号，64-81.
大平辰秋 1968 「大平辰秋氏より」『岩山会会報』9 号，6-9.
岡谷公二 2007 『南海漂蕩――ミクロネシアに魅せられた土方久功・杉浦佐助・中島敦』冨山房インターナショナル.
加藤源治 1940 「研究室概観――パラオ熱帯生物研究所の現在」『科学』10 巻 8 号，35-37.
加藤源治 1972 「パラオ終焉の記録」『岩山会会報』10 号，8-12.
加藤源治 1981 「南の島あちこち」『岩山会会報』13 号，3-7.
小谷汪之 2019 『中島敦の朝鮮と南洋――二つの植民地体験』岩波書店.
佐竹義輔 1963 『西イリアン記』廣川書店.
佐藤久 2005 「地図と空中写真，見聞談：敗戦時とその後」『外邦図研究ニューズレター』3 号，61-71.
須藤健一・清水久夫（編） 2014 『土方久功日記V（国立民族学博物館調査報告 124)』国立民族学博物館.
太平洋協会（編） 1940 『南洋諸島――自然と資源』河出書房.
太平洋協会（編） 1941 『大南洋――文化と農業』河出書房.
田中正四 1961 『痩骨先生紙屑帖』金剛社.
田山利三郎ほか 1944 「ニュウ・ギニア学術探検座談会」『改造』26 巻 3 号，49-63.
堂本貞一 1935 「南洋群島の地位」『南洋』25 巻 11 号，2-8.
丹野勲 2015 「戦前日本企業の南洋群島進出の歴史と戦略――南洋興発，南洋拓殖，南洋貿易を中心として」『神奈川大学国際経営論集』49 号，13-36.
中島敦 2001 『南洋通信』中公文庫.
南洋庁（編） 1940 『南洋群島開発調査委員会再開ニ関スル件案』南洋庁.
日本学術振興会（編） 1943 『日本学術振興会年報』10 号.
日本放送協会総合放送文化研究所編修室（編） 1972 『放送史料集 5 パラオ放送局』日本放送協会総合放送文化研究所放送史編修室.
波多江信廣 1968 『西イリアンの思い出』川島書店.
羽根田弥太 1940 「生物学の南進基地――パラオ熱帯生物研究所」『科学画報』29 巻 8 号，83-88.

羽根田弥太　1941a 「ラバウル紀行（1)」『科学南洋』3 巻 3 号，57–69.
羽根田弥太　1941b 「ラバウル紀行（2)」『科学南洋』4 巻 1 号，75–83.
羽根田弥太　1955 「土方先生のプロフィール」『岩山会会報』8 号，2–4.
羽根田弥太　1976 「研究生活の思い出（7）発光生物とのであい」『フィッシュマガジン』12 巻 7 号，68–74.
樋口和佳子　2003 「「調査隊」から「挺身隊」へ――御国に尽くしたパラオ青年たち」須藤健一監修『パラオ共和国――過去と現在そして二一世紀へ』おりじん書房.
土方久功　1991 「トンちゃんとの旅」『土方久功著作集』6 巻，三一書房，319–383.
平野義太郎　1941 「南進拠点としての南洋群島――最近のフィリッピン情況を視察して」『太平洋』4 巻 8 号，2–17.
平野義太郎　1943　太平洋協会編『ニューギニアの自然と民族』日本評論社.
廣重徹　1973 『科学の社会史――近代日本の科学体制』中央公論社.
古畑種基・羽根田弥太・吉江常子　1943 「パラオ島民の血液型並に指紋調査」『民族衛生』11 巻 2・3 号，133–148.
松井喜三　1977 「パラオの懐しい思い出」『岩山会会報』11 号，4–6.
無署名　1942a 「畑井所長パラオ在住官民諸賢の発起により官舎寄贈さる」『岩山会会報』6 号，35.
丸木俊　1977 『女絵かきの誕生』朝日新聞社.
無署名　1942b 「研究所雑報」『科学南洋』5 巻 1 号，158–162.
無署名　1943 「研究所雑報」『科学南洋』5 巻 2 号，89–91.
八幡一郎ほか　1938 「学者の観た南洋群島」『海を越えて』1 巻 8 号，2–13.
和田清治　1942 「パラオ群島軟体動物土名」『科学南洋』5 巻 2 号，61–71.

第十章

阿部襄　1966 『わたしの野生動物記』牧書店.
阿部襄　1970 『吉林の終戦』牧書店.
阿部襄　1973 「阿部襄先生研究業績目録」『山形農林学会報』30 号，1–4.
阿部襄　1977 「四〇年目のパラオ」『岩山会会報』11 号，6–7.
石島渉　1978 「江口元起君を悼む」『地質学雑誌』48 巻 5 号（1978 年）279.
泉靖一　1972 「遥かな山々」『泉靖一著作集 7（文化人類学の眼)』読売新聞社，159–383.
犬塚康博　1996 「解説：満洲国国立中央博物館に赴任した最後の学芸官」『博物館史研究』4 号，25–28.
犬塚康博　2009 「新京動物園考」『千葉大学人文社会科学研究』18 号，15–25.
犬塚康博　2015 『反博物館論序説――二〇世紀日本の博物館精神史』共同文化社.
梅棹忠夫　1991 『回想のモンゴル』中公文庫.
内海冨士夫　1945 『南洋群島科学文献集』北隆館.
内海冨士夫　1954 「昭和 28 年 11 月 3 日戦後第二回岩山会記録」『岩山会会報』7 号，3.
内海冨士夫　1972 「戦争が災いした未完の原稿『パラオ珊瑚礁の研究』」『岩山会会報』10 号，1–

2.
太田弘毅　1991 「海軍軍政地域にあったマカッサル研究所」『政治経済史学』300 号，61–80.
大平辰秋　1968 「「南洋の私」から「今の私」まで」『岩山会会報』9 号，6–9.
岡谷公二　1990 『南海漂泊——土方久功伝』河出書房新社.
沖縄県文化振興会公文書管理部史料編集室（編）　2003 『沖縄県史資料編 17（近代 5)』沖縄県教育委員会.
小沢啓部・島津久健・森田為一郎　1957 「P32 投与マウスの病理組織学的研究」『保安衛生』4 巻 10 号，21–25.
小田部雄次　1988 『徳川義親の十五年戦争』青木書店.
加藤一夫　1998 「日本の旧海外植民地と図書館——東南アジアの図書館接収問題を中心に（未定稿)」『参考書誌研究』49 号，50–70.
加藤聖文　2009 『「大日本帝国」崩壊——東アジアの一九四五年』中公新書.
加藤源治　1972 「パラオ終焉の記録」『岩山会会報』10 号，8–12.
加藤源治　1980 「いま一つのパラオ——私の辿った空白の記録」『岩山会会報』12 号，33–38.
神谷昭典　2007 「一五年戦争下の医学教育」『一五年戦争と日本の医学医療研究会会誌』7 巻 2 号，1–8.
川口四郎　1993 「パラオのリューキューアオイと後日譚」『岩山会会報』18 号，7–9.
倉持好雄　1988 『蘭印滞在記』清水弘文堂.
栗山旭　1987 「インドネシアの思い出（その 2)」『熱帯林業』9 号，46–49.
コーナー，E・J・H（石井美樹子訳）　1982 『思い出の昭南博物館——占領下シンガポールと徳川侯』中公新書.
島津久健・高須賀大三郎　1940 「新京動物園敷地内にて観察せし鳥類に就て（予報)」『満洲生物学会会報』3 巻 3 号，96–98.
清水久夫　2016 『土方久功正伝——日本のゴーギャンと呼ばれた男』東宣出版.
須藤健一・清水久夫（編）　2014 『土方久功日記 V（国立民族学博物館調査報告 124)』国立民族学博物館.
末永恵子　2017 「七三一部隊における昆虫学者篠田統の活動」『一五年戦争と日本の医学医療研究会会誌』17 巻 2 号，7–16.
高橋敬三　1963 「マニラ時代の先生の追憶」『東京家政大学学報（畑井前学長追悼号)』39 号，4 面.
全京秀（金良淑訳）　2018 「鹿野忠雄の学問の展開過程から学ぶ「移動」と帝国日本——台湾から東南アジアまで」『白山人類学』21 号，105–156.
柘植秀臣　1973 『ある脳研究者の履歴——脳の神秘を求めて』雄渾社.
柘植秀臣　1979 『東亜研究所と私——戦中知識人の証言』勁草書房.
東北大学史料館（編）　1968 「江口元起教授著作目録」.
羽根田弥太　1944 「夜間空襲下ニ於ケル発光細菌ノ利用」『南方科学研究輯録』第 1 輯，18–24.
羽根田弥太　1955 「土方先生のプロフィール」『岩山会会報』8 号，2–4.
羽根田弥太　1976 「研究生活の思い出（7）発光生物とのであい」『フィッシュマガジン』12 巻 7

号，68–74.
羽根田弥太　1982　「人との出逢いと人の運命の不思議」『岩山会会報』14 号，11–12.
羽根田弥太　1984　「私の近況」『岩山会会報』15 号，5–7.
羽根田弥太　1985　「パラオからシンガポールの博物館へ」『岩山会会報』16 号，1985，17–20.
羽根田弥太　1987　「光とともに——昭南から横須賀へ」『日本の生物』1 巻 10 号，5–8.
樋口和佳子　2003　「巡警長「オイカワサン」」須藤健一監修『パラオ共和国——過去と現在そして二一世紀へ』おりじん書房，412–421.
堀良光　1982　「斃れて後やむ」『岩山会会報』14 号，4–7.
堀良光　1987　「天よ哭け神よ憫め」『岩山会会報』17 号，24–25.
無署名　1943・44　「南方学術科学等諸機関会同関係書類綴」防衛省防衛研究所所蔵.
元田茂　1977　「研究所日誌より」『岩山会会報』11 号，20–32.
元田茂　1980　「パラオの奇人変人たち（昭和 10–12 年頃）」『岩山会会報』12 号，20–31.
山内智　2010　「植物学者郡場寛博士の履歴（2）昭南植物園」『青森県立郷土館研究紀要』34 号，19–26.
山崎柄根　1992　『台湾に魅せられたナチュラリスト鹿野忠雄』平凡社.
山本悠子　2018　『パラオの心にふれて——思い出の中の「日本」』サンパウロ.
Mita, Maki　2009　"Palauan Children under Japanese Rule: Their Oral Histories," *Senri Ethnological Reports*. 87, National Museum of Ethnology: Osaka.

第十一章

阿刀田研二　1982　「山川松三君の殉職」『岩山会会報』14 号，10–11.
阿部次郎　1963　『阿部次郎全集』15 巻，角川書店.
阿部襄　1966　『わたしの野生動物記』牧書店.
阿部襄　1970　『吉林の終戦』牧書店.
阿部襄　1986　『柿の実』『柿の実』刊行実行委員会.
新谷武衛　1954　「昭和 28 年 11 月 3 日戦後第 2 回岩山会記録」『岩山会会報』7 号，5–6.
石川栄吉　1966　「オセアニア」日本民族学協会編『日本民族学の回顧と展望』民族学振興会，342–349.
上野輝将　1988　「京都民科の発展と歴史的足跡」岩井忠熊・藤谷俊雄編『戦後京都のあゆみ』かもがわ選書，216–220.
オーエン・ロバート・P　1972　「パラオ熱帯生物研究所の反映」（元田茂訳）『岩山会会報』10 号，20–22.
岡谷公二　1990　『南海漂泊——土方久功伝』河出書房新社.
霞会館（編）　1996　『平成新修旧華族家系大成（上）』吉川弘文館.
加藤聖文　2009　『「大日本帝国」崩壊——東アジアの一九四五年』中公新書.
茅根創　2008　「会員動向から見た日本サンゴ礁学会の歩みと今後の展望」『日本サンゴ礁学会誌』10 号，93–99.
木田元　2008　『なにもかも小林秀雄に教わった』文春新書.

木田元　2010『闇屋になりそこねた哲学者』ちくま文庫.
坂野徹　2005『帝国日本と人類学者――一八八四―一九五二』勁草書房.
坂野徹　2012『フィールドワークの戦後史――宮本常一と九学会連合』吉川弘文館.
島津久健　1980「パラオでみた十二の不思議」『岩山会会報』12 号，14–16.
清水昭俊　1996「近代日本におけるオセアニアとりわけミクロネシアと人類学」『日本研究・京都会議』2，13–20.
下村脩　2010『クラゲに学ぶ――ノーベル賞への道』長崎文献社.
須藤健一・清水久夫（編）2014『土方久功日記Ⅴ（国立民族学博物館調査報告 124）』国立民族学博物館.
泉水英計　2008「サイライ・プロジェクト――米軍統治下の琉球列島における地誌研究」『米軍統治下の沖縄における学術調査研究』3–121.
泉水英計　2012「ジョージ・P・マードックと沖縄――米海軍作戦本部『民事手引』の再読から」『歴史と民俗』28 号，217–244.
竹峰誠一郎　2015『マーシャル諸島――終わりなき核被害を生きる』新泉社.
林一正　1975『私の思い出と回想』私家版.
羽根田弥太　1955「畑井・新谷先生をかこんでの座談会」『横須賀市博物館ニュース』1 号，2–5.
廣重徹　1960『戦後日本の科学運動』中央公論社.
松永闘争を支援する市民会議ほか（編）1977『冬の砦――沖縄・松永裁判闘争』たいまつ新書.
ミクロネシア研究委員会（編）1982『ミクロネシアの文化人類学的研究――西カロリンの言語・社会・先史文化』国書刊行会.
元田茂　1968「再びパラオを訪れて」『岩山会会報』9 号，5–6.
元田茂　1984「編集後記」『岩山会会報』15 号，35.
山嵜雅子　2002『京都人文学園成立をめぐる戦中・戦後の文化運動』風間書房.
山内年彦　1977「山本宣治の人柄と学問」『山宣研究』2 号，8–18.
山内百合子　1985「火宅」『岩山会会報』16 号，36–37.
山本悠子　2018『パラオの心にふれて――思い出の中の「日本」』サンパウロ.
Kiste, R. C. and Marshall, M.（eds.）1999 *American Anthropology in Micronesia: An Assessment*. University of Hawaii Press.
Office of the Chief of Naval Operations 1944a *Civil affairs Handbook: East Caroline Islands*.（OPNAV 50E-5), Office of the Chief of Naval Operations.
Office of the Chief of Naval Operations 1944b *Civil affairs Handbook: West Caroline Islands*.（OPNAV 50E-7), Office of the Chief of Naval Operations.
Pemberton, C. E. 1954 *Invertebrate Consultants Committee for the Pacific Report for 1949–1954*, National Academy of Sciences-National Research Council.

エピローグ

佐藤崇範　2018「『パラオ熱帯生物研究所関係資料』について」『東北大学史料館紀要』13 巻，29–32.

参考文献表

元田茂　1972「編集後記」『岩山会会報』10号，45.
元田茂　1985「編集後記」『岩山会会報』16号，67-69.
元田茂　1987「編集後記」『岩山会会報』17号，63.
元田茂　1989「パラオ熱帯生物研究所——創生から終焉まで」『岩山会会報』附録，30-36.